BiG 1 빅 폰트(Big Font)
BiG 2 빅 픽쳐(Big Picture)
BiG 3 빅 북(Big Book)

ITQ 정보기술자격

MS WORD 2021

MS 워드 2021

이 책의 차례

- 이 책의 차례 ·· 2
- 렉스미디어 자료 다운로드 방법 ·· 4
- ITQ 시험 안내 ··· 6
- 이 책의 구성 ·· 8
- 채점 프로그램 다운로드 및 사용 방법 ································ 10
- ITQ 회원 가입 및 시험 접수 안내 ······································ 12

PART 01 출제유형 분석

Chapter 1 · 수험자 유의사항 및 답안 작성요령 ············ 17
- 1. 수험자 등록하기 ·· 18
- 2. 답안 작성 준비하기 ·· 19
- 3. 답안 저장하고 전송하기 ·· 23

Chapter 2 · 기능평가 Ⅰ- 스타일 ······································ 26
- 1. 문제 번호와 내용 입력하기 ··· 27
- 2. 새 스타일 만들고 적용하기 ··· 29

Chapter 3 · 기능평가 Ⅰ- 표 ·· 38
- 1. 문제 번호 입력하고 표 작성하기 ·································· 39
- 2. 셀 음영과 테두리 지정하기 ··· 43
- 3. 합계 계산하기 ··· 48
- 4. 캡션 작성하기 ··· 51

Chapter 4 · 기능평가 Ⅰ- 차트 ·· 58
- 1. 차트 작성하기 ··· 59
- 2. 차트 레이아웃 지정하기 ·· 62
- 3. 차트 제목 및 범례 지정하기 ··· 63
- 4. 축 제목 및 축 서식 지정하기 ······································· 66

Chapter 5 · 기능평가 Ⅱ- 수식 ·· 76
- 1. 문제 번호 입력하고 첫 번째 수식 작성하기 ··············· 77
- 2. 두 번째 수식 작성하기 ·· 83

Chapter 6 · 기능평가 Ⅱ- 도형 그리기 ···························· 92
- 1. 문제 번호 입력하고 배경 도형 작성하기 ···················· 93
- 2. 제목 도형 작성하기 ·· 98
- 3. 그림 삽입하기 ··· 101
- 4. 워드아트 삽입하기 ·· 104
- 5. 목차 도형 작성하기 ·· 108
- 6. 책갈피 삽입하고 링크 지정하기 ·································· 110

이 책의 차례

Chapter 7 · 문서작성 능력평가 – Ⅰ ······················ 118
    1. 제목 작성하고 내용 입력하기 ···················· 119
    2. 머리글 삽입하기 ································ 123
    3. 단락의 첫 문자 장식하기 ······················ 125
    4. 각주 삽입하기 ·································· 127
    5. 그림 삽입하기 ·································· 129

Chapter 8 · 문서작성 능력평가 – Ⅱ ····················· 138
    1. 소제목 작성하기 ································ 139
    2. 다단계 목록 지정하기 ··························· 143
    3. 표 제목 작성하기 ······························· 146
    4. 표 작성하기 ···································· 148
    5. 기관 이름 작성하기 ····························· 153
    6. 페이지 번호 매기기 ····························· 155

PART 02 실전모의문제

제01회 실전모의문제 ···168	**제07회** 실전모의문제 ···192
제02회 실전모의문제 ···172	**제08회** 실전모의문제 ···196
제03회 실전모의문제 ···176	**제09회** 실전모의문제 ···200
제04회 실전모의문제 ···180	**제10회** 실전모의문제 ···204
제05회 실전모의문제 ···184	**제11회** 실전모의문제 ···208
제06회 실전모의문제 ···188	**제12회** 실전모의문제 ···212

PART 03 기출예상문제

제1회 정보기술자격(ITQ) 시험

렉스미디어 자료 다운로드 방법

1. 렉스미디어 홈페이지(www.rexmedia.net)에 접속한 후 [자료실]-[대용량 자료실]을 클릭합니다. 그런 다음 렉스미디어 자료실 페이지가 나타나면 '**수험서 관련\2024년 ITQ**' **폴더를 선택**합니다.

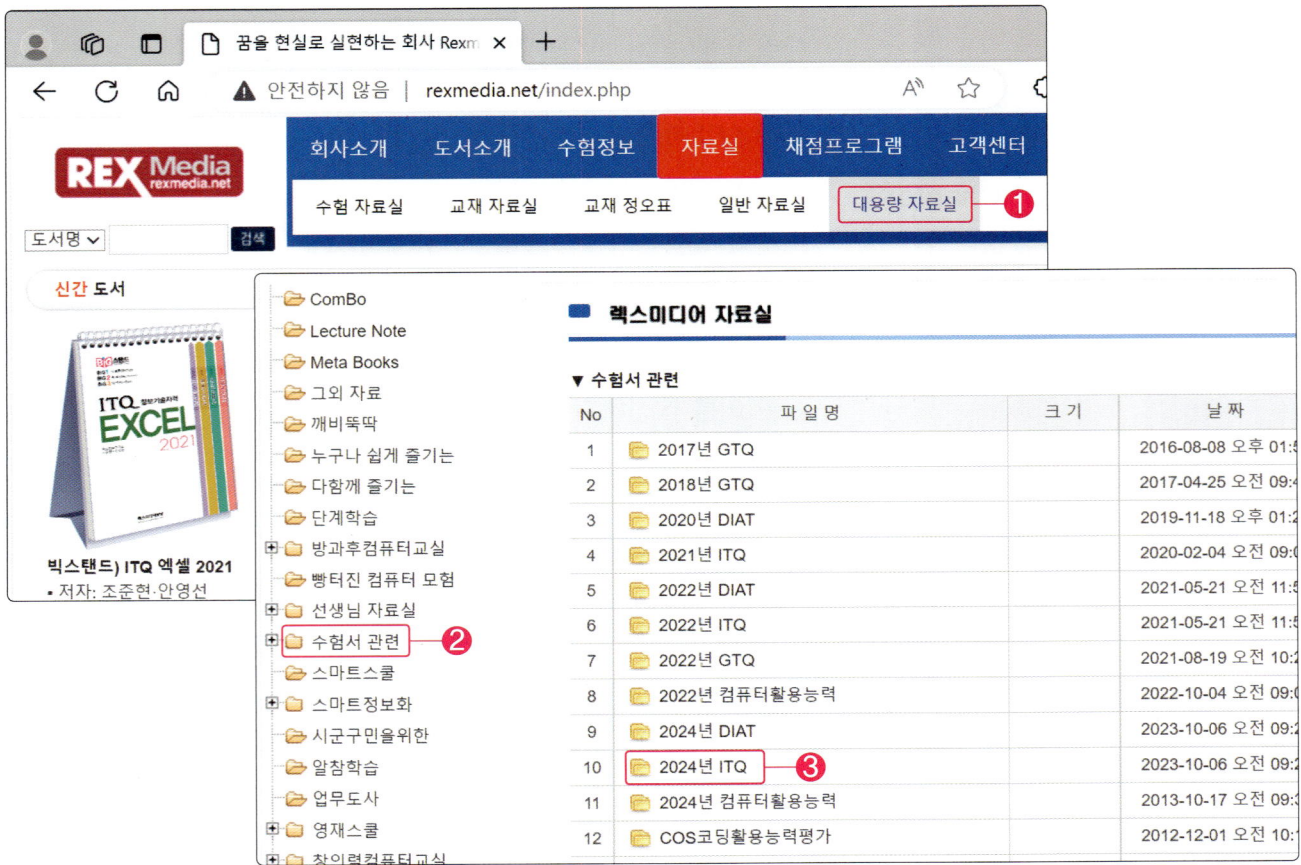

2. 2024년 ITQ화면이 나타나면 **(빅라플) ITQ MS 워드2021.zip를 클릭**합니다.

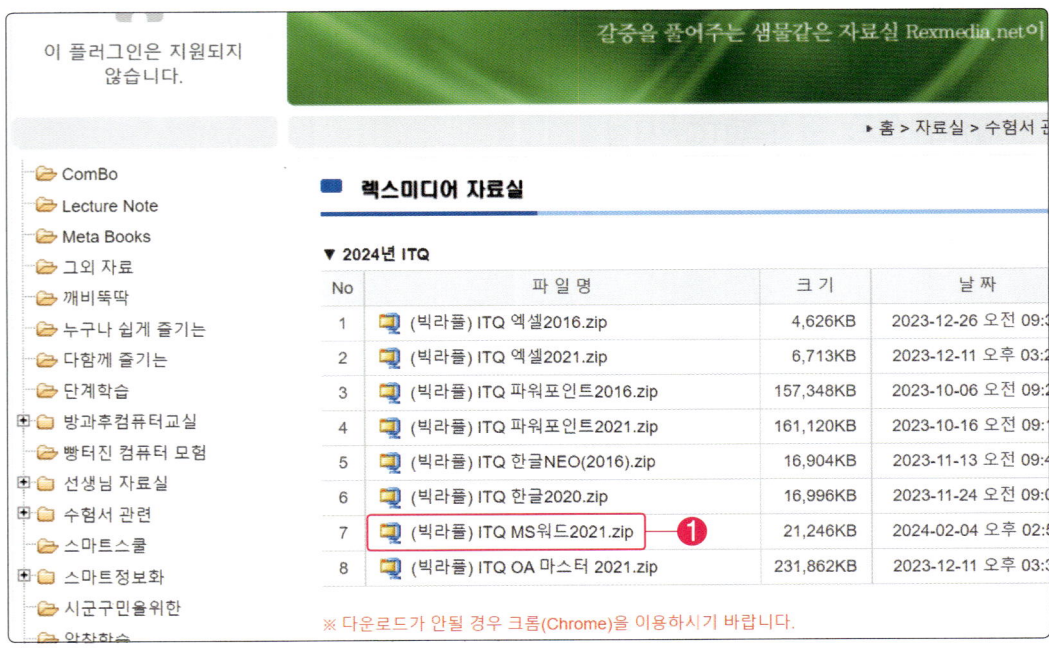

렉스미디어 자료 다운로드 방법

3. 다운로드가 완료되면 [폴더에 표시]를 클릭합니다.

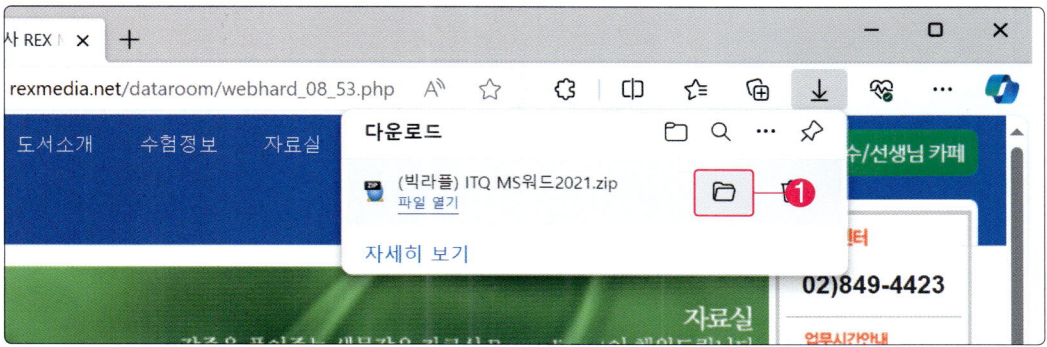

4. 파일 탐색기를 실행한 후 'C:\(빅라플) ITQ MS 워드2021' 폴더를 선택하면 다음과 같이 ITQ MS 워드2021 자료가 다운로드된 것을 확인할 수 있습니다.

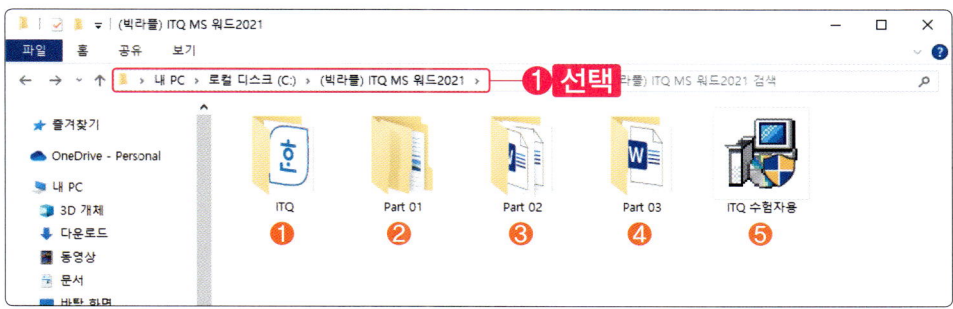

❶ [ITQ] 시험에 사용되는 파일이 담겨져 있습니다.
❷ [1Part 출제유형분석]에서 사용하는 소스파일과 완성파일이 담겨져 있습니다.
❸ [2Part 실전모의문제]에서 다룬 문제의 완성파일이 담겨져 있습니다.
❹ [3Part 기출예상문제]에서 다룬 문제의 완성파일이 담겨져 있습니다.
❺ ITQ 수험자용 프로그램입니다.(설치 후 사용하세요)

5. ITQ 폴더를 복사한 후 내 PC\문서 폴더에 붙여넣기 합니다.

자료 다운로드 방법 5

ITQ 시험 안내

ITQ 시험이란?
- 정보기술 능력 또는 정보기술 활용능력을 객관적으로 평가하는 시험입니다.
- 정보기술 관리 및 실무능력 수준을 지수화하고 등급화 시키는 국가 인증 시험입니다.
- 산업인력의 정보 경쟁력을 높이고 정보화를 촉진시키기 위한 목적의 국가공인자격을 말합니다.

공정성, 객관성, 신뢰성이 확보된 첨단 OA자격 시험
- 2002년 1월 11일 정보통신부(현 과학기술정보통신부) 공인을 획득한 국가공인자격 시험입니다.
- 1957년 산업발전법에 의거하여 설립된 한국생산성본부에서 시행합니다.

현장실무 위주의 시험
- 실무중심의 작업형문제토 출제되어 현장 활용도가 높습니다.
- 단체 구성원의 정례화된 목표 지향이 용이하며, 개인의 변별력을 확보할 수 있습니다.
- 특히 구성원의 업무 차별화에 따른 과목 선택이 가능합니다.

발전성과 활용성이 탁월
- 동일 시험과목에 응시가 가능하며, 취득한 성적별로 A·B·C등급을 부여하여 업그레이드 할 수 있습니다.
- 많은 공공기관, 대기업, 중소기업, 대학 등에서 정보기술자격 제도로 ITQ를 채택하여 활용하고 있습니다.

학습이 용이
- 8과목 중 1과목만 취득하여도 국가공인자격이 부여됩니다.
- 쉽고 자세한 학습용 교재가 다양하게 개발되어 있으며, 교육 커리큘럼이 우수합니다.

실기시험만으로 평가
- 필기시험이 없습니다.
- 실질적으로 업무에 필요한 실무 작업형의 문제로 실기시험만으로 평가하는 미래형 첨단 IT자격입니다.

시험 일정 및 검정 수수료
- 시험 일정 및 검정 수수료는 https://license.kpc.or.kr 홈페이지의 [접수/수험표 확인]에서 확인할 수 있습니다.

시험 시행처 안내
- 주관 : 한국생산성본부 ITQ센터(https://license.kpc.or.kr)
  서울 종로구 새문안로 5가길 32 생산성빌딩
- 전화 : 1577-9402(유료)

ITQ 시험 안내

ITQ 시험 과목 및 시험 프로그램

시험 과목	시험 프로그램	시험 방법	시험 시간
아래한글 한셀 한쇼	한컴오피스 2020/2016(NEO) 병행 ※한셀/한쇼 과목은 NEO버전으로만 운영	실무 작업형 실기시험 하루에 3과목까지 응시가능	과목당 60분
MS 워드 한글 엑셀 한글 파워도인트 한글 액서스	MS 오피스 2021/2016 병행		
인터넷	내장브라우저 IE8:0 이상		

ITQ 시험 등급

ITQ 시험은 과목별로 500점 만점을 기준으로 A 등급부터 C 등급까지 등급별 자격을 부여합니다. 이 중 3과목 이상 A 등급을 취득하면 OA 마스터 자격을 부여하는데, 한두 과목에서 낮은 등급을 받았을 경우 다시 응시하여 A 등급으로 업그레이드하면 됩니다.

A 등급	B 등급	C 등급
400점~500점	300점~399점	200점~299점

※ OA 마스터 신청시 아래한글과 MS 워드는 같은 종목으로 인정됩니다.

ITQ MS 워드 2021 버전의 문항 및 배점

문항	배점	주요내용
1. 스타일	50점	한글/영문 텍스트 작성능력과 스타일 기능 사용 능력을 평가 ▶ 한글/영문 텍스트 작성, 스타일 이름, 글꼴, 단락
2. 표와 차트	100점	표를 작성하고 이를 이용해 간단한 차트를 작성할 수 있는 능력을 평가 ▶ 표 내용 작성, 맞춤, 셀 음영, 표 수식 기능, 캡션 기능, 차트 기능
3. 수식편집기	40점	수식편집기의 사용 능력을 평가 ▶ 수식편집기를 이용한 수식 작성
4. 그림/그리기	110점	다양한 기능을 통합한 문제로 그림/그리기, 책갈피 및 링크[하이퍼텍스트] 등 문서작성시의 응용능력을 평가 ▶ 링크[하이퍼텍스트], 그림 삽입 및 효과 지정, 그림 크기 설정 및 앞뒤 배치, 워드아트 삽입, 도형에 문자열 입력하기
5. 문서작성능력	200점	문서작성을 위한 다양한 능력을 평가 ▶ 글꼴/머리글, 페이지 번호, 책갈피, 윗주 달기, 단락의 첫 문자 장식, 각주, 그림 삽입 및 자르기, 그림 편집, 들여 쓰기, 한자, 기호, 다단계 목록, 표 작성, 셀 음영, 장평 등

이 책의 구성

출제유형분석
ITQ 시험의 출제유형을 작업별로 분석하여 자세하게 설명하였습니다.

따라하기 제공파일
따라하기에서 사용하는 소스파일과 완성파일입니다.

문제
작업별로 풀어야 할 문제입니다.

체크! 체크!
작업별로 문제를 풀어가는 과정을 요약한 것입니다.

한가지 더!
ITQ 시험의 출제유형과 관련은 있지만 따라하기에서 다루지 못한 내용입니다. ITQ 시험의 출제유형을 이해하는 데 도움이 되는 경우 설명하였습니다.

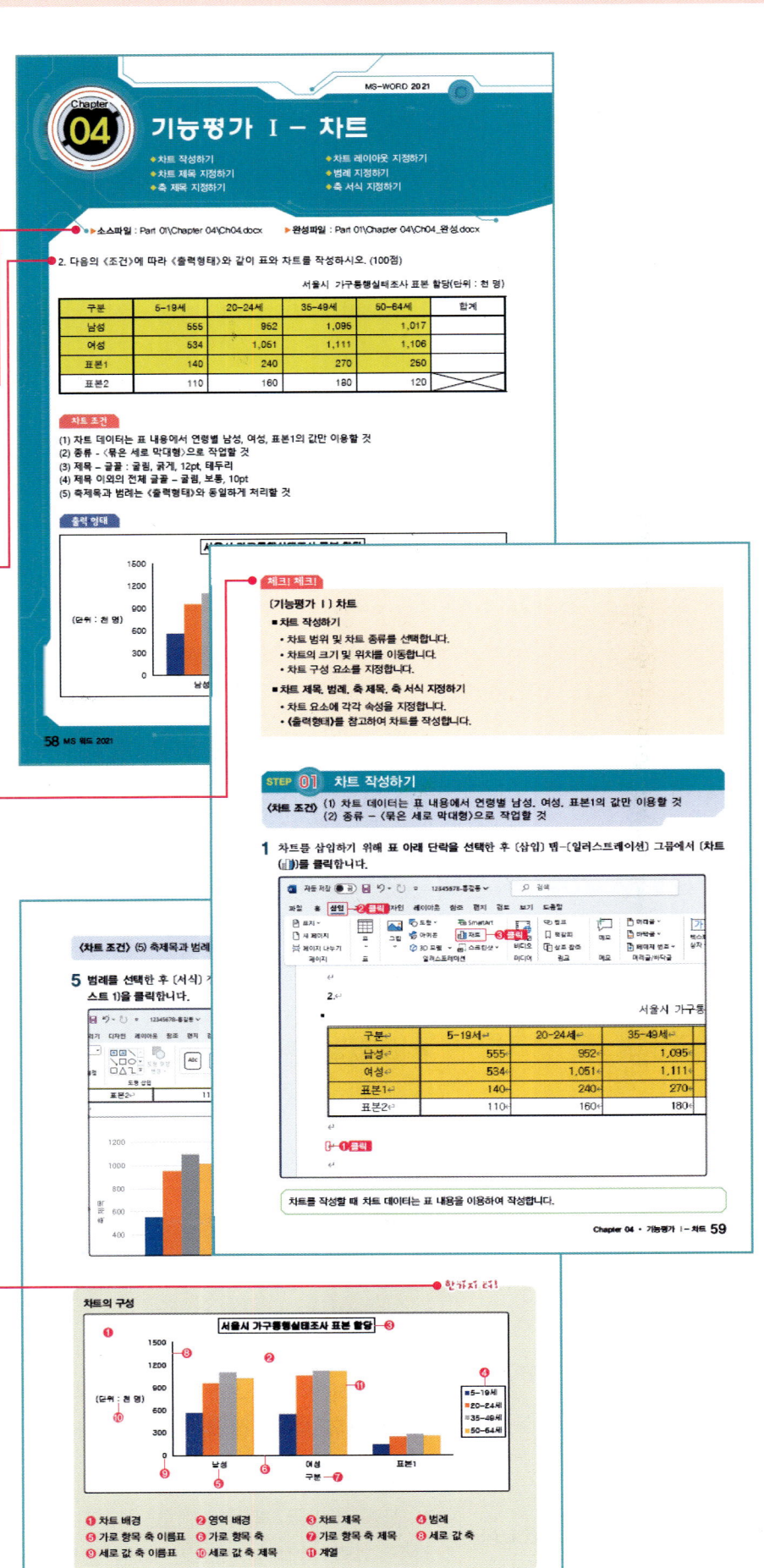

이 책의 구성

실전문제유형

작업별로 실전문제유형 문제를 마련하여 ITQ 시험을 쉽고 빠르게 준비할 수 있도록 하였습니다.

실전문제유형 연습파일
실전문제유형 문제에서 사용하는 소스파일과 완성파일입니다.

실전모의문제

실전모의문제 12회를 마련하여 ITQ 시험에 100% 대비할 수 있도록 하였습니다.

기출예상문제

기출예상문제 1회를 마련하여 ITQ 시험에 100% 대비할 수 있도록 하였습니다.

이 책의 구성 **9**

채점 프로그램 다운로드 및 사용 방법

◆ **채점 프로그램 다운로드**

1. 렉스미디어 **홈페이지(www.rexmedia.net)에 접속**한 후 **[채점프로그램]-[ITQ]를 클릭**한 다음 ITQ 채점프로그램 페이지가 나타나면 **[(빅라플) ITQ 채점프로그램]을 클릭**합니다.

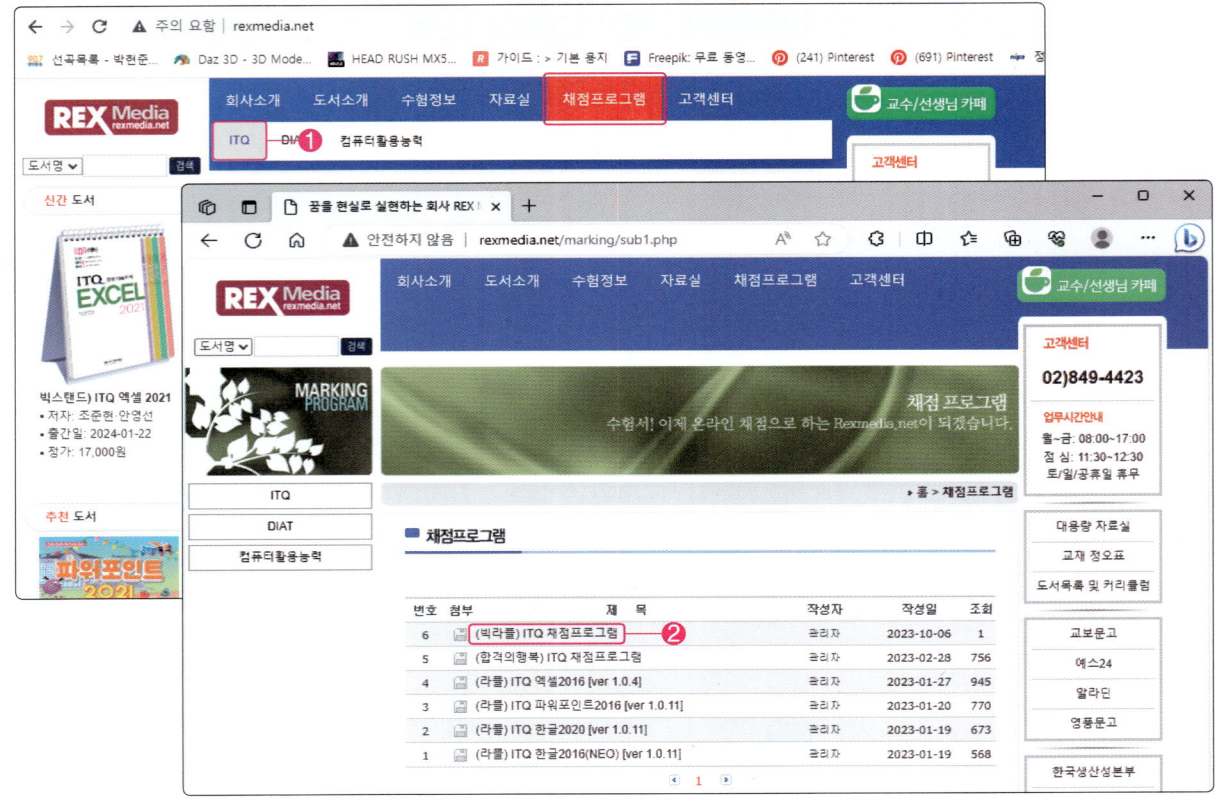

※ 채점 프로그램은 주기적으로 업데이트를 실시합니다.

◆ **채점 프로그램 사용 방법**

1. **채점 프로그램을 설치**한 후 **설치된** 프로그램을 실행시킨 다음 **원하는 과목을 선택**합니다.

채점 프로그램 다운로드 및 사용 방법

2. MS 워드 화면이 나타나면 **원하는 회차를 선택**합니다.

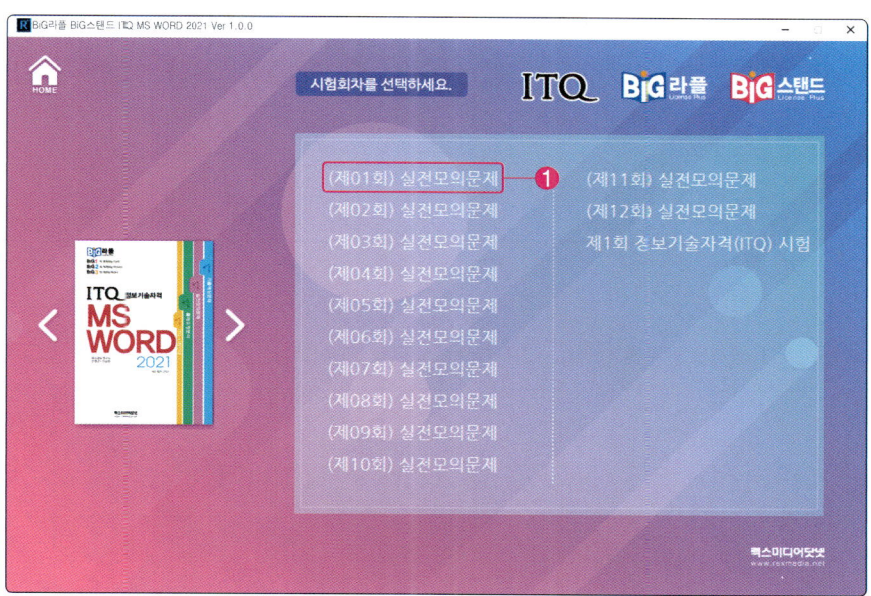

3. 채점 화면이 나타나면 **정답파일을 선택**한 후 **학생답안 파일을 불러온** 다음 **채점 단추를 클릭**합니다. 채점이 완료되면 항목별 점수 및 총점수를 확인 할 수 있습니다. 각 항목별 버튼을 클릭하면 채점 결과를 확인 할 수 있습니다.

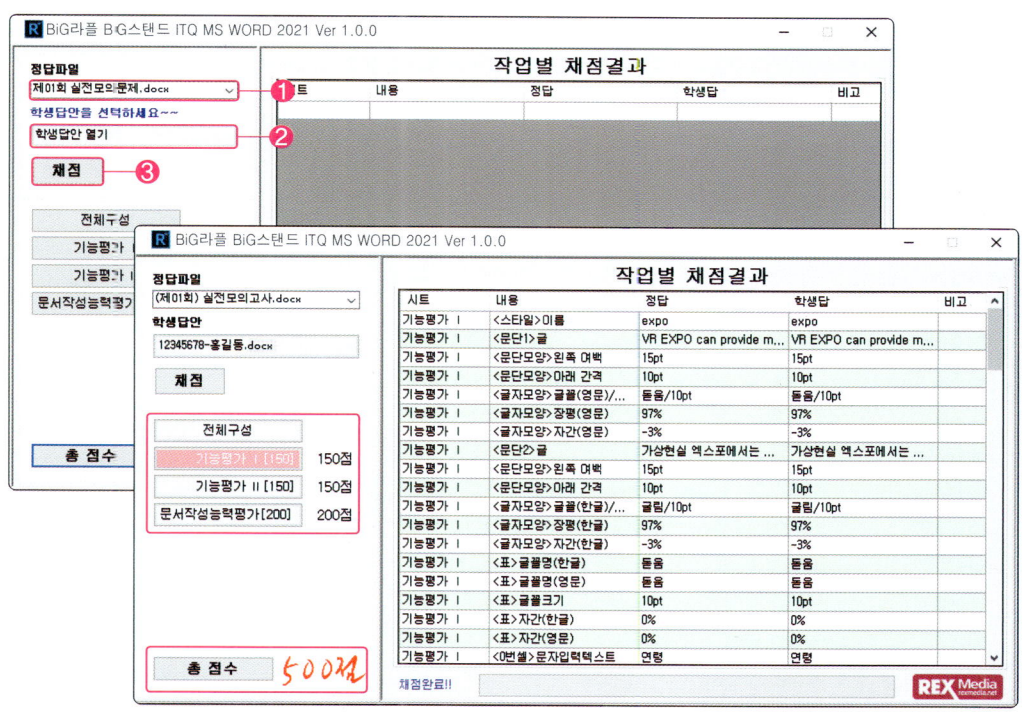

※ 채점 프로그램 사용시 주의사항

- 오피스 프로그램이 정품이 아닌 경우 채점 프로그램이 정상적으로 실행되지 않습니다.
- 렉스미디어에서 제공하지 않은 파일로 답안을 작성할 경우 오류가 발생할 수 있습니다.
- 채점 프로그램은 오피스 프로그램의 한계로 100% 정확한 채점은 어렵습니다.
  학습에 도움을 드리고자 제공하오니 참고용 자료로 활용해 주시기 바랍니다.

ITQ 회원 가입 및 시험 접수 안내

◆ ITQ 회원 가입하기

1 ITQ 자격 검정 사이트(https://license.kpc.or.kr)에 접속한 후 오른쪽 위의 [회원가입]을 클릭합니다.

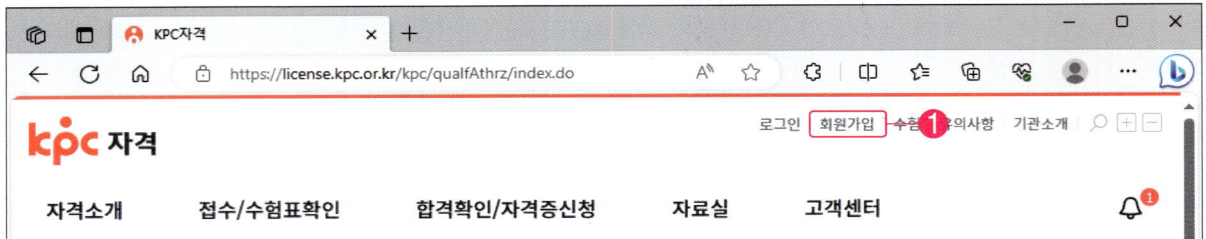

2 [회원가입] 페이지가 나타나면 [전체 약관 동의]를 체크하여 선택합니다.

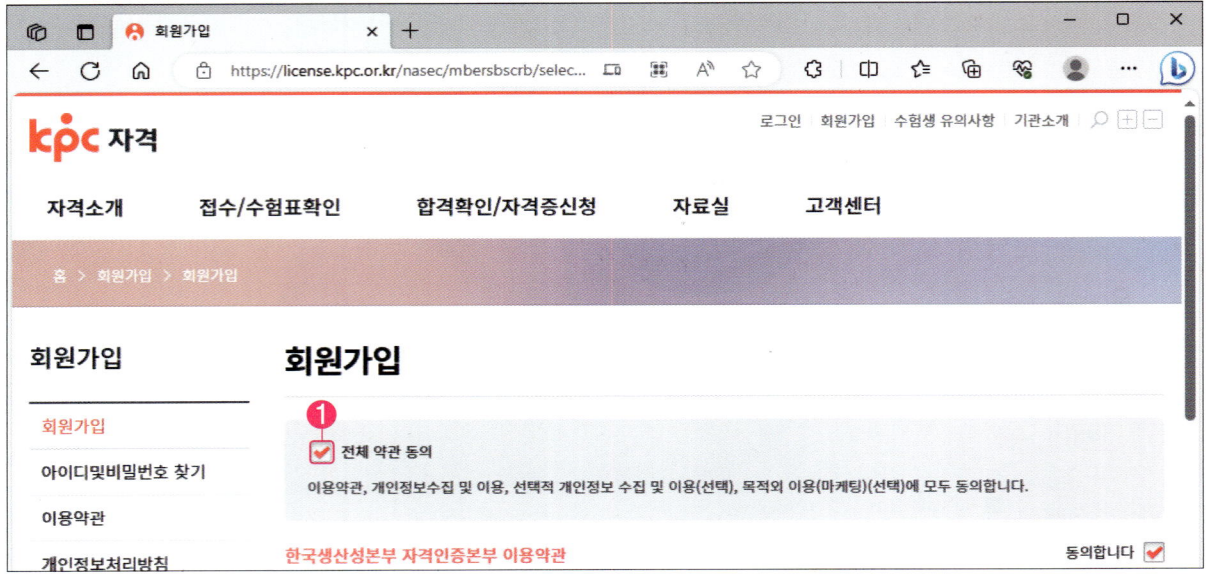

3 페이지의 아래쪽에 수험자의 기준에 맞는 단추를 클릭합니다.

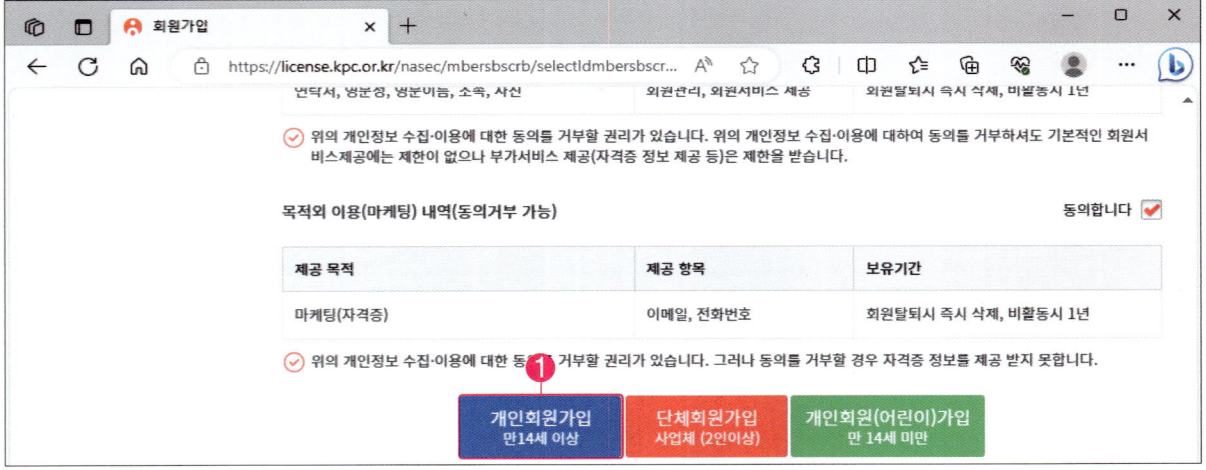

※ 회원 가입 절차는 시험 주관사에 의해 변경될 수도 있습니다.
※ 회원가입 (만14세 미만 개인회원)
　만14세 미만 학생은 [개인회원(어린이) 가입 만14세 미만]을 클릭합니다.

ITQ 회원 가입 및 시험 접수 안내

4. 회원가입(개인회원)의 [본인인증] 페이지가 나타나면 '본인인증' 절차를 진행합니다. 본인 명의의 휴대폰이 있는 수험자는 '휴대폰 본인인증'을 클릭, 휴대폰이 없는 수험자는 'IPIN 인증'을 클릭합니다.

회원가입 (만14세 미만 개인회원)

회원가입(만14세 미만 개인회원) 페이지가 나타나면 '보호자(법적대리인) 본인인증'의 [동의합니다]를 체크하여 선택합니다.

1. 만14세 미만 개인회원일 경우 '보호자(법적대리인) 본인인증' 절차를 진행한 후 '14세미만 본인인증' 절차를 진행해야 합니다.

5. [개인정보 입력] 페이지가 나타나면 '기본 정보' 및 '추가 정보'를 입력한 후 [가입하기] 단추를 클릭합니다. 회원가입을 묻는 대화상자가 나타나면 [예] 단추를 클릭합니다.

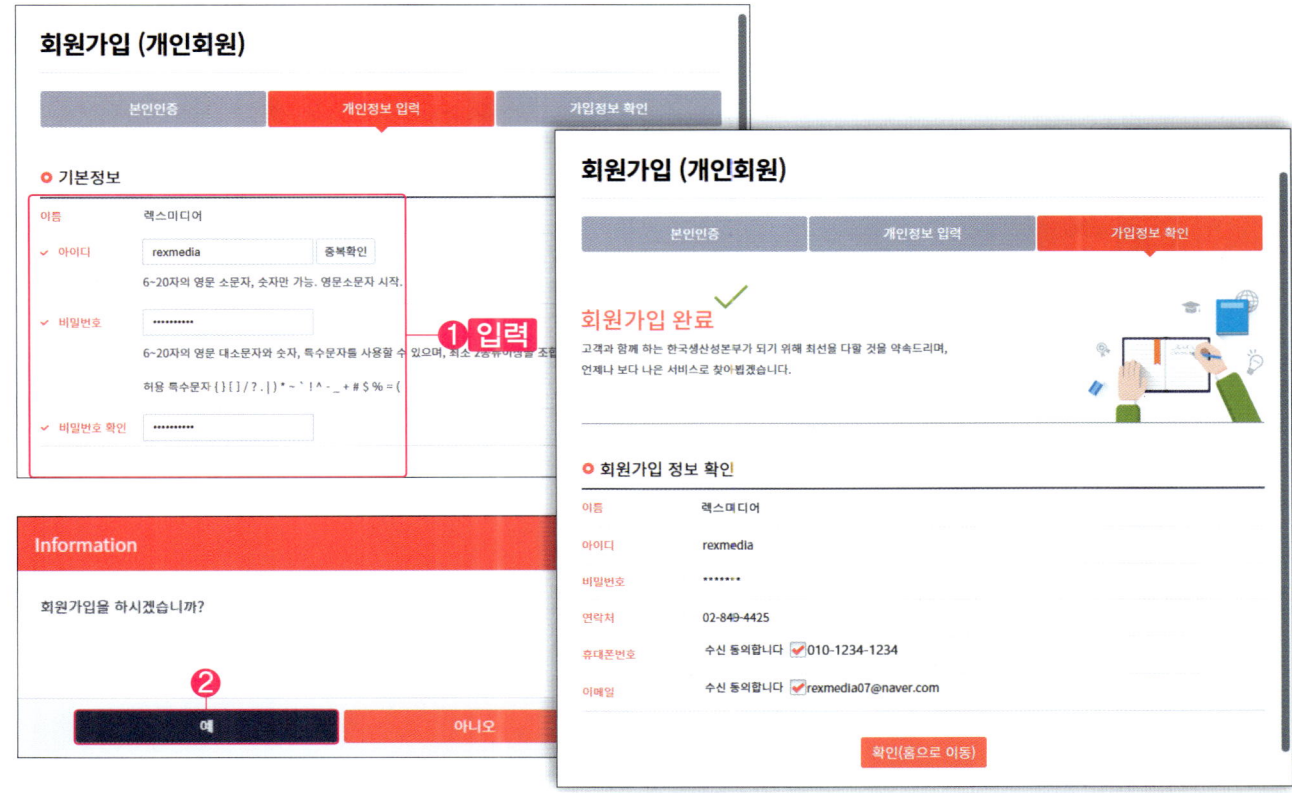

ITQ 회원 가입 및 시험 접수 안내

◆ ITQ 시험 접수 안내

- ◆ 응시 원서의 입력 항목에 따라 지역 및 고사장을 선택하고 신상명세 입력, 본인 사진을 등록합니다.
  - 사진 등록을 위한 이미지 파일은 온라인 편집이 가능합니다.
- ◆ 응시 원서 작성이 끝나면 결제 화면에서 신용카드 및 온라인 이체로 응시료를 결재합니다.
  - 결재 금액은 응시료 + 인터넷 접수 건별 소정의 수수료가 산정됩니다.
- ◆ 응시 원서 작성과 온라인 결제가 끝나면 ITQ 시험 접수 확인증이 화면에 출력되고 인쇄 기능이 지원됩니다.

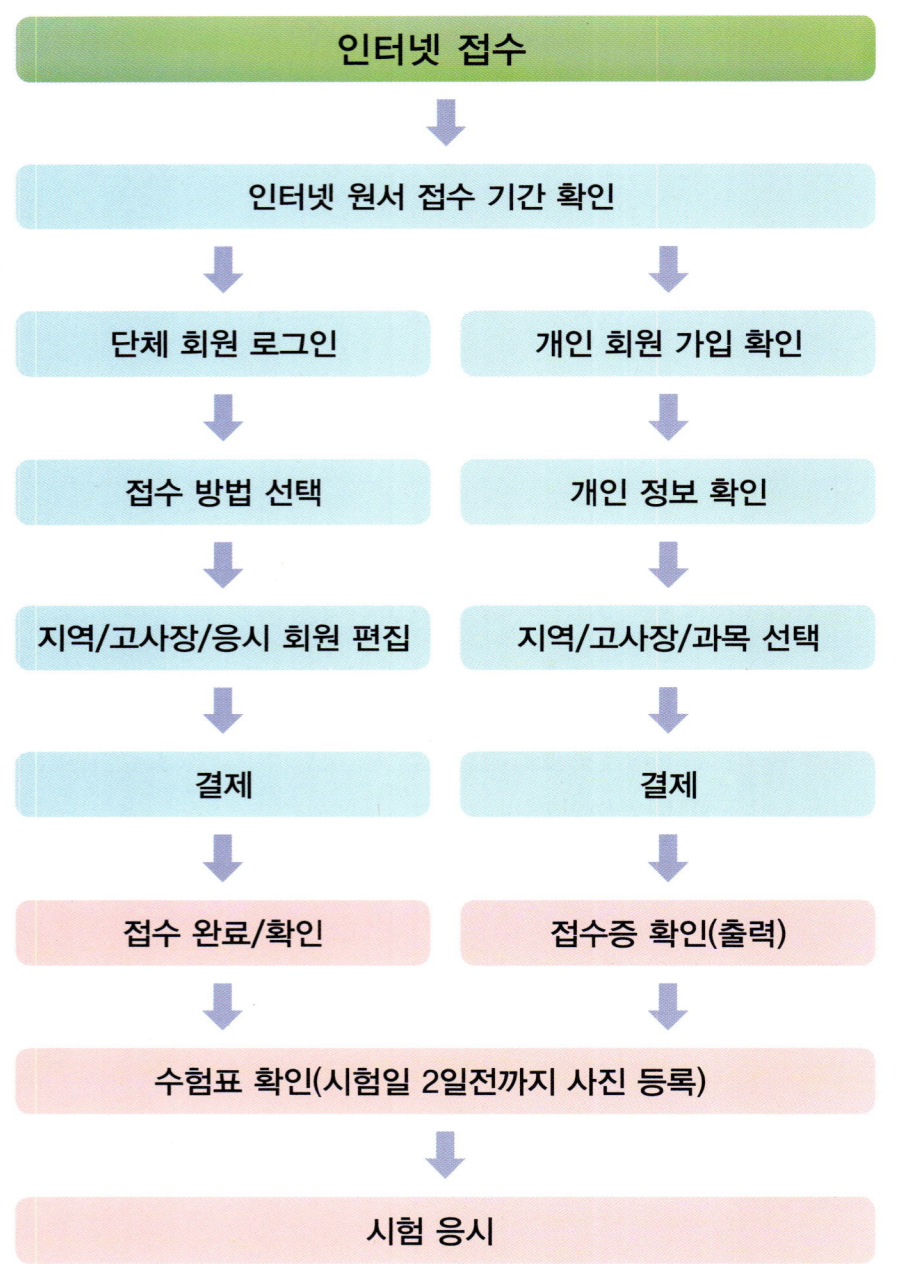
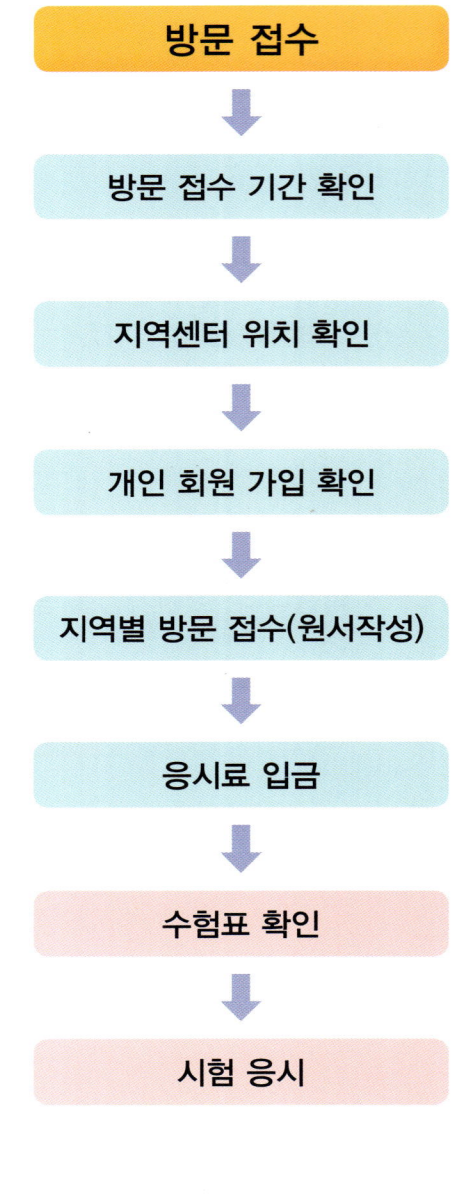

BIG1 빅 폰트(Big Font)
BIG2 빅 픽쳐(Big Picture)
BIG3 빅 북(Big Book)

ITQ 정보기술자격
MS WORD 2021

PART 01
출제유형분석

PART 01
출제유형분석 차례

BIG 라플

Chapter 1 수험자 유의사항 및 답안 작성요령 ·············· 17
- 수험자 등록하기
- 답안 저장하고 전송하기
- 답안 작성 준비하기

Chapter 2 기능평가 Ⅰ- 스타일 ·············· 26
- 문제 번호와 내용 입력하기
- 새 스타일 만들고 적용하기

Chapter 3 기능평가 Ⅰ- 표 ·············· 38
- 문제 번호 입력하고 표 작성하기
- 합계 계산하기
- 셀 음영과 테두리 지정하기
- 캡션 작성하기

Chapter 4 기능평가 Ⅰ- 차트 ·············· 58
- 차트 작성하기
- 차트 제목 및 범례 지정하기
- 차트 레이아웃 지정하기
- 축 제목 및 축 서식 지정하기

Chapter 5 기능평가 Ⅱ- 수식 ·············· 76
- 문제 번호 입력하고 첫 번째 수식 작성하기
- 두 번째 수식 작성하기

Chapter 6 기능평가 Ⅱ- 도형 그리기 ·············· 92
- 문제 번호 입력하고 배경 도형 작성하기
- 그림 삽입하기
- 목차 도형 작성하기
- 제목 도형 작성하기
- 워드아트 삽입하기
- 책갈피 삽입하고 링크 지정하기

Chapter 7 문서작성 능력평가 Ⅰ ·············· 118
- 제목 작성하고 내용 입력하기
- 단락의 첫 문자 장식하기
- 그림 삽입하기
- 머리글 삽입하기
- 각주 삽입하기

Chapter 8 문서작성 능력평가 Ⅱ ·············· 138
- 소제목 작성하기
- 표 제목 작성하기
- 기관 이름 작성하기
- 다단계 목록 지정하기
- 표 작성하기
- 페이지 번호 매기기

BIG 라플

- 각 페이지에서 문제를 해결할 수 있도록 문제조건을 상단에 추가하였습니다.
- 시험에 나오는 내용만 학습합니다.(문제유형 6가지)
- 시험문제는 흑백이지만, 교육 효과를 위해 칼라로 학습합니다.
- 실제 문제보다 글자와 화면이 조금 큽니다.

Chapter 01 수험자 유의사항 및 답안 작성요령

◆ 수험자 등록하기 ◆ 답안 작성 준비하기
◆ 답안 저장하고 전송하기

▶ 소스파일 : 없음   ▶ 완성파일 : Part 01\Chapter 01\Ch01_완성.docx

수험자 유의사항

- 수험자는 문제지를 받는 즉시 문제지와 **수험표상의 시험과목(프로그램)이 동일한지 반드시 확인**하여야 합니다.
- 파일명은 본인의 "수험번호-성명"으로 입력하여 답안폴더(내 PC₩문서₩ITQ)에 하나의 파일로 저장해야 하며, 답안문서 파일명이 "수험번호-성명"과 일치하지 않거나, 답안파일을 전송하지 않아 미제출로 처리될 경우 실격처리합니다. (예:12345678-홍길동.docx).
- 답안 작성을 마치면 파일을 저장하고, '답안 전송' 버튼을 선택하여 감독위원 PC로 답안을 전송하십시오. 수험생 정보와 저장한 파일명이 다를 경우 전송되지 않으므로 주의하시기 바랍니다.
- 답안 작성 중에도 주기적으로 저장하고, '답안 전송'하여야 문제 발생을 줄일 수 있습니다. 작업한 내용을 저장하지 않고 전송할 경우 0 전에 저장된 내용이 전송되오니 이점 유의하시기 바랍니다.
- 기타 통신수단(이메일, 메신저, 네트워크 등)을 이용하여 타인에게 전달 또는 외부 반출하는 경우는 부정 처리합니다.
- 시험 중 부주의 또는 고의로 시스템을 파손한 경우는 수험자가 변상해야 하며, <수험자 유의사항>에 기재된 방법대로 이행하지 않아 생기는 불이익은 수험생 당사자의 책임임을 알려 드립니다.
- 문제의 조건은 MS오피스 2021 버전으로 설정되어 있으며 MS오피스 2016은 【 】에 표기되어 있습니다. 이와 관련하여 작성한 답안의 출력형태가 문제지와 다를 수 있습니다.
- 시험을 완료한 수험자는 답안파일이 전송되었는지 확인한 후 감독위원의 지시에 따라 문제지를 제출하고 퇴실합니다.

답안 작성요령

- **온라인 답안 작성 절차**
  수험자 등록 ⇒ 시험 시작 ⇒ 답안파일 저장 ⇒ 답안 전송 ⇒ 시험 종료
- **공통 부문**
  - 글꼴에 대한 기본설정은 맑은고딕, 10포인트, 검정으로 합니다.
  - 문서작성능력평가의 줄간격은 한 페이지 내에서 작성되도록 조정합니다.
  - 각 문항에 주어진 ≪조건≫에 따라 작성하고 언급하지 않은 조건은 ≪출력형태≫와 같이 작성합니다.
  - 수험자는 문제지를 받는 즉시 문제지와 수험표상의 시험과목(프로그램)이 동일한지 반드시 확인하여야 합니다.
  - 여백은 왼쪽·오른쪽 1.1cm , 위쪽·아래쪽·머리글·바닥글 1cm , 제본 0cm 로 합니다.
  - 그림 삽입 문제의 경우 '내 PC₩문서₩ITQ₩Picture' 폴더에서 지정된 파일을 선택하여 삽입하십시오.
  - 삽입한 그림은 반드시 문서에 포함하여 저장해야 합니다(미포함 시 감점 처리).
  - 각 항목은 지정된 페이지에 출력형태와 같이 정확히 작성하시기 바라며, 그렇지 않을 경우에 해당 항목은 0점 처리됩니다.
    ※ 페이지구분 : 1페이지 - 기능평가 I (문제번호 표시 : 1. 2.),
    2페이지 - 기능평가 II (문제번호 표시 : 3. 4.),
    3페이지 - 문서작성 능력평가
- **기능평가**
  - 문제와 ≪조건≫은 입력하지 않으며 문제번호와 답(≪출력형태≫)만 작성합니다.
  - 4번 문제는 묶기를 했을 경우 0점 처리됩니다.
- **문서작성 능력평가**
  - A4 용지(210㎜×297㎜) 1매 크기, 세로 서식 문서로 작성합니다.
  - ┊┊┊ 표시는 문서작성에 대한 지시사항이므로 작성하지 않습니다.

체크! 체크!

수험자 유의사항 및 답안 작성요령

- **수험자 등록** : 수험번호를 입력한 후 수험 정보를 확인한 다음 감독위원의 지시사항에 따릅니다.
- **[전체 구성] 페이지 설정** : 용지 종류(A4 용지(210×297mm)) 및 용지 여백(왼쪽·오른쪽 1.1cm , 위쪽·아래쪽·머리글·바닥글 1cm , 제본 0cm)을 지정한 후 구역을 3개로 나눕니다.
- **답안 저장 및 전송**
  - 저장 위치(내 PC\문서\ITQ)를 선택한 후 파일명(수험번호-성명)으로 저장한 다음 감독위원 PC로 답안을 전송합니다.
  - 저장 위치 및 파일명을 잘못 지정할 경우 답안 전송이 되지 않으니 꼭! 확인해야 합니다.

STEP 01 수험자 등록하기

1 KOAS 수험자용 프로그램을 실행하기 위해 바탕화면에서 **KOAS 수험자용 아이콘을 더블클릭**합니다.

2 [수험자 등록] 대화상자가 나타나면 **수험자와 수험번호를 입력**한 후 **수험과목(MS 워드)을 선택**한 다음 [**확인**] **단추를 클릭**합니다.

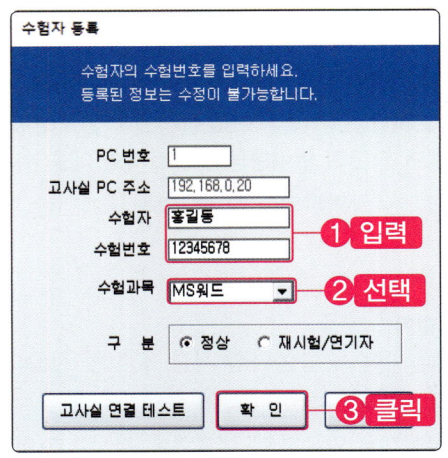

> 실제 시험에서는 수험번호(본인의 수험번호)만 입력합니다.

3 수험번호와 구분이 맞는지 묻는 대화상자가 나타나면 수험번호와 구분을 확인한 후 [**예**] **단추를 클릭**합니다.

4 [수험자 정보] 대화상자가 나타나면 수험번호, 성명, 수험과목, 좌석번호, 답안 폴더를 확인한 후 [**확인**] **단추를 클릭**합니다.

5 컴퓨터가 잠금 상태가 되면 감독위원이 시험을 시작할 때까지 대기합니다.

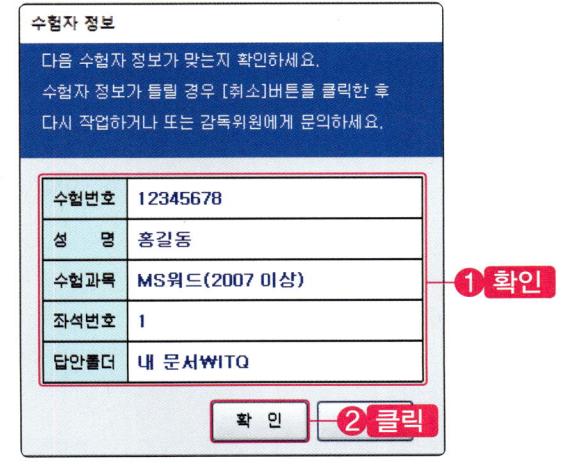

STEP 02 답안 작성 준비하기

〈전체구성〉
- 글꼴에 대한 기본설정은 맑은고딕, 10포인트, 검정으로 합니다.
- 문서작성능력평가의 줄간격은 한 페이지 내에서 작성되도록 조정합니다.
- 여백은 왼쪽·오른쪽 1.1cm , 위쪽·아래쪽·머리글·바닥글 1cm , 제본 0cm 로 합니다.
- 각 항목은 지정된 페이지에 출력형태와 같이 정확히 작성하시기 바라며, 그렇지 않을 경우의 해당 항목은 0점 처리됩니다.
  ※ 페이지구분 : 1페이지 – 기능평가 I (문제번호 표시 : 1. 2.),
  2페이지 – 기능평가 II (문제번호 표시 : 3. 4.),
  3페이지 – 문서작성 능력평가

1 MS 워드를 실행하기 위해 〔시작(⊞)〕을 클릭한 후 앱 뷰에서 〔Word(w)〕를 클릭합니다.

2 MS 워드 시작 화면이 나타나면 〔새 문서〕를 클릭합니다.

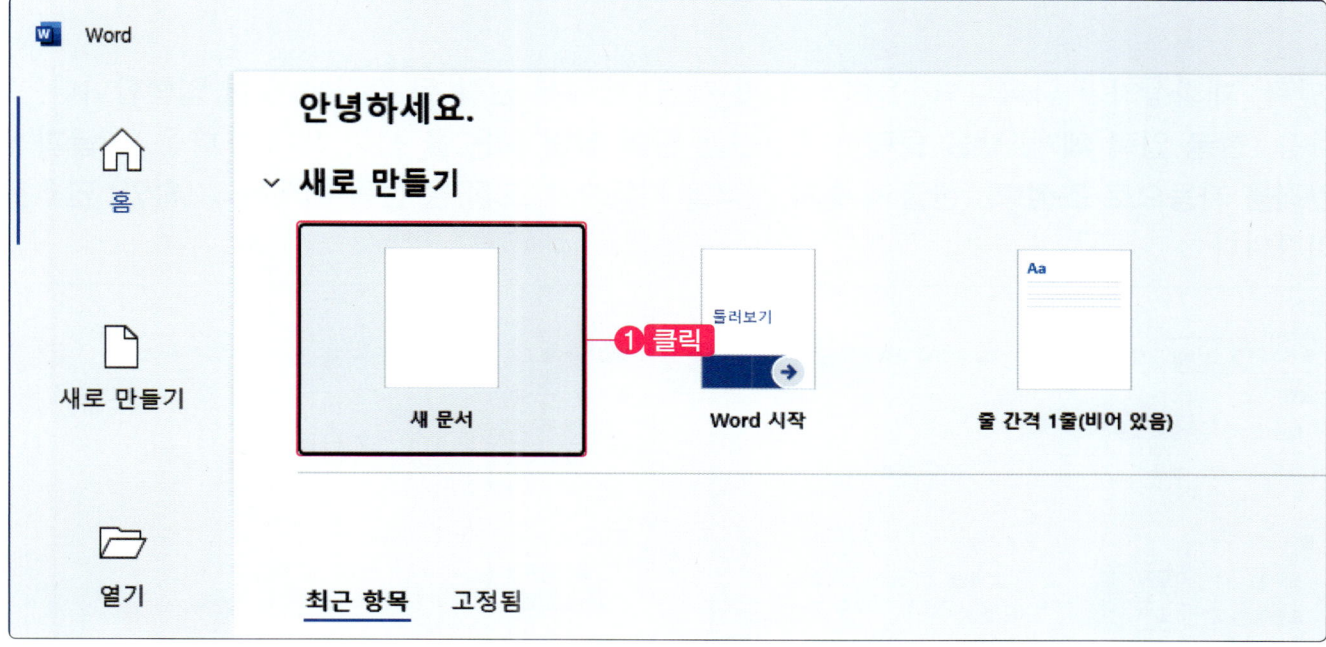

3 MS 워드 화면이 나타나면 〔홈〕 탭-〔글꼴〕 그룹에서 **글꼴(맑은 고딕), 글꼴 크기(10), 글꼴 색(검정)**을 확인한 후 〔홈〕 탭-〔단락〕 그룹에서 〔**양쪽 맞춤(≡)**〕을 확인합니다.

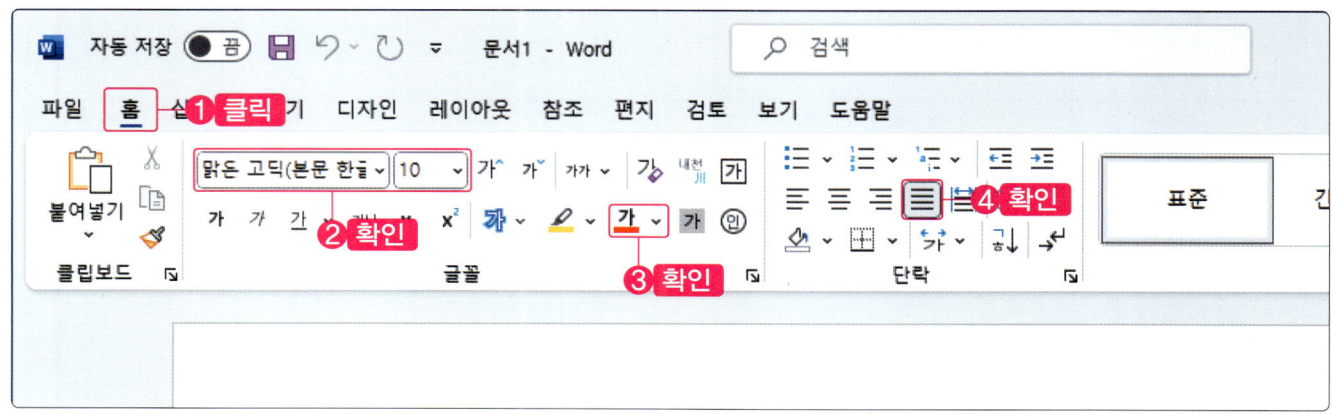

> 글꼴 색은 〔홈〕 탭-〔글꼴〕 그룹에서 〔글자 색(가▾)〕의 〔목록(▾)〕 단추를 클릭하면 확인할 수 있습니다.

〈조건〉 • 문서작성능력평가의 줄간격은 한 페이지 내에서 작성되도록 조정합니다.

4 기본 설정을 지정하기 위해 [홈] 탭-[단락] 그룹에서 [**추가 옵션(🔽)**]을 **클릭**합니다.

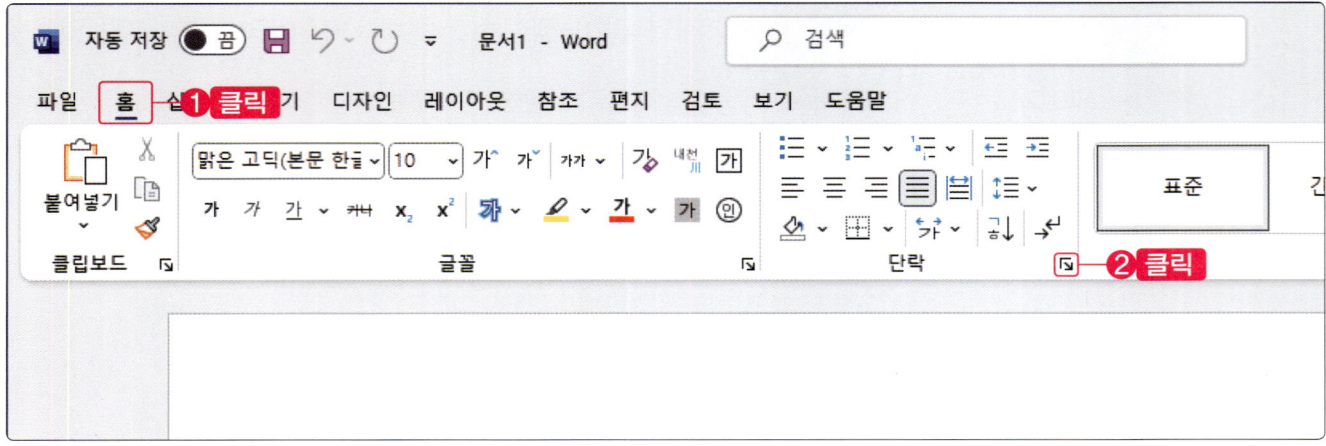

5 [단락] 대화상자가 나타나면 [들여쓰기 및 간격] 탭에서 **단락 뒤 간격에 '0'을 입력**합니다. 그런 다음 [**한글 입력 체계**] **탭을 클릭**한 후 [**한글 단어 잘림 허용**]**을 선택 해제**한 다음 [**한글과 영어 간격을 자동으로 조절**]**과** [**한글과 숫자 간격을 자동으로 조절**]**을 선택 해제**하고 [**확인**] **단추를 클릭**합니다.

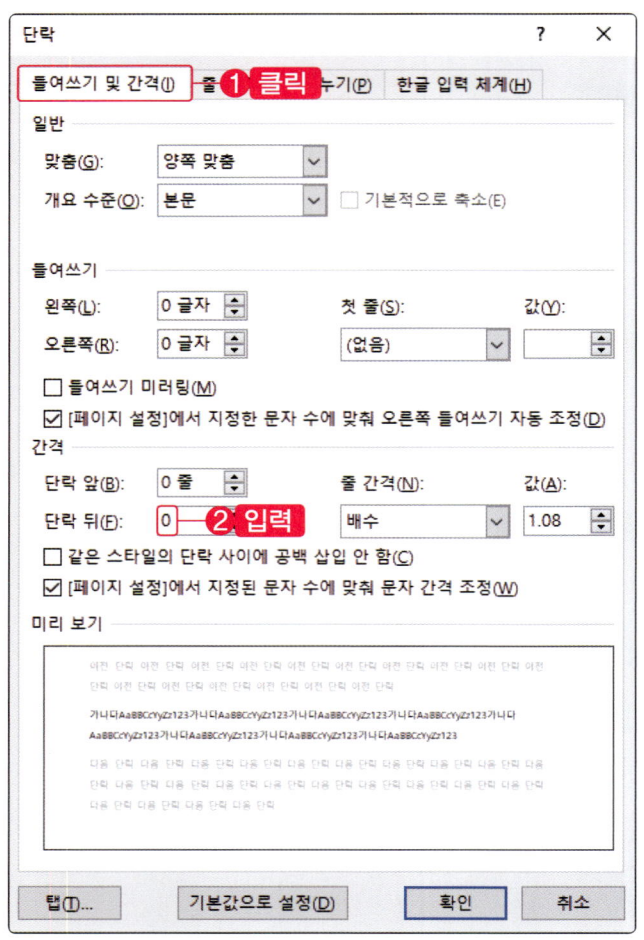
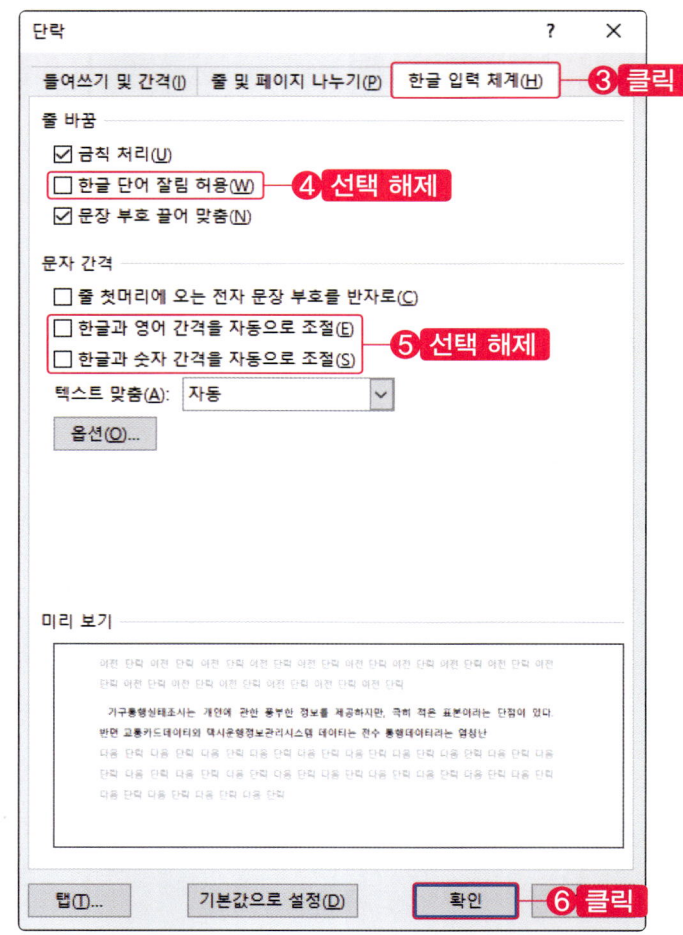

[단락] 대화상자에서 설정하는 지시사항은 별도로 없지만 〈출력형태〉를 참고하여 위 기능을 설정해줘야 문제지와 같이 작성할 수 있습니다.

〈조건〉 · 여백은 왼쪽·오른쪽 1.1cm , 위쪽·아래쪽·머리글·바닥글 1cm , 제본 0cm 로 합니다.

6 편집 용지를 설정하기 위해 [레이아웃] 탭-[페이지 설정] 그룹에서 **추가 옵션( )을 클릭**합니다.

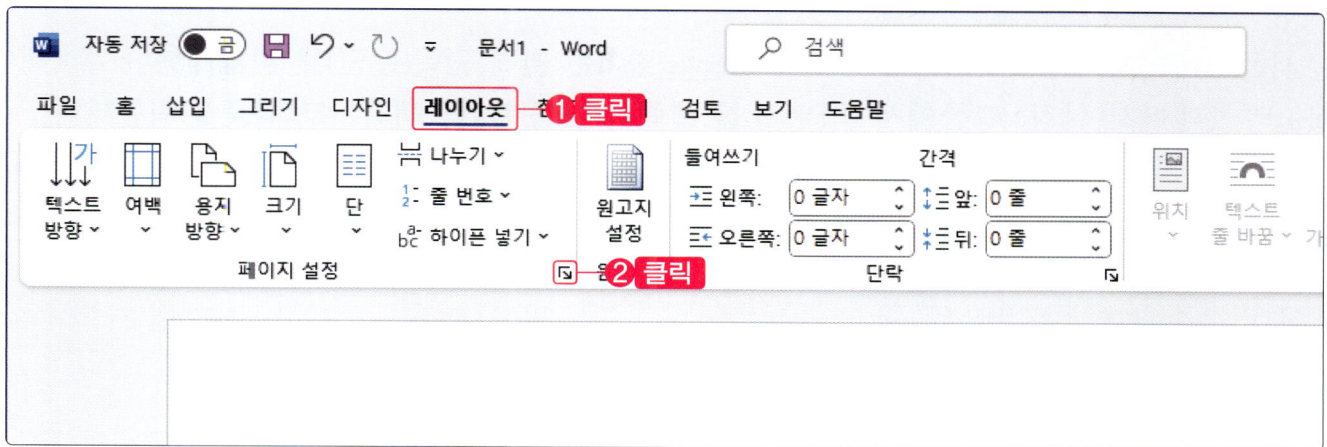

7 [페이지 설정] 대화상자가 나타나면 [여백] 탭에서 **위쪽/아래쪽 여백(1cm), 왼쪽/오른쪽 여백(1.1cm), 제본용 여백(0cm)을 입력**합니다. 그런다음 [레이아웃] 탭에서 **머리글/바닥글(1cm)을 지정**한 후 [확인] 단추를 클릭합니다.

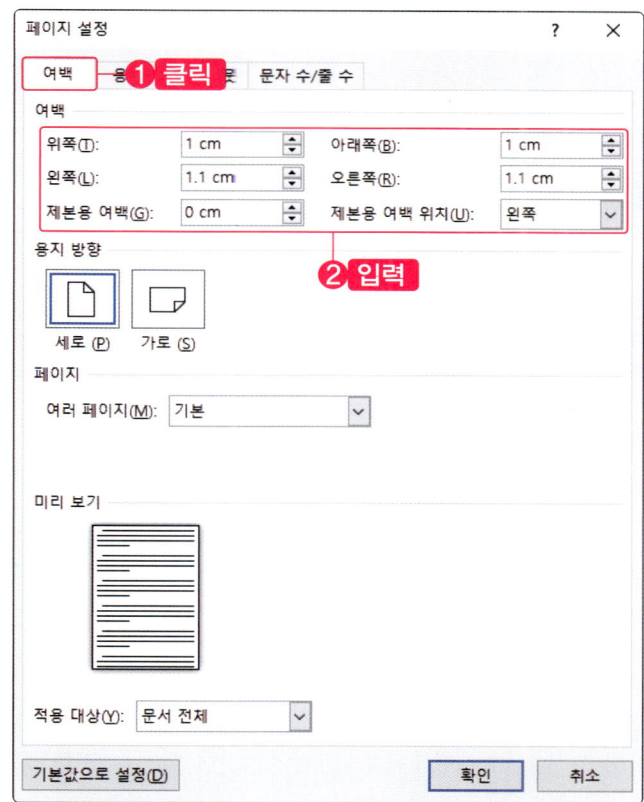
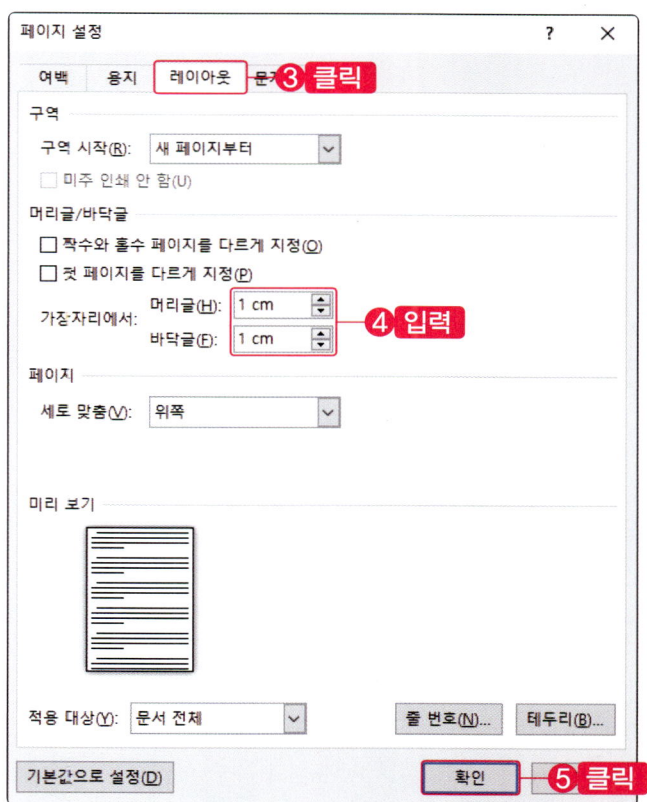

[페이지 설정] 대화상자의 [여백] 탭에서 용지 방향(세로), [용지] 탭에서 용지 크기(A4 210×297 mm)를 확인합니다.

〈조건〉 · 각 항목은 지정된 페이지에 출력형태와 같이 정확히 작성하시기 바라며, 그렇지 않을 경우에 해당 항목은 0점 처리됩니다.
※ 페이지구분 : 1페이지 – 기능평가 I (문제번호 표시 : 1. 2.),
2페이지 – 기능평가 II (문제번호 표시 : 3. 4.),
3페이지 – 문서작성 능력평가

8 문서를 3페이지의 구역으로 나누기 위해 Enter를 4번 눌러 단락(문단)을 강제개행한 후 [레이아웃] 탭-[페이지 설정] 그룹에서 [나누기]를 클릭한 다음 [다음 페이지부터]를 클릭합니다.

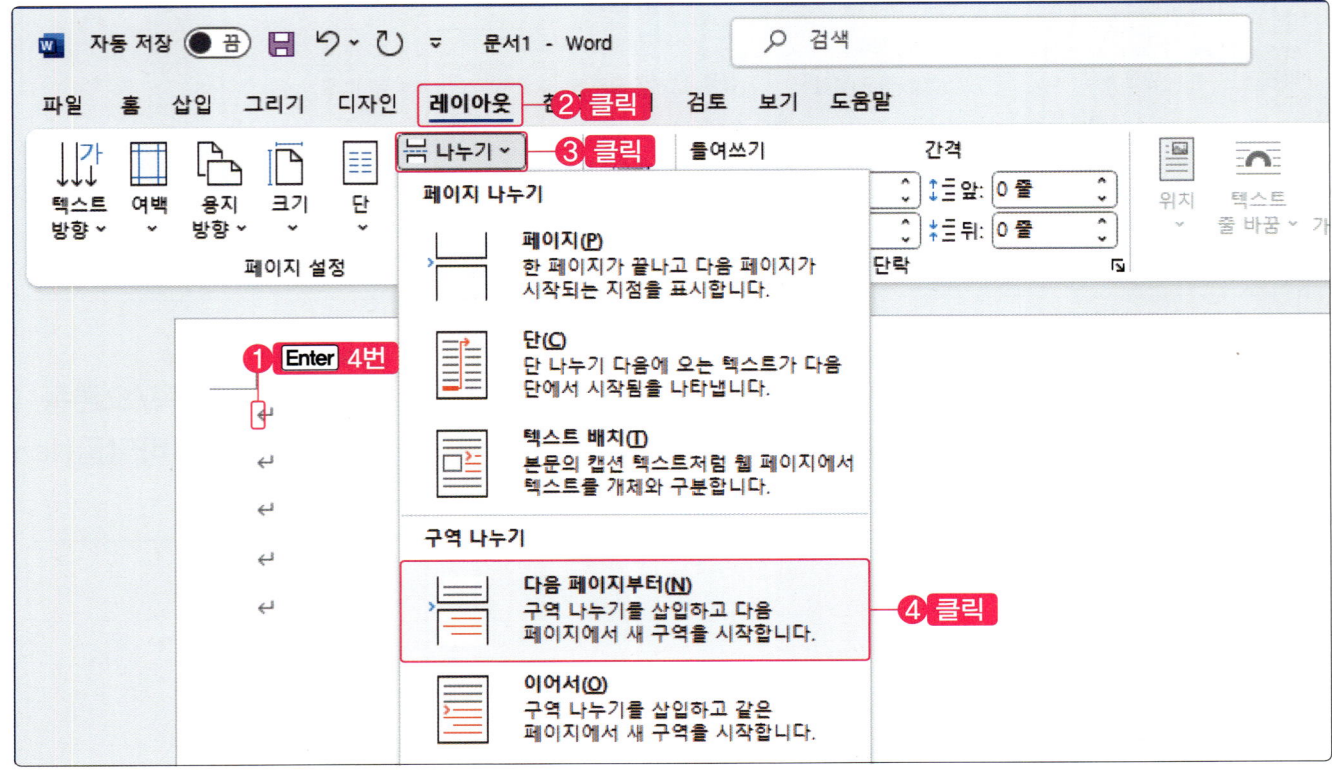

9 문서가 2개의 구역으로 나누어지면 다시 Enter를 4번 눌러 단락(문단)을 강제개행한 후 [레이아웃] 탭-[페이지 설정] 그룹에서 [나누기]를 클릭한 다음 [다음 페이지부터]를 클릭합니다.

한가지 더!

구역 나누기와 페이지 나누기
- **다음 페이지부터** : [레이아웃] 탭-[페이지 설정] 그룹에서 [나누기]-[다음 페이지부터]를 클릭하면 문서를 구역으로 나누어 구역마다 편집 용지나 개요 번호 모양 등을 다르게 지정할 수 있습니다. 문서를 구역으로 나누면 시험의 '문서작성 능력평가'에서 페이지 번호를 매길 경우, 이전 페이지에는 페이지 번호가 매겨지지 않게 할 수 있습니다.
- **페이지 나누기** : 워드에서 내용이 1페이지를 넘어가면 자동으로 페이지가 나누어지지만 [레이아웃] 탭-[페이지 설정] 그룹에서 [나누기]-[페이지]를 클릭하면 내용이 1페이지를 넘어가지 않아도 강제로 페이지를 나눌 수 있습니다. 강제로 페이지를 나누면 시험의 '문서작성 능력평가'에서 페이지 번호를 매길 경우, 이전 페이지에도 페이지 번호가 매겨집니다.

10 문서가 3페이지의 구역으로 나누어집니다.

STEP 03 답안 저장하고 전송하기

수험자 유의사항
파일명은 본인의 "수험번호-성명"으로 입력하여 답안폴더(내 PC₩문서₩ITQ)에 하나의 파일로 저장해야하며, 답안문서 파일명이 "수험번호-성명"과 일치하지 않거나, 답안파일을 전송하지 않아 미제출로 처리될 경우 실격 처리합니다(예:12345678-홍길동.docx).

1 답안을 저장하기 위해 [파일] 탭을 클릭한 후 [다른 이름으로 저장]를 클릭한 다음 [찾아보기]를 클릭합니다.

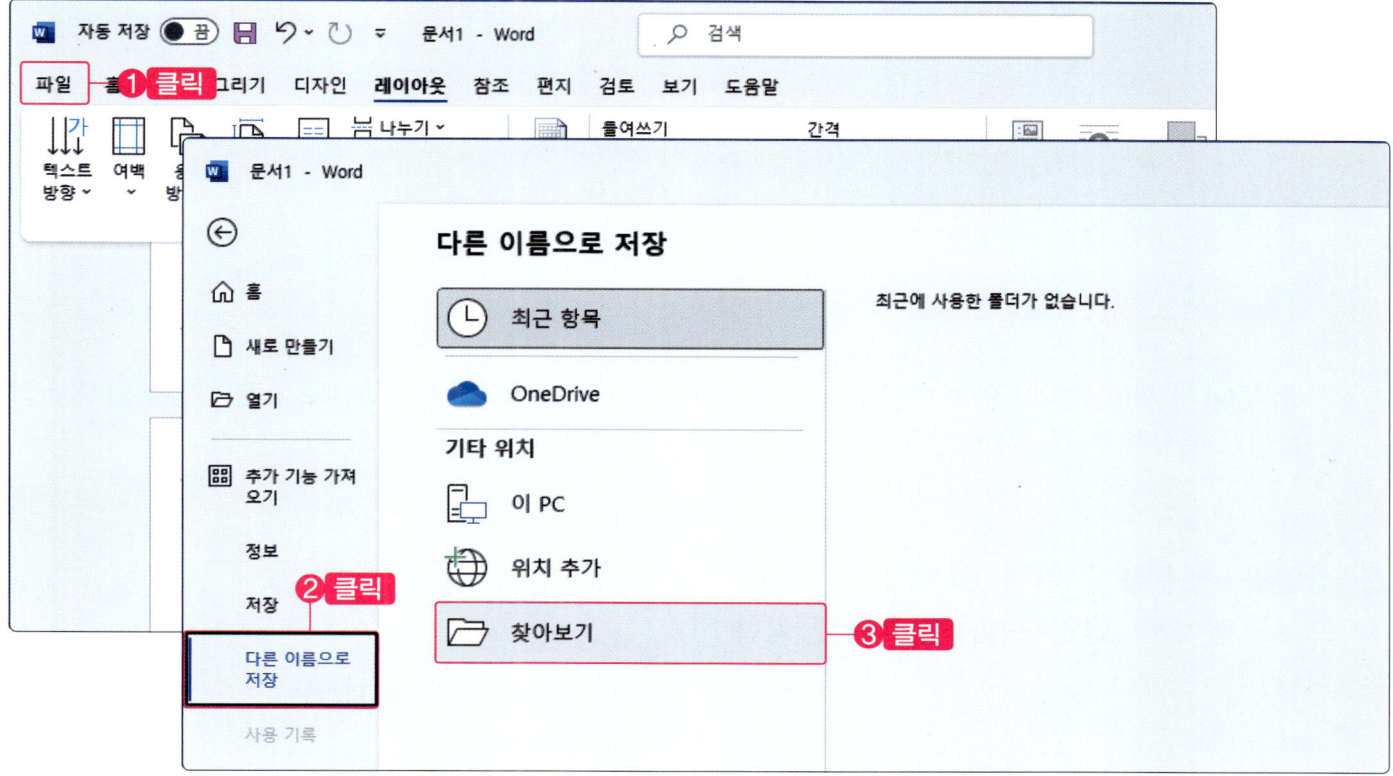

[빠른 실행 도구 모음]에서 [저장(🖫)]을 클릭하거나 Ctrl+S를 눌러 답안을 저장할 수도 있습니다.

2 [다른 이름으로 저장] 대화상자가 나타나면 **저장위치(내 PC\문서\ITQ)를 선택**한 후 **파일 이름(12345678-홍길동)을 입력**한 다음 [저장] 단추를 클릭합니다.

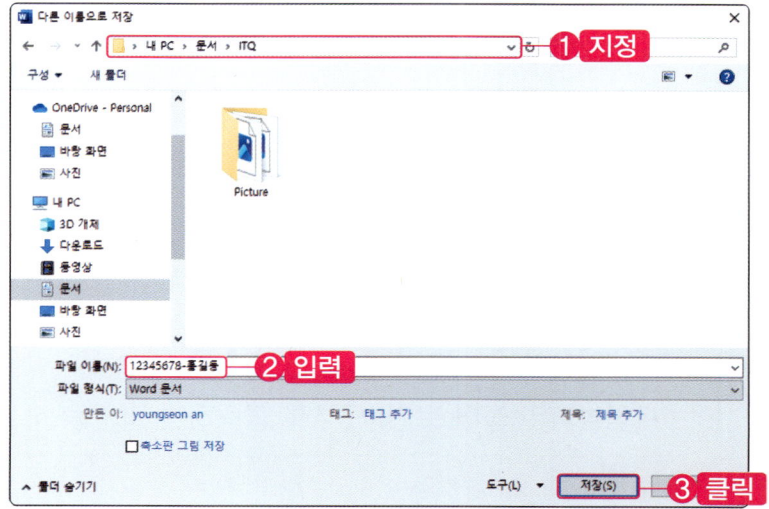

시험에서는 본인의 수험번호와 성명을 조합하여 '수험번호-성명' 형식의 파일 이름을 입력합니다.

3 다음과 같이 답안이 저장됩니다.

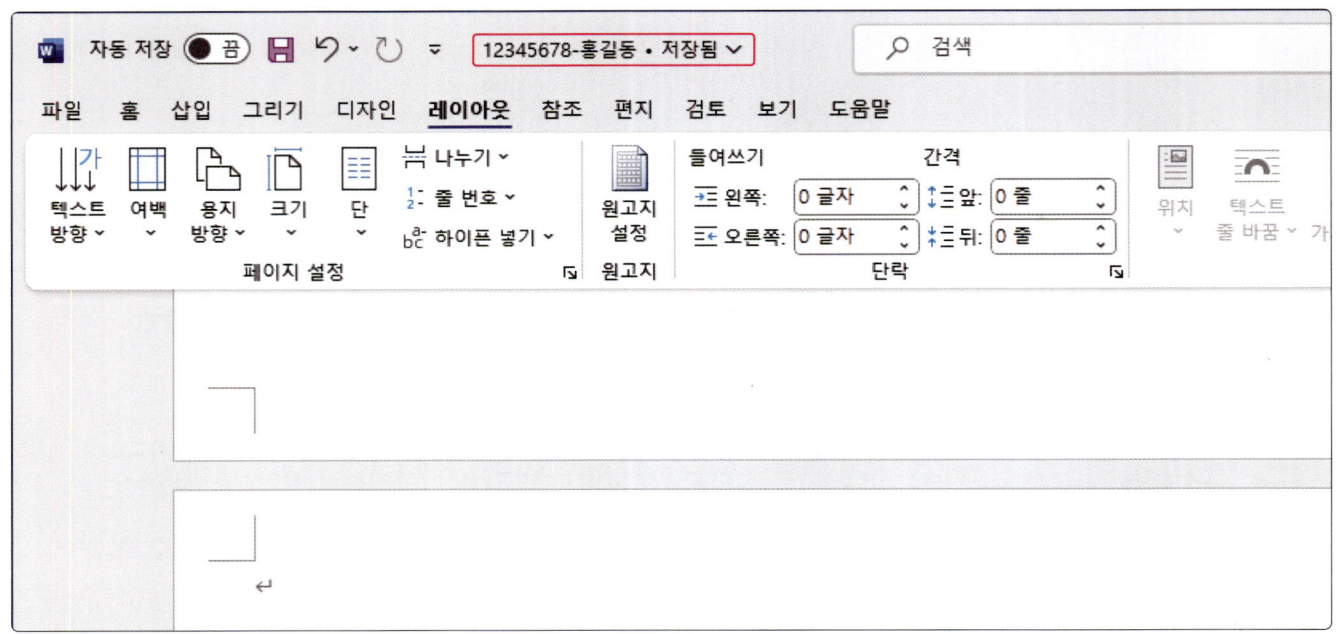

> 시험장에서 저장 위치나 파일 이름을 잘못 지정한 경우 [파일] 탭-[다른 이름으로 저장하기]를 클릭해 답안을 다시 저장한 후 잘못 저장한 답안을 삭제합니다.

4 답안을 전송하기 위해 KOAS 수험자용 프로그램에서 **[답안 전송] 단추를 클릭**합니다.

> - 답안을 작성하는 도중에 주기적으로 [파일] 탭-[저장]을 클릭하거나 Ctrl+S를 눌러 답안을 저장한 후 감독위원 PC로 전송해 두면 오류가 발생한 경우, 전송된 답안을 불러와서 복구할 수 있습니다. 전송된 답안은 KOAS 수험자용 프로그램에서 [답안 가져오기] 단추를 클릭하여 불러오므로 오류가 발생한 경우 감독위원에게 문의합니다.
> - [첨부파일 폴더 보기] 단추를 클릭하면 답안을 작성할 때 사용할 그림이 있는지 확인할 수 있습니다.

5 지금 전송할 것인지 묻는 대화상자가 나타나면 **[예] 단추를 클릭**합니다.

6 〔답안전송〕 대화상자가 나타나면 **파일 목록(12345678-홍길동.docx)과 존재(있음)를 확인**한 후 〔**답안전송**〕**을 클릭**합니다.

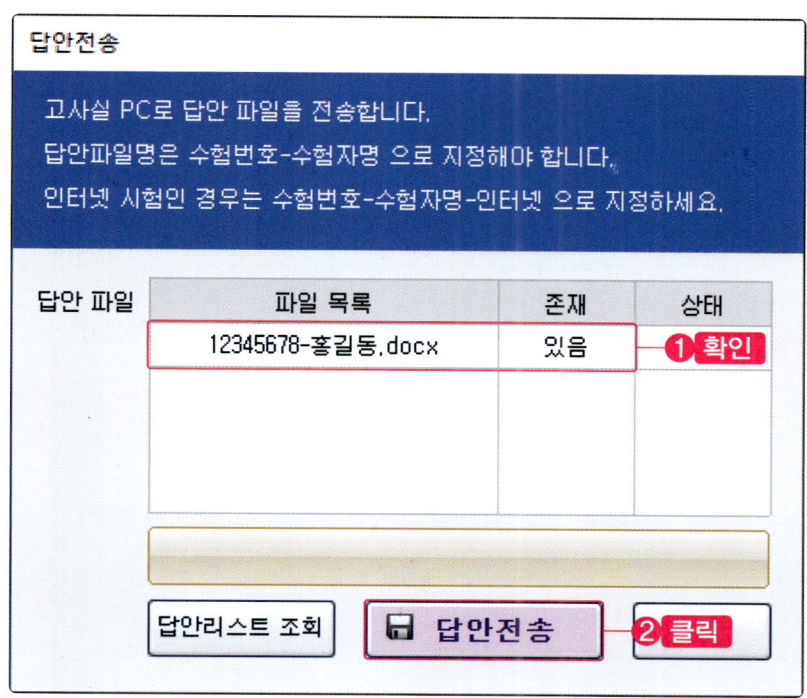

7 답안파일 전송을 성공하였다는 메시지가 나타나면 〔**확인**〕 **단추을 클릭**합니다.

8 〔답안전송〕 대화상자가 다시 나타나면 〔**상태**〕**에 '성공'이 표시되는지 확인**한 후 〔**닫기**〕 **단추를 클릭**합니다.

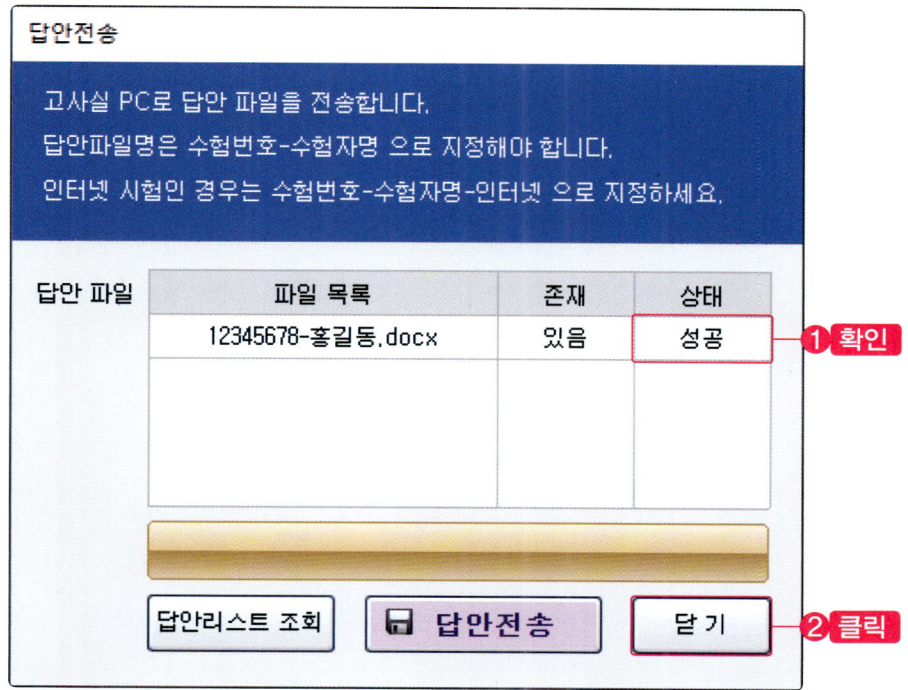

기능평가 Ⅰ - 스타일

◆ 문제 번호와 내용 입력하기 ◆ 새 스타일 만들고 적용하기

▶ 소스파일 : Part 01\Chapter 02\Ch02.docx   ▶ 완성파일 : Part 01\Chapter 02\Ch02_완성.docx

1. 다음의 《조건》에 따라 스타일 기능을 적용하여 《출력형태》와 같이 작성하시오. (50점)

조건

(1) 스타일 이름 - methodology
(2) 단락 - 왼쪽 들여쓰기 : 1.5글자, 단락 뒤 간격 : 12pt(또는 1 줄)
(3) 글꼴 - 글꼴 : 한글(돋움)/영어(굴림), 크기 : 10pt, 장평 : 95%, 간격 : 표준

출력 형태

We will review traffic data that can be used to develop an AI model, build model through a methodology, and review ways to utilize and improve the construction model.

AI 모형을 개발하기 위해 활용 가능한 교통 데이터를 검토하고, 방법론을 통해 AI 모형을 구축하고, 구축 모형의 활용방안과 개선방안에 대해서도 검토하고자 한다.

> **체크! 체크!**
>
> 〔기능평가 Ⅰ〕 스타일
>
> ■ 문제 번호와 내용 입력하기
> - 문제 번호를 입력한 후 내용을 입력합니다.
>   (답안을 작성하지 못한 경우에도 문제 번호는 입력합니다.)
> ■ 새 스타일 만들고 적용하기
> - 스타일을 수정하여 글꼴과 단락을 지정합니다.
> - 오른쪽 끝 글자를 확인해서 오탈자를 체크합니다.

STEP 01 문제 번호와 내용 입력하기

답안 작성요령
※ 페이지구분 : 1페이지 – 기능평가 Ⅰ (문제번호 표시 : 1. 2.),
2페이지 – 기능평가 Ⅱ (문제번호 표시 : 3. 4.),
3페이지 – 문서작성 능력평가

1 1페이지의 첫 번째 줄에 **문제 번호(1.)를 입력**합니다.

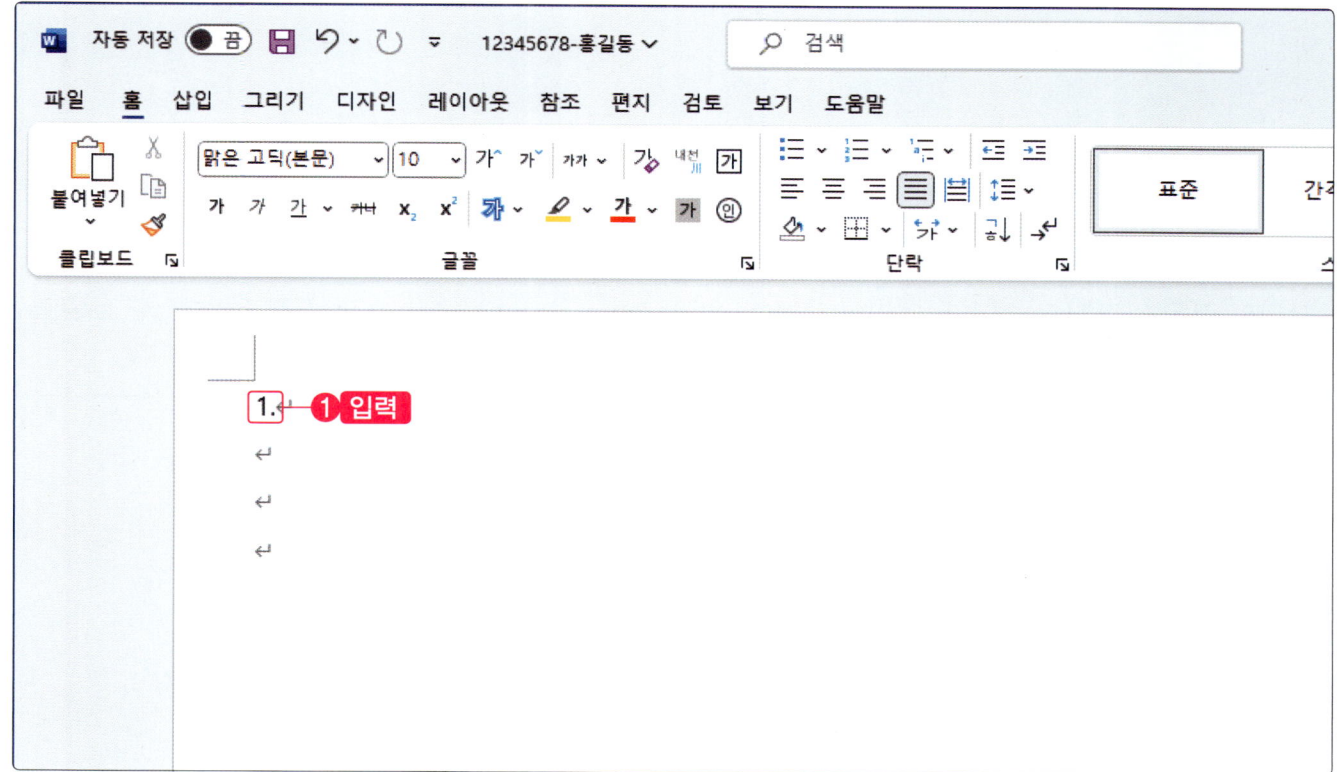

- 답안을 작성하지 못한 경우에도 문제 번호는 입력합니다.
- 〔홈〕 탭–〔단락〕 그룹에서 〔편집 기호 표시/숨기기(⏎)〕를 선택하면 [SpaceBar]를 눌러 한 칸 띄운 곳(·) 및 〔▬▬ 구역 나누기(다음 페이지부터) ▬▬〕 등을 확인할 수 있습니다.
- 단락은 [Enter]를 누른 곳에서부터 다음 [Enter]를 누른 곳까지입니다.

2 두 번째 단락에 다음과 같이 **내용을 입력**합니다.

> We will review traffic data that can be used to develop an AI model, build model through a methodology, and review ways to utilize and improve the construction model.
>
> AI 모형을 개발하기 위해 활용 가능한 교통 데이터를 검토하고, 방법론을 통해 AI 모형을 구축하고, 구축 모형의 활용방안과 개선방안에 대해서도 검토하고자 한다.

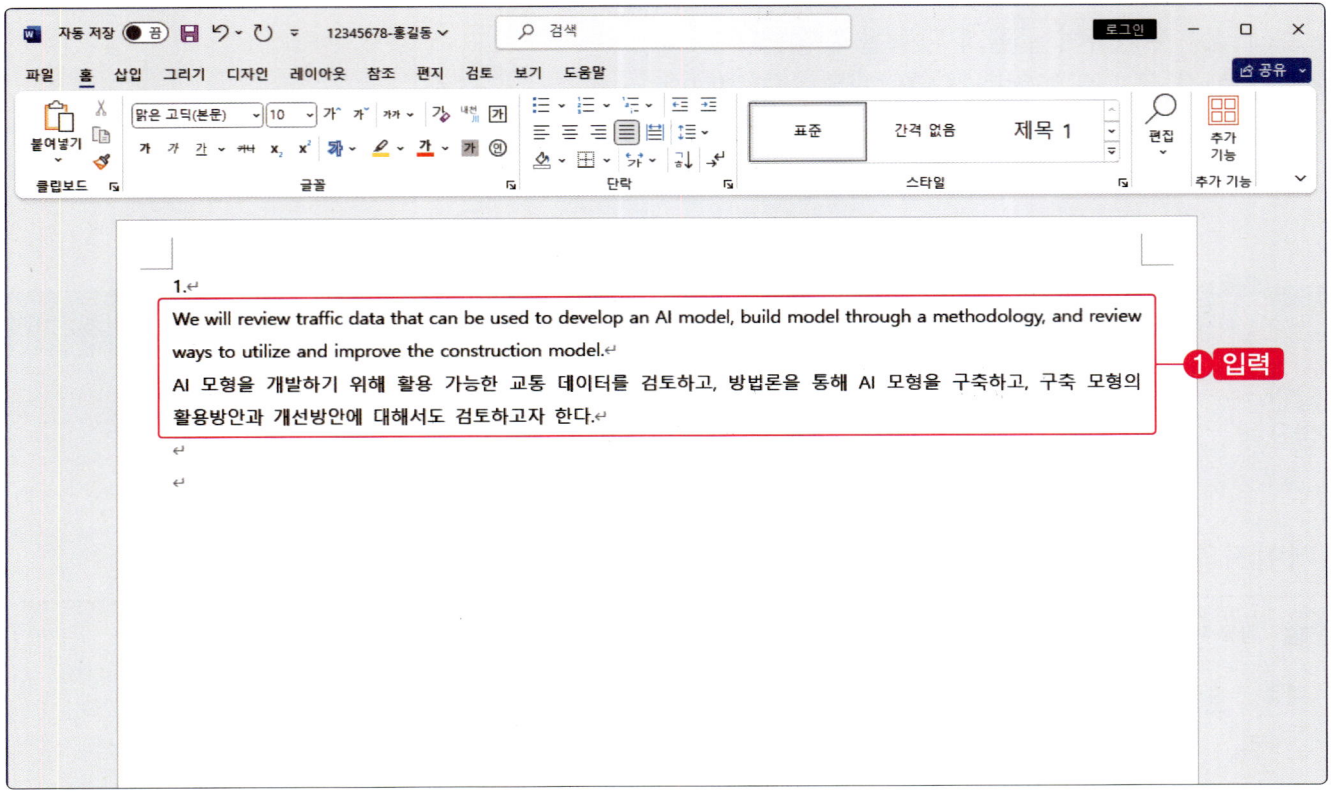

❶ 입력

> MS 워드에서는 내용이 1줄을 넘어가면 자동으로 줄이 바꾸어지므로 단락을 바꾸기 전에는 Enter를 눌러 강제로 줄을 바꾸지 않습니다. 여기서는 'We will review ~ construction model.'를 입력한 후 Enter를 눌러 줄을 바꾼 다음 'AI 모형을 개발하기 ~ 검토하고자 한다.'를 입력합니다.

STEP 02 새 스타일 만들고 적용하기

〈조건〉
(1) 스타일 이름 – methodology
(2) 단락 – 왼쪽 들여쓰기 : 1.5글자, 단락 뒤 간격 : 12pt(또는 1 줄)
(3) 글꼴 – 글꼴 : 한글(돋움)/영어(굴림), 크기 : 10pt, 장평 : 95%, 간격 : 표준

1 **입력한 내용을 드래그하여 블록으로 설정**한 후 [홈] 탭-[스타일] 그룹에서 [**목록(▼)**]을 **클릭**한 다음 [**스타일 만들기**]를 **클릭**합니다.

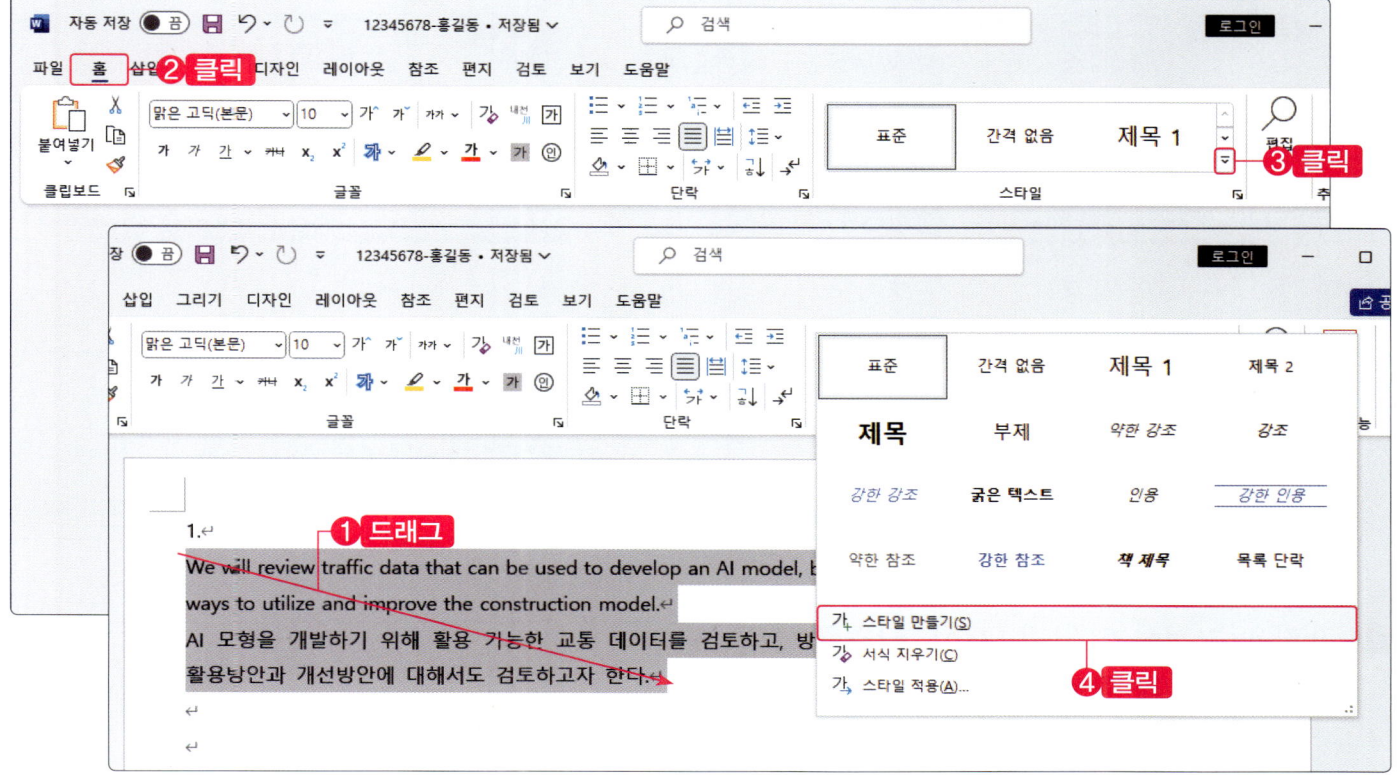

- 스타일은 [글꼴]이나 [단락] 등을 미리 지정하여 하나의 형식으로 만들어 놓은 것입니다. 스타일을 만들어 놓으면 글꼴이나 단락 등을 한 번에 지정할 수 있습니다.
- [홈] 탭-[스타일] 그룹에서 [목록(▼)]을 클릭한 후 [스타일 만들기]을 클릭하거나 [홈] 탭-[스타일] 그룹에서 [추가 옵션(⬂)]을 클릭한 후 [새 스타일(⚙)]을 클릭 해 새 스타일을 만들 수도 있습니다.
- 내용을 블록으로 설정하라는 것은 내용을 드래그하여 선택하라는 것입니다. 새 스타일을 만든 후 바로 새 스타일을 적용하기 위해 내용을 블록으로 설정한 것입니다.

2 [서식에서 새 스타일 만들기] 대화상자가 나타나면 **이름(methodology)을 입력**한 후 [**수정**] 단추를 **클릭**합니다.

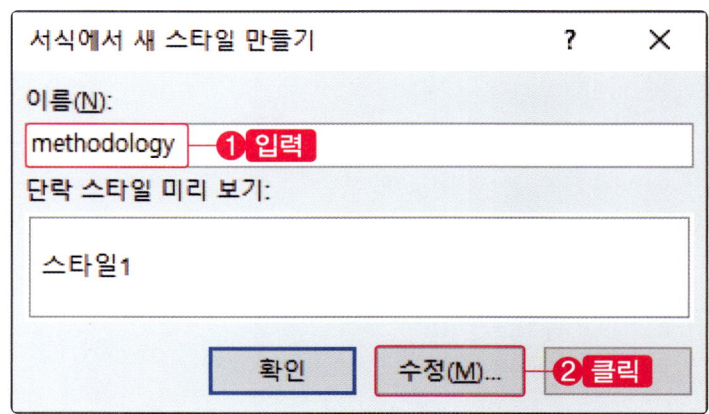

〈조건〉 (3) 글꼴 – 글꼴 : 한글(돋움)/영어(굴림), 크기 : 10pt, 장평 : 95%, 간격 : 표준

3 〔서식에서 새 스타일 만들기〕 대화상자가 나타나면 **언어(한글)**을 확인한 후 **글꼴(돋움)**을 선택합니다. 그런다음 **언어(영어)**을 선택한 후 **글꼴(굴림)**을 선택합니다.

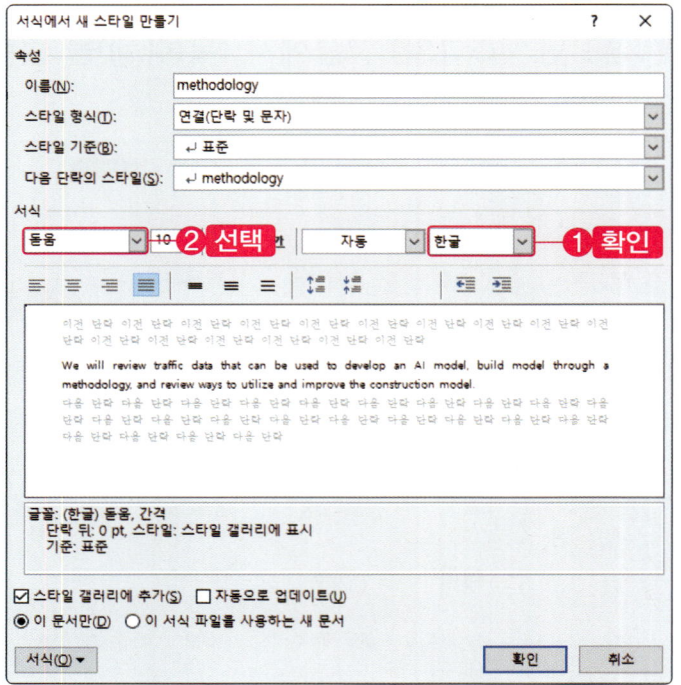 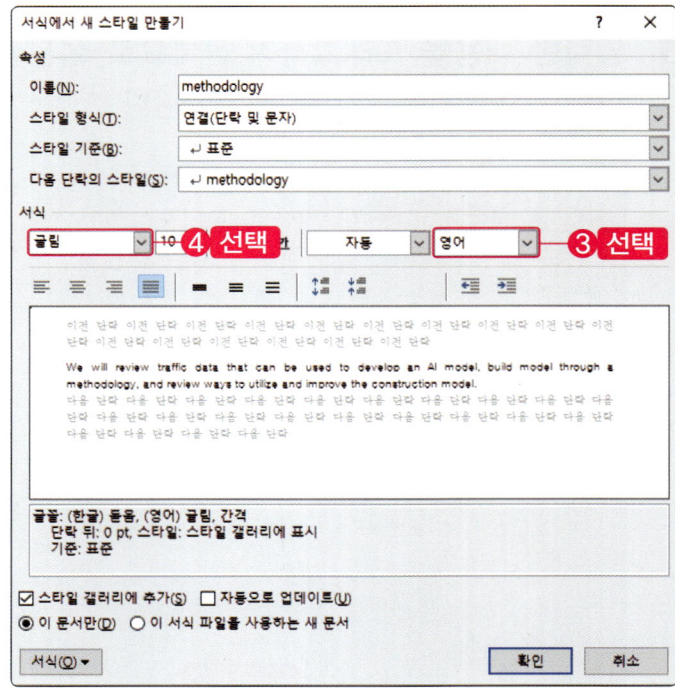

4 장평을 지정하기 위해 〔**서식**〕 단추를 클릭한 후 〔**글꼴**〕을 클릭합니다.

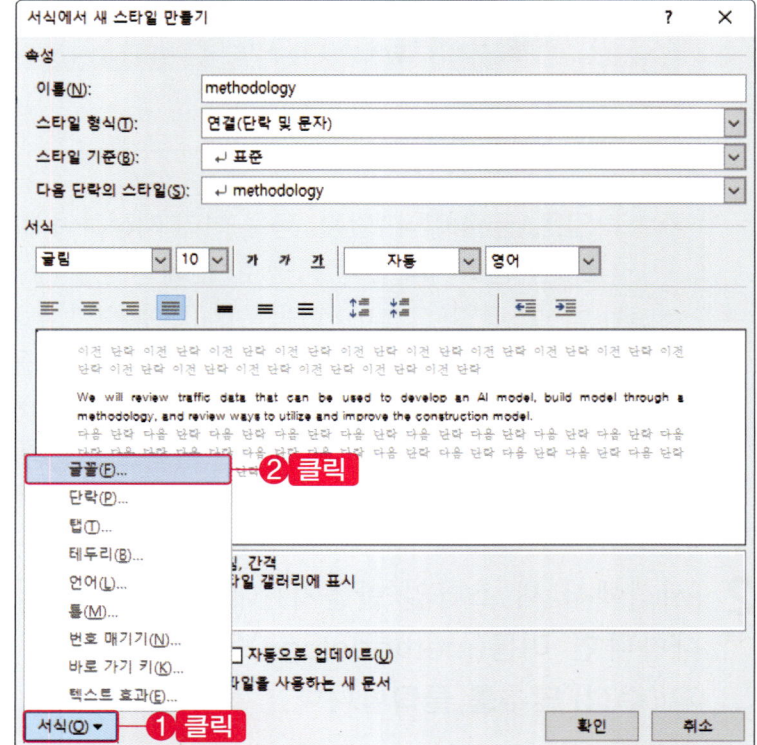

〈조건〉 (2) 단락 – 왼쪽 들여쓰기 : 1.5글자, 단락 뒤 간격 : 12pt(또는 1 줄)

5 〔글꼴〕 대화상자가 나타나면 〔고급〕 탭에서 **장평(95)을 입력**한 후 〔확인〕 단추를 클릭합니다.

> 장평은 글자의 세로에 대한 가로의 비율이고, 간격은 글자와 글자 사이의 간격입니다. 장평이 100%보다 작으면 글자의 가로 폭이 세로 폭보다 좁아지고, 100%보다 크면 글자의 가로 폭이 세로 폭보다 넓어집니다.

6 〔서식에서 새 스타일 만들기〕 대화상자가 다시 나타나면 〔**서식**〕 **단추를 클릭**한 후 〔**단락**〕을 **클릭**합니다.

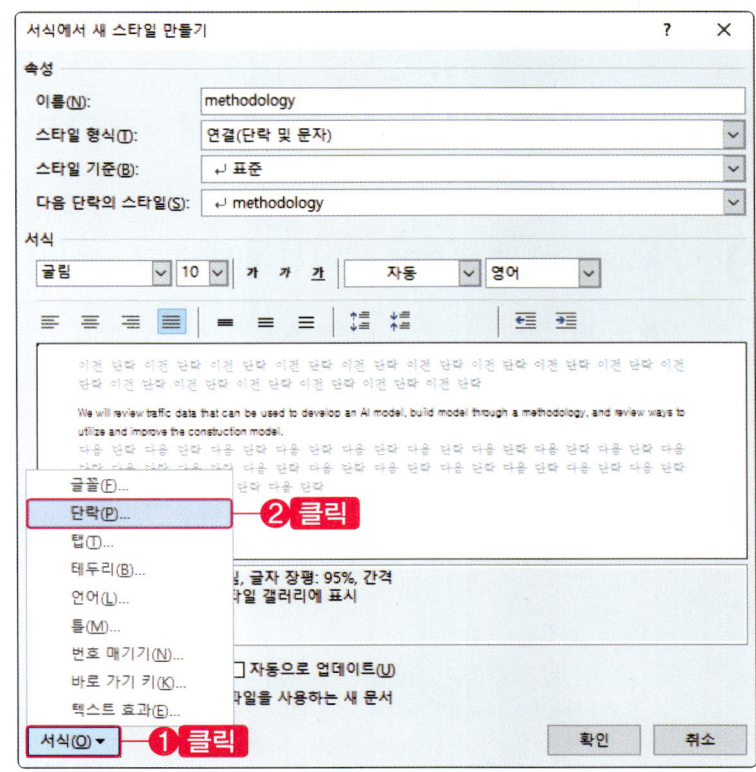

〈조건〉　(2) 단락 – 왼쪽 들여쓰기 : 1.5글자, 단락 뒤 간격 : 12pt(또는 1 줄)

7 〔단락〕 대화상자가 나타나면 〔들여쓰기 및 간격〕 탭에서 **왼쪽 들여쓰기(1.5 글자)를 지정**한 후 **단락 뒤 간격(12pt)을 입력**한 다음 〔**확인**〕 **단추를 클릭**합니다.

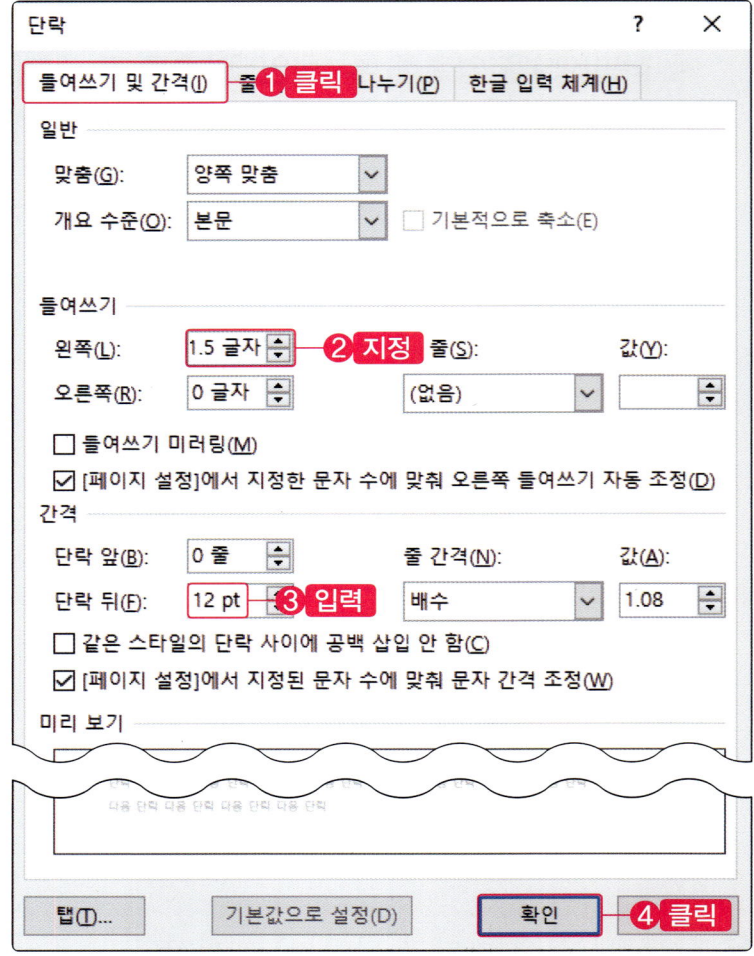

8 〔서식에서 새 스타일 만들기〕 대화상자가 다시 나타나면 〔**확인**〕 **단추를 클릭**합니다.

9 다음과 같이 블록으로 지정한 단락에 스타일이 지정됩니다.

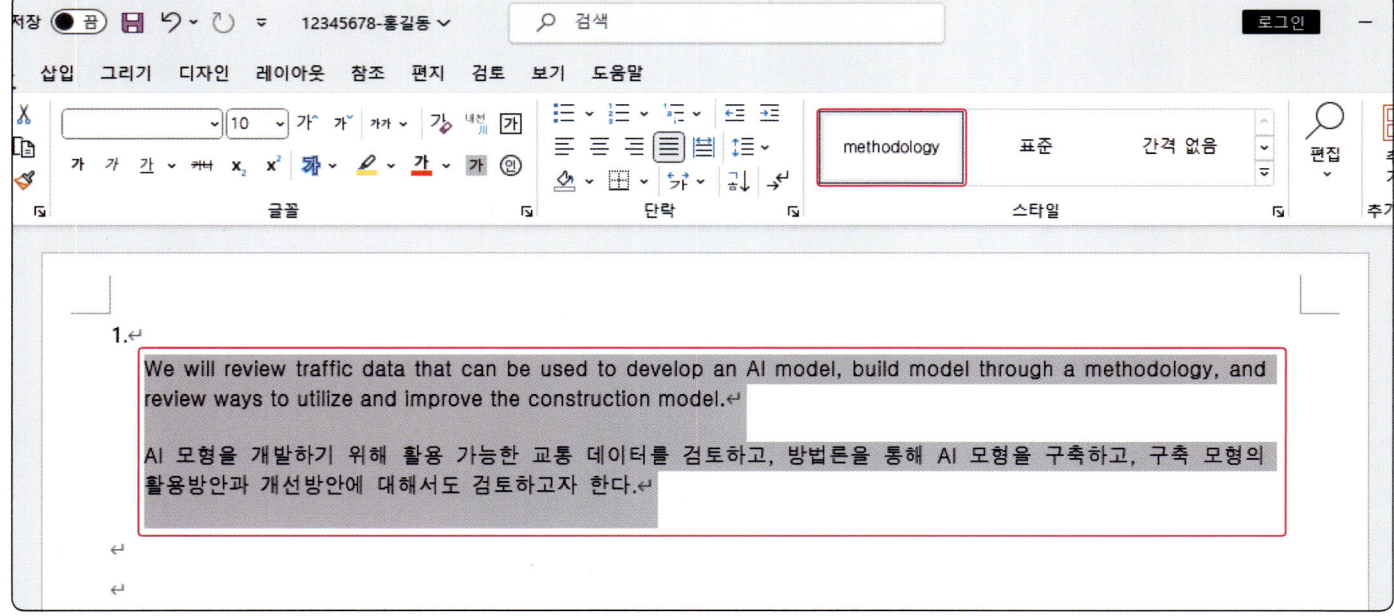

1 다음의 《조건》에 따라 스타일 기능을 적용하여 《출력형태》와 같이 작성하시오. (50점)

▶ 소스파일 : Part 01\Chapter 02\문제01.docx   ▶ 완성파일 : Part 01\Chapter 02\문제01_완성.docx

《조건》
(1) 스타일 이름 - divide
(2) 단락 - 왼쪽 들여쓰기 : 1.5 글자, 단락 뒤 간격 : 12pt(또는 1줄)
(3) 글꼴 - 글꼴 : 한글(굴림)/영어(돋움), 크기 : 10pt, 장평 : 105%, 간격 : 표준

《출력형태》

A digital divide is an economic and social inequality with regard to access to, use of, or impact of information and communication technologies.

정보격차는 교육, 소득 수준, 성별, 지역 등의 차이로 인해 정보에 대한 접근과 이용이 차별되고 그 결과 경제적, 사회적 불균형이 발생하는 현상이다.

2 다음의 《조건》에 따라 스타일 기능을 적용하여 《출력형태》와 같이 작성하시오. (50점)

▶ 소스파일 : Part 01\Chapter 02\문제02.docx   ▶ 완성파일 : Part 01\Chapter 02\문제02_완성.docx

《조건》
(1) 스타일 이름 - virtual
(2) 단락 - 왼쪽 들여쓰기 : 1.5 글자, 단락 뒤 간격 : 12pt(또는 1줄)
(3) 글꼴 - 글꼴 : 한글(굴림)/영어(돋움), 크기 : 10pt, 장평 : 105%, 간격 : 표준

《출력형태》

Virtual Reality(VR) s a computer-generated environment with scenes and objects that appear to be real, making the user feel they are immersed in their surroundings.

가상현실을 통해 우리는 마치 우리가 주인공이 된 것처럼 비디오 게임에 몰입하고, 심장 수술을 수행하는 방법을 배우거나, 성능을 극대화하기 위해 스포츠 훈련의 품질을 향상할 수 있다.

Practical question type

실전문제유형

MS-WORD 2021

3 다음의 《조건》에 따라 스타일 기능을 적용하여 《출력형태》와 같이 작성하시오. (50점)

▶ 소스파일 : Part 01\Chapter 02\문제03.docx   ▶ 완성파일 : Part 01\Chapter 02\문제03_완성.docx

《조건》
(1) 스타일 이름 - construction
(2) 단락 - 왼쪽 들여쓰기 : 1.5 글자, 단락 뒤 간격 : 12pt(또는 1줄)
(3) 글꼴 - 글꼴 : 한글(굴림)/영어(돋움), 크기 : 10pt, 장평 : 95%, 간격 : 표준

《출력형태》

Construction technology refers to changing the natural environment and making structures in the natural environment for a more convenient and comfortable life for humans.

건설기술은 인간이 더욱더 편리하고 안락한 생활을 위하여 자연환경을 변화시키고, 그 자연환경에 구조물을 만드는 것을 말하며 수송 시스템, 산업 및 에너지 관련 프로젝트의 설계에 사용된다.

4 다음의 《조건》에 따라 스타일 기능을 적용하여 《출력형태》와 같이 작성하시오. (50점)

▶ 소스파일 : Part 01\Chapter 02\문제04.docx   ▶ 완성파일 : Part 01\Chapter 02\문제04_완성.docx

《조건》
(1) 스타일 이름 - unification
(2) 단락 - 왼쪽 들여쓰기 : 1.5 글자, 단락 뒤 간격 : 12pt(또는 1줄)
(3) 글꼴 - 글꼴 : 한글(돋움)/영어(굴림), 크기 : 10pt, 장평 : 95%, 간격 : 표준

《출력형태》

In 1960s, public discussions on unification issues sprang up in various sectors in South Korean society and government felt the need set up a consistent unification policy.

1960년대 통일 문제에 대한 대중의 논의는 한국 사회의 여러 분야에서 시작되었고, 정부는 국민들의 말에 귀를 기울이고 일관된 통일 정책을 수립할 필요성을 느꼈다.

5 다음의 《조건》에 따라 스타일 기능을 적용하여 《출력형태》와 같이 작성하시오. (50점)

▶ 소스파일 : Part 01\Chapter 02\문제05.docx   ▶ 완성파일 : Part 01\Chapter 02\문제05_완성.docx

《조건》
(1) 스타일 이름 - data
(2) 단락 - 왼쪽 들여쓰기 : 1.5 글자, 단락 뒤 간격 : 12pt(또는 1줄)
(3) 글꼴 - 글꼴 : 한글(돋움)/영어(굴림), 크기 : 10pt, 장평 : 95%, 간격 : 표준

《출력형태》

Data analytics has become an important technological factor in medical and public health in collecting and screening data for COVID-19 treatment research and clinical trials.

데이터 분석은 코로나19 치료 연구 및 임상 시험을 위한 데이터 수집과 선별에 있어 의료 및 공중 보건의 중요한 기술적 요소가 되었다.

6 다음의 《조건》에 따라 스타일 기능을 적용하여 《출력형태》와 같이 작성하시오. (50점)

▶ 소스파일 : Part 01\Chapter 02\문제06.docx   ▶ 완성파일 : Part 01\Chapter 02\문제06_완성.docx

《조건》
(1) 스타일 이름 - copyright
(2) 단락 - 왼쪽 들여쓰기 : 1.5 글자, 단락 뒤 간격 : 12pt(또는 1줄)
(3) 글꼴 - 글꼴 : 한글(굴림)/영어(바탕), 크기 : 10pt, 장평 : 95%, 간격 : 표준

《출력형태》

Copyright enriches the life of people. For culture and arts of life and development of scientific journals toward intellectual life, the copyright protection is essential.

저작권자는 자신의 저작권이 침해되었을 경우 해당 저작물에 대한 복제 및 전송 중단 요청 민사상 손해배상 청구, 형사 고소를 할 수 있다.

Practical question type — 실전문제유형 (MS-WORD 2021)

7 다음의 《조건》에 따라 스타일 기능을 적용하여 《출력형태》와 같이 작성하시오. (50점)

▶ 소스파일 : Part 01\Chapter 02\문제07.docx   ▶ 완성파일 : Part 01\Chapter 02\문제07_완성.docx

《조건》
(1) 스타일 이름 - goyang
(2) 단락 - 왼쪽 들여쓰기 : 1.5 글자, 단락 뒤 간격 : 12pt(또는 1줄)
(3) 글꼴 - 글꼴 : 한글(굴림)/영어(돋움), 크기 : 10pt, 장평 : 95%, 간격 : 표준

《출력형태》

Goyang international flower foundation has stepped forward to the center of world floriculture industry since 1997. Until now, we had 9 times of Goyang Autumn Flower Festival.

1997년에 처음 개최된 고양국제꽃박람회는 현재까지 총 370만 명에 이르는 관람객이 방문하여 국제박람회로 자리매김하고 있습니다.

---

8 다음의 《조건》에 따라 스타일 기능을 적용하여 《출력형태》와 같이 작성하시오. (50점)

▶ 소스파일 : Part 01\Chapter 02\문제08.docx   ▶ 완성파일 : Part 01\Chapter 02\문제08_완성.docx

《조건》
(1) 스타일 이름 - metaverse
(2) 단락 - 왼쪽 들여쓰기 : 1.5 글자, 단락 뒤 간격 : 12pt(또는 1줄)
(3) 글꼴 - 글꼴 : 한글(돋움)/영어(굴림), 크기 : 10pt, 장평 : 95%, 간격 : 표준

《출력형태》

Due to the influence of COVID-19, the demand for non-face-to-face services has increased for "social distancing" has increased. Metaverse provides a platform for people to gather and work online.

코로나 19의 영향으로 비대면 서비스의 수요가 높아지고 '사회적 거리두기'를 위해 실내에 머무는 시간이 증가했다. 메타버스는 온라인에서 사람들이 모이고, 활동할 수 있는 플랫폼을 제공해주고 있다.

9 다음의 《조건》에 따라 스타일 기능을 적용하여 《출력형태》와 같이 작성하시오. (50점)

▶ 소스파일 : Part 01\Chapter 02\문제09.docx   ▶ 완성파일 : Part 01\Chapter 02\문제09_완성.docx

《조건》
(1) 스타일 이름 - agriculture
(2) 단락 - 왼쪽 들여쓰기 : 1.5 글자, 단락 뒤 간격 : 12pt(또는 1줄)
(3) 글꼴 - 글꼴 : 한글(굴림)/영어(돋움), 크기 : 10pt, 장평 : 95%, 간격 : 표준

《출력형태》

The participation of urban residents in agricultural activities is spreading. Some of those activities are exemplified by growing vegetables or flowers in kitchen gardens or working on an educational farm.

도시지역에서 다양한 형태로 전개되는 농업은 신선하고 안전한 농산물을 공급하는 역할을 비롯하여, 체험이나 학습 기회를 제공하고 생물다양성을 유지하면서 이산화탄소를 저감하는 등의 역할이 높게 평가되고 있다.

10 다음의 《조건》에 따라 스타일 기능을 적용하여 《출력형태》와 같이 작성하시오. (50점)

▶ 소스파일 : Part 01\Chapter 02\문제10.docx   ▶ 완성파일 : Part 01\Chapter 02\문제10_완성.docx

《조건》
(1) 스타일 이름 - climate
(2) 단락 - 왼쪽 들여쓰기 : 1.5 글자, 단락 뒤 간격 : 12pt(또는 1줄)
(3) 글꼴 - 글꼴 : 한글(궁서)/영어(돋움), 크기 : 10pt, 장평 : 105%, 간격 : 표준

《출력형태》

Climate change is one of the greatest challenges facing humanity. To address climate change, countries adopted the Paris Agreement to limit global temperature rise to well below 2 degrees Celsius.

온실효과란 태양으로부터 지구로 유입되었다가 대기 중 온실기체에 의해 다시 우주로 방출되는 열의 일부를 온실가스가 흡수하여 대기를 따뜻하게 유지시켜 지구가 마치 온실의 유리처럼 보온되는 것을 말한다.

Chapter 03 기능평가 Ⅰ - 표

- 문제 번호 입력하고 표 작성하기
- 합계 계산하기
- 셀 음영과 테두리 지정하기
- 캡션 작성하기

▶ 소스파일 : Part 01\Chapter 03\Ch03.docx   ▶ 완성파일 : Part 01\Chapter 03\Ch03_완성.docx

2. 다음의 《조건》에 따라 《출력형태》와 같이 표와 차트를 작성하시오. (100점)

표 조건

(1) 표 전체(표, 캡션) - 돋움, 10pt
(2) 맞춤 - 문자 : 가운데 맞춤, 숫자 : 오른쪽 맞춤
(3) 셀 음영 : 노랑
(4) 계산 기능을 이용하여 빈칸에 합계를 구하고, 캡션 기능 사용할 것
(5) 테두리 모양은 《출력형태》와 동일하게 처리할 것

출력 형태

서울시 가구통행실태조사 표본 할당(단위 : 천 명)

구분	5-19세	20-24세	35-49세	50-64세	합계
남성	555	952	1,095	1,017	
여성	534	1,051	1,111	1,106	
표본1	140	240	270	250	
표본2	110	160	180	120	

체크! 체크!

[기능평가 Ⅰ] 표

- **문제 번호 입력하고 표 작성하기**
  - 문제 번호를 입력한 후 표를 작성합니다.
    (답안을 작성하지 못한 경우에도 문제 번호는 입력합니다.)
  - 표를 작성한 후 정렬을 지정합니다.
- **셀 음영과 테두리 지정하기**
  - 셀 음영 색 '노랑'을 지정합니다.
  - 이중 실선 및 대각선 테두리를 지정합니다.
- **합계 계산하기**
  - 수식을 이용하여 합계를 구합니다.
  - 합계를 복사한 후 나머지 셀에 붙여넣기한 다음 [필드 업데이트]를 합니다.
- **캡션 작성하기**
  - 캡션을 삽입한 후 위치 및 정렬을 지정합니다.

STEP 01 문제 번호 입력하고 표 작성하기

〈표 조건〉
(1) 표 전체(표, 캡션) – 돋움, 10pt
(2) 맞춤 – 문자 : 가운데 맞춤, 숫자 : 오른쪽 맞춤

1 문제 번호(2.)를 입력한 후 Enter를 4번 누릅니다.

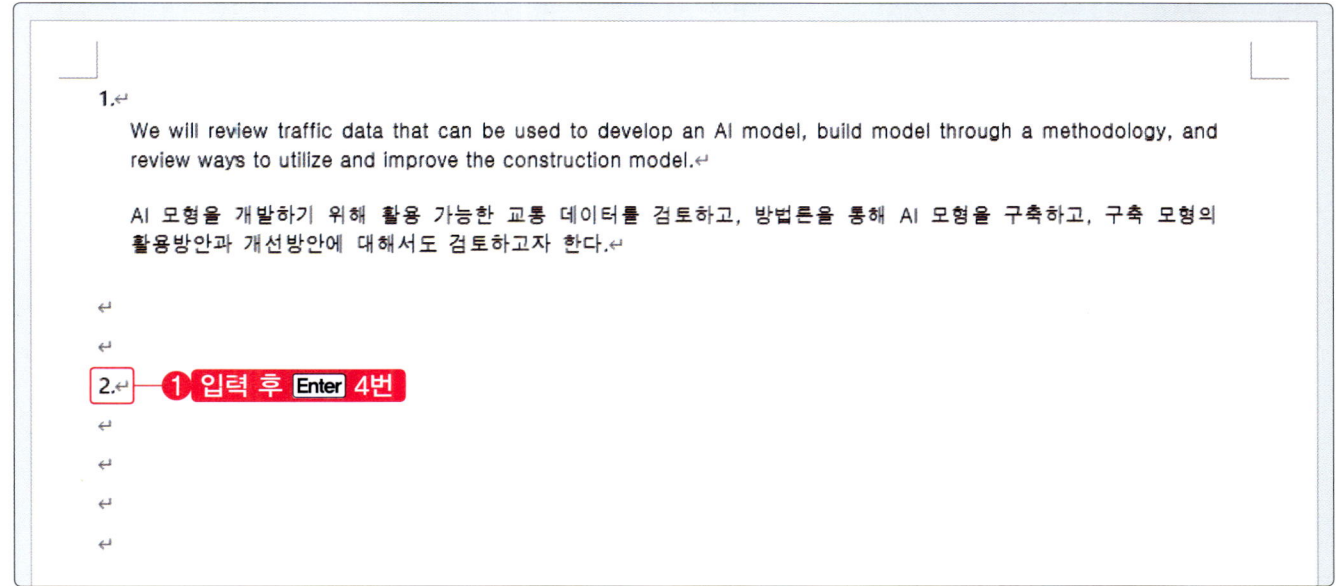

- 답안을 작성하지 못한 경우에도 문제 번호는 입력합니다.
- **파일 열기** : [파일] 탭-[열기]를 클릭한 후 [찾아보기]를 클릭합니다. 그런다음 [열기] 대화상자가 나타나면 찾는 위치(Part 01₩Chapter 03)를 지정한 후 파일(Ch03.docx)을 선택한 다음 [열기] 단추를 클릭합니다.

2 문제 번호 아래 단락에 커서를 위치한 후 〔삽입〕 탭-〔표〕 그룹에서 〔표〕를 클릭한 다음 '6×5 표' 범위를 드래그하여 지정합니다.

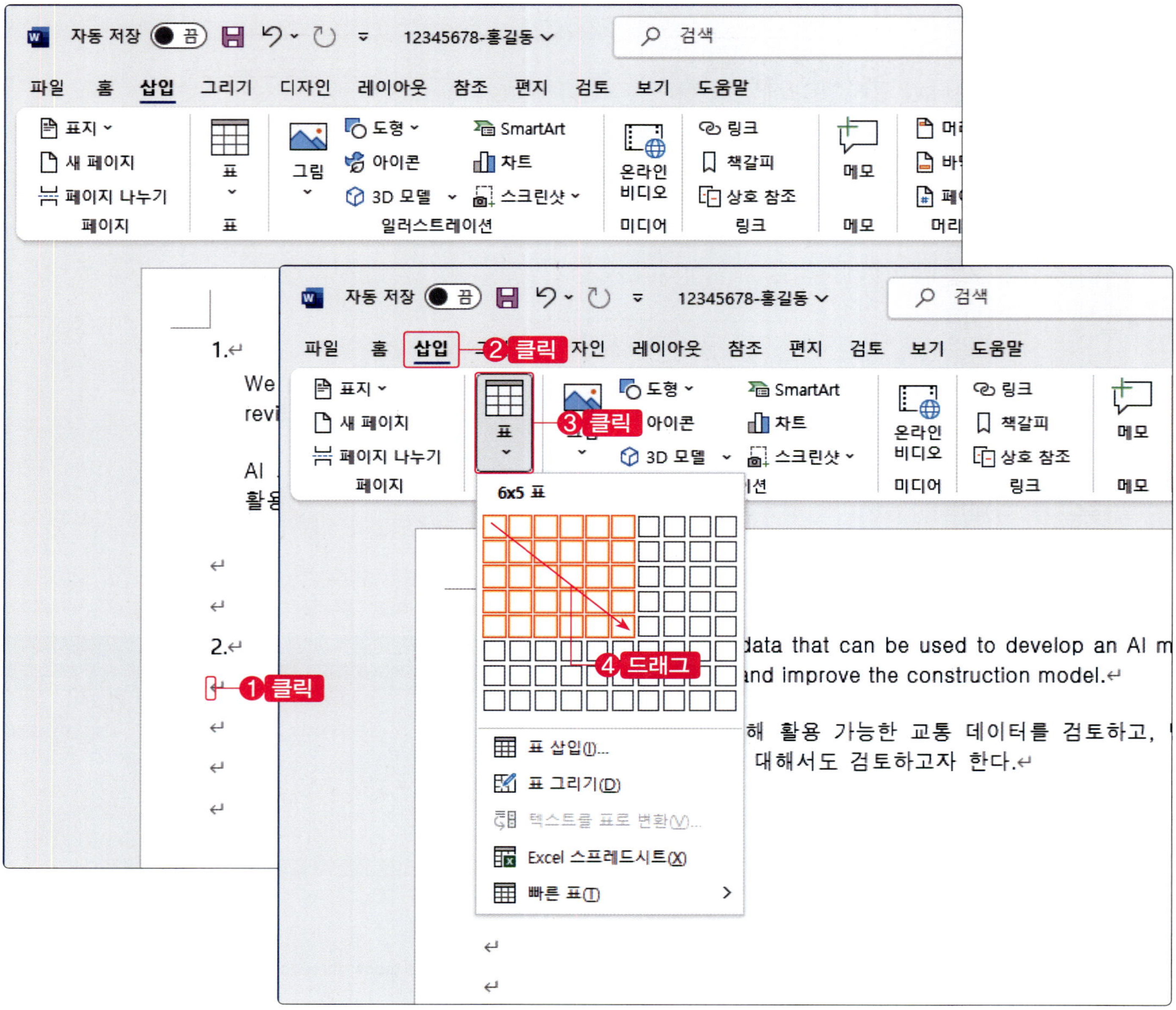

〔삽입〕 탭-〔표〕 그룹에서 〔표〕-〔표 삽입〕을 클릭한 후 〔표 삽입〕 대화상자가 나타나면 열 개수(6)와 행 개수(5)를 입력한 다음 〔확인〕 단추를 클릭하여 표를 만들 수도 있습니다.

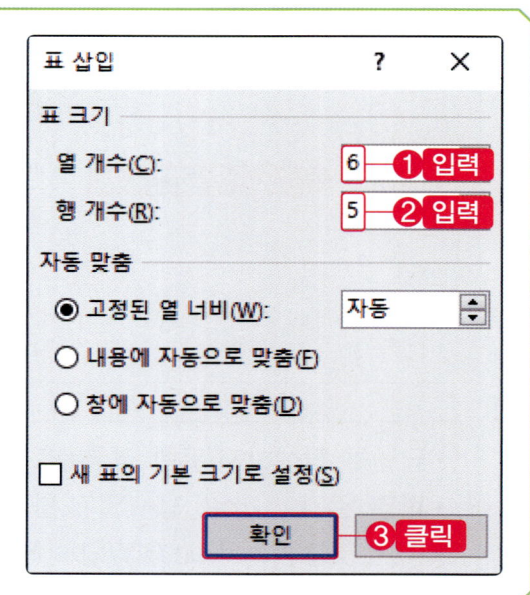

〈표 조건〉 (1) 표 전체(표, 캡션) – 돋움, 10pt
(2) 맞춤 – 문자 : 가운데 맞춤, 숫자 : 오른쪽 맞춤

3 표가 삽입되면 다음과 같이 **셀에 내용을 입력**합니다.

구분	5-19세	20-24세	35-49세	50-64세	합계
남성	555	952	1,095	1,017	
여성	534	1,051	1,111	1,106	
표본1	140	240	270	250	
표본2	110	160	180	120	

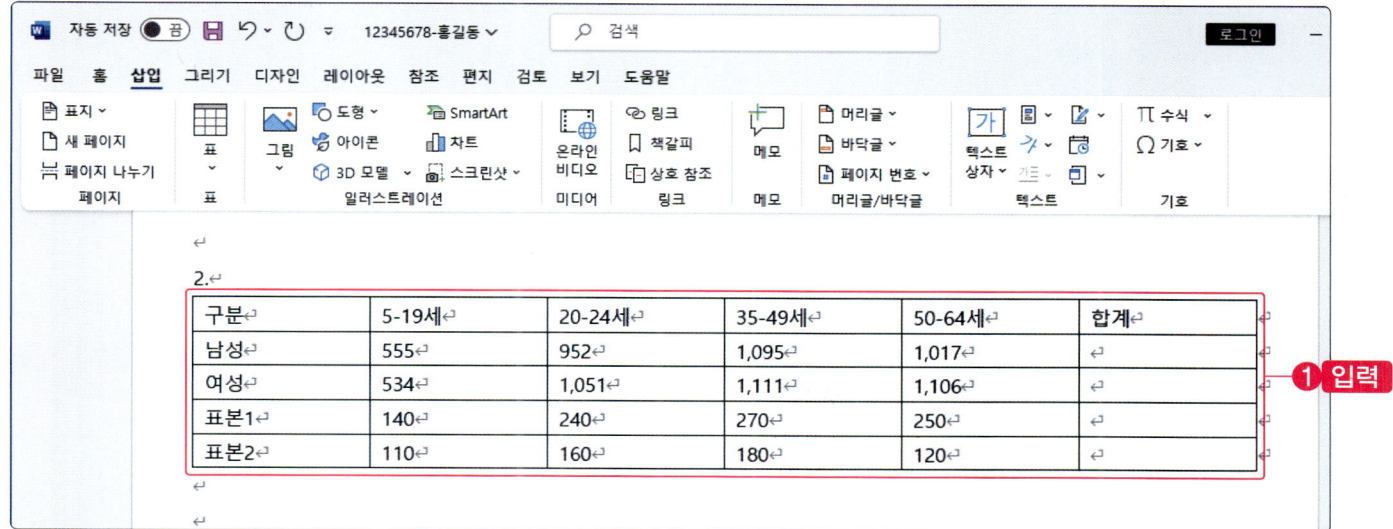

4 표 전체를 드래그하여 셀 블록으로 설정한 후 [홈] 탭-[글꼴] 그룹에서 **글꼴(돋움)과 글꼴 크기 (10)를 선택**합니다.

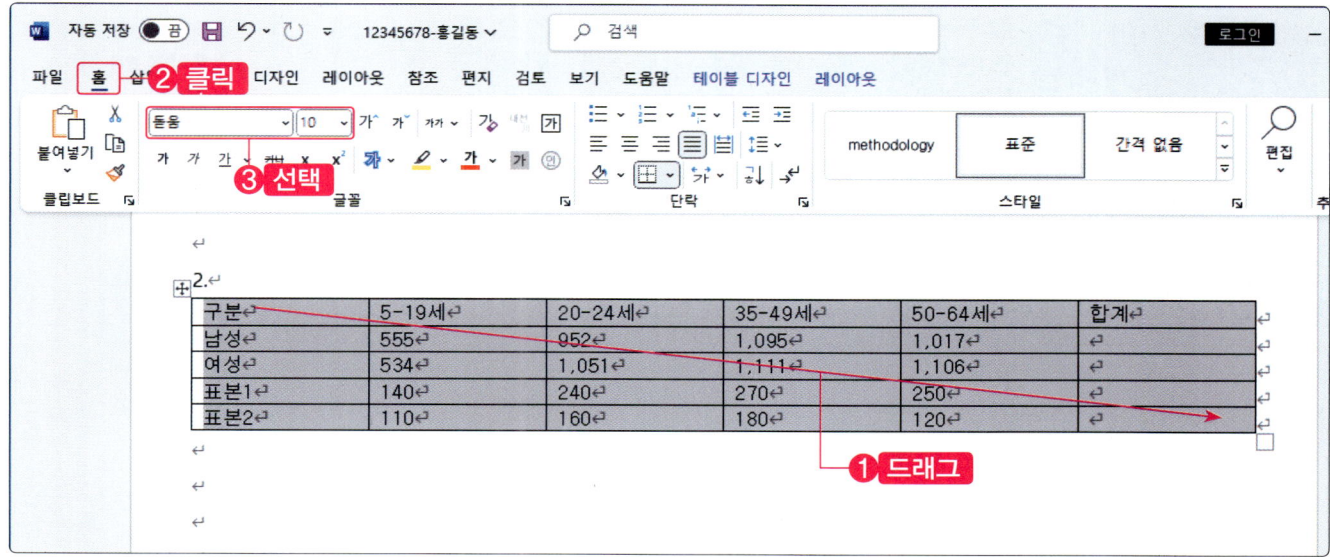

- 셀 블록으로 설정하라는 것은 셀을 드래그하여 선택하라는 것입니다. 셀 블록을 해제하려면 문서에서 빈 곳을 클릭하거나 Esc를 누르면 됩니다.

5 맞춤을 지정하기 위해 〔레이아웃〕 정황 탭-〔맞춤〕 그룹에서 〔**가운데 맞춤**(■)〕을 **클릭**합니다.

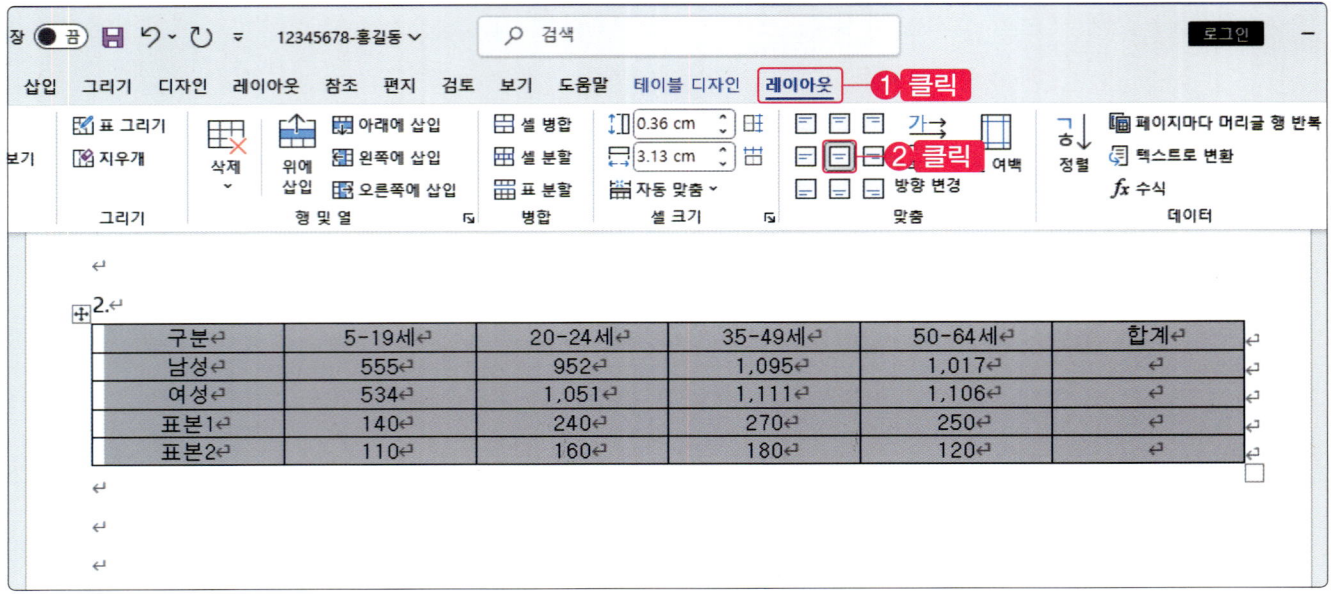

- 〔홈〕 탭-〔단락〕 그룹에서 〔가운데 맞춤(≡)〕을 클릭하면 가로의 가운데로 맞추고, 〔레이아웃〕 정황 탭-〔맞춤〕 그룹에서 〔가운데 맞춤(■)〕을 클릭하면 가로·세로의 가운데로 맞춥니다.
- 시험에서 《표 조건》을 보면 '(2) 맞춤 – 문자 : 가운데 맞춤, 숫자 : 오른쪽 맞춤' 같이 명시되어 있습니다. 여기서는 표 전체를 셀 블록으로 설정하여 가운데 맞춤(■)을 지정한 후 숫자가 입력되어 있는 셀만 따로 셀 블록으로 설정하여 오른쪽 맞춤(■)을 지정합니다.

6 **2행 2열 ~ 5행 6열을 드래그하여 셀 블록으로 지정**한 후 〔레이아웃〕 정황 탭-〔맞춤〕 그룹에서 〔**오른쪽 맞춤**(■)〕을 **클릭**합니다.

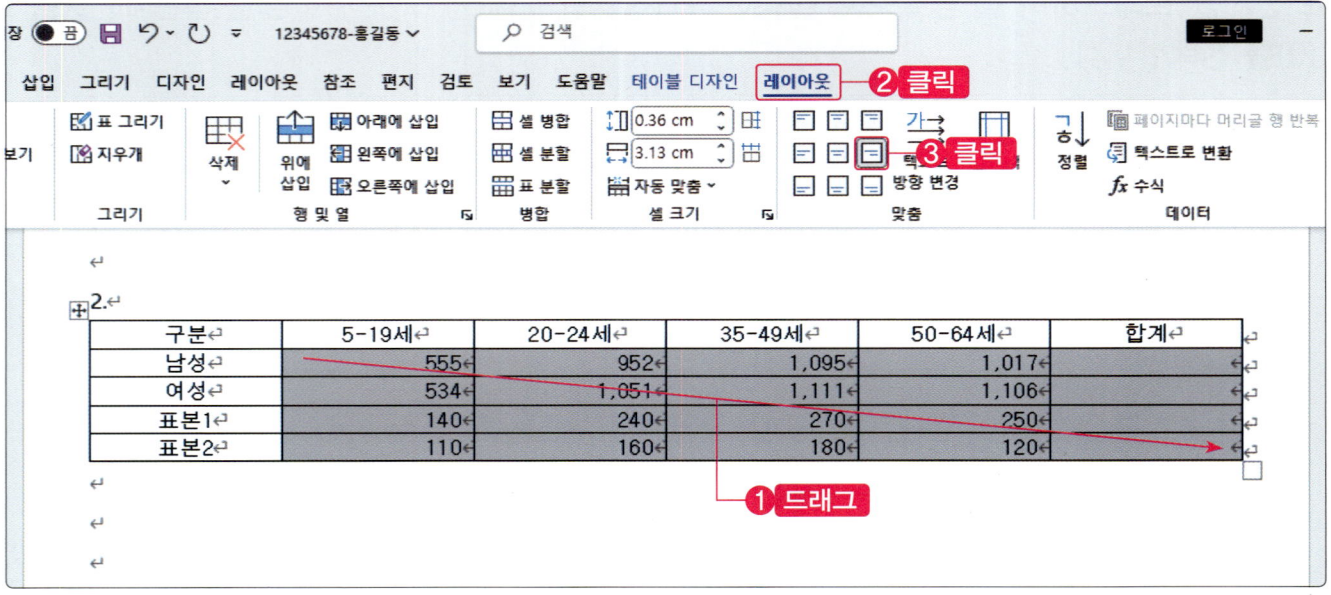

STEP 02 셀 음영과 테두리 지정하기

〈표 조건〉 (3) 셀 음영 : 노랑
(5) 테두리 모양은 《출력형태》와 동일하게 처리할 것

1 셀 음영을 지정하기 위해 **1행 1열 ~ 4행 5열**을 셀 블록으로 설정합니다.

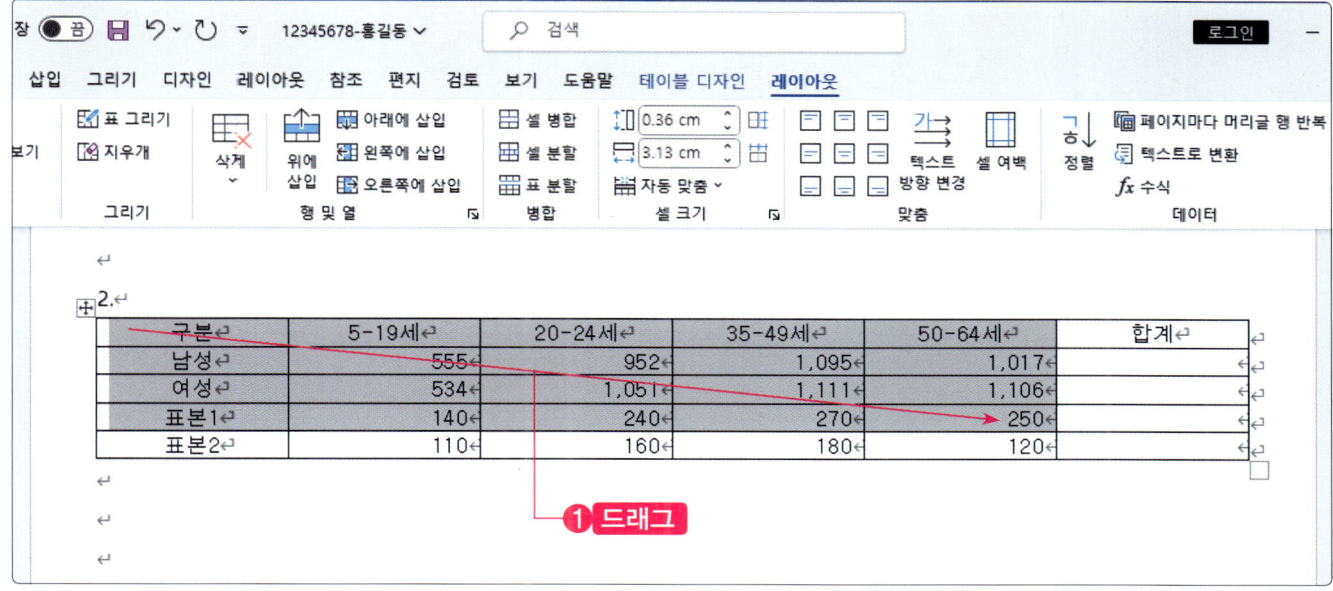

2 [테이블 디자인] 정황 탭-[표 스타일] 그룹에서 [**음영**]을 클릭한 후 [**노랑**]을 클릭합니다.

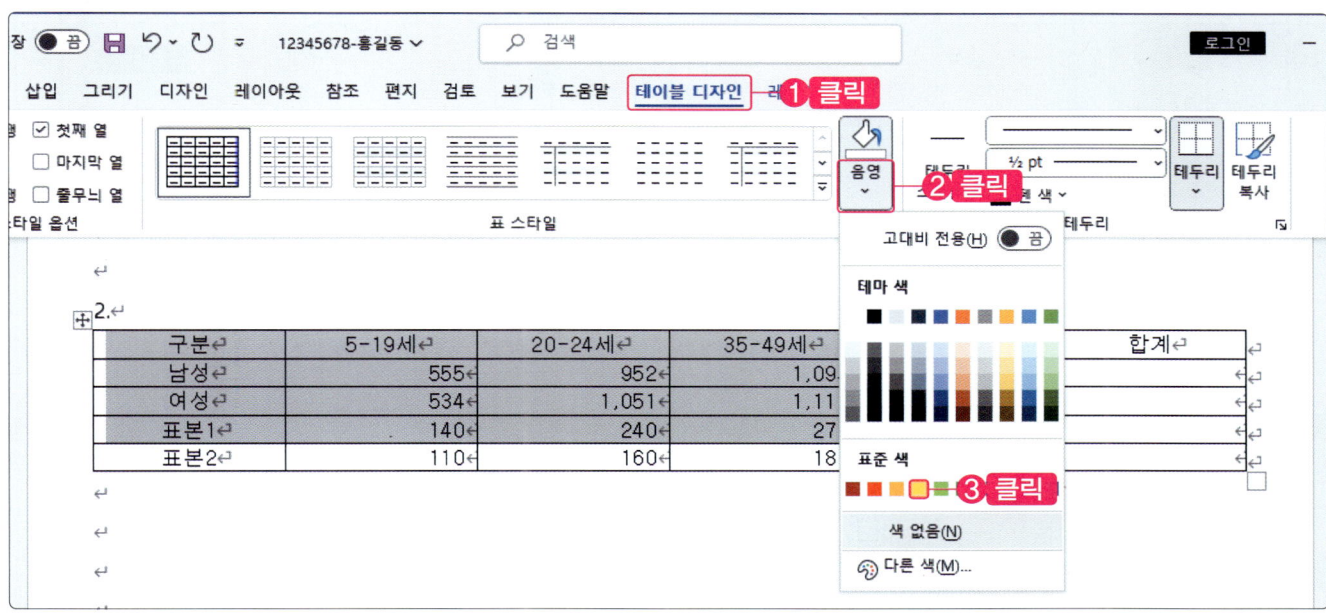

〈표 조건〉 (5) 테두리 모양은 《출력형태》와 동일하게 처리할 것

3 테두리를 지정하기 위해 **표 전체를 드래그하여 셀 블록으로 설정**합니다.

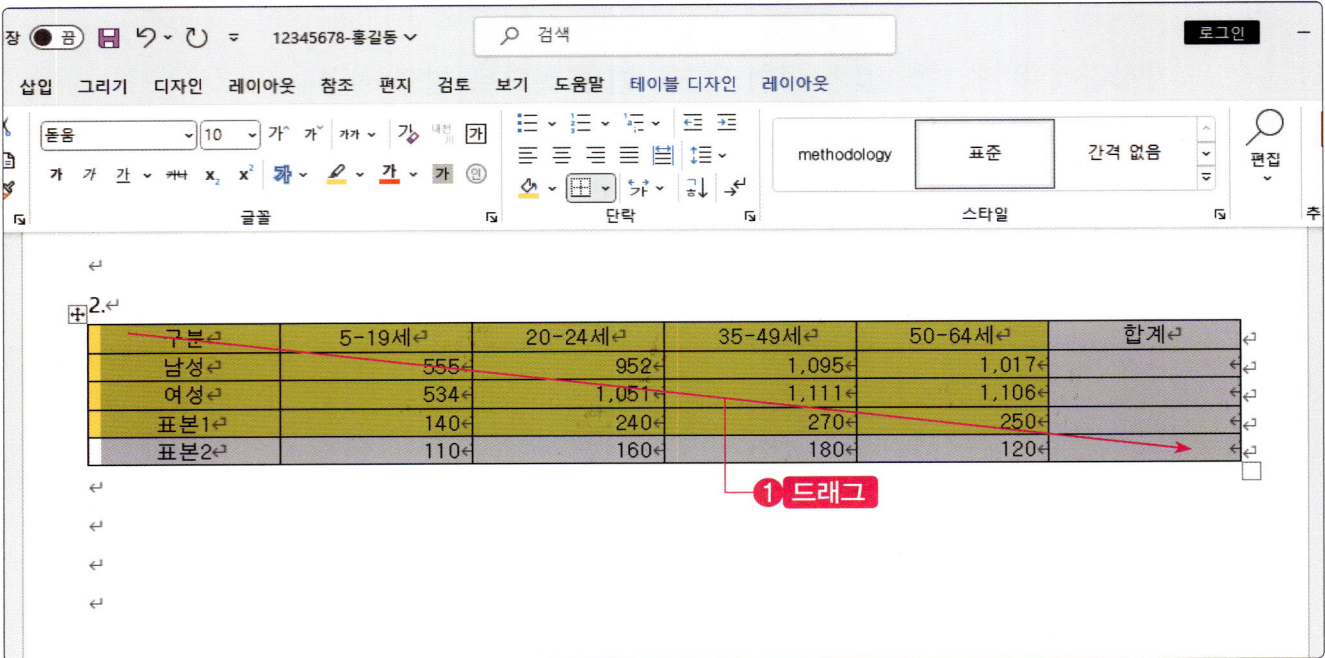

4 〔테이블 디자인〕 정황 탭-〔테두리〕 그룹에서 〔펜 스타일〕을 클릭한 후 〔이중 실선(═)〕을 클릭합니다.

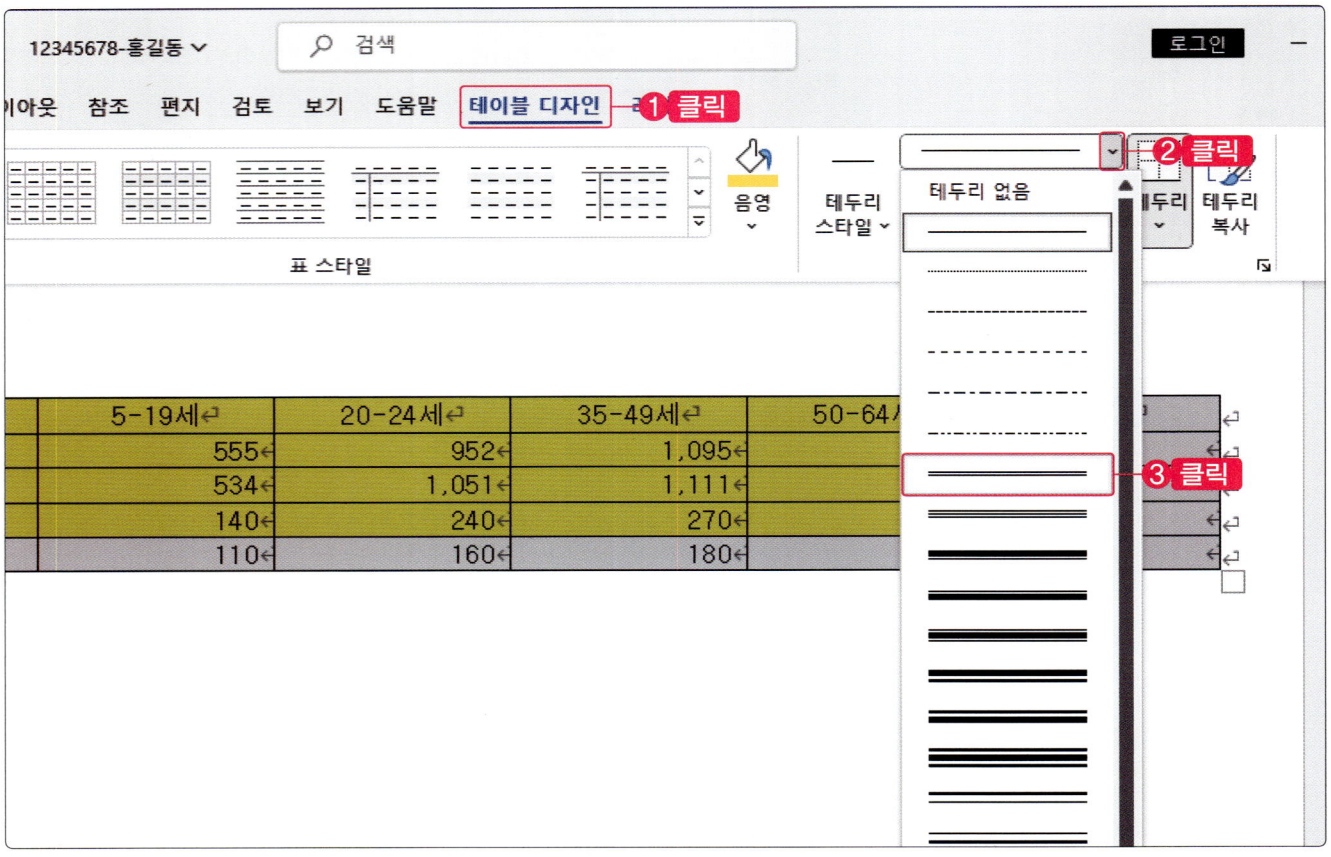

5 〔테이블 디자인〕 정황 탭-〔테두리〕 그룹에서 〔테두리〕의 **목록(ˇ)을 클릭**한 후 **〔바깥쪽 테두리( )〕를 클릭**합니다.

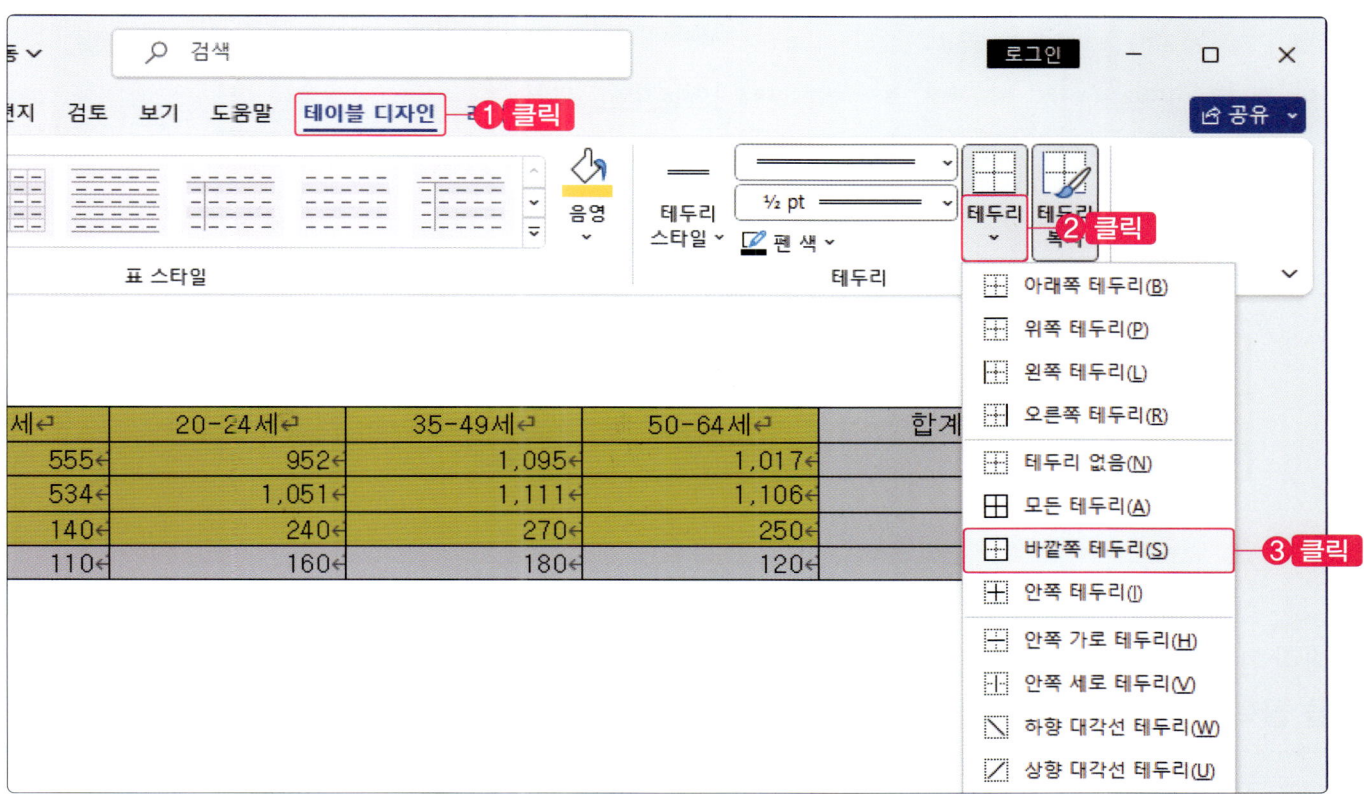

6 1행 1열 ~ 1행 6열을 드래그하여 셀 블록으로 **지정**한 후 〔테이블 디자인〕 정황 탭-〔테두리〕 그룹에서 〔테두리〕의 **〔바깥쪽 테두리( )〕를 클릭**합니다.

이전 선택한 옵션이 기억되고 있어서 동일한 옵션을 선택할 경우에는 〔목록(ˇ)〕 단추를 클릭하여 선택하지 않아도 됩니다.

7 1행 1열 ~ 5행 1열을 드래그하여 셀 블록으로 지정한 후 [테이블 디자인] 정황 탭-[테두리] 그룹에서 [테두리]의 **바깥쪽 테두리(⊞)를 클릭**합니다.

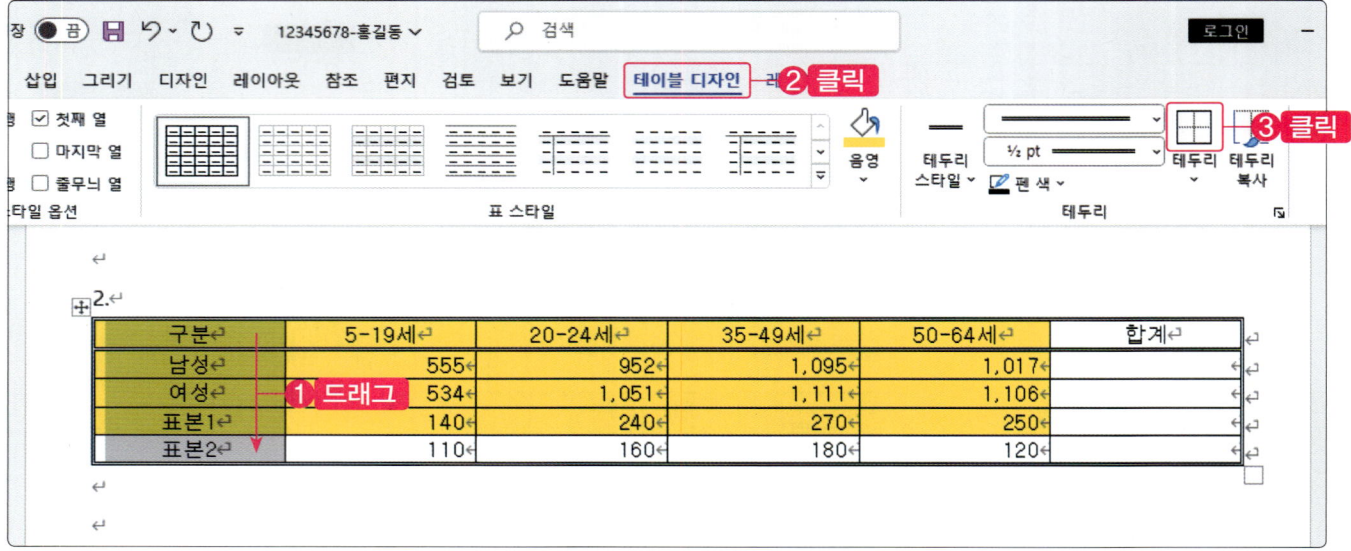

8 대각선을 지정하기 위해 [테이블 디자인] 정황 탭-[테두리] 그룹에서 [펜 스타일]의 **[목록(˅)]을 클릭**한 후 [**실선(───)**]을 클릭합니다.

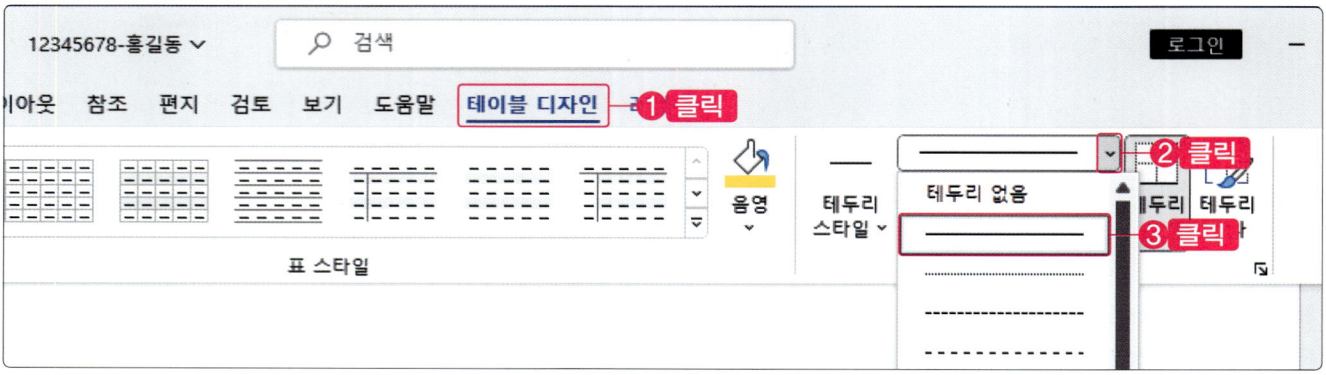

9 5행 6열 셀을 **클릭**합니다.

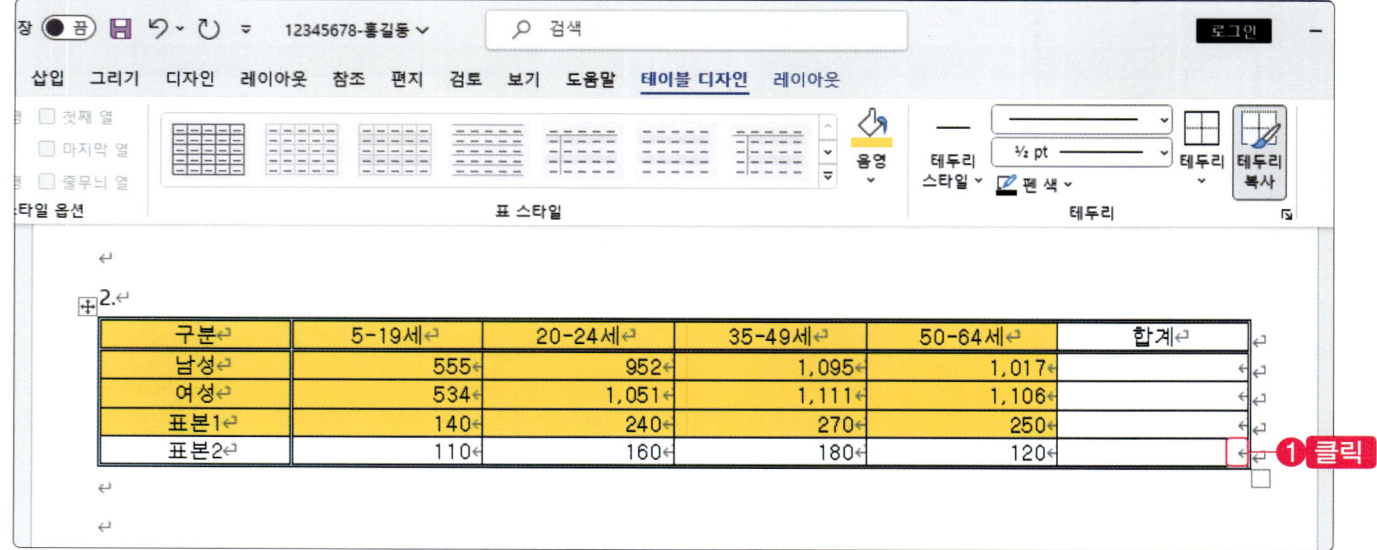

10 〔테이블 디자인〕 정황 탭-〔테두리〕 그룹에서 〔테두리〕의 〔**목록(⌄)**〕을 클릭한 후 〔**하향 대각선 테두리(◣)**〕를 클릭합니다.

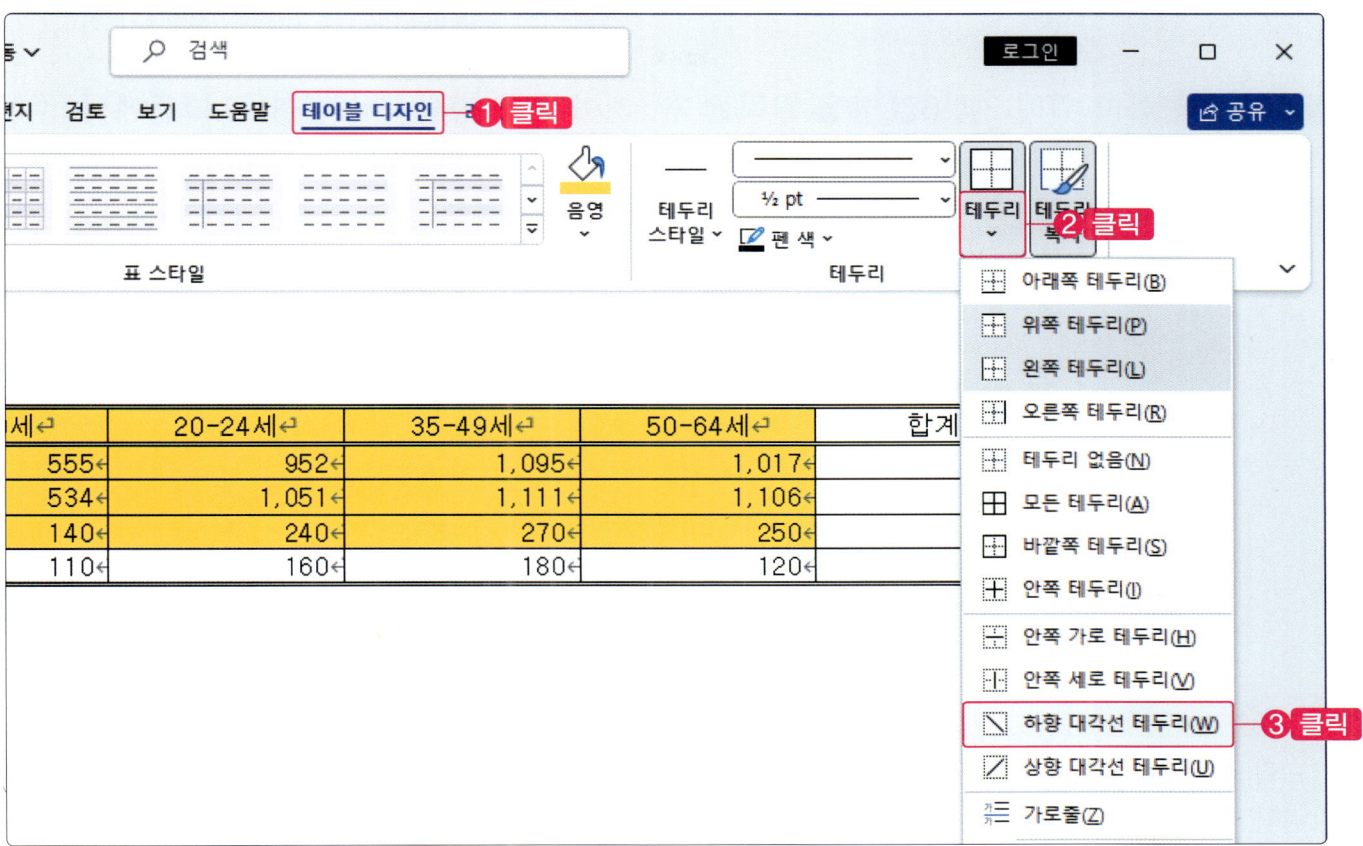

11 〔테이블 디자인〕 정황 탭-〔테두리〕 그룹에서 〔테두리〕의 〔**목록(⌄)**〕을 클릭한 후 〔**상향 대각선 테두리(◤)**〕를 클릭합니다.

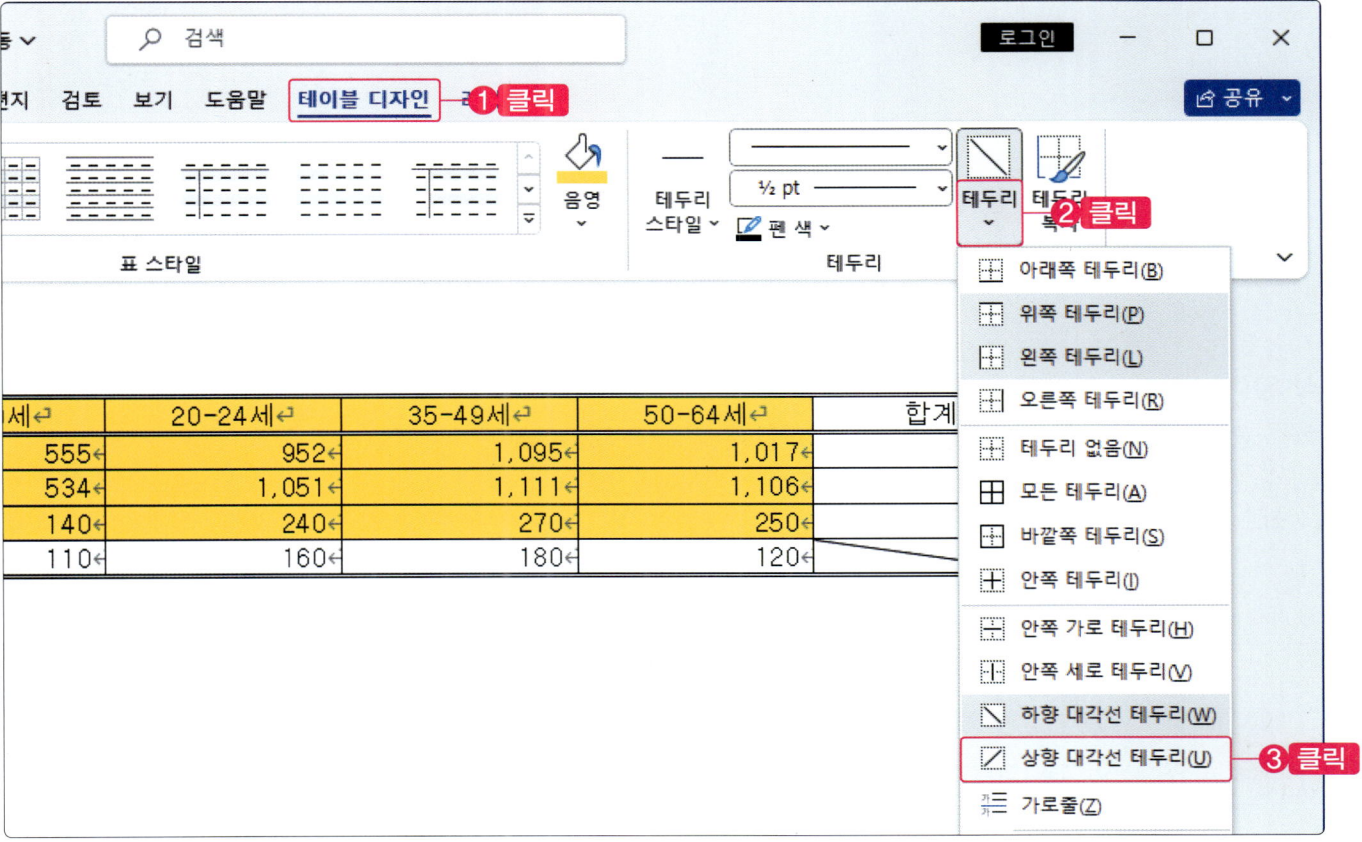

STEP 03 합계 계산하기

〈표 조건〉 (4) 계산 기능을 이용하여 빈칸에 합계를 구하고, 캡션 기능 사용할 것

1 합계를 계산하기 위해 **2행 6열 셀을 클릭**한 후 [레이아웃] 정황 탭-[데이터] 그룹에서 [**수식**]을 클릭합니다.

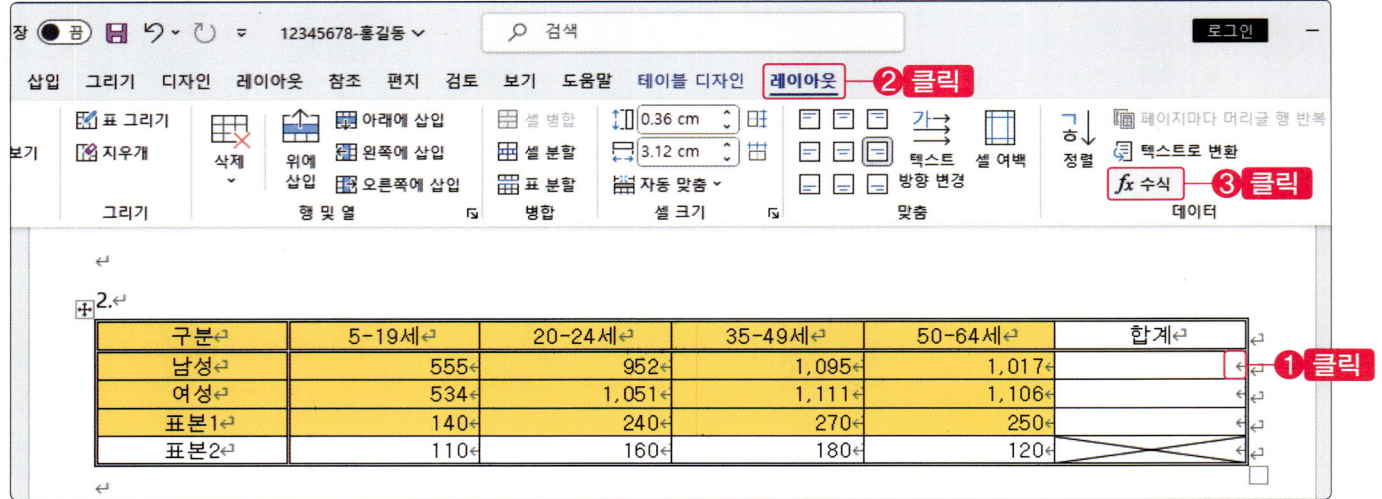

> 표의 합계나 평균을 구하는 부분은 빈 공백으로 되어 있습니다. 수식을 이용하여 합계나 평균을 계산합니다.

2 [수식] 대화상자가 나타나면 **수식(=SUM(LEFT))을 확인**한 후 [**확인**] 단추를 클릭합니다.

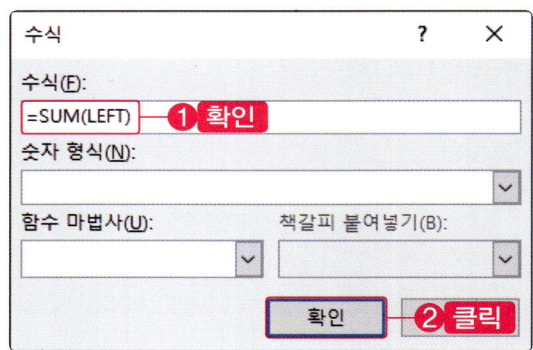

> 왼쪽 셀들의 평균을 구할 때는 '=AVERAGE(LEFT)'을 입력합니다.

수식 알아보기

수식을 이용하면 좀 더 복잡한 계산을 수행할 수 있습니다. 수식에 사용되는 함수와 셀 범위 등은 Excel에서의 사용법과 동일합니다. 주로 사용되는 함수로는 SUM(합계), AVERAGE(평균), MAX(최대값), MIN(최소값), COUNT(개수) 등이 있습니다. 수식을 입력할 때는 등호(=)로 시작하며, 함수명과 연산 대상을 입력합니다.

=SUM(LEFT)	왼쪽 셀의 숫자의 합을 구함	=AVERAGE(LEFT)	왼쪽 셀의 숫자의 평균을 구함
=SUM(RIGHT)	오른쪽 셀의 숫자의 합을 구함	=AVERAGE(RIGHT)	오른쪽 셀의 숫자의 평균을 구함
=SUM(ABOVE)	위쪽 셀의 숫자의 합을 구함	=AVERAGE(ABOVE)	위쪽 셀의 숫자의 평균을 구함
=SUM(BELOW)	아래쪽 셀의 숫자의 합을 구함	=AVERAGE(BELOW)	아래쪽 셀의 숫자의 평균을 구함

〈표 조건〉 (4) 계산 기능을 이용하여 빈칸에 합계를 구하고, 캡션 기능 사용할 것

숫자 형식

형식	설명
#,##0	천 단위마다 천 단위 구분 기호(,)를 표시합니다.
#,##0.00	천 단위마다 천 단위 구분 기호(,)를 표시하며, 소수 셋 째 자리에서 반올림하여 소수 둘 째 자리까지 표시합니다.
₩#,##0;(₩#,##0)	₩표시와 함께 천 단위마다 천 단위 구분 기호(,)를 표시합니다.
0	결과에 표시해야 할 숫자 자리를 지정합니다. 결과의 해당 자리에 숫자가 포함되어 있지 않은 경우 0이 표시됩니다.
0%	결과에 표시해야 할 숫자 자리를 지정하며, 결과에 지정한 문자(%)를 표시합니다.
0.00	소수 셋 째 자리에서 반올림하여 소수 둘 째 자리까지 표시합니다.
0.00%	소수 셋 째 자리에서 반올림하여 소수 둘 째 자리까지 표시하며, 결과에 지정한 문자(%)를 표시합니다.

3 수식이 삽입되면 나머지 셀에 수식을 작성하기 위해 **수식을 드래그하여 블록으로 설정**한 후 Ctrl+C를 눌러 **복사**합니다.

4 3행 6열 셀을 클릭한 후 Ctrl+V를 눌러 붙여넣기합니다.

〈표 조건〉 (4) 계산 기능을 이용하여 빈칸에 합계를 구하고, 캡션 기능 사용할 것

5 수식이 복사되면 **바로가기 메뉴의 [필드 업데이트]를 클릭**합니다.

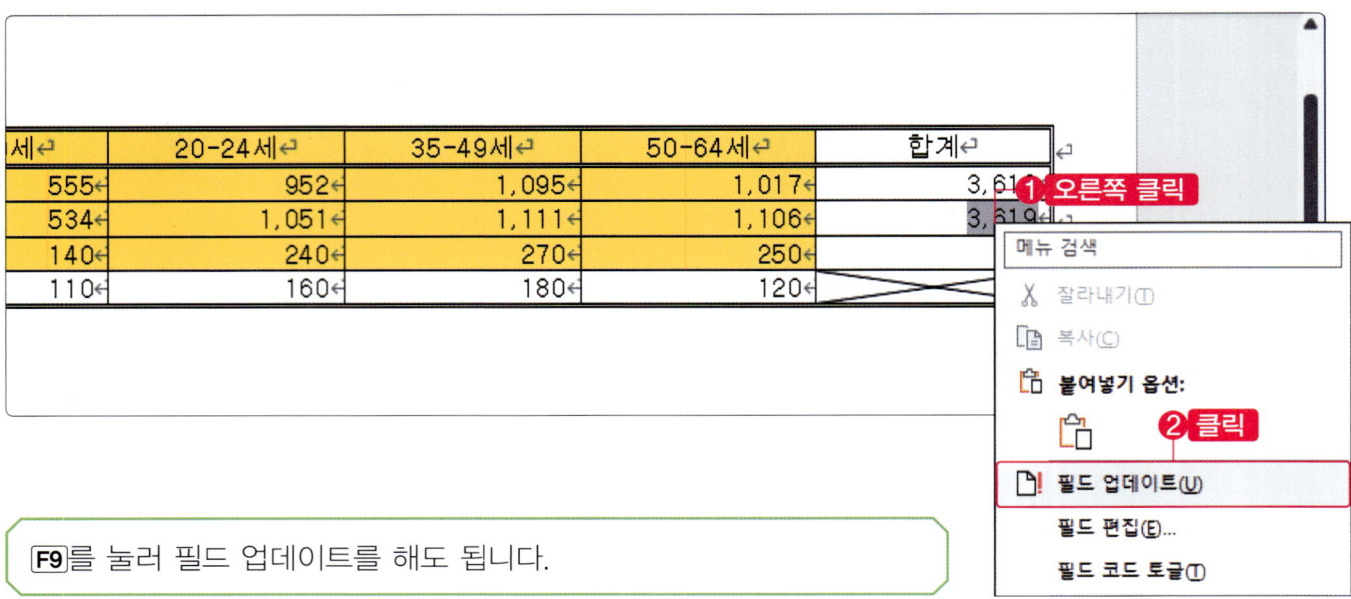

F9 를 눌러 필드 업데이트를 해도 됩니다.

6 다음과 같이 수식이 업데이트 됩니다.

	5-19세	20-24세	35-49세	50-64세	합계
	555	952	1,095	1,017	3,619
	534	1,051	1,111	1,106	3,802
1	140	240	270	250	
2	110	160	180	120	

7 같은 방법으로 **나머지 셀에 합계를 작성**합니다.

	5-19세	20-24세	35-49세	50-64세	합계
	555	952	1,095	1,017	3,619
	534	1,051	1,111	1,106	3,802
1	140	240	270	250	900
2	110	160	180	120	

MS 워드에서는 블록 단위 계산이 되지 않습니다. 각각의 셀에 수식을 작성하는 방법과 수식을 복사하여 필드 업데이트를 하는 방법으로 계산식을 작성하여야 합니다.

STEP 04 캡션 작성하기

〈표 조건〉 (1) 표 전체(표, 캡션) – 돋움, 10pt

1 캡션을 삽입하기 위해 **임의의 셀을 선택**한 후 [참조] 탭-[캡션] 그룹에서 [**캡션 삽입**]을 클릭합니다.

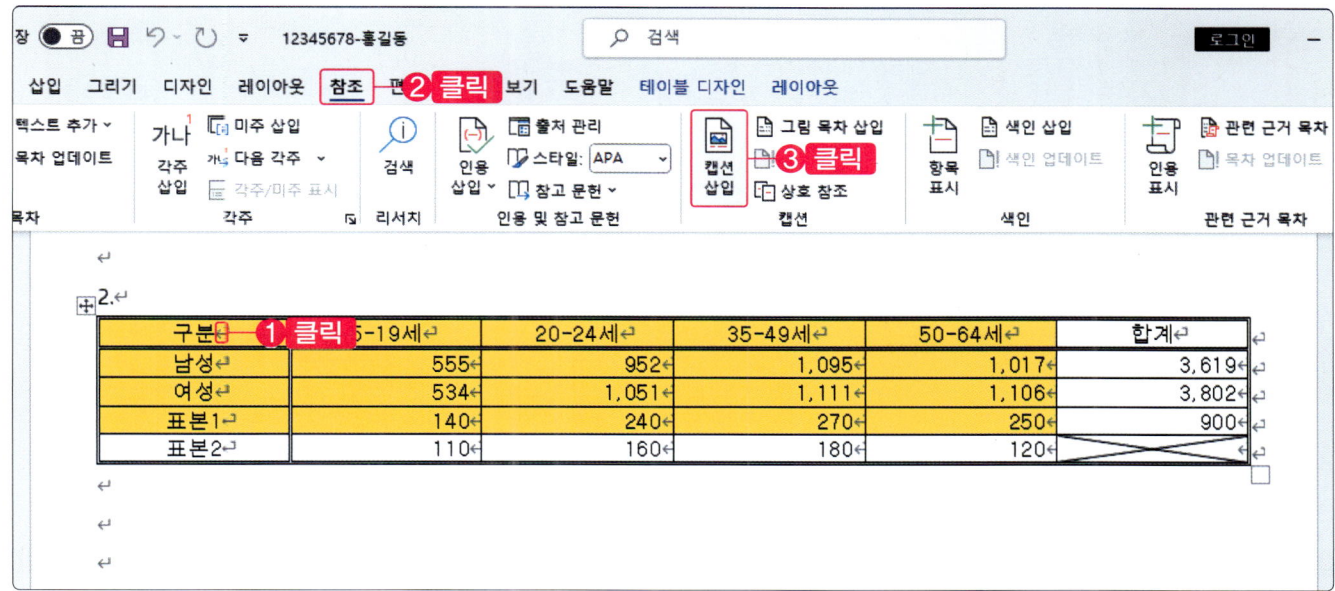

> 캡션은 표, 도형, 글상자 등에 붙이는 참조 번호나 간단한 설명 등을 말합니다.

2 [캡션] 대화상자가 나타나면 **캡션(서울시 가구통행실태조사 표본 할당(단위 : 천 명))을 입력**한 후 [확인] 단추를 클릭합니다.

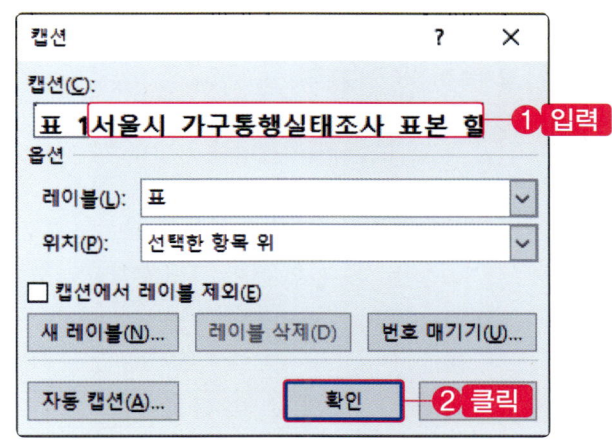

한가지 더!

- **캡션** : 캡션 레이블과 번호가 나타나고 별도의 설명을 입력합니다.
- **레이블** : 캡션 레이블을 목록에서 선택합니다.
- **위치** : 캡션 레이블을 추가할 위치를 '선택한 항목 위' 또는 '선택한 항목 아래'로 선택합니다.
- **캡션에서 레이블 제외** : 이 확인란을 선택하면 캡션에서 레이블은 제외됩니다.
- **새 레이블** : 기존 레이블이 없으면 새 레이블을 만들어 사용합니다. [새 레이블] 대화상자가 나타나면 새 레이블을 입력한 후 [확인] 단추를 클릭합니다.

<표 조건> (1) 표 전체(표, 캡션) - 돋움, 10pt

3 캡션이 삽입되면 **캡션 맨 앞부분을 클릭**한 후 Delete 를 눌러 '표 1'을 삭제합니다.

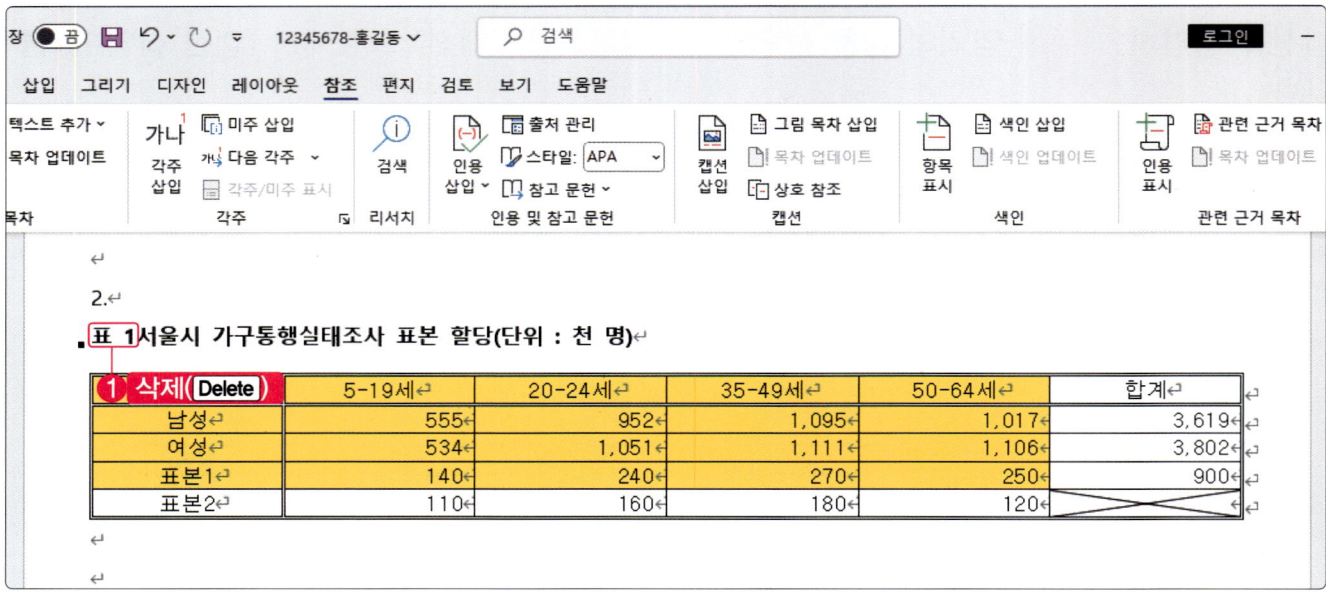

4 캡션을 드래그하여 블록으로 설정한 후 [홈] 탭-[글꼴] 그룹에서 **글꼴(돋움)과 글꼴 크기(10)을 선택**한 다음 [굵게(가)]를 선택 해제하고 [단락] 그룹에서 [**오른쪽 맞춤(≡)**]을 클릭합니다.

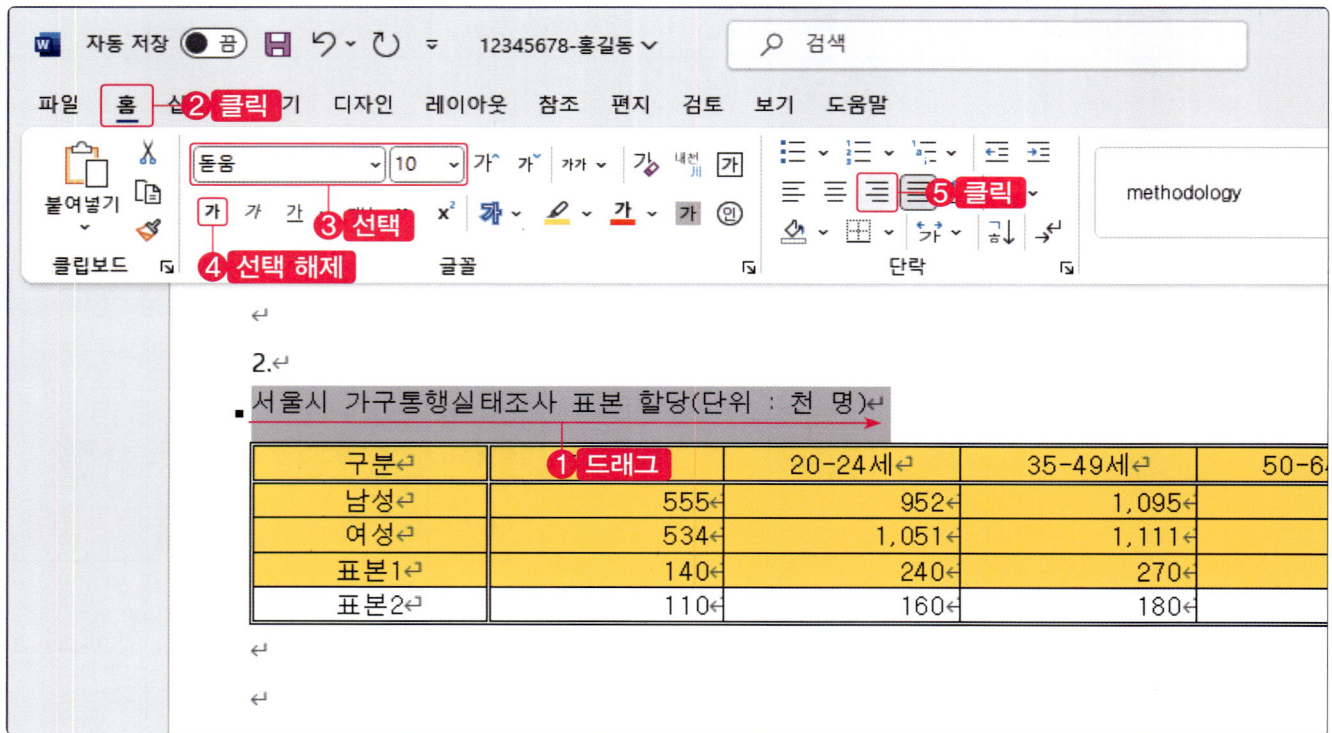

글꼴 크기는 기본이 10pt입니다. 글꼴 크기가 다를 경우에만 선택하면 됩니다.

5 표의 크기를 조절하기 위해 **표 전체를 드래그하여 셀 블록으로 설정**한 후 〔레이아웃〕 정황 탭-〔셀 크기〕 그룹에서 **표 행 높이(0.6cm)를 입력**합니다.

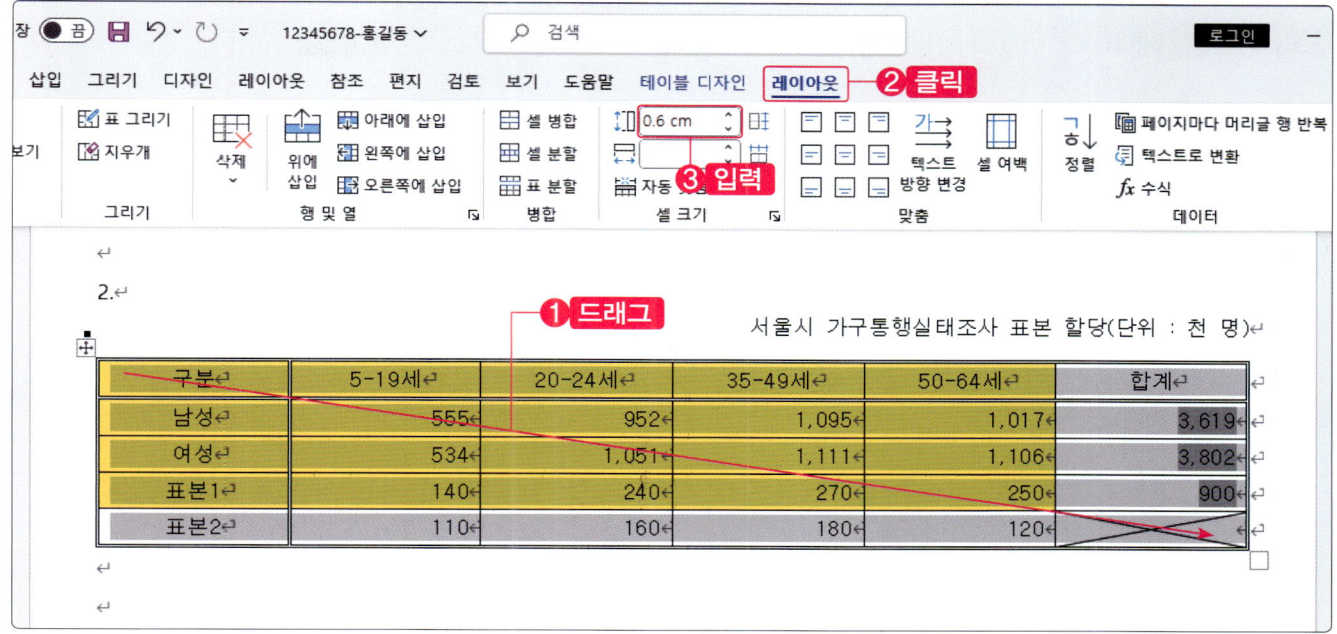

> 표의 크기에 대한 지시사항은 없습니다. 수험자가 문제지의 〈출력형태〉를 보고 높이 및 너비를 조절합니다.

실전문제유형

1. 다음의 《조건》에 따라 《출력형태》와 같이 표와 차트를 작성하시오. (100점)

▶ 소스파일 : Part 01\Chapter 03\문제01.docx   ▶ 완성파일 : Part 01\Chapter 03\문제01_완성.docx

《표 조건》
(1) 표 전체(표, 캡션) - 굴림, 10pt
(2) 맞춤 - 문자 : 가운데 맞춤, 숫자 : 오른쪽 맞춤
(3) 셀 음영 : 노랑
(4) 계산 기능을 이용하여 빈칸에 평균(소수점 두 자리)을 구하고, 캡션 기능 사용할 것
(5) 테두리 모양은 《출력형태》와 동일하게 처리할 것

《출력형태》

계층별 디지털 정보화 수준(단위 : %)

구분	2021년	2022년	2023년	2024년	평균
저소득층	86.8	87.8	95.1	95.7	
장애인	74.6	75.2	81.3	82.6	
농어민	69.8	70.6	77.3	79.9	
고령층	63.1	64.3	68.6	72.3	

2. 다음의 《조건》에 따라 《출력형태》와 같이 표와 차트를 작성하시오. (100점)

▶ 소스파일 : Part 01\Chapter 03\문제02.docx   ▶ 완성파일 : Part 01\Chapter 03\문제02_완성.docx

《표 조건》
(1) 표 전체(표, 캡션) - 굴림, 10pt
(2) 맞춤 - 문자 : 가운데 맞춤, 숫자 : 오른쪽 맞춤
(3) 셀 음영 : 노랑
(4) 계산 기능을 이용하여 빈칸에 합계를 구하고, 캡션 기능 사용할 것
(5) 테두리 모양은 《출력형태》와 동일하게 처리할 것

《출력형태》

연평균 가상증강현실산업 매출액(단위 : 억 원)

구분	2021년	2022년	2023년	2024년	2025년
가상현실	4,416	4,747	5,327	5,923	6,385
증강현실	2,670	2,889	3,235	3,539	3,805
홀로그램	431	481	552	557	574
합계					

실전문제유형

Practical question type MS-WORD 2021

3 다음의 《조건》에 따라 《출력형태》와 같이 표와 차트를 작성하시오. (100점)

▶ 소스파일 : Part 01\Chapter 03\문제03.docx   ▶ 완성파일 : Part 01\Chapter 03\문제03_완성.docx

《표 조건》
(1) 표 전체(표, 캡션) - 돋움, 10pt
(2) 맞춤 - 문자 : 가운데 맞춤, 숫자 : 오른쪽 맞춤
(3) 셀 음영 : 노랑
(4) 계산 기능을 이용하여 빈칸에 합계를 구하고, 캡션 기능 사용할 것
(5) 테두리 모양은 《출력형태》와 동일하게 처리할 것

《출력형태》

건설기술산업대전 참관객 현황(단위 : 명)

연령	1일차	2일차	3일차	4일차	합계
20대	1,015	1,192	1,655	1,459	
30대	1,265	1,924	1,679	1,823	
40대	1,474	1,769	1,884	1,946	
50대 이상	897	1,035	1,142	1,305	

4 다음의 《조건》에 따라 《출력형태》와 같이 표와 차트를 작성하시오. (100점)

▶ 소스파일 : Part 01\Chapter 03\문제04.docx   ▶ 완성파일 : Part 01\Chapter 03\문제04_완성.docx

《표 조건》
(1) 표 전체(표, 캡션) - 돋움, 10pt
(2) 맞춤 - 문자 : 가운데 맞춤, 숫자 : 오른쪽 맞춤
(3) 셀 음영 : 노랑
(4) 계산 기능을 이용하여 빈칸에 합계를 구하고, 캡션 기능 사용할 것
(5) 테두리 모양은 《출력형태》와 동일하게 처리할 것

《출력형태》

남북 주요도시 인구 현황(단위 : 천 명)

지역	서울	부산	평양	청진	합계
1970년	5,681	2,041	981	300	
2000년	10,072	3,732	2,771	593	
2010년	9,723	3,413	2,901	642	
2020년	9,630	3,392	2,940	650	

Practical question type — 실전문제유형

MS-WORD 2021

5 다음의 《조건》에 따라 《출력형태》와 같이 표와 차트를 작성하시오. (100점)

▶ 소스파일 : Part 01\Chapter 03\문제05.docx   ▶ 완성파일 : Part 01\Chapter 03\문제05_완성.docx

《표 조건》
(1) 표 전체(표, 캡션) - 굴림, 10pt
(2) 맞춤 - 문자 : 가운데 맞춤, 숫자 : 오른쪽 맞춤
(3) 셀 음영 : 노랑
(4) 계산 기능을 이용하여 빈칸에 합계를 구하고, 캡션 기능 사용할 것
(5) 테두리 모양은 《출력형태》와 동일하게 처리할 것

《출력형태》

주요 국가의 데이터 시장규모(단위 : 10억 달러)

구분	2021년	2022년	2023년	2024년	합계
미국	16.60	21.20	24.70	30.62	
유럽	4.10	5.34	6.30	7.60	
영국	2.15	2.68	3.06	3.59	
프랑스	0.55	0.74	0.91	1.15	

6 다음의 《조건》에 따라 《출력형태》와 같이 표와 차트를 작성하시오. (100점)

▶ 소스파일 : Part 01\Chapter 03\문제06.docx   ▶ 완성파일 : Part 01\Chapter 03\문제06_완성.docx

《표 조건》
(1) 표 전체(표, 캡션) - 굴림, 10pt
(2) 맞춤 - 문자 : 가운데 맞춤, 숫자 : 오른쪽 맞춤
(3) 셀 음영 : 노랑
(4) 계산 기능을 이용하여 빈칸에 평균을 구하고, 캡션 기능 사용할 것
(5) 테두리 모양은 《출력형태》와 동일하게 처리할 것

《출력형태》

유형별 저작권 상담 현황(단위 : 백 건)

유형	2021년	2022년	2023년	2024년	평균
인터넷상담	8.7	1.7	1.7	4.1	
내방상담	8.2	11.2	7.4	0.8	
서신상담	0.7	0.8	1.2	1.1	
전화상담	430.7	426.4	434.9	429.4	

7 다음의 《조건》에 따라 《출력형태》와 같이 표와 차트를 작성하시오. (100점)

▶ 소스파일 : Part 01\Chapter 03\문제07.docx   ▶ 완성파일 : Part 01\Chapter 03\문제07_완성.docx

《표 조건》
(1) 표 전체(표, 캡션) - 돋움, 10pt
(2) 맞춤 - 문자 : 가운데 맞춤, 숫자 : 오른쪽 맞춤
(3) 셀 음영 : 노랑
(4) 계산 기능을 이용하여 빈칸에 평균(소수점 두 자리)을 구하고, 캡션 기능 사용할 것
(5) 테두리 모양은 《출력형태》와 동일하게 처리할 것

《출력형태》

박람회 개최 유발 효과(단위 : 십억 원)

구분	2021년	2022년	2023년	2024년	평균
수익사업	7.8	4.9	8.5	5.2	
집행액	7.6	6.3	7.3	5.1	
수출입상담액	23.7	33.1	40.9	40.1	
총생산유발액	44.2	69.1	114.1	211.3	

8 다음의 《조건》에 따라 《출력형태》와 같이 표와 차트를 작성하시오. (100점)

▶ 소스파일 : Part 01\Chapter 03\문제08.docx   ▶ 완성파일 : Part 01\Chapter 03\문제08_완성.docx

《표 조건》
(1) 표 전체(표, 캡션) - 굴림, 10pt
(2) 맞춤 - 문자 : 가운데 맞춤, 숫자 : 오른쪽 맞춤
(3) 셀 음영 : 노랑
(4) 계산 기능을 이용하여 빈칸에 합계를 구하고, 캡션 기능 사용할 것
(5) 테두리 모양은 《출력형태》와 동일하게 처리할 것

《출력형태》

메타버스 관련 기술 시장 규모(단위 : 십억 달러)

구분	2020년	2025년	2030년	2040년	합계
가상현실	12	138	450	911	
증강현실	33	338	792	968	
혼합현실	14	228	498	866	
확장현실	23	78	360	870	

Chapter 04

기능평가 I - 차트

◆ 차트 작성하기
◆ 차트 제목 지정하기
◆ 축 제목 지정하기
◆ 차트 레이아웃 지정하기
◆ 범례 지정하기
◆ 축 서식 지정하기

MS-WORD 2021

▶ 소스파일 : Part 01\Chapter 04\Ch04.docx   ▶ 완성파일 : Part 01\Chapter 04\Ch04_완성.docx

2. 다음의 《조건》에 따라 《출력형태》와 같이 표와 차트를 작성하시오. (100점)

서울시 가구통행실태조사 표본 할당(단위 : 천 명)

구분	5-19세	20-24세	35-49세	50-64세	합계
남성	555	952	1,095	1,017	
여성	534	1,051	1,111	1,106	
표본1	140	240	270	250	
표본2	110	160	180	120	

차트 조건

(1) 차트 데이터는 표 내용에서 연령별 남성, 여성, 표본1의 값만 이용할 것
(2) 종류 - 〈묶은 세로 막대형〉으로 작업할 것
(3) 제목 - 글꼴 : 굴림, 굵게, 12pt, 테두리
(4) 제목 이외의 전체 글꼴 - 굴림, 보통, 10pt
(5) 축제목과 범례는 《출력형태》와 동일하게 처리할 것

출력 형태

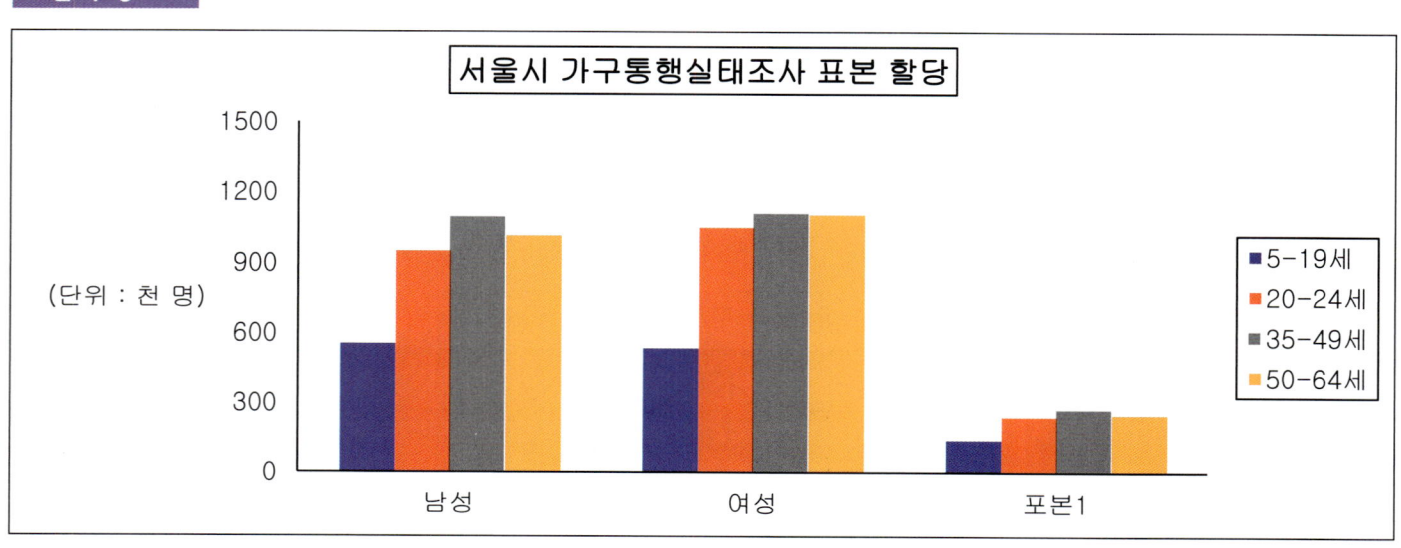

> **체크! 체크!**
>
> 〔기능평가 Ⅰ〕 차트
>
> ■ 차트 작성하기
> - 차트 범위 및 차트 종류를 선택합니다.
> - 차트의 크기 및 위치를 이동합니다.
> - 차트 구성 요소를 지정합니다.
>
> ■ 차트 제목, 범례, 축 제목, 축 서식 지정하기
> - 차트 요소에 각각 속성을 지정합니다.
> - 《출력형태》를 참고하여 차트를 작성합니다.

STEP 01 차트 작성하기

〈차트 조건〉 (1) 차트 데이터는 표 내용에서 연령별 남성, 여성, 표본1의 값만 이용할 것
(2) 종류 – 〈묶은 세로 막대형〉으로 작업할 것

1 차트를 삽입하기 위해 **표 아래 단락을 선택**한 후 〔삽입〕 탭–〔일러스트레이션〕 그룹에서 **[차트(📊)]를 클릭**합니다.

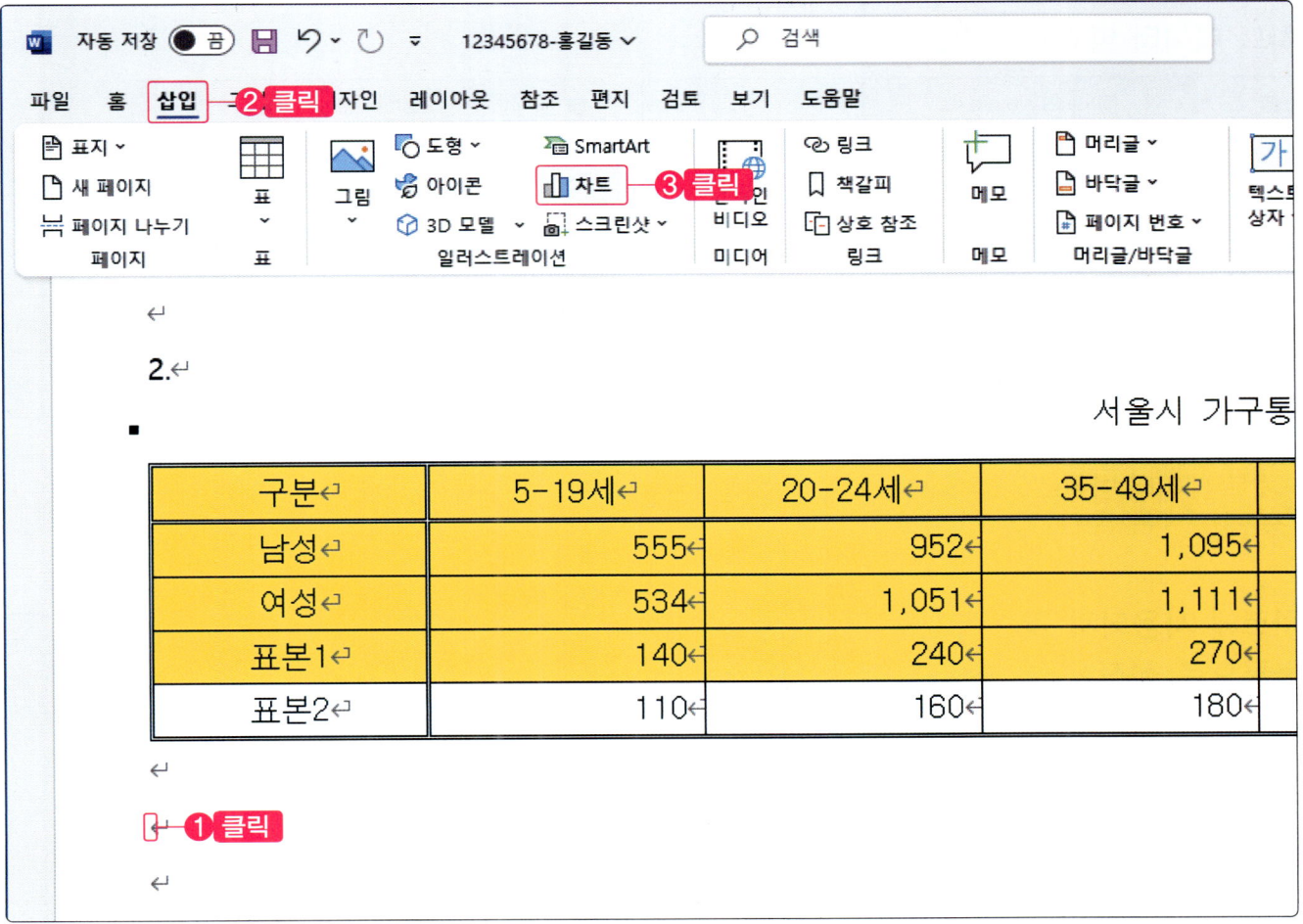

> 차트를 작성할 때 차트 데이터는 표 내용을 이용하여 작성합니다.

〈차트 조건〉 (1) 차트 데이터는 표 내용에서 연령별 남성, 여성, 표본1의 값만 이용할 것
(2) 종류 – 〈묶은 세로 막대형〉으로 작업할 것

2 〔차트 삽입〕 대화상자가 나타나면 〔**세로 막대형**〕을 **클릭**한 후 〔**묶은 세로 막대형**〕을 **클릭**한 다음 〔**확인**〕 **단추를 클릭**합니다.

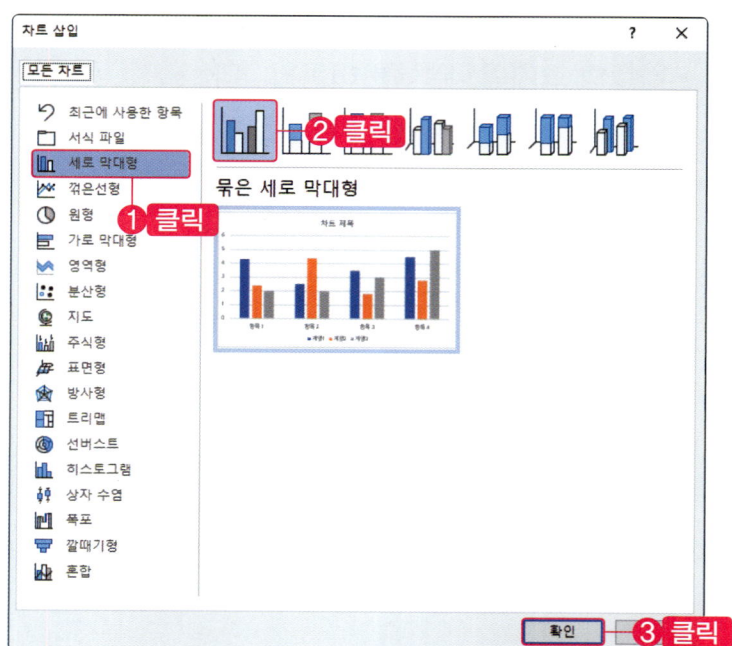

- 차트 종류는 문제지에서 알려주지만 《출력형태》를 보고 수험자가 파악할 수 있도록 하는 것이 좋습니다.
- 시험에서 자주 출제되는 '묶은 세로 막대형', '묶은 가로 막대형', '꺾은선형' 차트가 어느 것인지 미리 파악해 두는 것이 좋습니다.

3 차트가 삽입되고 〔Microsoft Word의 차트〕 프로그램이 실행되면 **프로그램의 크기를 조절**한 후 **차트 데이터 범위의 크기를 조절**합니다.

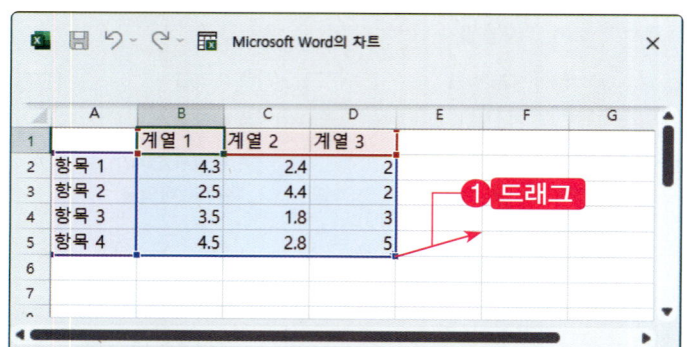 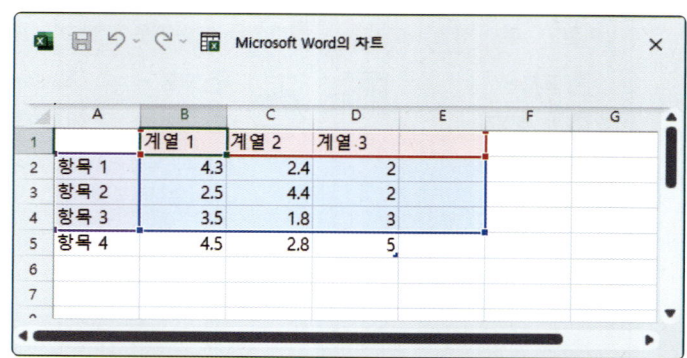

차트 데이터 범위로 지정된 부분이 차트에 표시되므로 《출력형태》를 보고 범위를 지정합니다.

4 **차트에 사용되지 않는 부분을 드래그하여 블록으로 설정**한 후 Delete 를 눌러 **삭제**합니다.

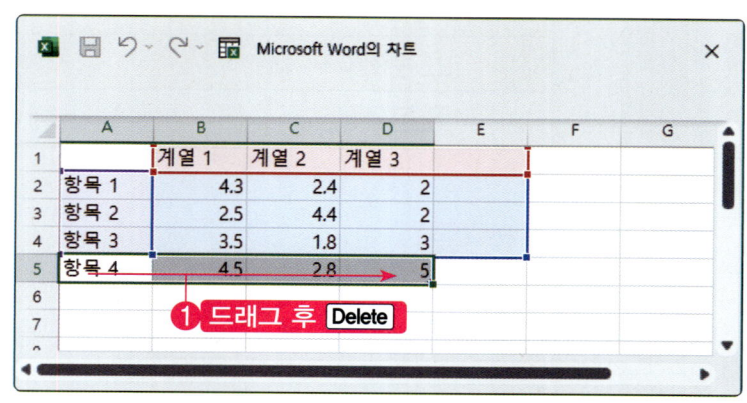

〈차트 조건〉 (1) 차트 데이터는 표 내용에서 연령별 남성, 여성, 표본1의 값만 이용할 것
(2) 종류 – 〈묶은 세로 막대형〉으로 작업할 것

5 차트 데이터를 입력한 후 [닫기]를 클릭합니다.

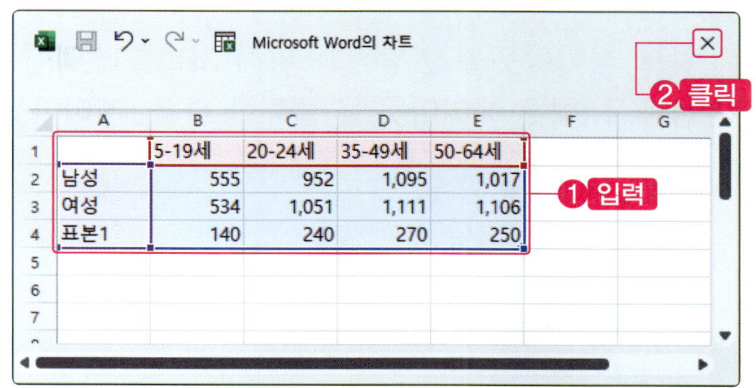

6 차트가 삽입되면 크기 조절점(○)을 드래그하여 크기를 조절합니다.

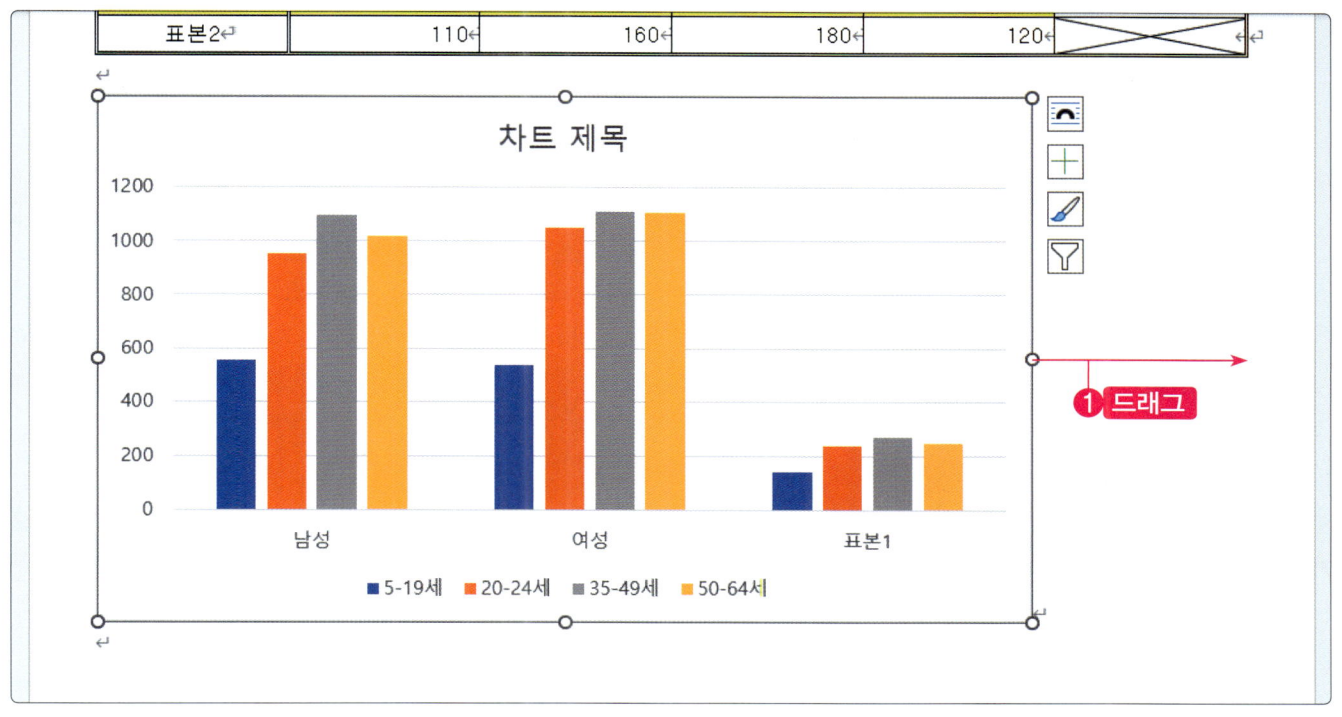

차트로 마우스 포인터를 가져가서 마우스 포인터가 모양으로 변경되었을 때 클릭하면 차트를 선택할 수 있고, 차트를 선택한 후 차트의 크기 조절점(○)을 드래그하면 차트의 크기를 조절할 수 있습니다.

STEP 02 차트 레이아웃 지정하기

〈차트 조건〉 (5) 축제목과 범례는 《출력형태》와 동일하게 처리할 것

1 차트 레이아웃을 변경하기 위해 **차트를 선택**한 후 〔차트 디자인〕 정황 탭-〔차트 레이아웃〕 그룹에서 〔빠른 레이아웃〕을 클릭한 다음 〔레이아웃 1(📊)〕을 클릭합니다.

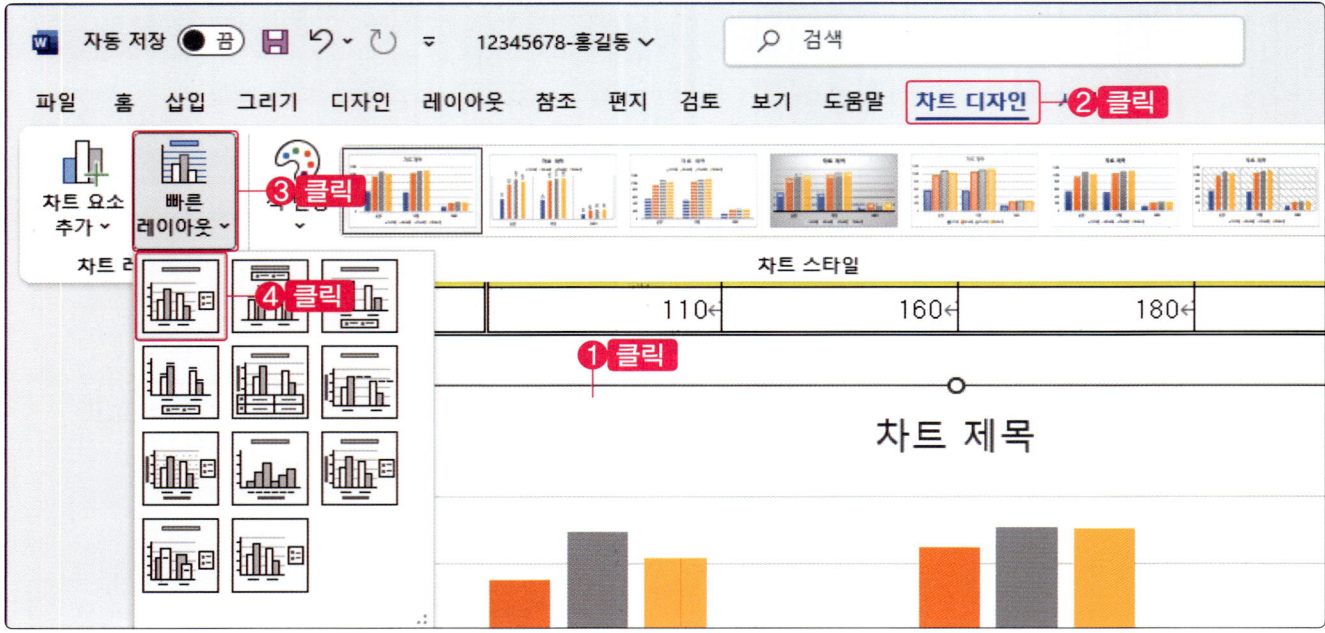

> 차트 레이아웃은 지시사항을 처리하기 전에 선택합니다. 지시사항을 먼저한 후 차트 레이아웃을 지정하면 다시 지시사항을 지정해야합니다.

2 세로 축 제목을 삽입하기 위해 〔차트 디자인〕 정황 탭-〔차트 레이아웃〕 그룹에서 〔**차트 요소 추가**〕을 클릭한 후 〔축 제목〕-〔**기본 세로**〕를 클릭합니다.

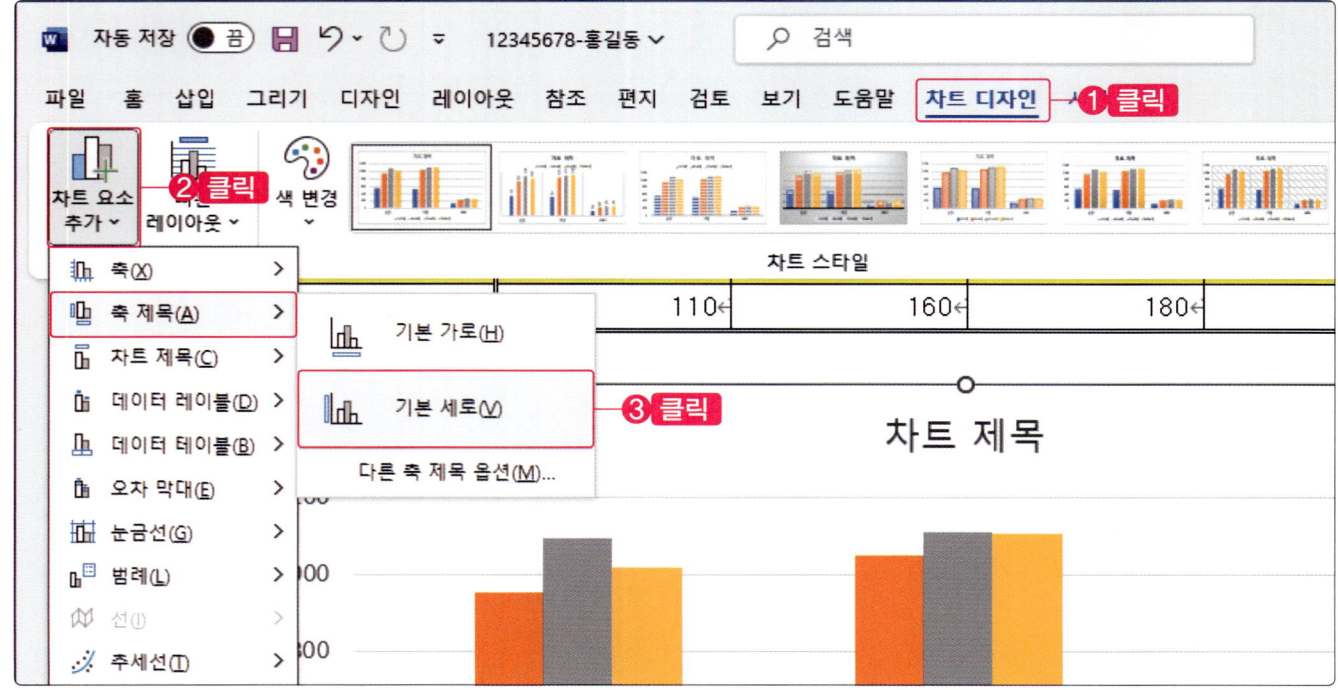

STEP 03 차트 제목 및 범례 지정하기

〈차트 조건〉
(3) 제목 - 글꼴 : 굴림, 굵게, 12pt, 테두리
(4) 제목 이외의 전체 글꼴 - 굴림, 보통, 10pt
(5) 축제목과 범례는 《출력형태》와 동일하게 처리할 것

1 차트 제목을 편집하기 위해 **차트를 선택**한 후 [홈] 탭-[글꼴] 그룹에서 **글꼴(굴림)과 글꼴 크기 (10)을 선택**합니다.

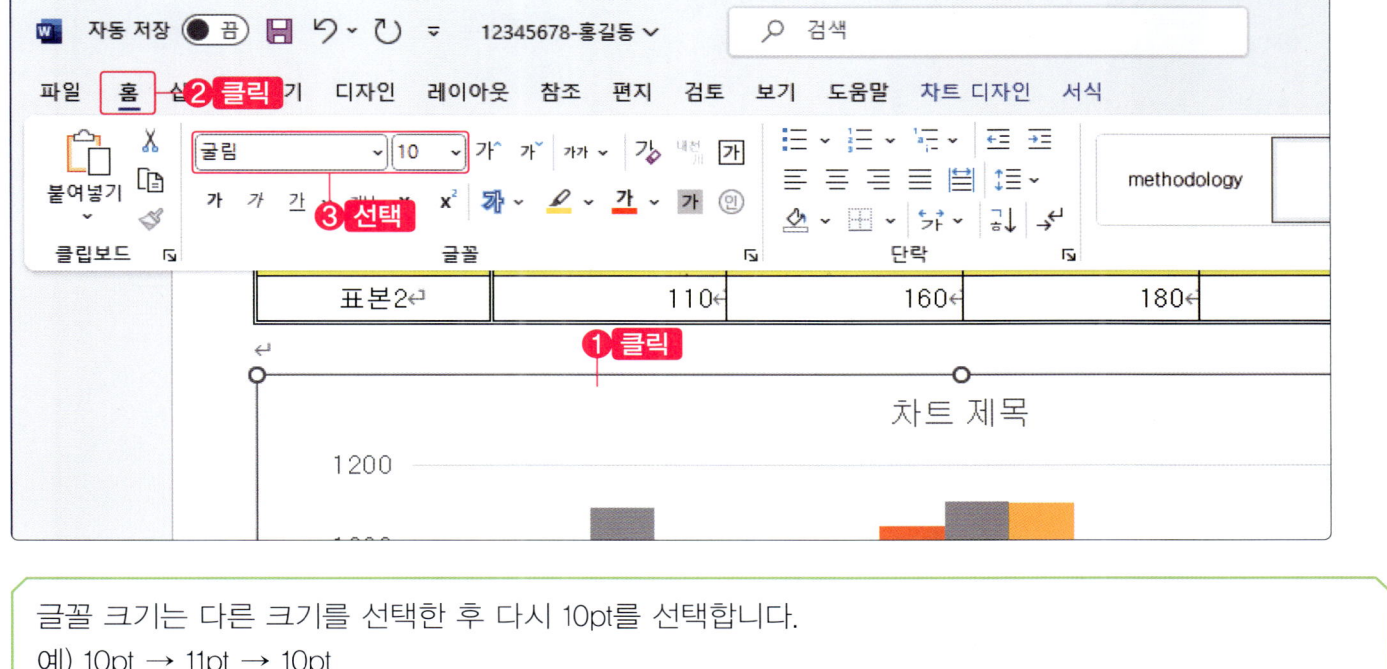

> 글꼴 크기는 다른 크기를 선택한 후 다시 10pt를 선택합니다.
> 예) 10pt → 11pt → 10pt

2 **차트 제목을 드래그하여 블록으로 설정**한 후 **차트 제목(서울시 가구통행실태조사 표본 할당)을 입력**합니다.

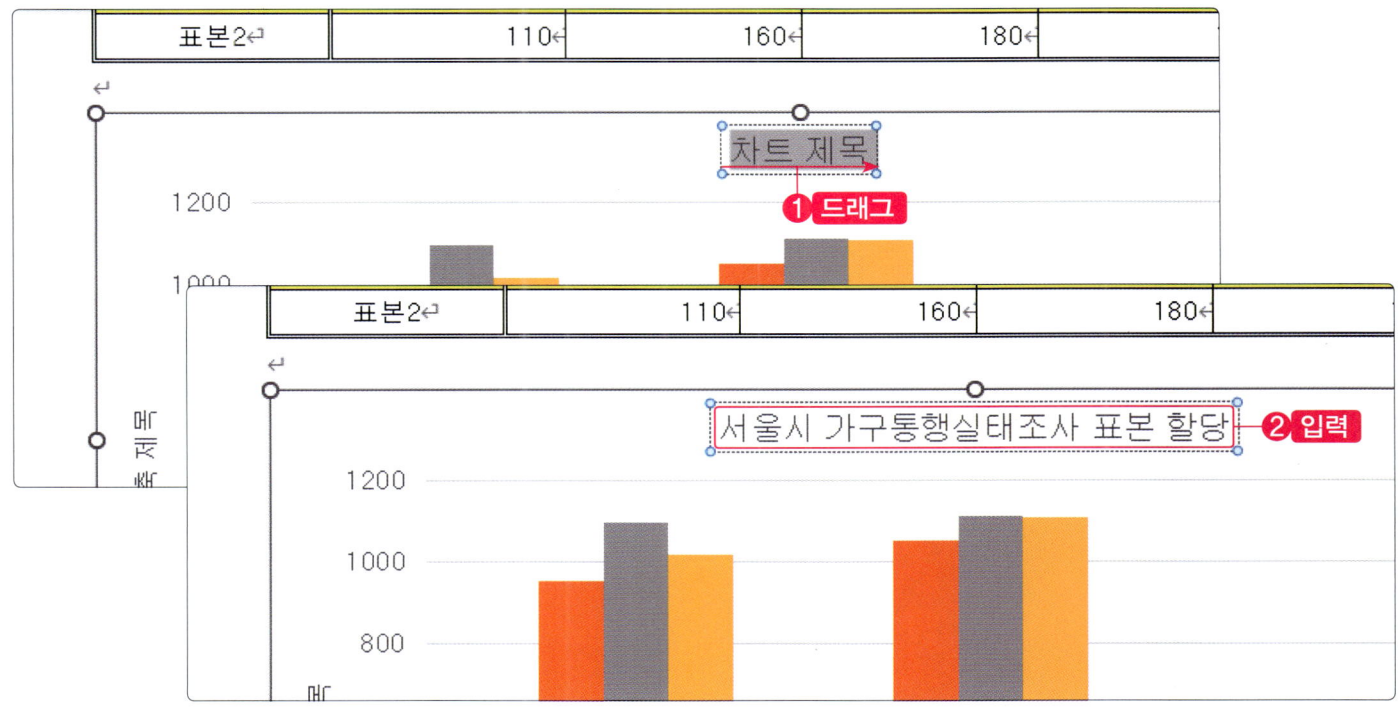

〈차트 조건〉 (3) 제목 - 글꼴 : 굴림, 굵게, 12pt, 테두리

3 **차트 제목을 선택**한 후 〔홈〕 탭-〔글꼴〕 그룹에서 **글꼴(굴림)과 글꼴 크기(12)을 선택**한 다음 〔**굵게(가)**〕를 **선택**합니다.

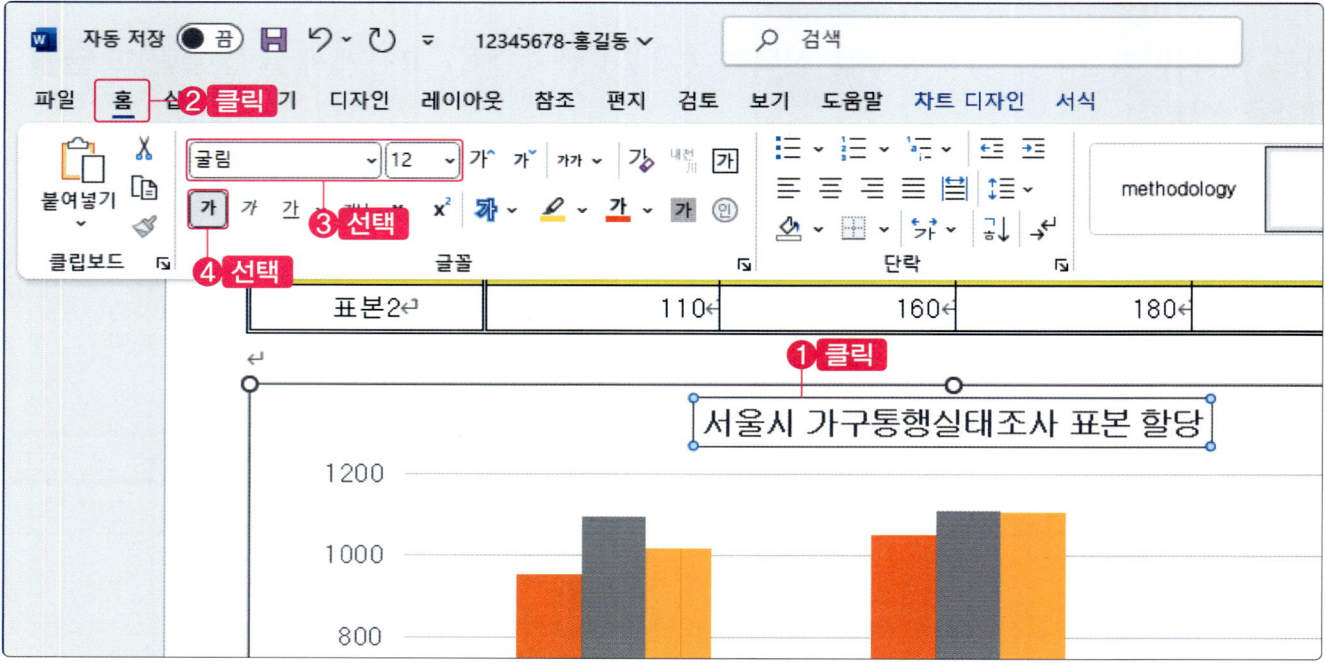

- 차트 전체의 글꼴(굴림)을 선택하면 차트 제목의 글꼴(굴림)도 변경됩니다.
- 차트 전체의 글꼴 크기(10 pt)를 선택하면 차트 제목의 글꼴 크기(12 pt)로 변경됩니다.

4 차트 제목이 선택된 상태에서 〔서식〕 정황 탭-〔도형 스타일〕 그룹에서 〔**도형 윤곽선**〕을 **클릭**한 후 〔**검정, 텍스트 1**〕을 **클릭**합니다.

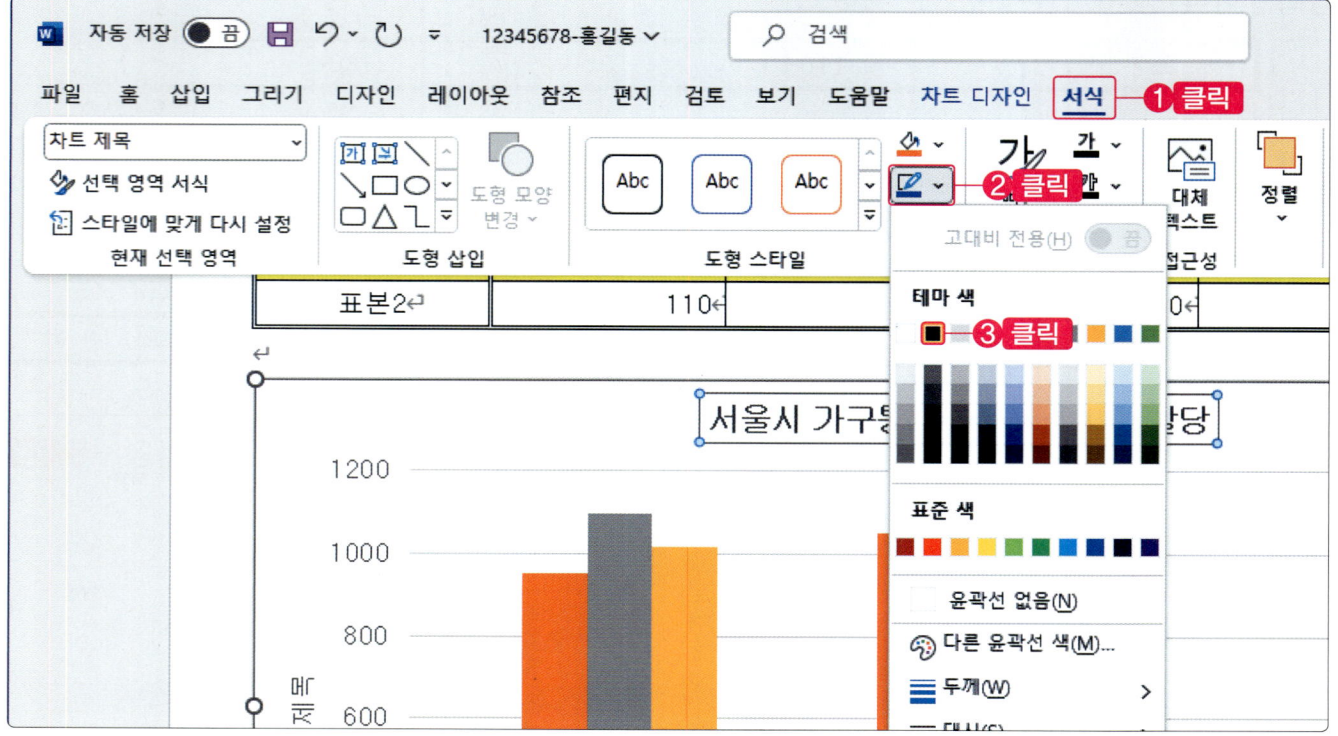

〈차트 조건〉 (5) 축제목과 범례는 《출력형태》와 동일하게 처리할 것

5 **범례를 선택**한 후 [서식] 정황 탭-[도형 스타일] 그룹에서 [**도형 윤곽선**]을 클릭한 후 [**검정, 텍스트 1**]을 클릭합니다.

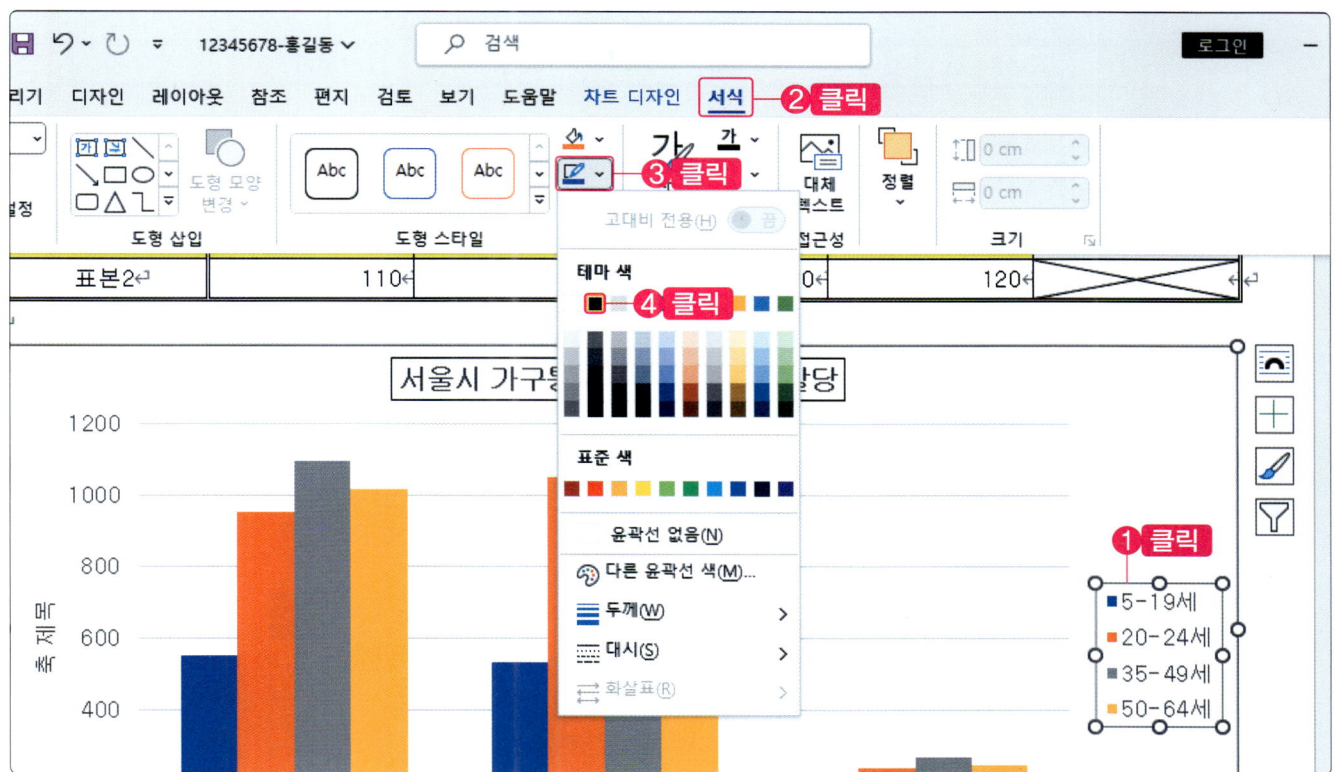

차트의 구성

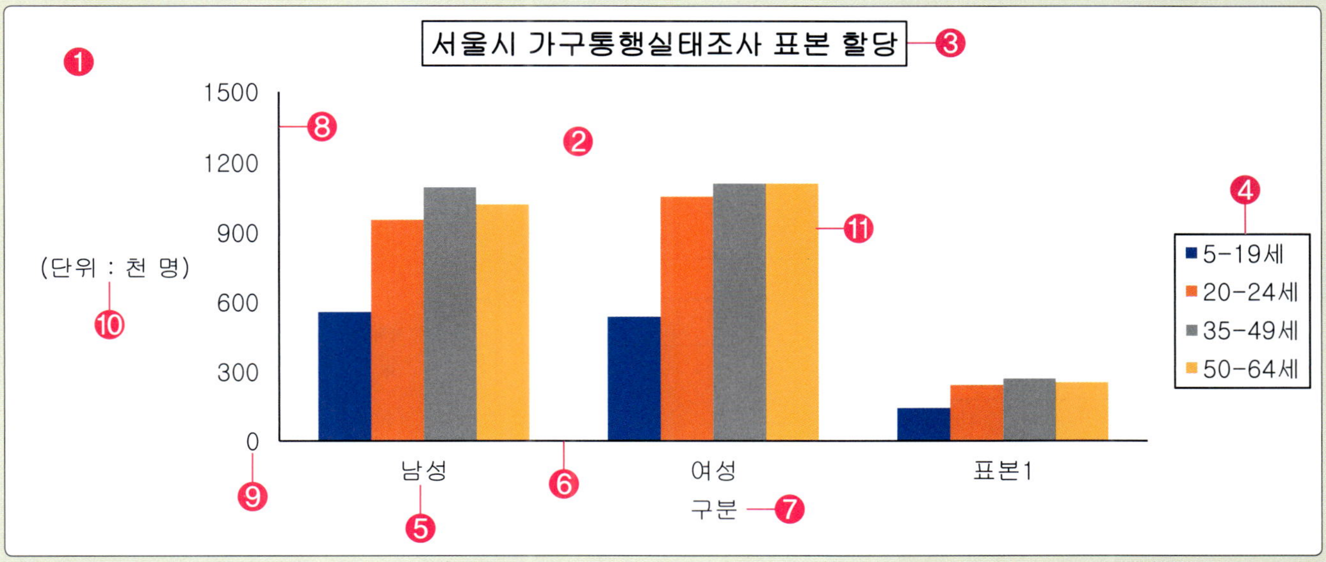

① 차트 배경   ② 영역 배경   ③ 차트 제목   ④ 범례
⑤ 가로 항목 축 이름표   ⑥ 가로 항목 축   ⑦ 가로 항목 축 제목   ⑧ 세로 값 축
⑨ 세로 값 축 이름표   ⑩ 세로 값 축 제목   ⑪ 계열

STEP 04 축 제목 및 축 서식 지정하기

〈차트 조건〉 (5) 축제목과 범례는 《출력형태》와 동일하게 처리할 것

1 축 제목 서식을 지정하기 위해 **축 제목을 선택**한 후 **바로가기 메뉴의 〔축 제목 서식〕을 클릭**합니다.

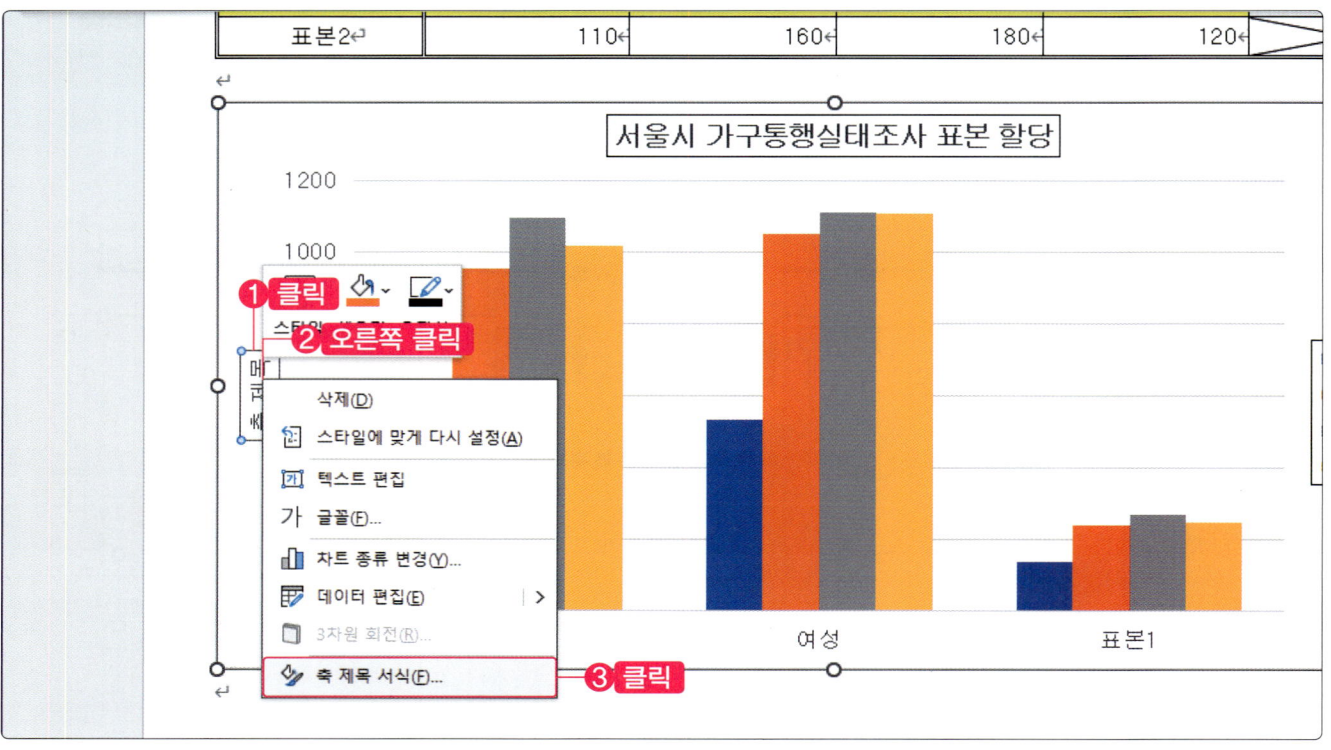

2 〔축 제목 서식〕 작업 창이 나타나면 〔제목 옵션〕 탭-〔레이아웃 및 속성(▥)〕을 클릭한 후 〔맞춤〕 탭에서 **텍스트 방향(가로)를 선택**합니다.

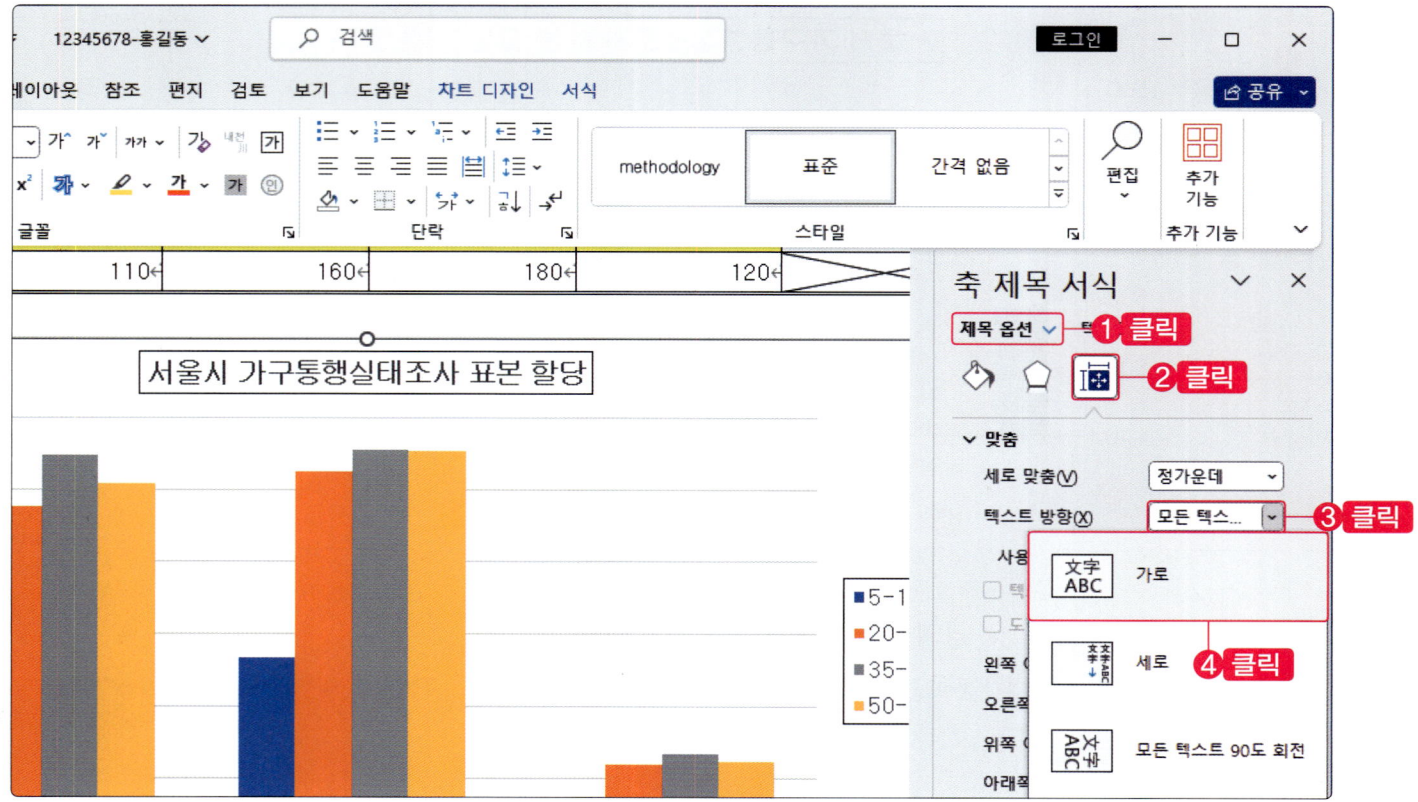

〈차트 조건〉 (5) 축제목과 범례는 《출력형태》와 동일하게 처리할 것

3 축 제목의 텍스트 방향이 가로로 변경되면 **축 제목((단위 : 천 명))을 입력**합니다.

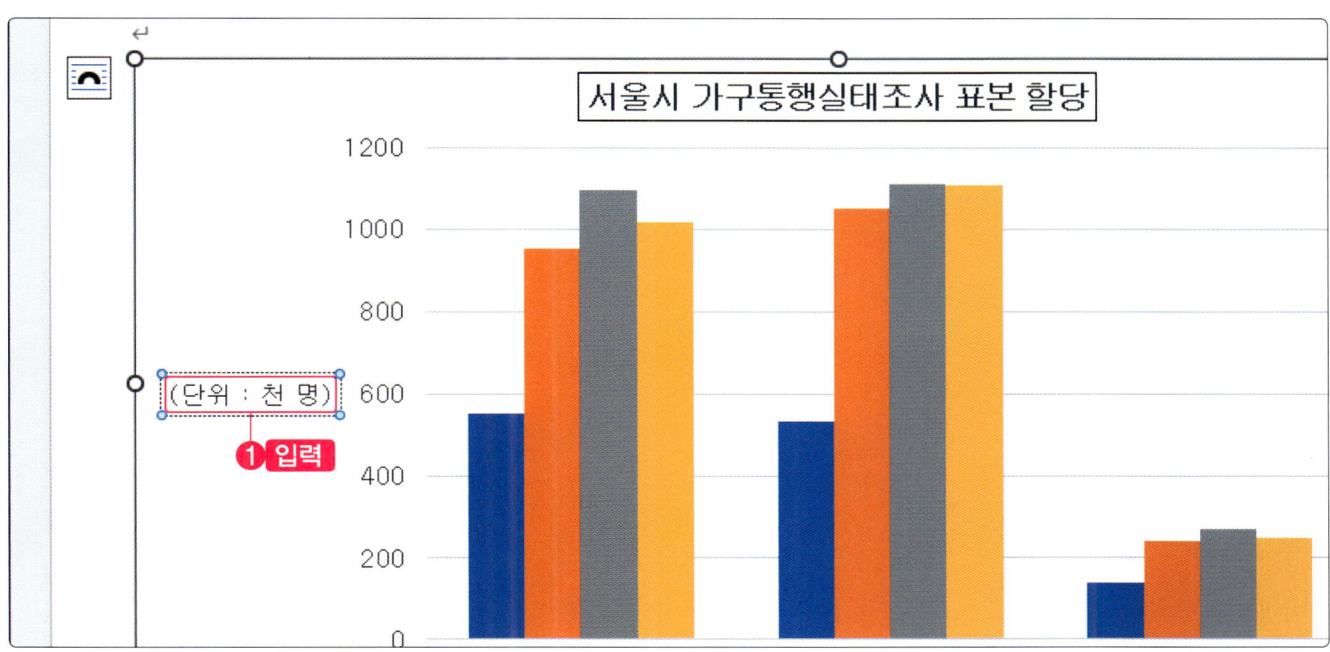

4 **세로 값 축을 선택**한 후 〔축 서식〕 작업 창에서 〔축 옵션〕 탭-〔**축 옵션(■)**)〕을 **클릭**한 다음 〔축 옵션〕 탭에서 **최대값(1500)과 기본 단위(300)를 입력**합니다.

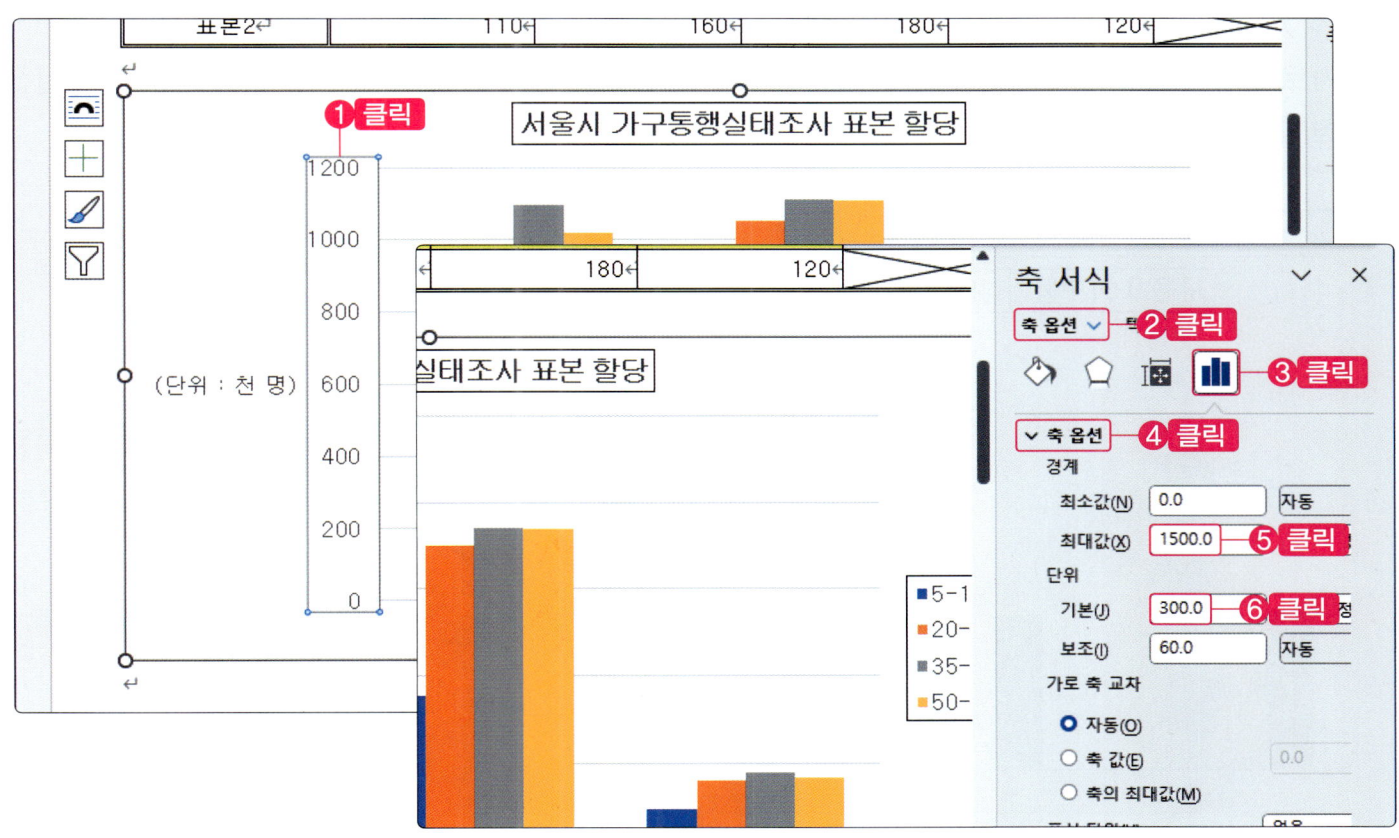

축 옵션의 최대값 및 기본 단위는 차트의 크기에 따라 달라질 수 있으며, 《출력형태》를 참고하여 작성합니다.

> **〈차트 조건〉** (5) 축제목과 범례는 《출력형태》와 동일하게 처리할 것

5 세로 값 축이 선택된 상태에서 [축 옵션] 탭-**채우기 및 선(🎨)**을 클릭한 후 [선] 탭에서 [**실선**]을 선택한 다음 **색(검정, 텍스트 1)을 선택**합니다.

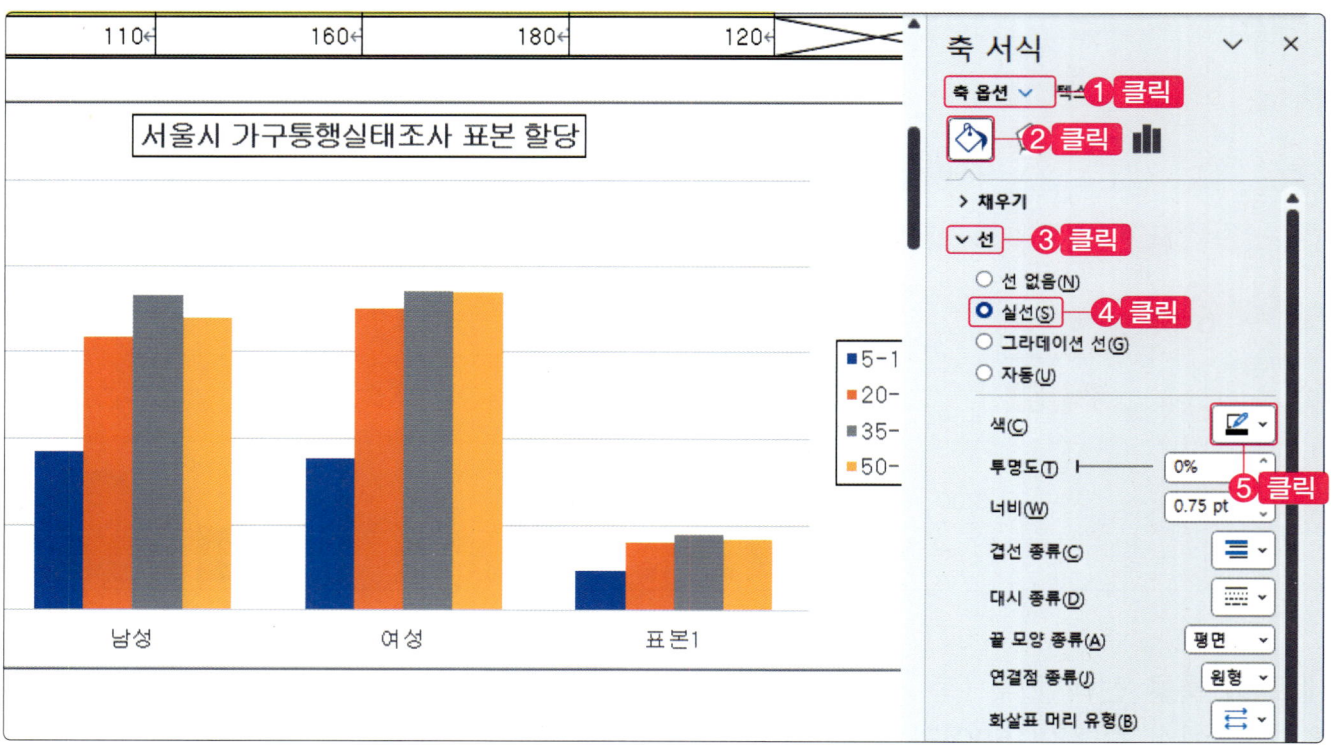

6 가로 항목 축을 선택한 후 [축 옵션] 탭-**채우기 및 선(🎨)**을 클릭한 다음 [선] 탭에서 [실선]을 선택하고 **색(검정, 텍스트 1)을 선택**합니다.

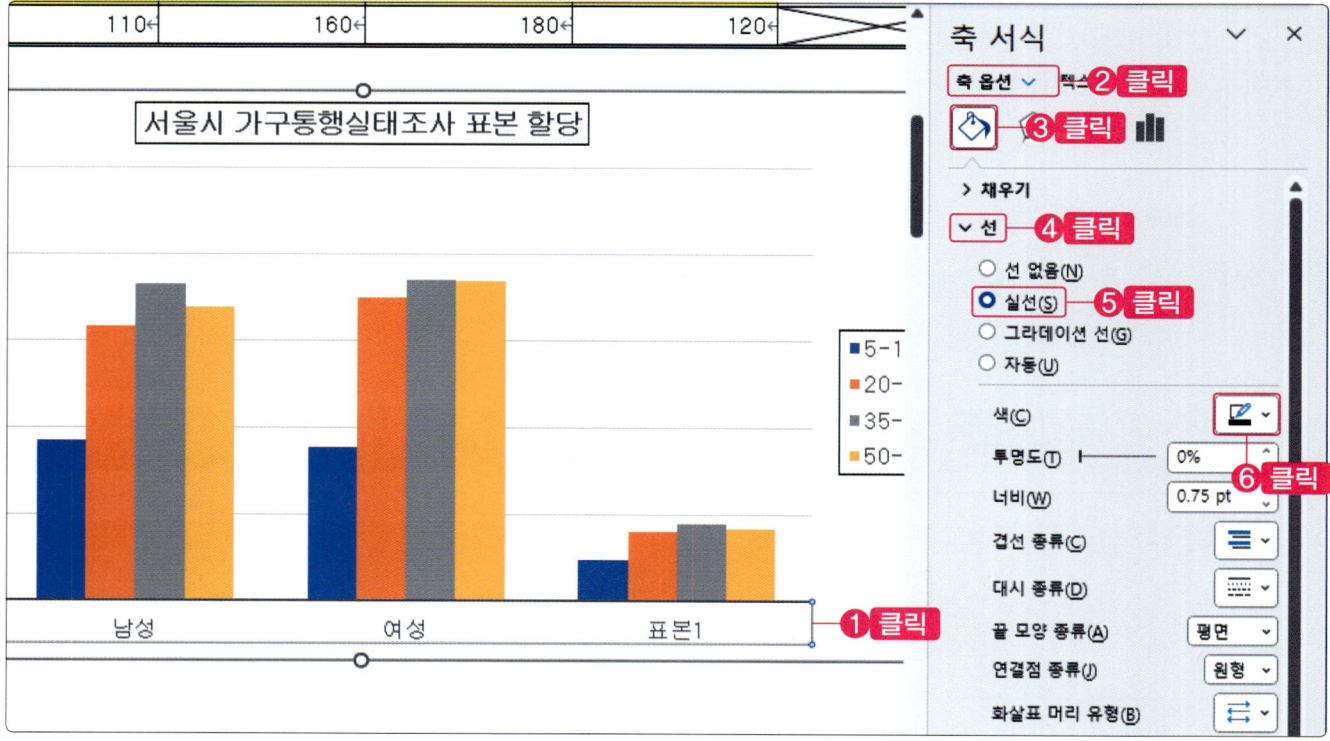

〈차트 조건〉 (5) 축제목과 범례는 《출력형태》와 동일하게 처리할 것

7 **세로 축 주 눈금선을 선택**한 후 〔주 눈금선 옵션〕 탭-〔**채우기 및 선( )**〕을 **클릭**한 다음 〔선〕 탭에서 〔**선 없음**〕을 **선택**합니다. 그런다음 〔**닫기(×)**〕를 **클릭**합니다.

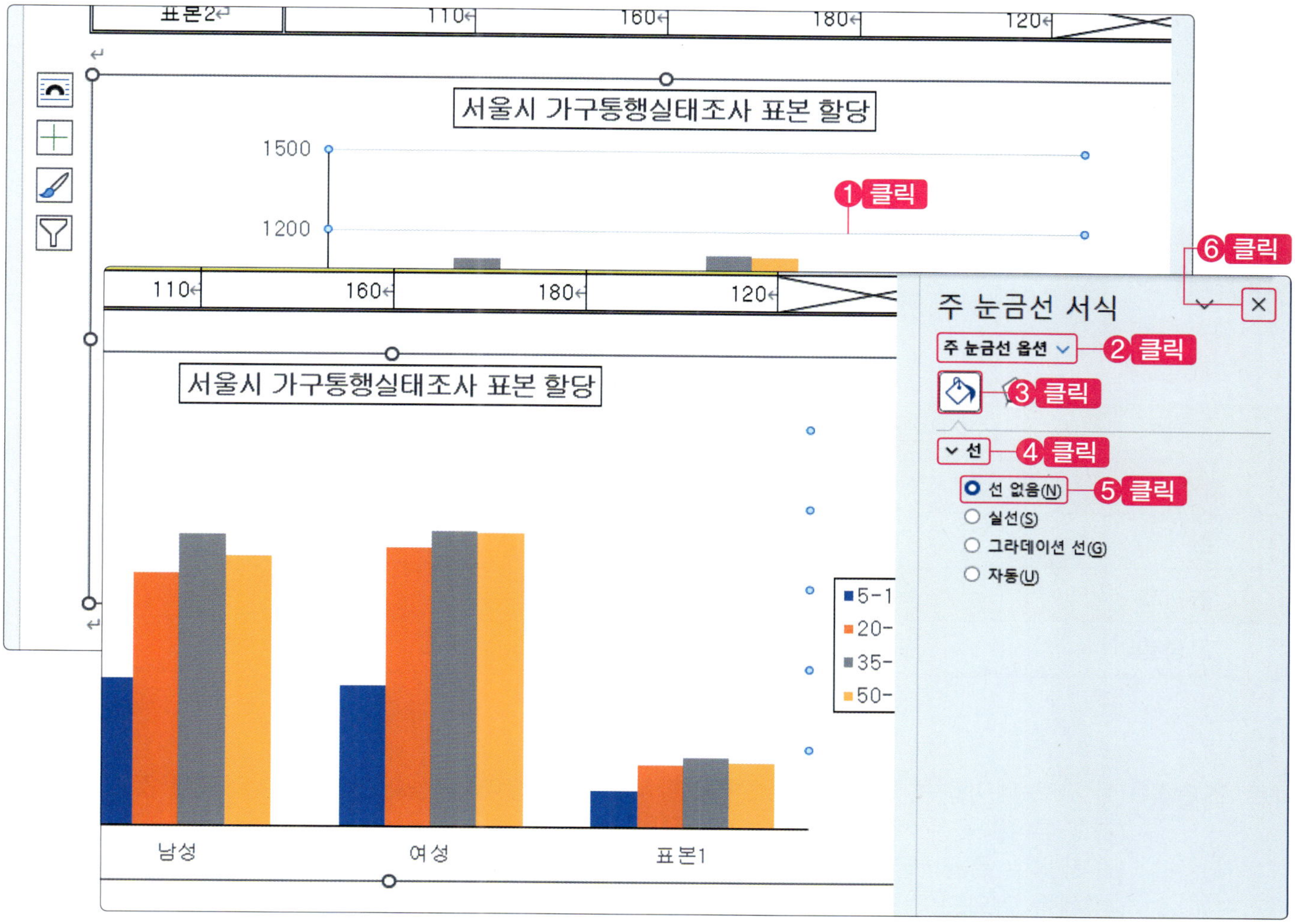

8 다음과 같이 차트 작성이 완료됩니다.

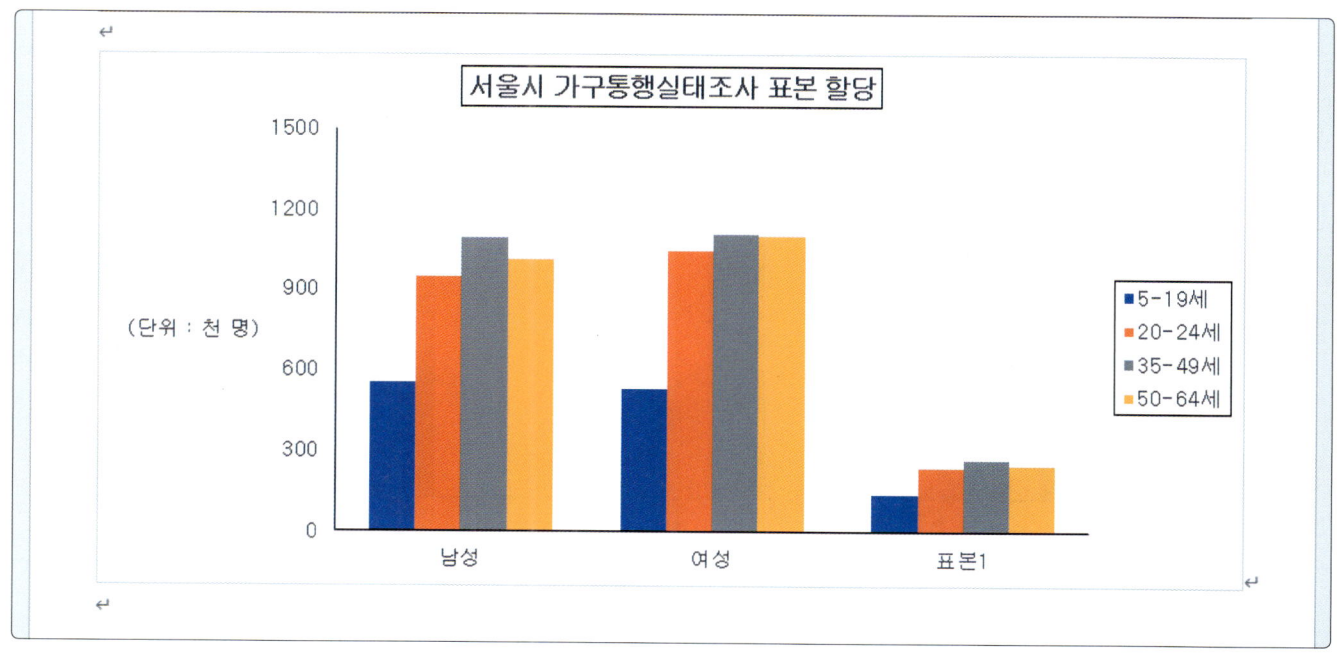

Chapter 04 · 기능평가 Ⅰ- 차트 **69**

실전문제유형

1 다음의 《조건》에 따라 《출력형태》와 같이 표와 차트를 작성하시오. (100점)

▶ 소스파일 : Part 01\Chapter 04\문제01.docx   ▶ 완성파일 : Part 01\Chapter 04\문제01_완성.docx

《표 조건》
(1) 표 전체(표, 캡션) - 굴림, 10pt
(2) 맞춤 - 문자 : 가운데 맞춤, 숫자 : 오른쪽 맞춤
(3) 셀 음영 : 노랑
(4) 계산 기능을 이용하여 빈칸에 평균(소수점 두 자리)을 구하고, 캡션 기능 사용할 것
(5) 테두리 모양은 《출력형태》와 동일하게 처리할 것

《출력형태》

계층별 디지털 정보화 수준(단위 : %)

구분	2021년	2022년	2023년	2024년	평균
저소득층	86.8	87.8	95.1	95.7	
장애인	74.6	75.2	81.3	82.6	
농어민	69.8	70.6	77.3	79.9	
고령층	63.1	64.3	68.6	72.3	

《차트 조건》
(1) 차트 데이터는 표 내용에서 연도별 저소득층, 장애인, 농어민의 값만 이용할 것
(2) 종류 - <묶은 세로 막대형>으로 작업할 것
(3) 제목 – 글꼴 : 궁서, 굵게, 12pt, 테두리
(4) 제목 이외의 전체 글꼴 – 궁서, 보통, 10pt
(5) 축제목과 범례는 《출력형태》와 동일하게 처리할 것

《출력형태》

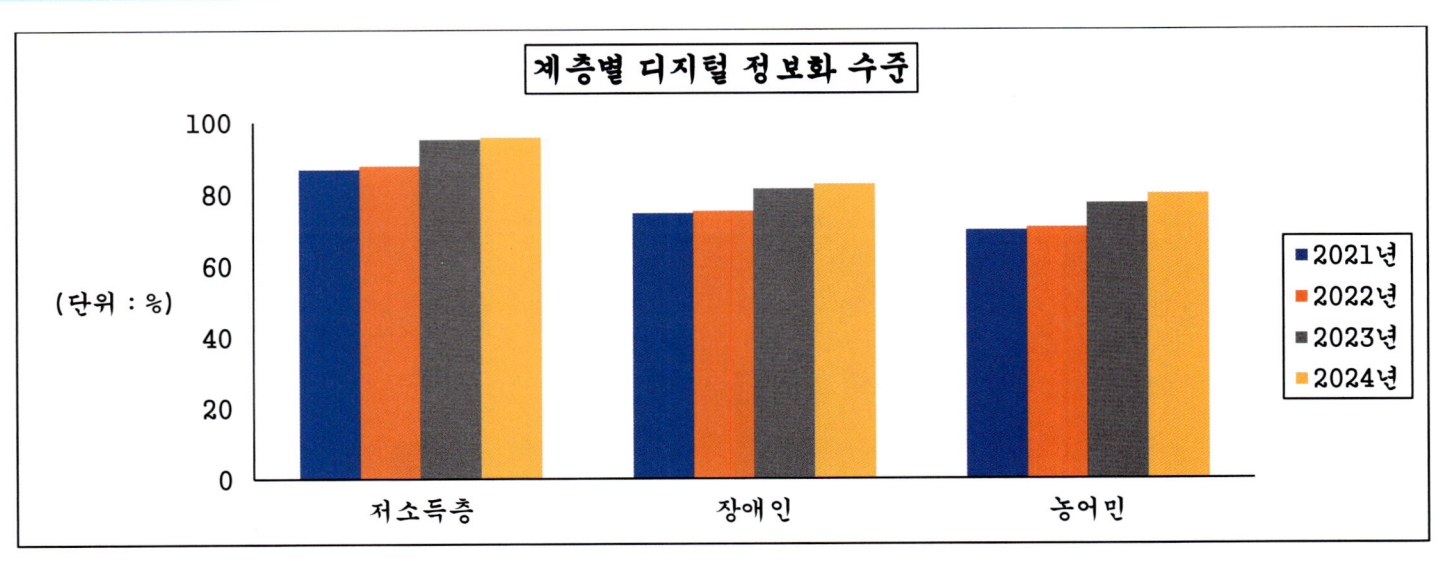

2. 다음의 《조건》에 따라 《출력형태》와 같이 표와 차트를 작성하시오. (100점)

▶ 소스파일 : Part 01\Chapter 04\문제02.docx   ▶ 완성파일 : Part 01\Chapter 04\문제02_완성.docx

《표 조건》
(1) 표 전체(표, 캡션) - 굴림, 10pt
(2) 맞춤 - 문자 : 가운데 맞춤, 숫자 : 오른쪽 맞춤
(3) 셀 음영 : 노랑
(4) 계산 기능을 이용하여 빈칸에 합계를 구하고, 캡션 기능 사용할 것
(5) 테두리 모양은 《출력형태》와 동일하게 처리할 것

《출력형태》

연평균 가상증강현실산업 매출액(단위 : 억 원)

구분	2021년	2022년	2023년	2024년	2025년
가상현실	4,416	4,747	5,327	5,923	6,385
증강현실	2,670	2,889	3,235	3,539	3,805
홀로그램	431	481	552	557	574
합계					

《차트 조건》
(1) 차트 데이터는 표 내용에서 구분별 2021년, 2022년, 2023년, 2024년의 값만 이용할 것
(2) 종류 - <묶은 세로 막대형>으로 작업할 것
(3) 제목 - 글꼴 : 궁서, 굵게, 12pt, 테두리
(4) 제목 이외의 전체 글꼴 - 궁서, 보통, 10pt
(5) 축제목과 범례는 《출력형태》와 동일하게 처리할 것

《출력형태》

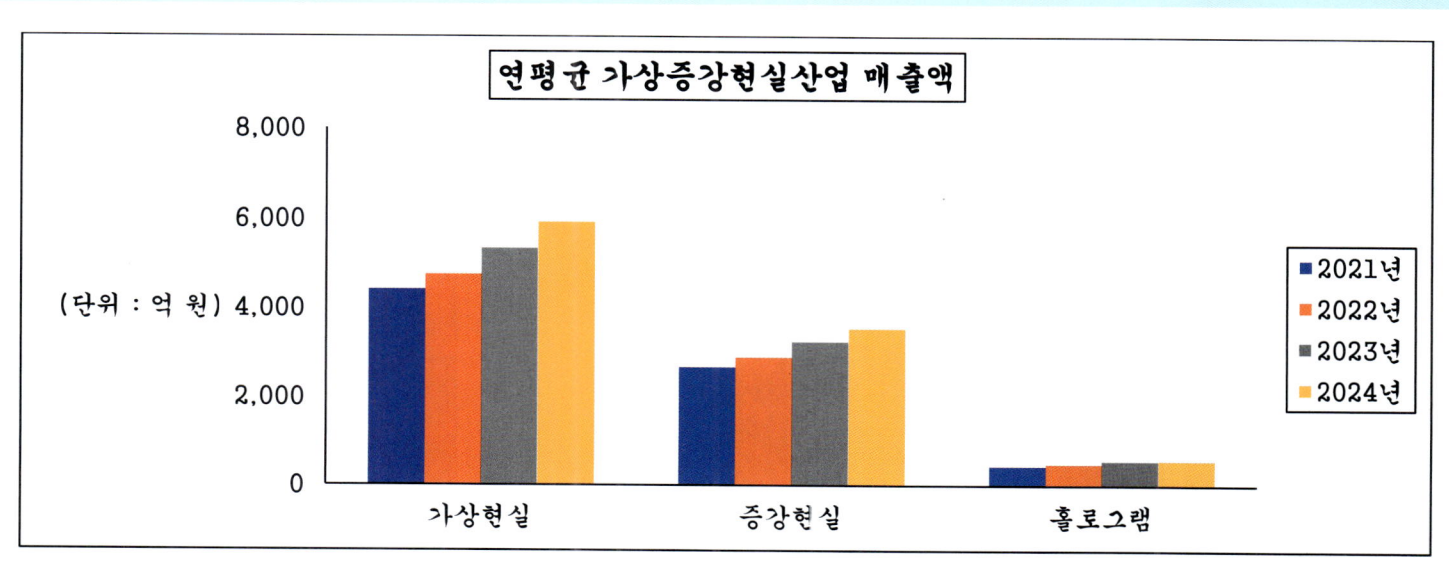

3 다음의 《조건》에 따라 《출력형태》와 같이 표와 차트를 작성하시오. (100점)

▶ 소스파일 : Part 01\Chapter 04\문제03.docx   ▶ 완성파일 : Part 01\Chapter 04\문제03_완성.docx

《표 조건》
(1) 표 전체(표, 캡션) - 돋움, 10pt
(2) 맞춤 - 문자 : 가운데 맞춤, 숫자 : 오른쪽 맞춤
(3) 셀 음영 : 노랑
(4) 계산 기능을 이용하여 빈칸에 합계를 구하고, 캡션 기능 사용할 것
(5) 테두리 모양은 《출력형태》와 동일하게 처리할 것

《출력형태》

건설기술산업대전 참관객 현황(단위 : 명)

연령	1일차	2일차	3일차	4일차	합계
20대	1,015	1,192	1,655	1,459	
30대	1,265	1,924	1,679	1,823	
40대	1,474	1,769	1,884	1,946	
50대 이상	897	1,035	1,142	1,305	

《차트 조건》
(1) 차트 데이터는 표 내용에서 일자별 20대, 30대, 40대의 값만 이용할 것
(2) 종류 - <묶은 세로 막대형>으로 작업할 것
(3) 제목 – 글꼴 : 굴림, 굵게, 12pt, 테두리
(4) 제목 이외의 전체 글꼴 – 굴림, 보통, 10pt
(5) 축제목과 범례는 《출력형태》와 동일하게 처리할 것

《출력형태》

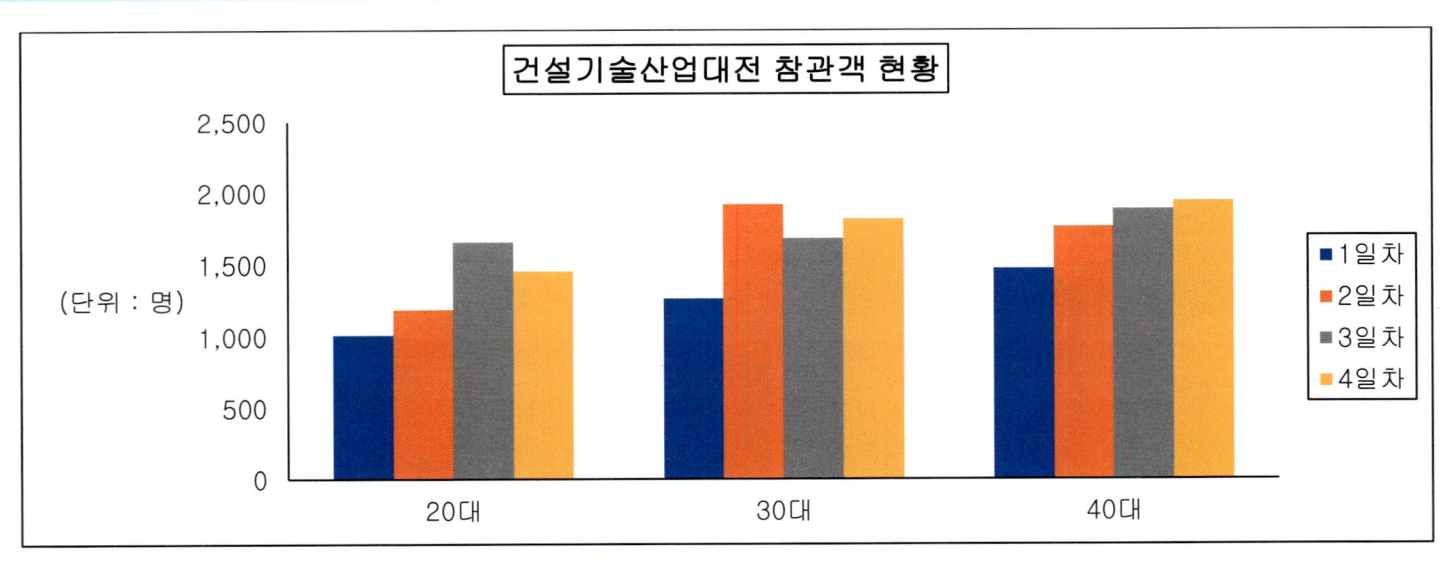

4. 다음의 《조건》에 따라 《출력형태》와 같이 표와 차트를 작성하시오. (100점)

▶ 소스파일 : Part 01\Chapter 04\문제04.docx   ▶ 완성파일 : Part 01\Chapter 04\문제04_완성.docx

《표 조건》
(1) 표 전체(표, 캡션) - 돋움, 10pt
(2) 맞춤 - 문자 : 가운데 맞춤, 숫자 : 오른쪽 맞춤
(3) 셀 음영 : 노랑
(4) 계산 기능을 이용하여 빈칸에 합계를 구하고, 캡션 기능 사용할 것
(5) 테두리 모양은 《출력형태》와 동일하게 처리할 것

《출력형태》

남북 주요도시 인구 현황(단위 : 천 명)

지역	서울	부산	평양	청진	합계
1970년	5,681	2,041	981	300	
2000년	10,072	3,732	2,771	593	
2010년	9,723	3,413	2,901	642	
2020년	9,630	3,392	2,940	650	

《차트 조건》
(1) 차트 데이터는 표 내용에서 지역별 1970년, 2000년, 2010년의 값만 이용할 것
(2) 종류 - <묶은 세로 막대형>으로 작업할 것
(3) 제목 – 글꼴 : 굴림, 굵게, 12pt, 테두리
(4) 제목 이외의 전체 글꼴 – 굴림, 보통, 10pt
(5) 축제목과 범례는 《출력형태》와 동일하게 처리할 것

《출력형태》

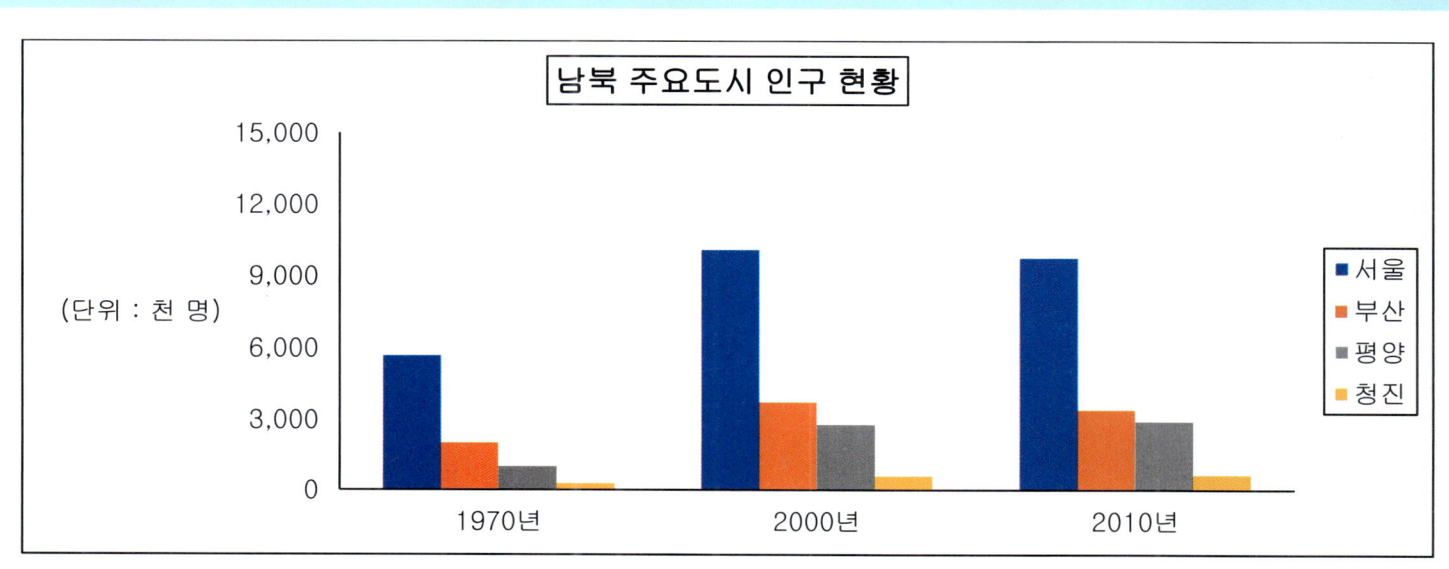

5 다음의 《조건》에 따라 《출력형태》와 같이 표와 차트를 작성하시오. (100점)

▶소스파일 : Part 01\Chapter 04\문제05.docx ▶완성파일 : Part 01\Chapter 04\문제05_완성.docx

《표 조건》
(1) 표 전체(표, 캡션) - 굴림, 10pt
(2) 맞춤 - 문자 : 가운데 맞춤, 숫자 : 오른쪽 맞춤
(3) 셀 음영 : 노랑
(4) 계산 기능을 이용하여 빈칸에 합계를 구하고, 캡션 기능 사용할 것
(5) 테두리 모양은 《출력형태》와 동일하게 처리할 것

《출력형태》

주요 국가의 데이터 시장규모(단위 : 10억 달러)

구분	2021년	2022년	2023년	2024년	합계
미국	16.60	21.20	24.70	30.62	
유럽	4.10	5.34	6.30	7.60	
영국	2.15	2.68	3.06	3.59	
프랑스	0.55	0.74	0.91	1.15	

《차트 조건》
(1) 차트 데이터는 표 내용에서 연도별 미국, 유럽, 영국의 값만 이용할 것
(2) 종류 - <묶은 세로 막대형>으로 작업할 것
(3) 제목 – 글꼴 : 돋움, 굵게, 12pt, 테두리
(4) 제목 이외의 전체 글꼴 – 돋움, 보통, 10pt
(5) 축제목과 범례는 《출력형태》와 동일하게 처리할 것

《출력형태》

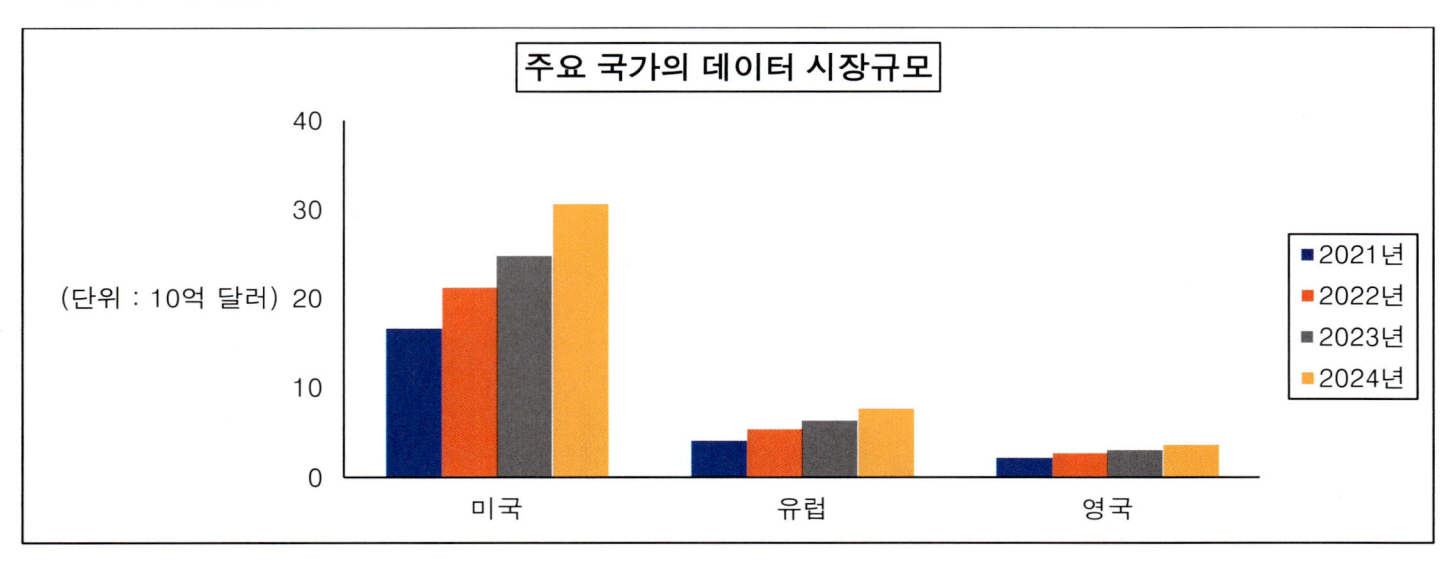

6 다음의 《조건》에 따라 《출력형태》와 같이 표와 차트를 작성하시오. (100점)

▶ 소스파일 : Part 01\Chapter 04\문제06.docx   ▶ 완성파일 : Part 01\Chapter 04\문제06_완성.docx

《표 조건》
(1) 표 전체(표, 캡션) - 굴림, 10pt
(2) 맞춤 - 문자 : 가운데 맞춤, 숫자 : 오른쪽 맞춤
(3) 셀 음영 : 노랑
(4) 계산 기능을 이용하여 빈칸에 평균을 구하고, 캡션 기능 사용할 것
(5) 테두리 모양은 《출력형태》와 동일하게 처리할 것

《출력형태》

유형별 저작권 상담 현황(단위 : 백 건)

유형	2021년	2022년	2023년	2024년	평균
인터넷상담	8.7	1.7	1.7	4.1	
내방상담	8.2	11.2	7.4	0.8	
서신상담	0.7	0.8	1.2	1.1	
전화상담	430.7	426.4	434.9	429.4	

《차트 조건》
(1) 차트 데이터는 표 내용에서 연도별 인터넷상담, 내방상담, 서신상담의 값만 이용할 것
(2) 종류 - <묶은 세로 막대형>으로 작업할 것
(3) 제목 – 글꼴 : 굴림, 굵게, 12pt, 테두리
(4) 제목 이외의 전체 글꼴 – 굴림, 보통, 10pt
(5) 축제목과 범례는 《출력형태》와 동일하게 처리할 것

《출력형태》

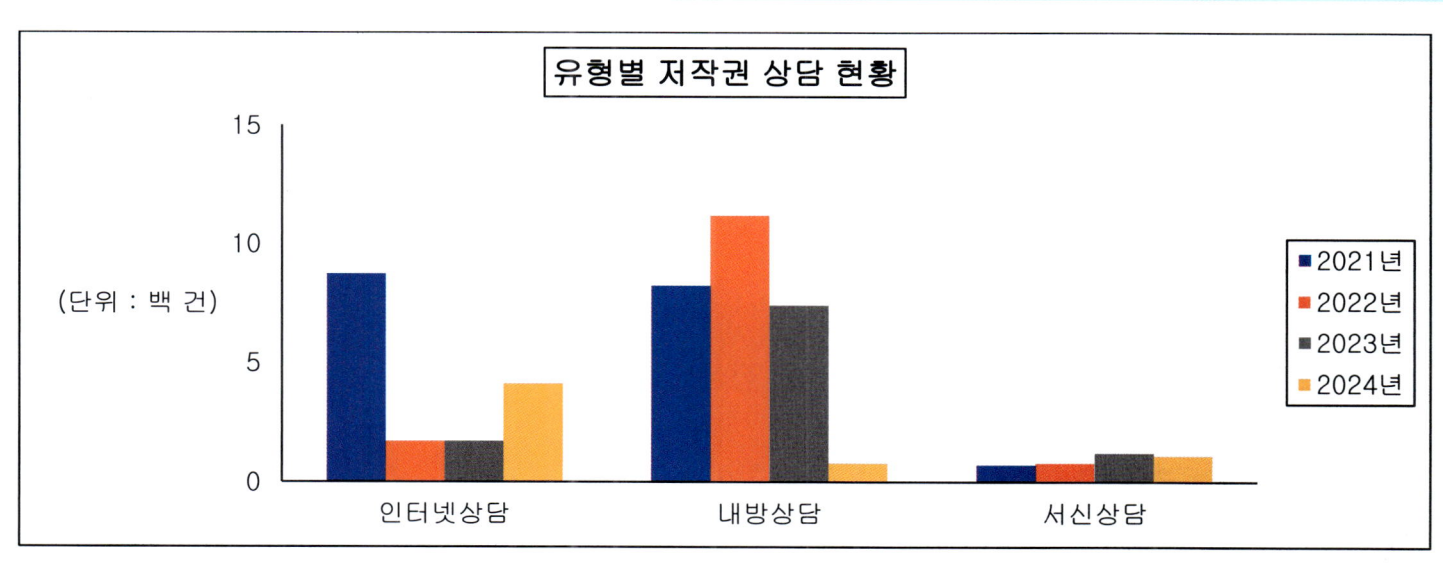

기능평가 Ⅱ - 수식

◆문제 번호 입력하고 첫 번째 수식 작성하기　　◆두 번째 수식 작성하기

▶소스파일 : Part 01\Chapter 05\Ch05.docx　　▶완성파일 : Part 01\Chapter 05\Ch05_완성.docx

3. 다음의 (1), (2)의 수식을 수식 편집기로 각각 입력하시오.

출력 형태

(1) $\dfrac{PV}{T} = \dfrac{1 \times 22.1}{273} ≒ 0.082$　　　　(2) $\int_0^3 \dfrac{\sqrt{6t^2 - 18t + 12}}{5} dt = 11$

체크! 체크!

〔기능평가 Ⅱ〕 수식

■ 문제 번호 입력하고 첫 번째, 두 번째 수식 작성하기
- 모든 수식은 〔수식 편집기〕 대화상자에서 작성해야 합니다.
- 수식 문제는 부분 점수가 없기 때문에 정확히 입력해야 합니다.
- 《출력형태》를 참고하여 수식을 작성합니다.

STEP 01 문제 번호 입력하고 첫 번째 수식 작성하기

〈수식〉 3. 다음의 (1), (2)의 수식을 수식 편집기로 각각 입력하시오.

(1) $\dfrac{PV}{T} = \dfrac{1 \times 22.1}{273} ≒ 0.082$

1 2페이지의 첫 번째 줄에 **문제 번호(3.)를 입력**한 후 Enter 를 눌러 강제개행한 다음 '**(1)**'을 입력합니다.

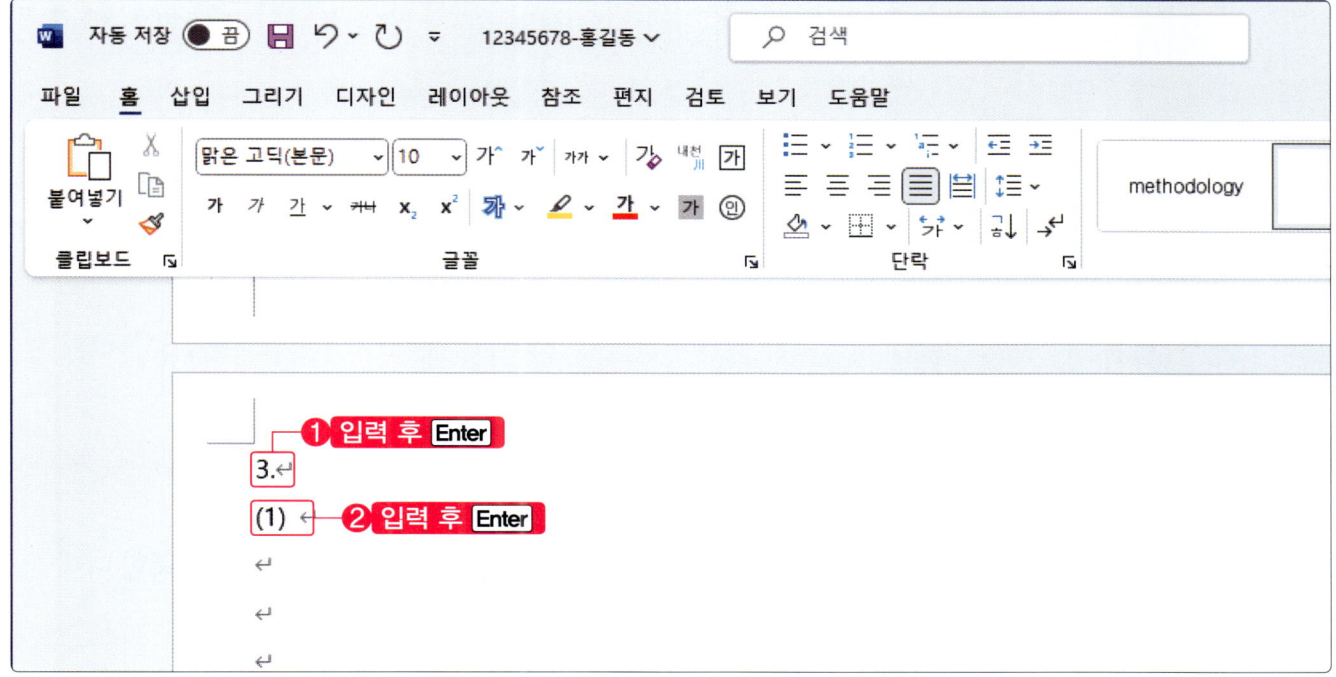

> 답안을 작성하지 못한 경우에도 문제 번호는 입력합니다.

2 수식을 삽입하기 위해 [삽입] 탭-[기호] 그룹에서 [**수식(π)**]을 **클릭**합니다.

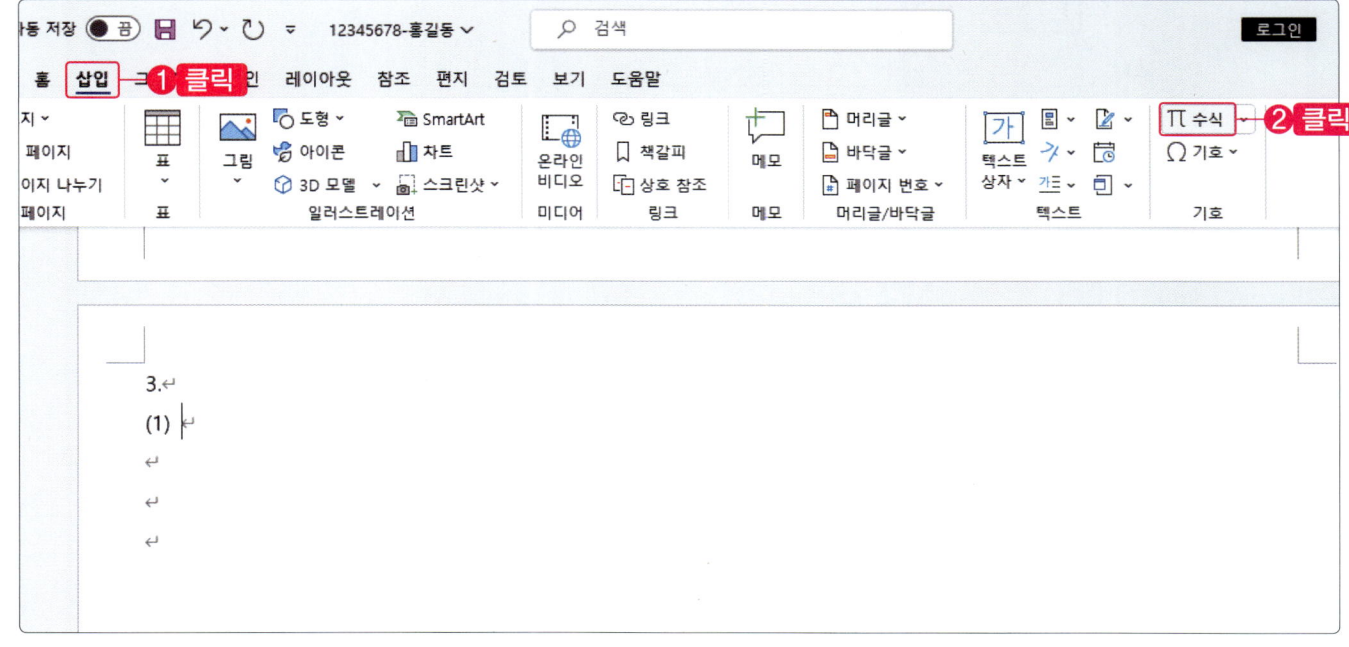

⟨수식⟩   (1) $\dfrac{PV}{T} = \dfrac{1 \times 22.1}{273} \fallingdotseq 0.082$

3 수식 입력창이 삽입되면 〔수식〕 정황 탭-〔구조〕 그룹에서 〔**분수($\frac{x}{y}$)**〕를 **클릭**한 후 〔**상하형 분수($\frac{□}{□}$)**〕**를 클릭**합니다.

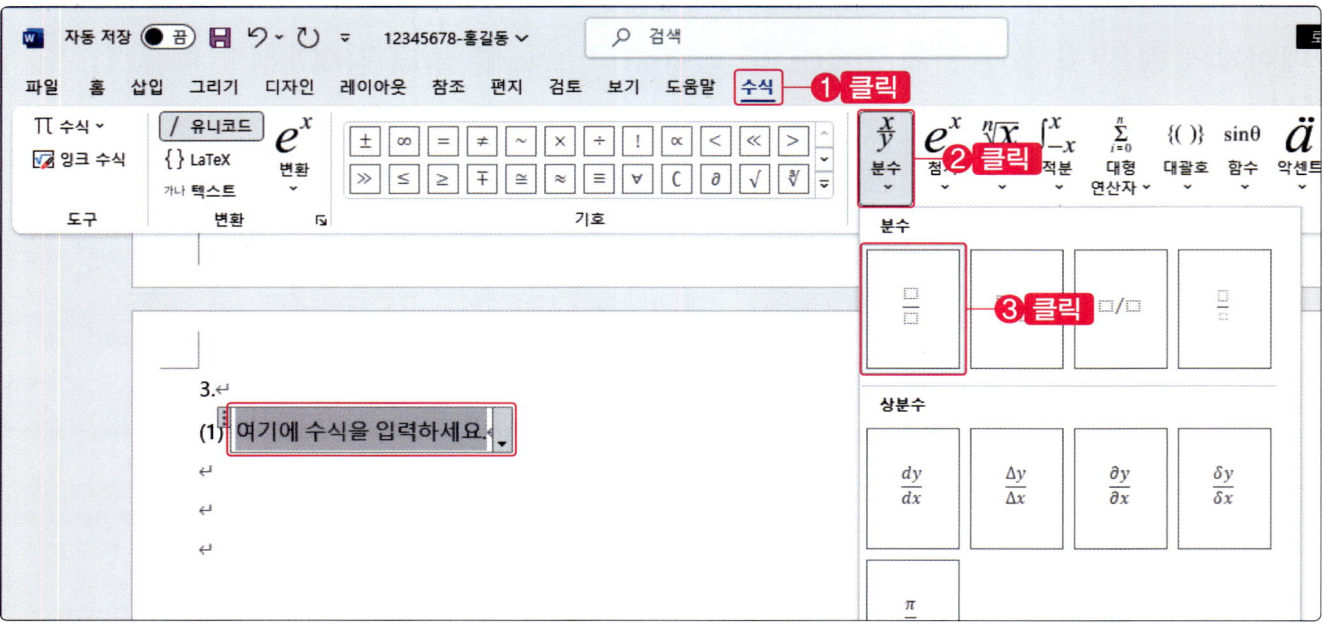

4 분수가 삽입되면 **왼쪽 방향키(←)를 두 번 눌러 커서 위치를 이동**한 후 '**PV**'를 **입력**합니다.

마우스로 이동할 위치를 클릭하여 커서 위치를 이동할 수도 있습니다.

〈수식〉 (1) $\dfrac{PV}{T} = \dfrac{1 \times 22.1}{273} ≒ 0.082$

5 오른쪽 방향키(→)를 한 번 눌러 커서 위치를 이동한 후 'T'를 입력합니다.

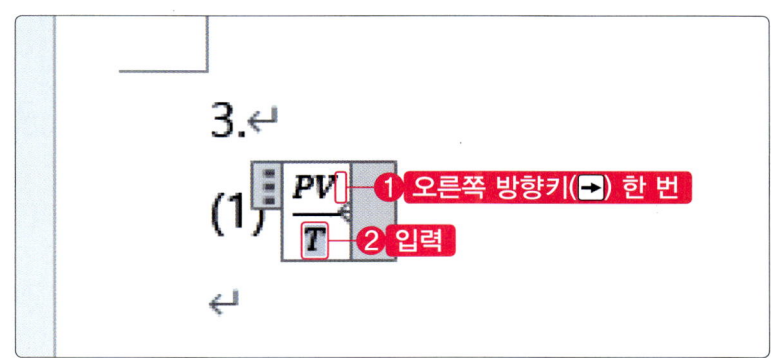

6 오른쪽 방향키(→)를 한 번 눌러 커서 위치를 이동한 후 '='을 입력합니다. 그런다음 [분수]를 클릭한 후 [상하형 분수]를 클릭합니다.

7 분수가 삽입되면 왼쪽 방향키(←)를 두 번 눌러 커서 위치를 이동한 후 '1'을 입력합니다. 그런다음 [수식] 정황 탭-[기호] 그룹에서 [곱하기 기호(×)]를 클릭합니다.

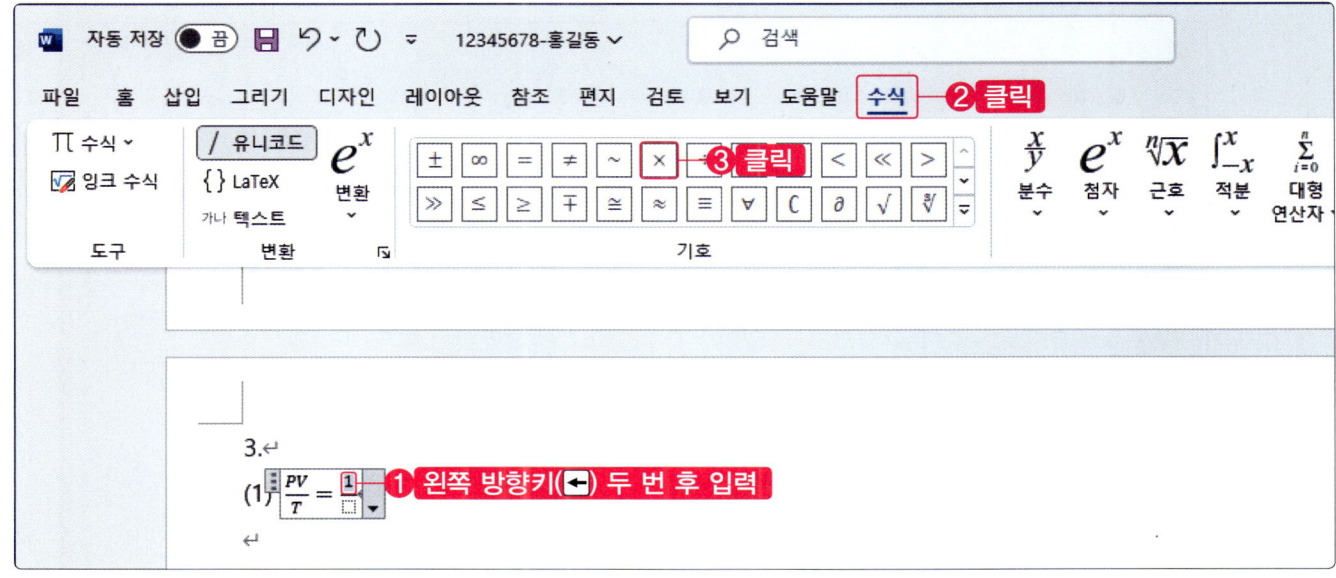

〈수식〉 (1) $\frac{PV}{T} = \frac{1 \times 22.1}{273} ≒ 0.082$

8 '22.1'을 입력한 후 오른쪽 방향키(→)를 한 번 눌러 커서 위치를 이동합니다.

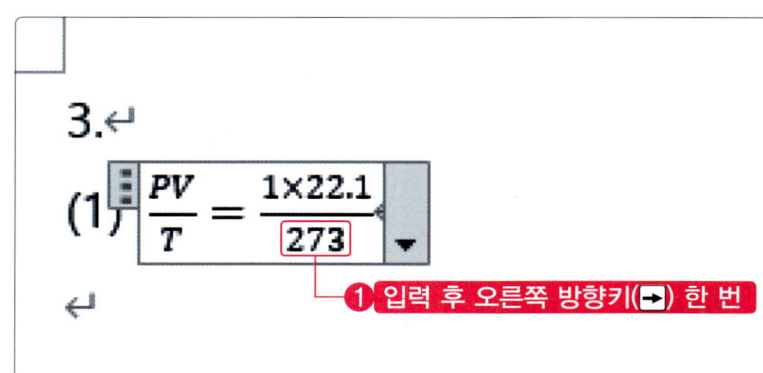

9 '273'을 입력한 후 오른쪽 방향키(→)를 한 번 눌러 커서 위치를 이동합니다.

10 [수식] 정황 탭-[기호] 그룹에서 [목록(▼)] 단추를 클릭한 후 [연산자]를 선택합니다. 그런다음 연산자 수식이 나타나면 [고급 관계형 연산자]-[대략(≒)]을 클릭합니다.

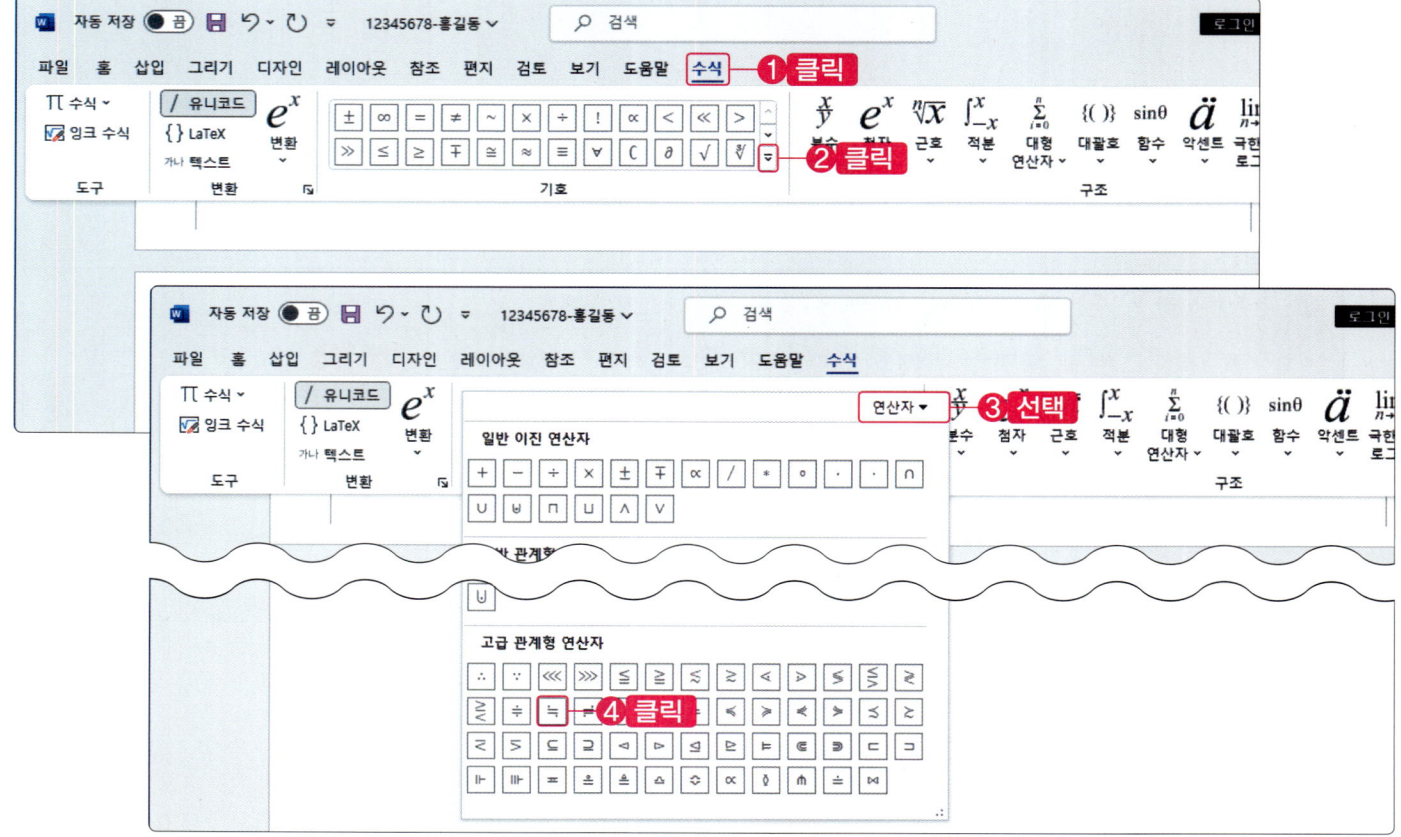

수식 기호

⟨수식⟩　　(1) $\dfrac{PV}{T} = \dfrac{1 \times 22.1}{273} ≒ 0.082$

11 '0.082'를 **입력**한 후 **수식 이외의 빈 공간을 클릭**합니다.

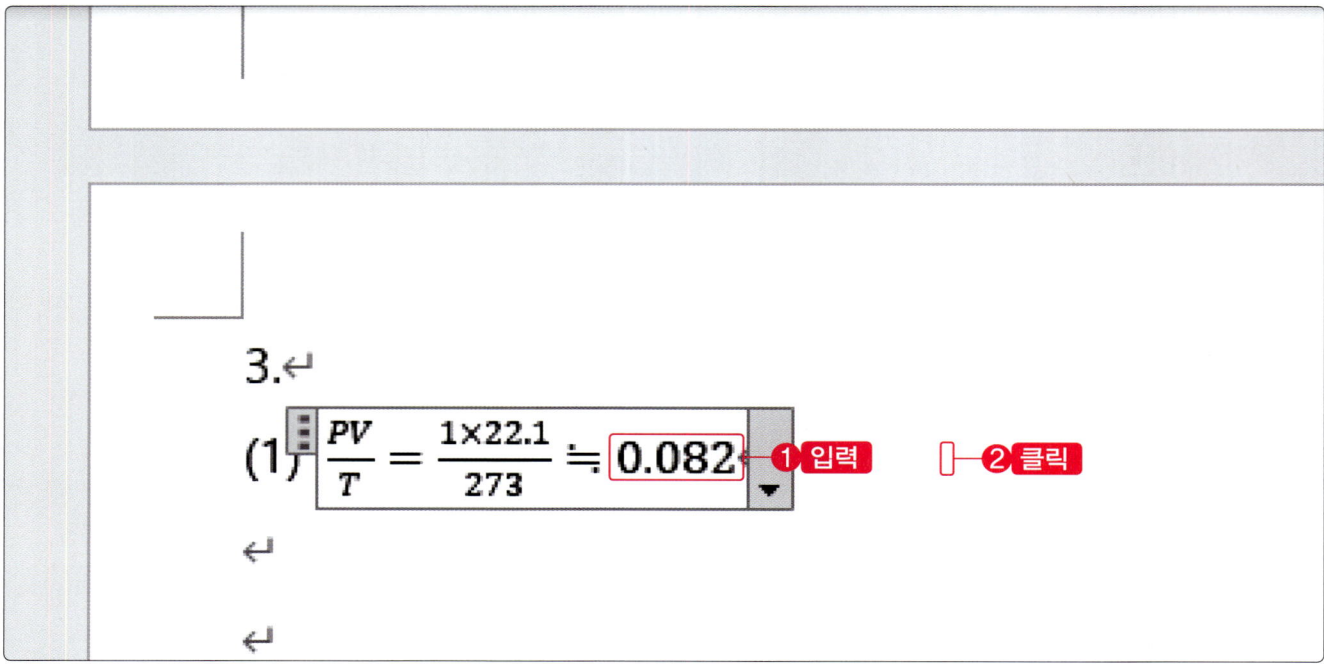

12 다음과 같이 첫 번째 수식 작성이 완료됩니다.

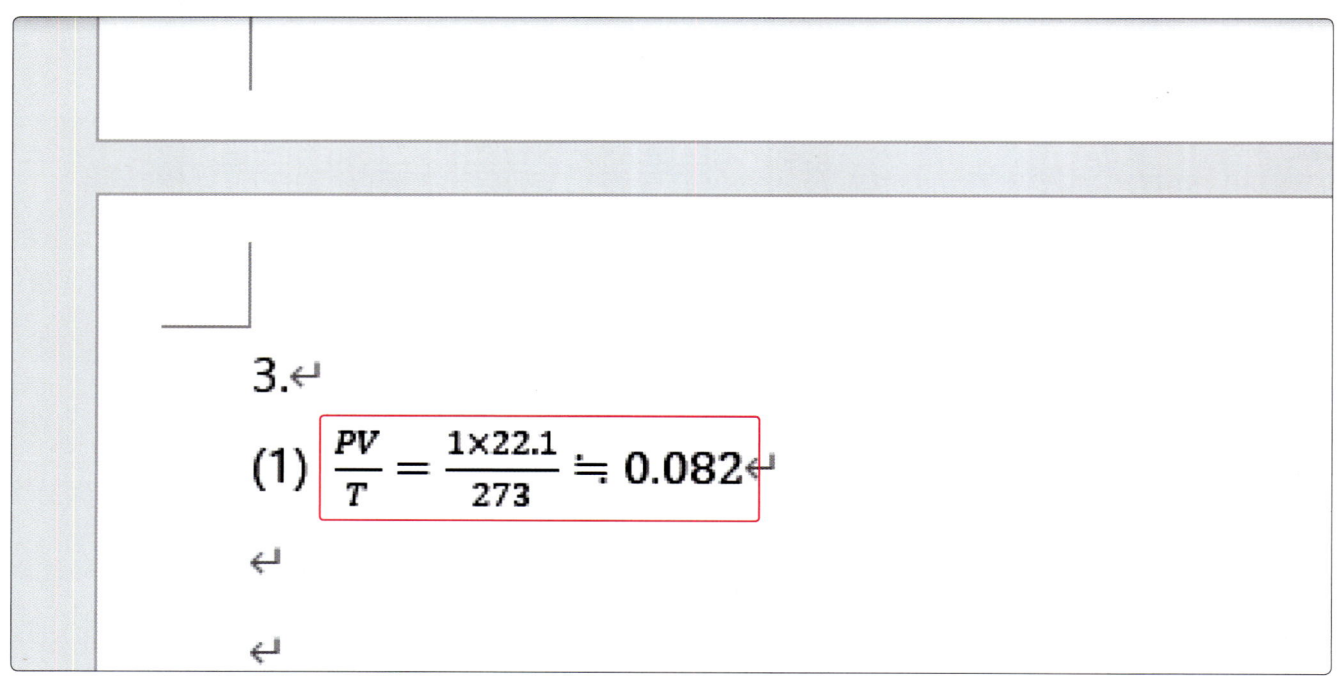

> 수식을 클릭하면 수식을 수정할 수 있습니다.

STEP 02 두 번째 수식 작성하기

〈수식〉 3. 다음의 (1), (2)의 수식을 수식 편집기로 각각 입력하시오.

(2) $\int_0^3 \frac{\sqrt{6t^2-18t+12}}{5} dt = 11$

1 첫 번째 수식 뒤에 커서를 둔 후 **Tab**을 **3번 눌러** 칸을 띄운 다음 '**(2)** '를 **입력**합니다. 그런다음 두 번째 수식을 입력하기 위해 [삽입] 탭-[기호] 그룹에서 [**수식(π)**]을 **클릭**합니다.

> 클릭 위치에 따라 첫 번째 수식에 **Tab**이 적용될 수 있으므로 방향키를 이용하여 첫 번째 수식 뒤에 커서를 위치하는 것이 좋습니다.

2 수식 입력창이 삽입되면 [수식] 정황 탭-[구조] 그룹에서 [**적분($\int_{-x}^{x}$)**]을 **클릭**한 후 [**극한이 있는 적분**]을 **클릭**합니다.

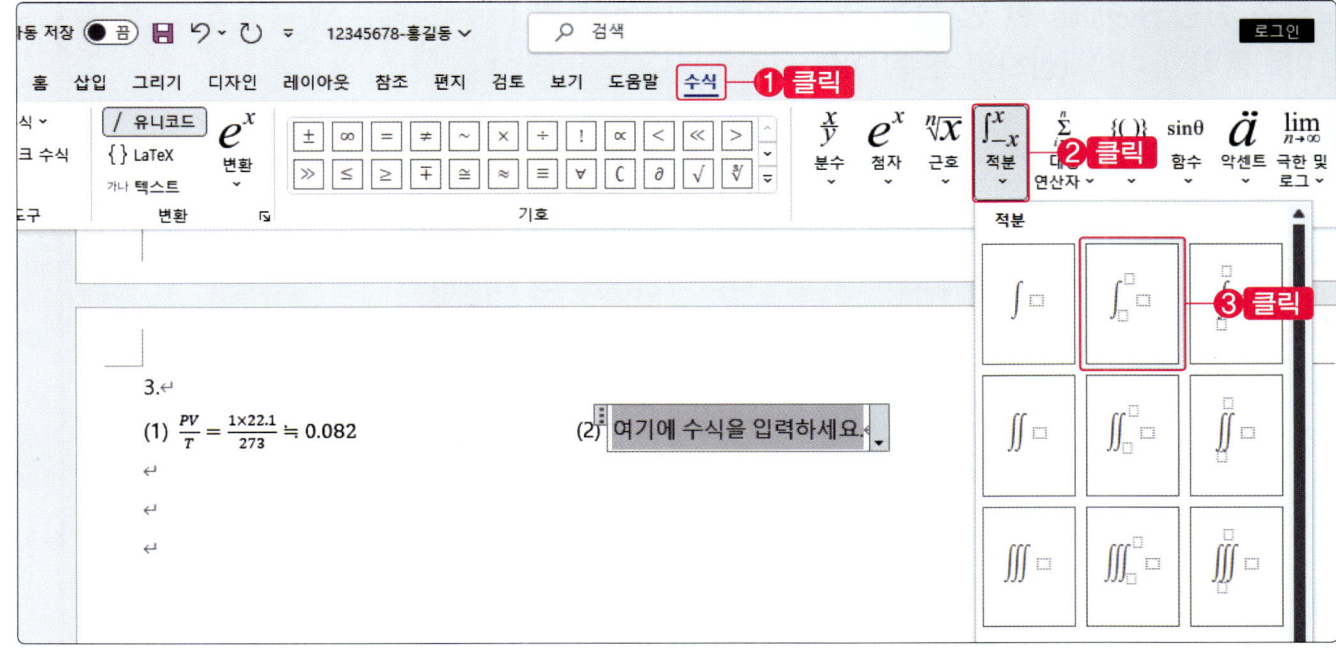

〈수식〉 (2) $\int_0^3 \frac{\sqrt{6t^2-18t+12}}{5} dt = 11$

3 적분이 삽입되면 **왼쪽 방향키(←)를 세 번 눌러 커서 위치를 이동**한 후 **'0'을 입력**합니다.

4 **오른쪽 방향키(→)를 한 번 눌러 커서 위치를 이동**한 후 **'3'을 입력**합니다.

5 **오른쪽 방향키(→)를 한 번 눌러 커서 위치를 이동**한 후 [수식] 정황 탭-[구조] 그룹에서 [**분수(x/y)**]를 **클릭**한 다음 [**상하형 분수**]를 **클릭**합니다.

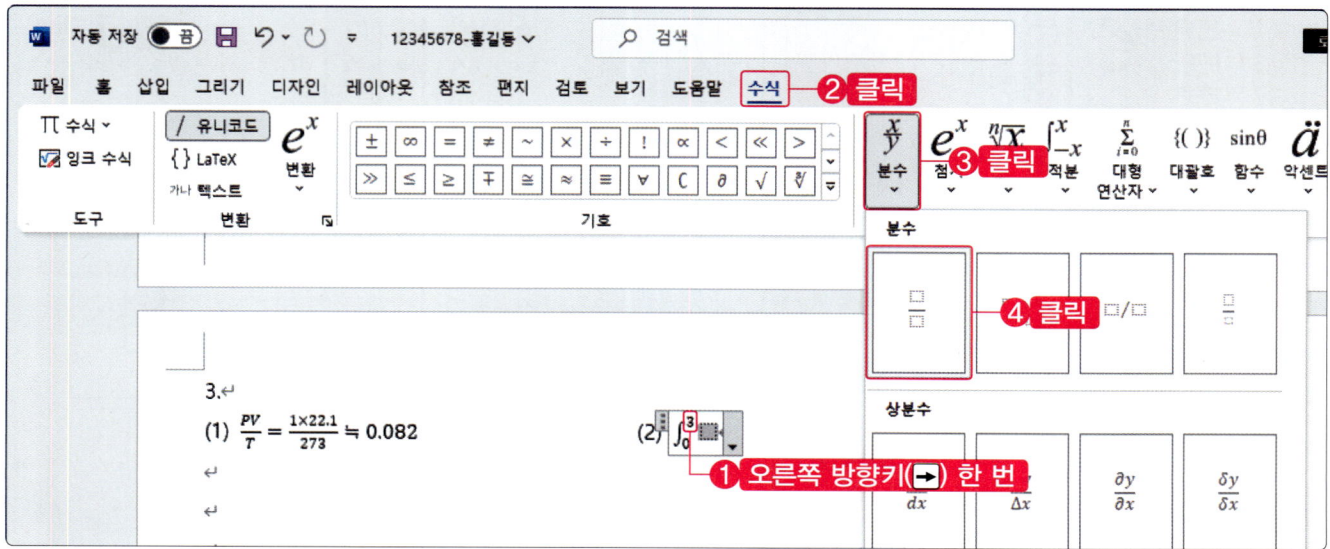

⟨수식⟩ (2) $\int_0^3 \frac{\sqrt{6t^2-18t+12}}{5} dt = 11$

6 분수가 삽입되면 **왼쪽 방향키(←)를 두 번 눌러 커서 위치를 이동**한 후 (수식) 정황 탭-(구조) 그룹에서 (**근호($\sqrt[n]{x}$**))를 클릭한 다음 (**제곱근($\sqrt{\square}$**))을 클릭합니다.

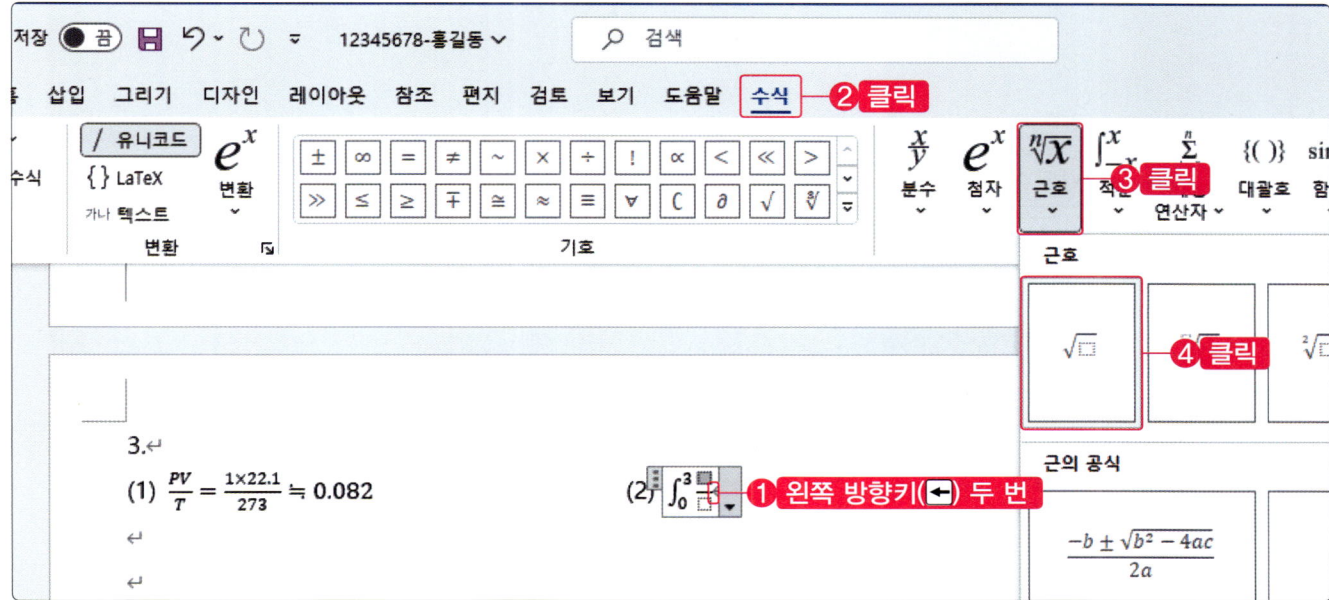

7 근호가 삽입되면 **왼쪽 방향키(←)를 한 번 눌러 커서 위치를 이동**한 후 '**6**'을 **입력**합니다.

8 (수식) 정황 탭-(구조) 그룹에서 (**첨자(e^x**))를 클릭한 다음 (**위 첨자($\square^\square$**))를 클릭합니다.

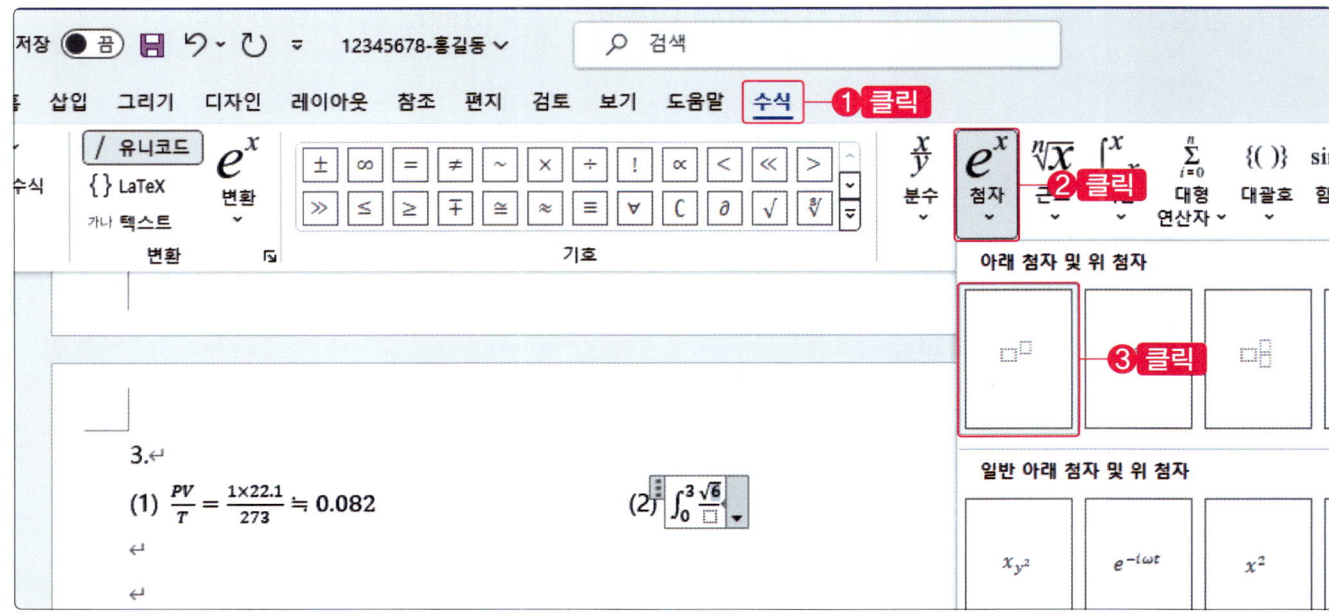

⟨수식⟩　(2) $\int_0^3 \frac{\sqrt{6t^2-18t+12}}{5} dt = 11$

9 첨자가 삽입되면 **왼쪽 방향키(←)를 두 번 눌러 커서 위치를 이동**한 후 **'t'를 입력**합니다.

10 **오른쪽 방향키(→)를 한 번 눌러 커서 위치를 이동**한 후 **'2'를 입력**합니다.

11 **오른쪽 방향키(→)를 한 번 눌러 커서 위치를 이동**한 후 **'−18t+12'를 입력**합니다.

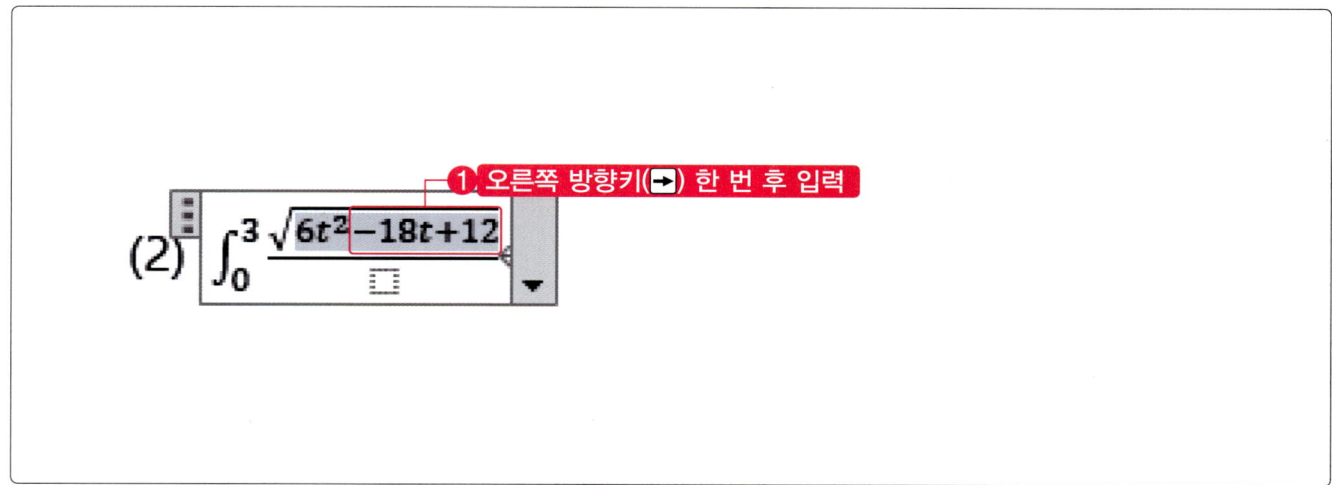

〈수식〉　(2) $\int_0^3 \frac{\sqrt{6t^2-18t+12}}{5} dt = 11$

12 오른쪽 방향키(→)를 두 번 눌러 커서 위치를 이동한 후 '5'를 입력합니다.

13 오른쪽 방향키(→)를 한 번 눌러 커서 위치를 이동한 후 'dt=11'을 입력합니다. 그런다음 수식 이외의 빈 공간을 클릭합니다.

14 다음과 같이 두 번째 수식 작성이 완료됩니다.

$$(2)\ \int_0^3 \frac{\sqrt{6t^2-18t+12}}{5} dt = 11$$

Chapter 05 · 기능평가 Ⅱ- 수식　**87**

Practical question type — 실전문제유형

1 다음의 (1), (2)의 수식을 수식 편집기로 각각 입력하시오. (40점)

▶소스파일 : Part 01\Chapter 05\문제01.docx   ▶완성파일 : Part 01\Chapter 05\문제01_완성.docx

《출력형태》

(1) $U_a - U_b = \frac{GmM}{a} - \frac{GmM}{b} = \frac{GmM}{2R}$ (2) $V = \frac{1}{R}\int_0^q qdq = \frac{1}{2}\frac{q^2}{R}$

2 다음의 (1), (2)의 수식을 수식 편집기로 각각 입력하시오. (40점)

▶소스파일 : Part 01\Chapter 05\문제02.docx   ▶완성파일 : Part 01\Chapter 05\문제02_완성.docx

《출력형태》

(1) $\frac{F}{h_2} = t_2 k_1 \frac{t_1}{d} = 2 \times 10^{-7}\frac{t_1 t_2}{d}$ (2) $\int_a^b A(x-a)(x-b)dx = -\frac{A}{6}(b-a)^3$

3 다음의 (1), (2)의 수식을 수식 편집기로 각각 입력하시오. (40점)

▶소스파일 : Part 01\Chapter 05\문제03.docx   ▶완성파일 : Part 01\Chapter 05\문제03_완성.docx

《출력형태》

(1) $\frac{k_x}{2\hbar} \times (-2mk_x) = -\frac{mk^2}{\hbar}$ (2) $\int_a^b xf(x)dx = \frac{1}{b-a}\int_a^b xdx = \frac{a+b}{2}$

Practical question type
실전문제유형
MS-WORD 2021

4 다음의 (1), (2)의 수식을 수식 편집기로 각각 입력하시오. (40점)

▶ 소스파일 : Part 01\Chapter 05\문제04.docx　　▶ 완성파일 : Part 01\Chapter 05\문제04_완성.docx

《출력형태》

(1) $E = \sqrt{\dfrac{GM}{R}}, \dfrac{R^3}{T^2} = \dfrac{GM}{4\pi^2}$

(2) $\int_0^1 \left(sinx + \dfrac{x}{2}\right)dx = \int_0^1 \dfrac{1+sinx}{2}dx$

5 다음의 (1), (2)의 수식을 수식 편집기로 각각 입력하시오. (40점)

▶ 소스파일 : Part 01\Chapter 05\문제05.docx　　▶ 완성파일 : Part 01\Chapter 05\문제05_완성.docx

《출력형태》

(1) $\vec{F} = -\dfrac{4\pi^2 m}{T^2} + \dfrac{m}{T^3}$

(2) $\overline{AB} = \sqrt{(x_2 - x_1)^2 + (y_2 - y_1)^2}$

6 다음의 (1), (2)의 수식을 수식 편집기로 각각 입력하시오. (40점)

▶ 소스파일 : Part 01\Chapter 05\문제06.docx　　▶ 완성파일 : Part 01\Chapter 05\문제06_완성.docx

《출력형태》

(1) $\dfrac{h_1}{h_2} = (\sqrt{a})^{M_2 - M_1} \fallingdotseq 2.5^{M_2 - M_1}$

(2) $h = \sqrt{k^2 - r^2}, M = \dfrac{1}{3}\pi r^2 h$

Practical question type
실전문제유형

7 다음의 (1), (2)의 수식을 수식 편집기로 각각 입력하시오. (40점)

▶소스파일 : Part 01\Chapter 05\문제07~12.docx   ▶완성파일 : Part 01\Chapter 05\문제07~12_완성.docx

《출력형태》

(1) $\dfrac{V_2}{V_1} = \dfrac{0.9 \times 10^3}{1.0 \times 10^2} = 0.8$

(2) $\sqrt{a+b+2\sqrt{ab}} = \sqrt{a} + \sqrt{b}\,(a>0, b>0)$

8 다음의 (1), (2)의 수식을 수식 편집기로 각각 입력하시오. (40점)

▶소스파일 : Part 01\Chapter 05\문제07~12.docx   ▶완성파일 : Part 01\Chapter 05\문제07~12_완성.docx

《출력형태》

(1) $T = \dfrac{b^2}{a} + 2\pi\sqrt{\dfrac{r^3}{GM}}$

(2) $a_n - b_n = n^2 \dfrac{h^2}{4\pi^2 K m e^2}$

9 다음의 (1), (2)의 수식을 수식 편집기로 각각 입력하시오. (40점)

▶소스파일 : Part 01\Chapter 05\문제07~12.docx   ▶완성파일 : Part 01\Chapter 05\문제07~12_완성.docx

《출력형태》

(1) $\dfrac{1}{d} = \sqrt{n^2} = \sqrt{\dfrac{3kT}{m}}$

(2) $m_2 - m_1 = \dfrac{5}{2}\log\dfrac{h_1}{h_2}$

10 다음의 (1), (2)의 수식을 수식 편집기로 각각 입력하시오. (40점)

▶ 소스파일 : Part 01\Chapter 05\문제07~12.docx   ▶ 완성파일 : Part 01\Chapter 05\문제07~12_완성.docx

《출력형태》

(1) $\dfrac{PV}{T} = \dfrac{1 \times 22.4}{273} \fallingdotseq 0.082$

(2) $\int_0^3 \dfrac{\sqrt{6t^2 - 18t + 12}}{5} dt = 11$

11 다음의 (1), (2)의 수식을 수식 편집기로 각각 입력하시오. (40점)

▶ 소스파일 : Part 01\Chapter 05\문제07~12.docx   ▶ 완성파일 : Part 01\Chapter 05\문제07~12_완성.docx

《출력형태》

(1) $G = 2\int_{\frac{a}{2}}^{a} \dfrac{b\sqrt{a^2 - x^2}}{a} dt$

(2) $Y = \sqrt{\dfrac{gL}{2\pi}} = \dfrac{gT}{2\pi}$

12 다음의 (1), (2)의 수식을 수식 편집기로 각각 입력하시오. (40점)

▶ 소스파일 : Part 01\Chapter 05\문제07~12.docx   ▶ 완성파일 : Part 01\Chapter 05\문제07~12_완성.docx

《출력형태》

(1) $1 + \sqrt{3} = \dfrac{x^3 - (2x+5)^2}{x^3 - (x-2)}$

(2) $\int_a^b xf(x)dx = \dfrac{1}{b-a}\int_a^b x\,dx = \dfrac{a+b}{2}$

Chapter 06

기능평가 Ⅱ - 도형 그리기

- 문제 번호 입력하고 배경 도형 작성하기
- 그림 삽입하기
- 목차 도형 작성하기
- 제목 도형 작성하기
- 워드아트 삽입하기
- 책갈피 삽입하고 링크 지정하기

▶ **소스파일** : Part 01\Chapter 06\Ch06.docx ▶ **완성파일** : Part 01\Chapter 06\Ch06_완성.docx

4. 다음의 《조건》에 따라 《출력형태》와 같이 문서를 작성하십시오. (110점)

조건

(1) 그리기 도구를 이용하여 작성하고, 모든 도형(워드아트, 지정된 그림 포함)을 《출력형태》와 같이 작성하시오.
(2) 도형의 면색은 지시사항이 없으면 채우기 없음을 제외하고 서로 다르게 임의로 지정하시오.

출력 형태

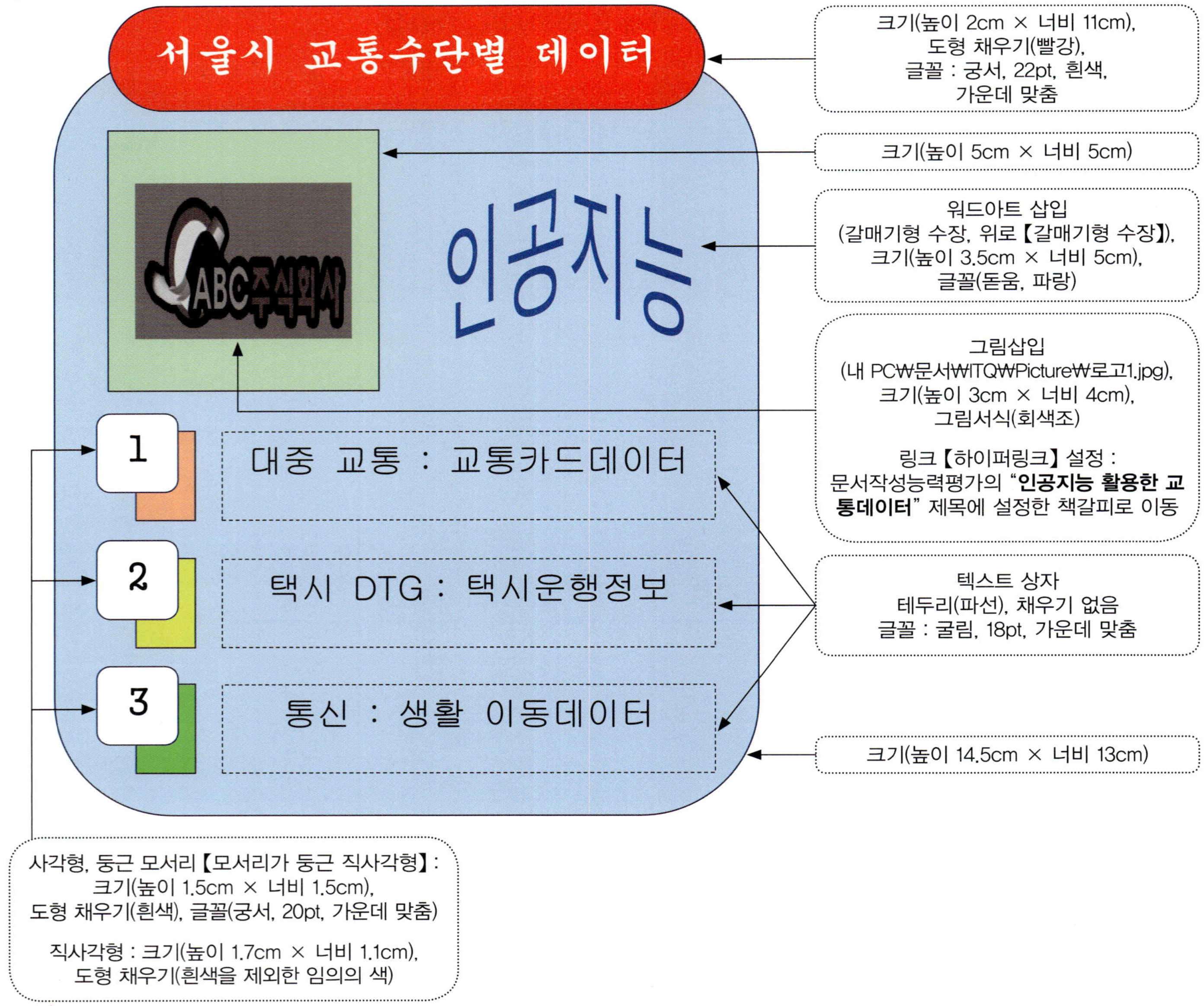
서울시 교통수단별 데이터
인공지능
ABC주식회사
1
2
3
대중 교통 : 교통카드데이터
택시 DTG : 택시운행정보
통신 : 생활 이동데이터
크기(높이 2cm × 너비 11cm), 도형 채우기(빨강), 글꼴 : 궁서, 22pt, 흰색, 가운데 맞춤
크기(높이 5cm × 너비 5cm)
워드아트 삽입 (갈매기형 수장, 위로【갈매기형 수장】), 크기(높이 3.5cm × 너비 5cm), 글꼴(돋움, 파랑)
그림삽입 (내 PC₩문서₩ITQ₩Picture₩로고1.jpg), 크기(높이 3cm × 너비 4cm), 그림서식(회색조)
링크【하이퍼링크】설정 : 문서작성능력평가의 "인공지능 활용한 교통데이터" 제목에 설정한 책갈피로 이동
텍스트 상자 테두리(파선), 채우기 없음 글꼴 : 굴림, 18pt, 가운데 맞춤
크기(높이 14.5cm × 너비 13cm)
사각형, 둥근 모서리【모서리가 둥근 직사각형】: 크기(높이 1.5cm × 너비 1.5cm), 도형 채우기(흰색), 글꼴(궁서, 20pt, 가운데 맞춤)
직사각형 : 크기(높이 1.7cm × 너비 1.1cm), 도형 채우기(흰색을 제외한 임의의 색)

> **체크! 체크!**

〔기능평가 II〕 도형 그리기

- 문제 번호 입력하고 배경 도형 작성하기
  - 배경 도형은 〔직사각형(□)〕 도형과 〔사각형 : 둥근 모서리(□)〕 도형으로 작성합니다.
- 제목 도형 작성하기
  - 〔사각형 : 둥근 모서리(□)〕 도형을 삽입한 후 모양 조절점을 드래그하여 반원 모양으로 만듭니다.
  - 제목 도형에 지시되어 있는 색상은 반드시 해당 색상으로 변경해서 작성합니다.
- 그림 및 워드아트 삽입하기
  - 그림과 워드아트는 지시되어 있는 크기 및 속성을 지정합니다.
  - 그림 또는 워드아트에 링크를 지정합니다.
- 목차 도형 작성하기
  - 《출력형태》를 참고하여 도형을 작성합니다.
- 책갈피 삽입하고 링크 지정하기
  - 3페이지에 책갈피를 삽입하고 그림 또는 워드아트에 링크를 지정합니다.

STEP 01 문제 번호 입력하고 배경 도형 작성하기

〈조건〉 크기(높이 14.5cm × 너비 13cm), 크기(높이 5cm × 너비 5cm)

1 문제 번호(4.)를 입력한 후 Enter를 눌러 강제개행한 다음 〔삽입〕 탭-〔일러스트레이션〕 그룹에서 〔도형〕을 클릭하고 〔사각형: 둥근 모서리(□)〕를 클릭합니다.

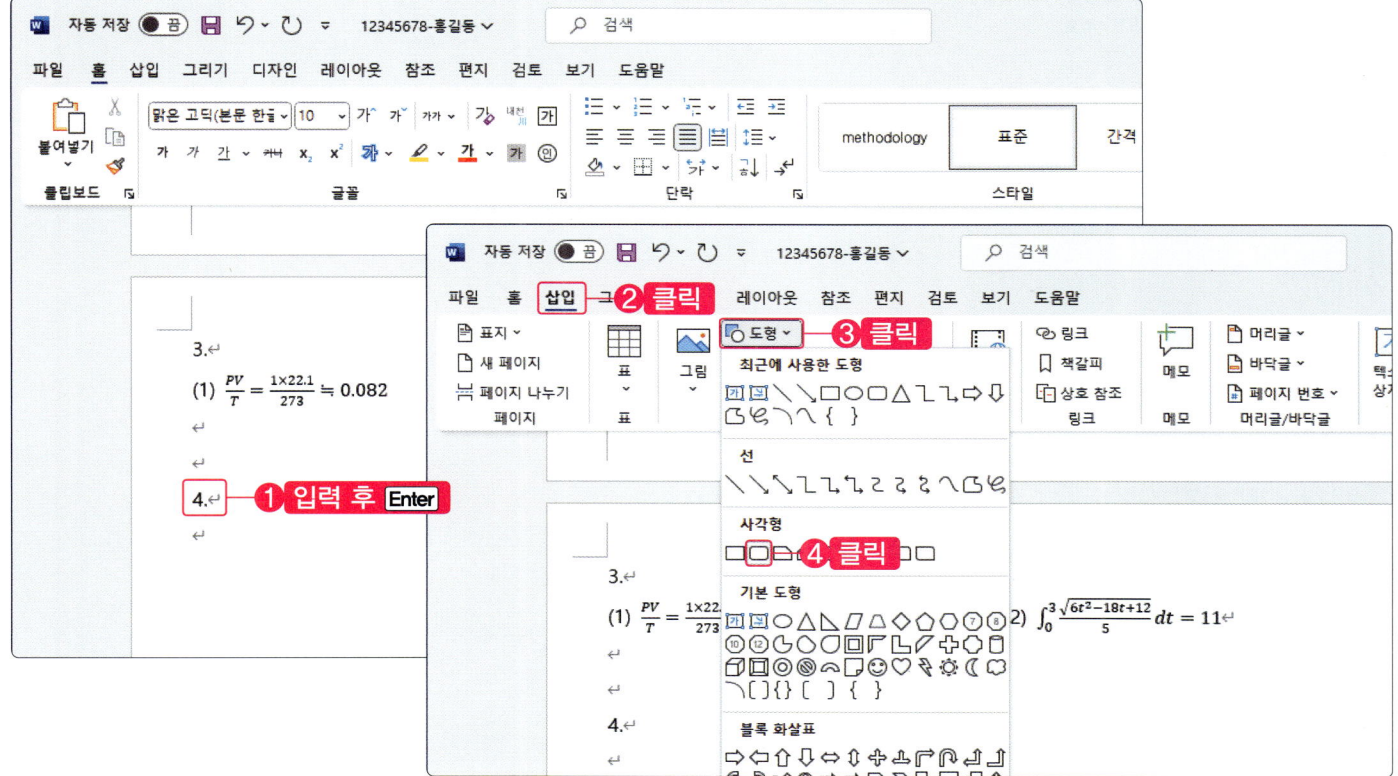

〈조건〉 크기(높이 14.5cm × 너비 13cm)

2 마우스 포인터가 + 모양으로 변경되면 **드래그하여 첫 번째 배경 도형을 삽입**합니다.

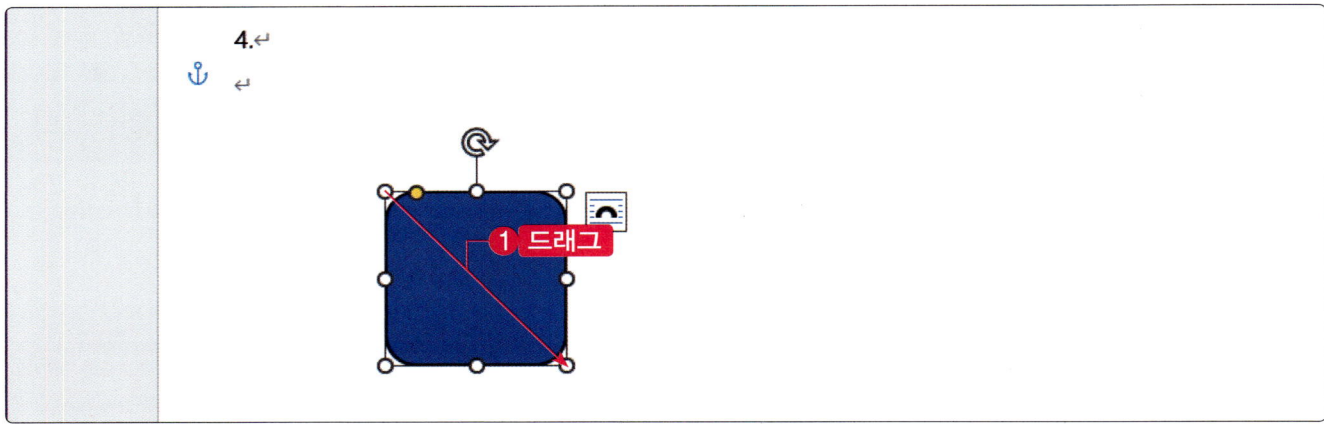

- 도형을 서로 겹치면 나중에 삽입한 도형이 먼저 삽입한 도형 위에 겹쳐집니다. 따라서 《출력형태》에서 아래에 있는 도형(첫 번째 배경 도형)을 먼저 삽입해야 《출력형태》와 같이 배경을 작성할 수 있습니다.
- 도형의 크기는 도형을 삽입한 후 지시사항에 명시되어 있는 크기로 조정할 것입니다. 따라서 도형을 삽입할 때는 임의의 크기로 드래그하여 도형을 삽입합니다.

3 도형의 크기를 지정하기 위해 **도형을 선택**한 후 [도형 서식] 정황 탭-[크기] 그룹에서 [**추가 옵션(□)**]을 클릭합니다.

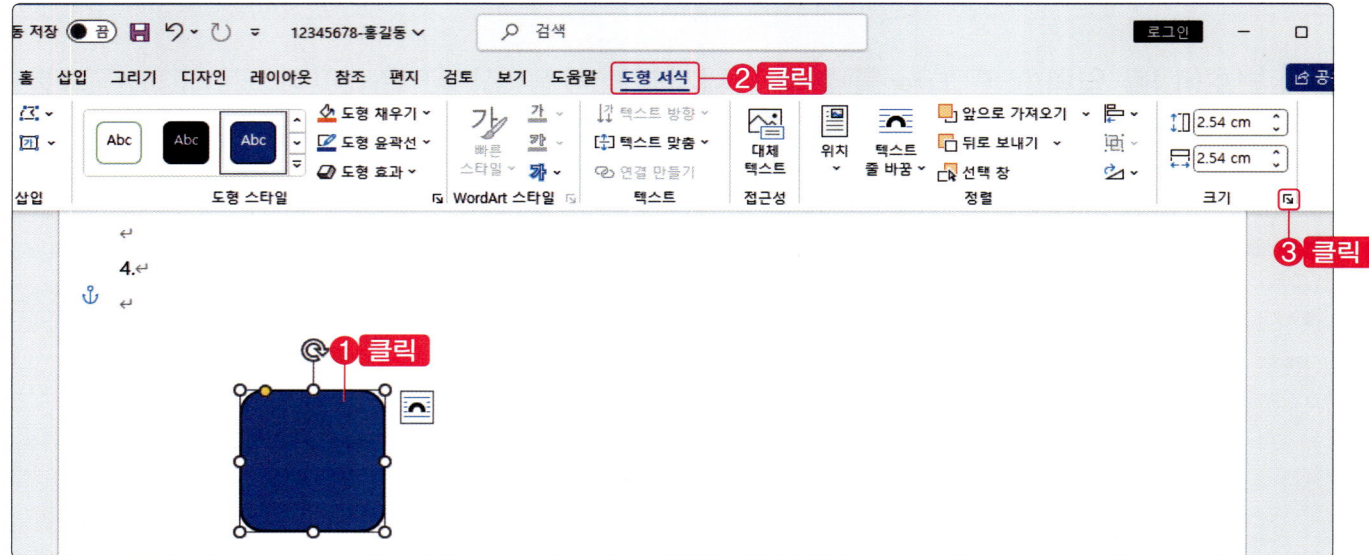

개체 선택하기
- **하나의 개체 선택** : 개체로 마우스 포인터를 가져가서 마우스 포인터가 ✣ 모양으로 변경되었을 때 클릭합니다.
- **여러 개체 선택** : 개체를 선택한 후 Shift 를 누른 상태에서 다른 개체를 선택합니다.

개체 선택 해제하기
문서에서 빈 곳을 클릭하거나 Esc 를 누르면 개체를 선택 해제할 수 있습니다.

〈조건〉 크기(높이 14.5cm × 너비 13cm)

4 〔레이아웃〕 대화상자가 나타나면 〔크기〕 탭에서 **높이(14.5cm)와 너비(13cm)를 입력**한 후 〔확인〕 단추를 **클릭**합니다.

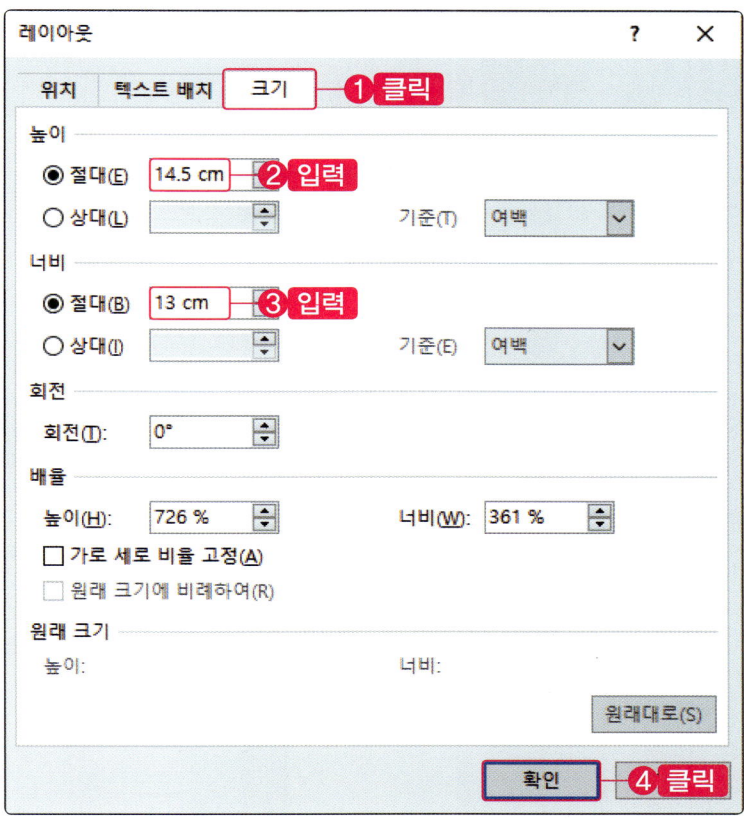

5 도형 채우기 색을 지정하기 위해 〔도형 서식〕 정황 탭-〔도형 스타일〕 그룹에서 〔**도형 채우기**〕를 **클릭**한 후 **임의의 색을 선택**합니다.

지시사항에 도형 채우기 색이 명시되어 있지 않으면 임의의 도형 채우기 색을 지정합니다.

6 도형의 두께를 지정하기 위해 [도형 서식] 정황 탭-[도형 스타일] 그룹에서 **[도형 윤곽선]**을 클릭한 후 [두께]-[½pt]를 클릭합니다.

7 [사각형: 둥근 모서리(☐)] 도형 위에서 바로가기 메뉴의 [**기본 도형으로 설정**]을 클릭합니다.

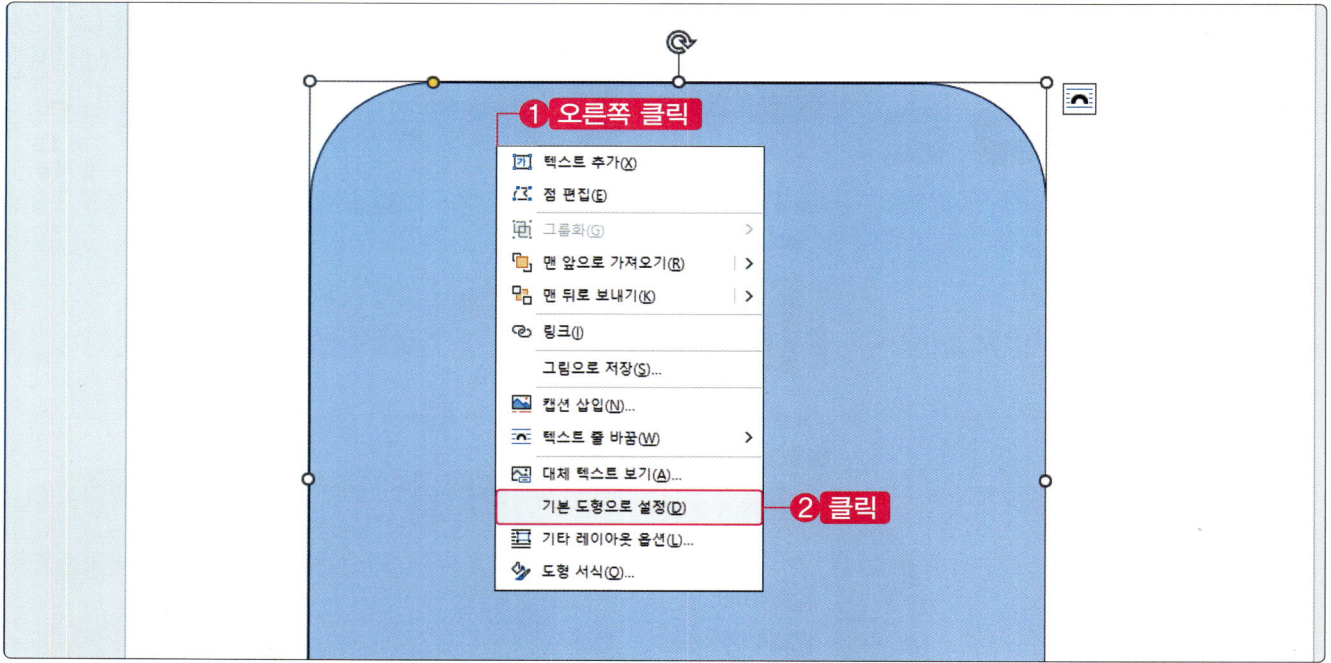

[기본 도형으로 설정]은 새로 삽입하려는 도형들의 서식을 한 번에 지정할 수 있는 편리한 기능으로 다양한 도형에 동일한 서식을 지정하여 도형 작성 시간을 단축할 수 있습니다.

〈조건〉 크기(높이 5cm × 너비 5cm)

8 두 번째 배경 도형을 삽입하기 위해 [삽입] 탭-[일러스트레이션] 그룹에서 **[도형]**을 **클릭**한 후 **[직사각형(□)]을 클릭**합니다.

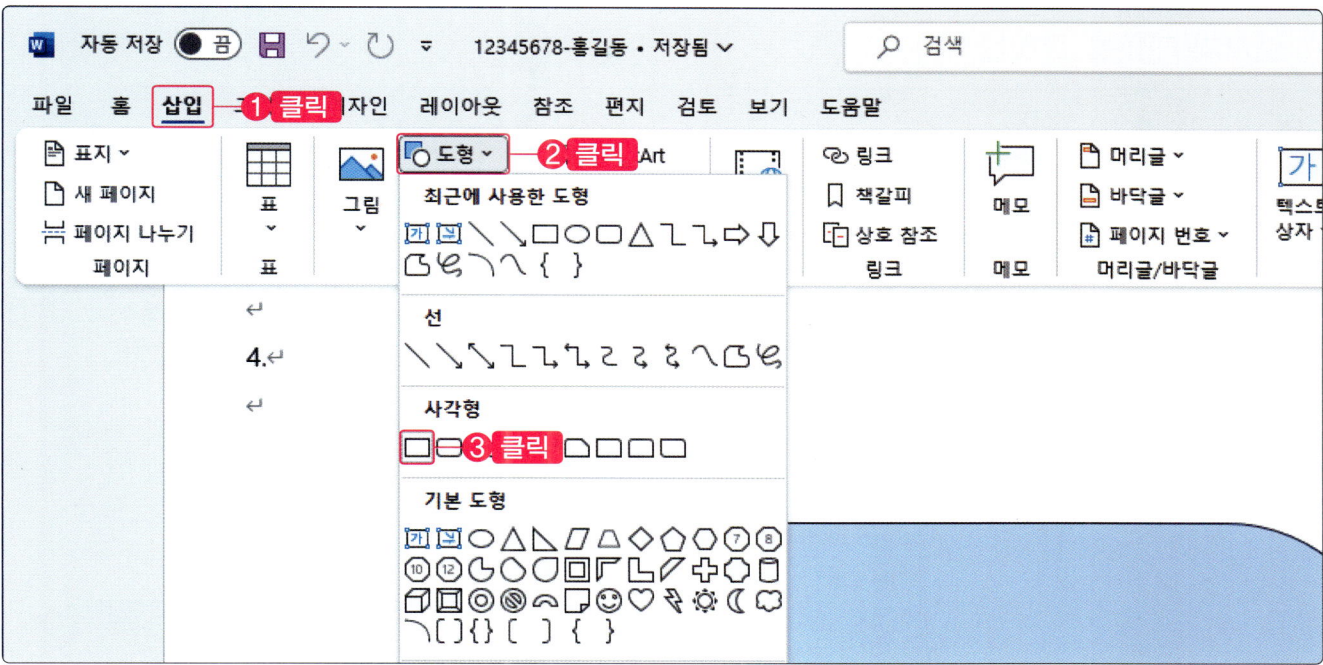

9 **도형을 삽입**한 후 **크기 및 도형 채우기 색을 지정**합니다.

- 크기(높이 5cm × 너비 5cm), 도형 채우기: 임의의 색

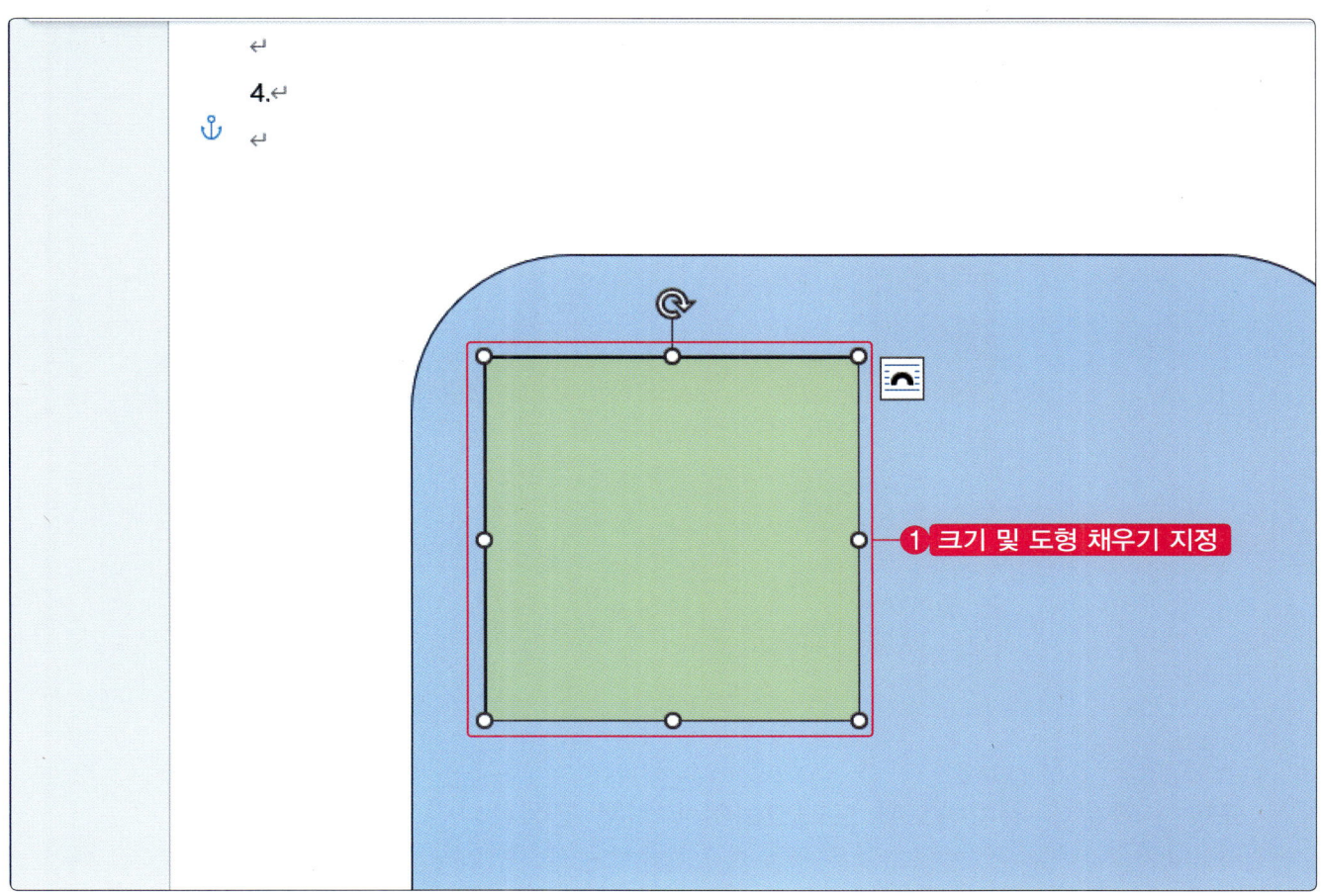

STEP 02 제목 도형 작성하기

〈조건〉 크기(높이 2cm × 너비 11cm), 도형 채우기(빨강), 글꼴 : 궁서, 22pt, 흰색, 가운데 맞춤

1 제목 도형 작성하기 위해 [삽입] 탭-[일러스트레이션] 그룹에서 [도형]을 클릭한 후 [사각형: 둥근 모서리(□)]를 클릭합니다.

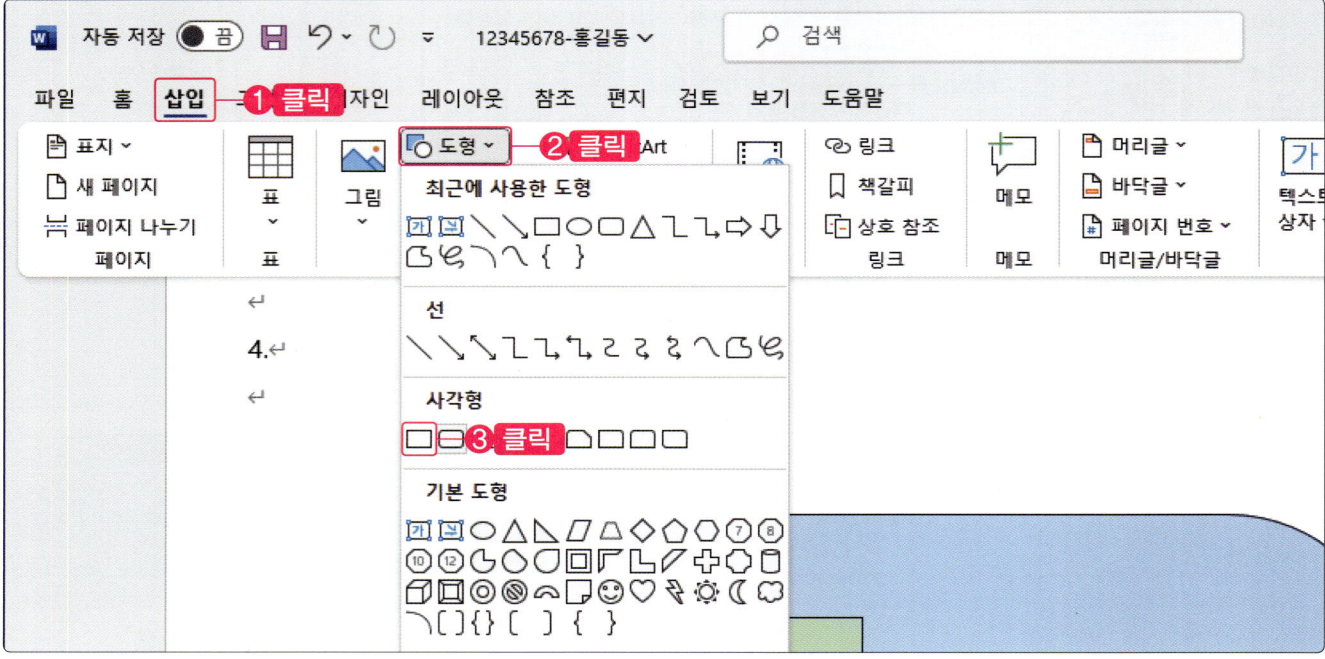

2 도형을 삽입한 후 크기 및 도형 채우기 색을 지정합니다.

- 크기(높이 2cm × 너비 11cm), 도형 채우기: 빨강

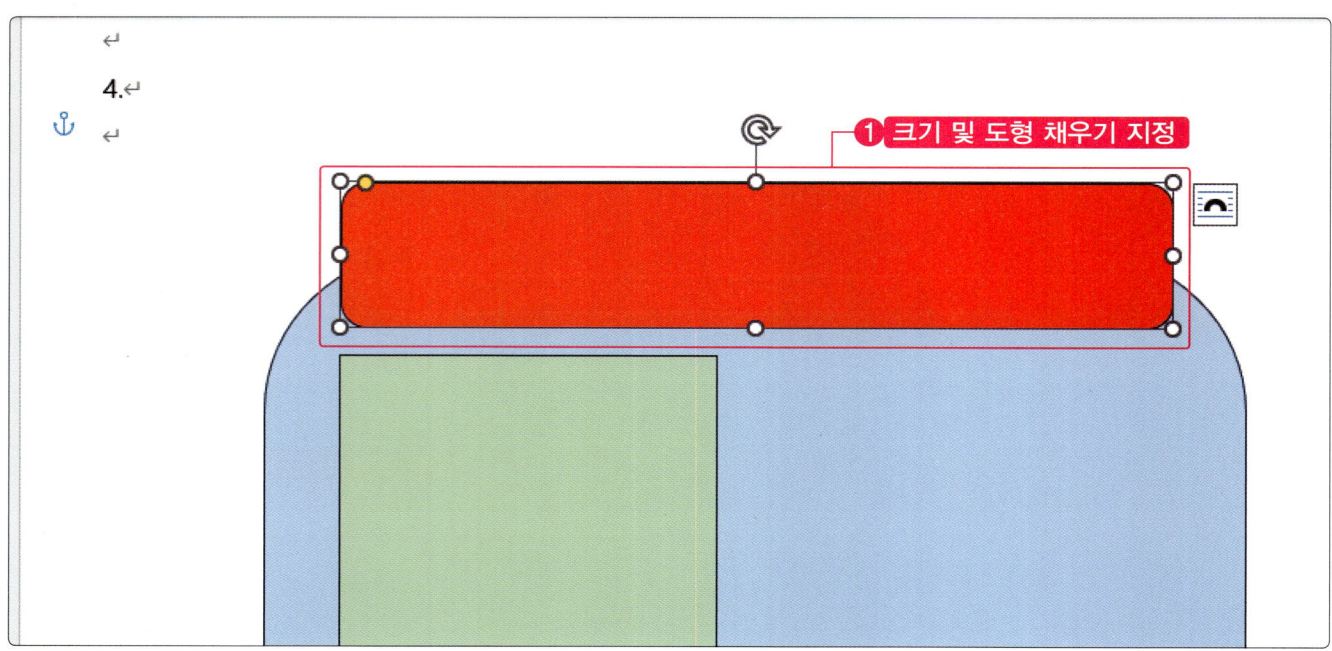

3 제목 도형이 가운데 위치하도록 **드래그하여 위치를 조절**합니다.

4 **도형의 모양 조절점(○)을 드래그**하여 반원 모양의 도형으로 변형합니다.

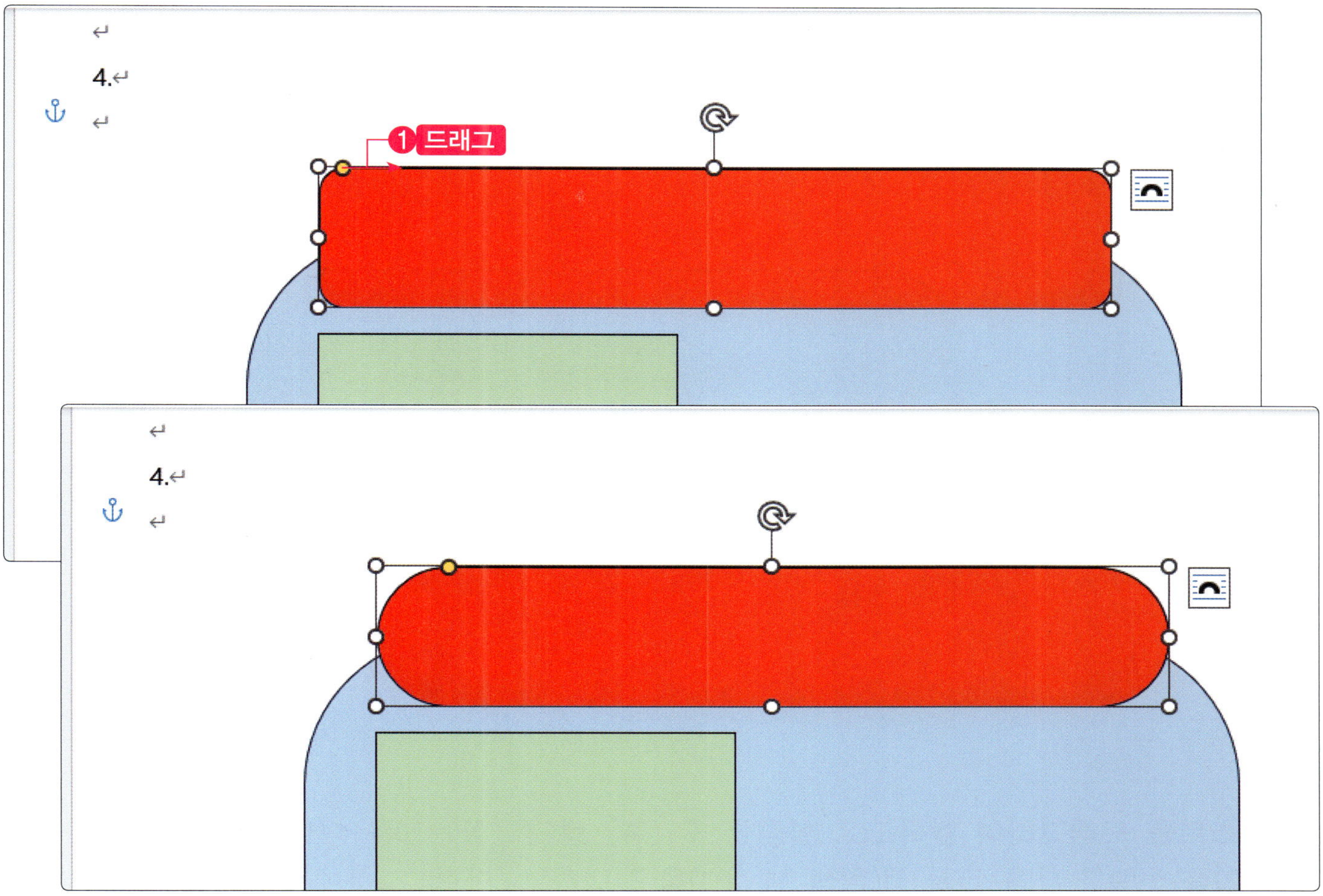

5 도형에 텍스트를 입력하기 위해 〔사각형: 둥근 모서리(□)〕 도형 위에서 바로가기 메뉴의 **[텍스트 추가]**를 클릭합니다.

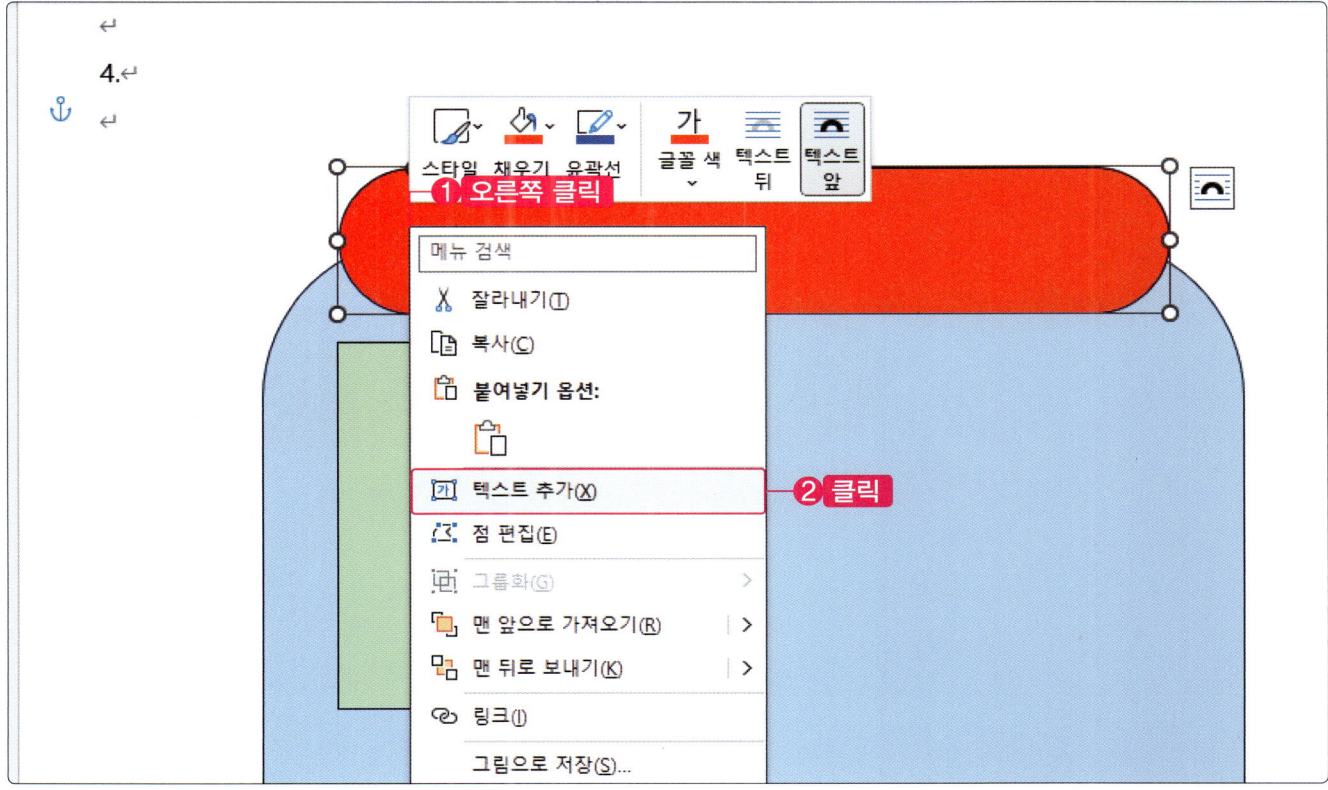

Chapter 06 · 기능평가 Ⅱ- 도형 그리기 **99**

> **〈조건〉** 글꼴 : 궁서, 22pt, 흰색, 가운데 맞춤

6 제목 도형에 커서가 추가되면 **내용(서울시 교통수단별 데이터)을 입력**합니다.

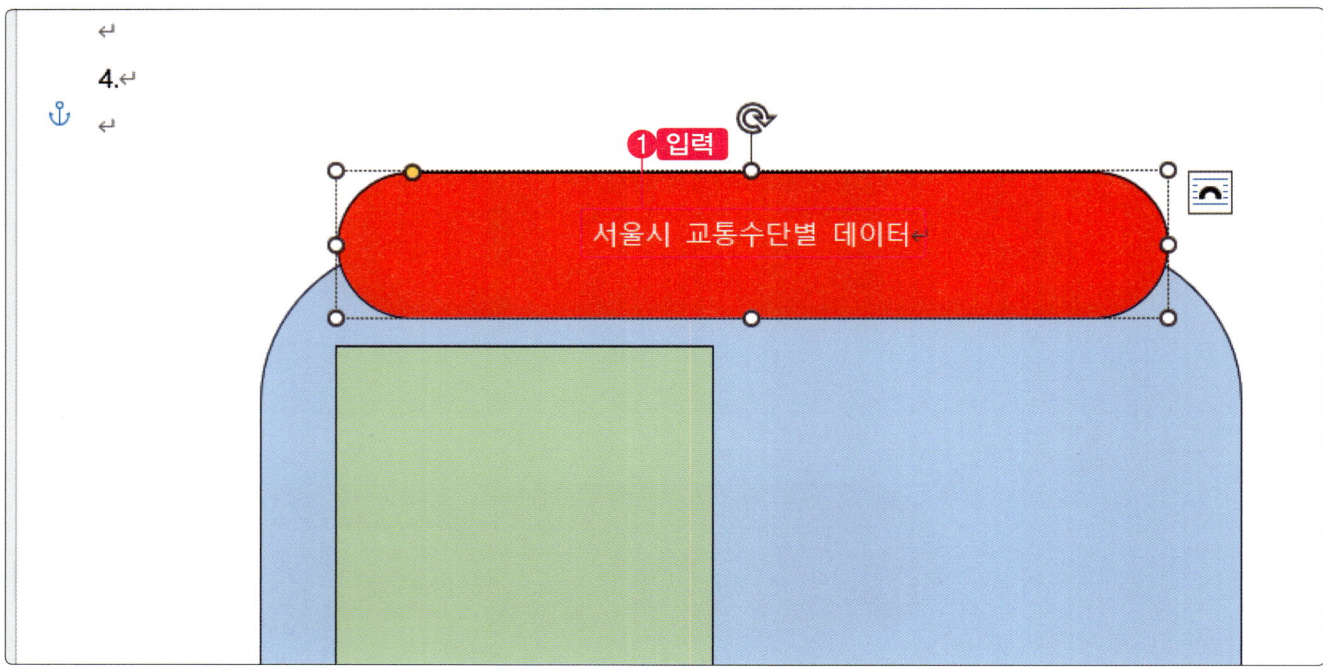

7 텍스트를 드래그하여 블록으로 설정한 후 〔홈〕 탭-〔글꼴〕 그룹에서 **글꼴(궁서)과 글꼴 크기(22)를 선택**한 다음 **글꼴 색(흰색, 배경 1)을 선택**하고 〔단락〕 그룹에서 〔**가운데 맞춤(≡)**〕을 클릭합니다.

STEP 03 그림 삽입하기

〈조건〉 그림삽입(내 PC₩문서₩ITQ₩Picture₩로고1.jpg), 크기(높이 3cm × 너비 4cm), 그림서식(회색조)

1 그림을 삽입하기 위해 〔삽입〕 탭-〔일러스트레이션〕 그룹에서 **〔그림〕을 클릭**한 후 **〔이 디바이스...〕를 클릭**합니다.

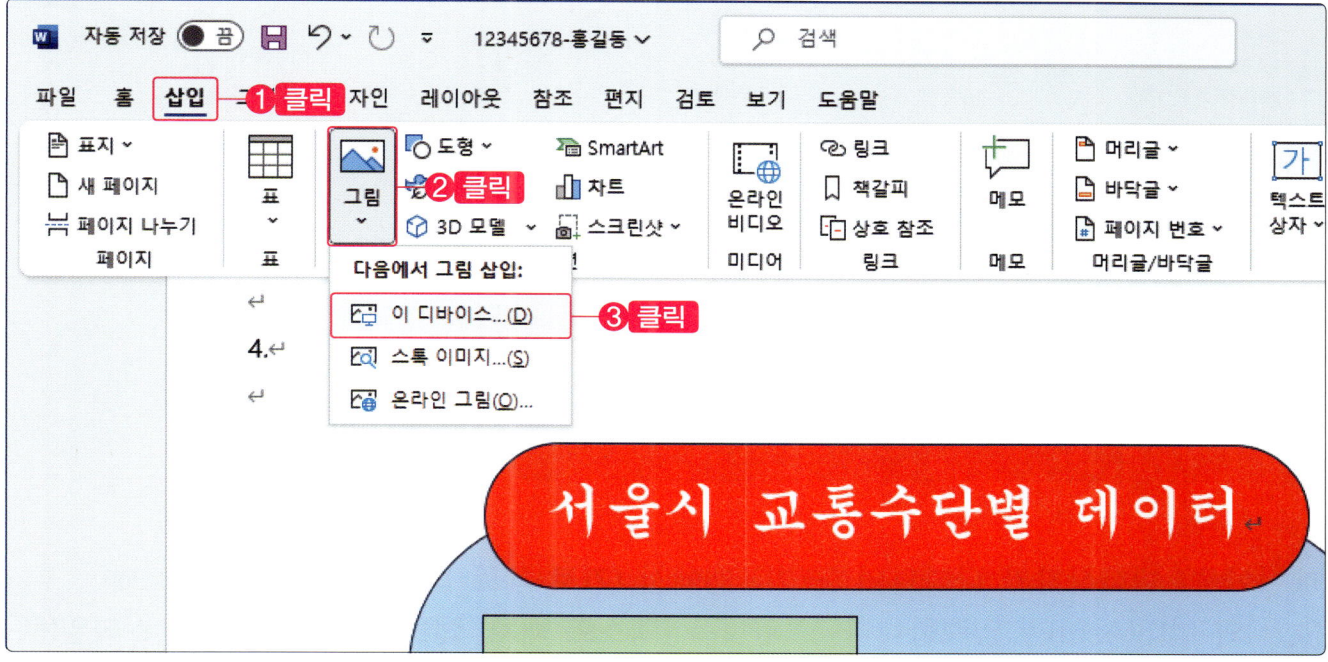

2 〔그림 삽입〕 대화상자가 나타나면 **위치(내 PC\문서\ITQ\Picture)를 선택**한 후 **파일(로고1.jpg)을 선택**한 다음 〔**삽입**〕 단추를 클릭합니다.

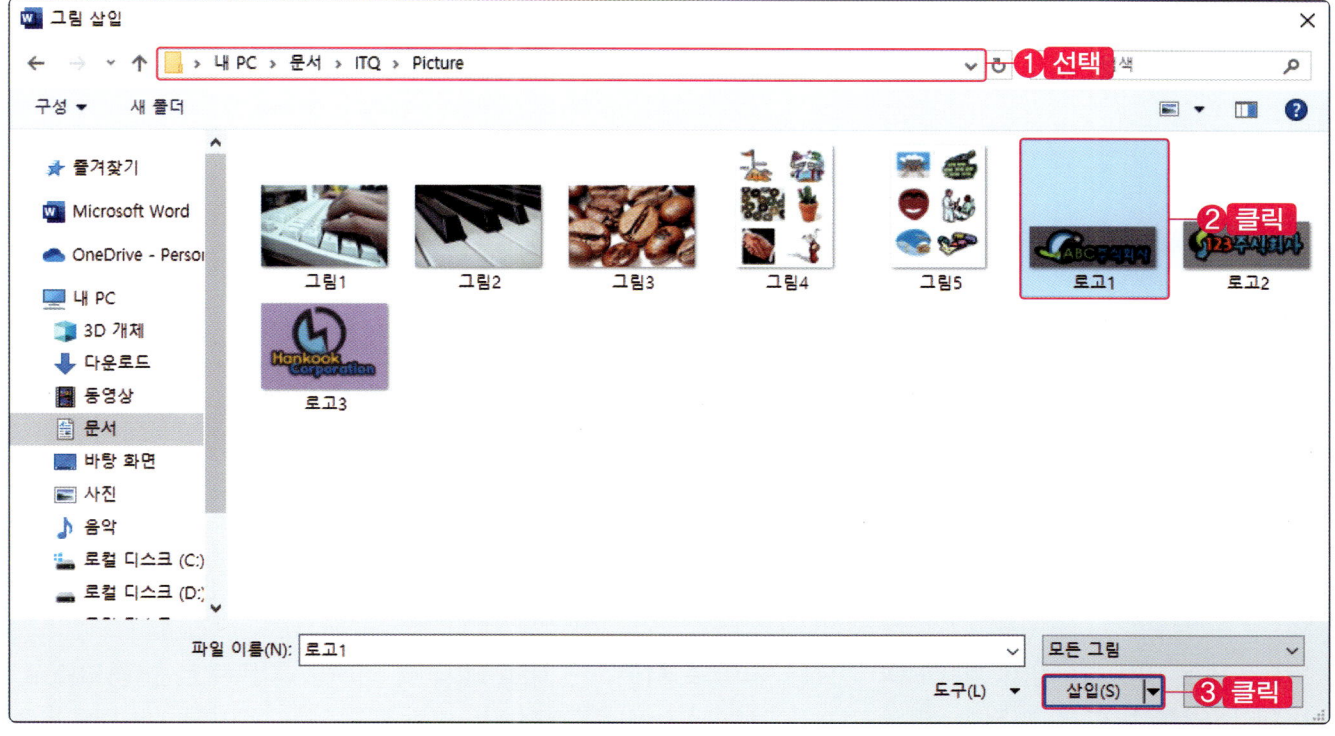

<조건> 그림삽입(내 PC₩문서₩ITQ₩Picture₩로고1.jpg), 크기(높이 3cm × 너비 4cm), 그림서식(회색조)

3 그림의 크기를 지정하기 위해 **그림을 선택**한 후 [그림 서식] 정황 탭-[크기] 그룹에서 [**추가 옵션(**□**)**]을 클릭합니다.

4 [레이아웃] 대화상자가 나타나면 [크기] 탭에서 [**가로 세로 비율 고정**]을 선택 해제한 후 **높이(3cm)**와 **너비(4cm)**를 입력합니다. 그런다음 [**텍스트 배치**] 탭을 클릭한 후 배치 스타일(**텍스트 앞(**□**)**)을 클릭한 다음 [확인] 단추를 클릭합니다.

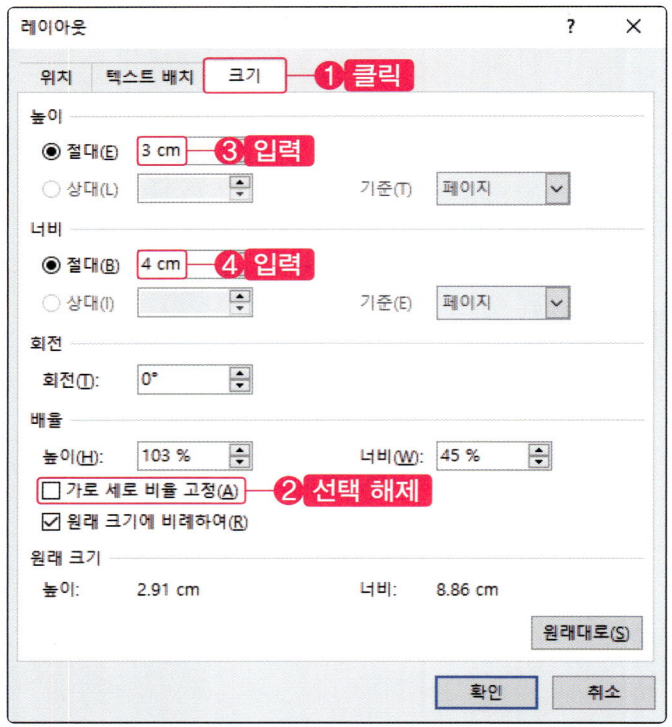

[가로 세로 비율 고정]이 선택되어 있으면 높이를 지정하면 비율에 맞춰 너비도 자동으로 변경되므로 높이와 너비를 별도로 지정할 때는 먼저 [가로 세로 비율 고정]을 선택 해제하고 높이와 너비를 지정합니다.

〈조건〉 그림삽입(내 PC₩문서₩ITQ₩Picture₩로고1.jpg), 크기(높이 3cm × 너비 4cm), 그림서식(회색조)

5 그림에 회색조를 지정하기 위해 〔그림 서식〕 정황 탭-〔조정〕 그룹에서 **〔색〕을 클릭**한 후 **〔회색조(　　）〕를 클릭**합니다.

6 드래그하여 그림의 위치를 이동합니다.

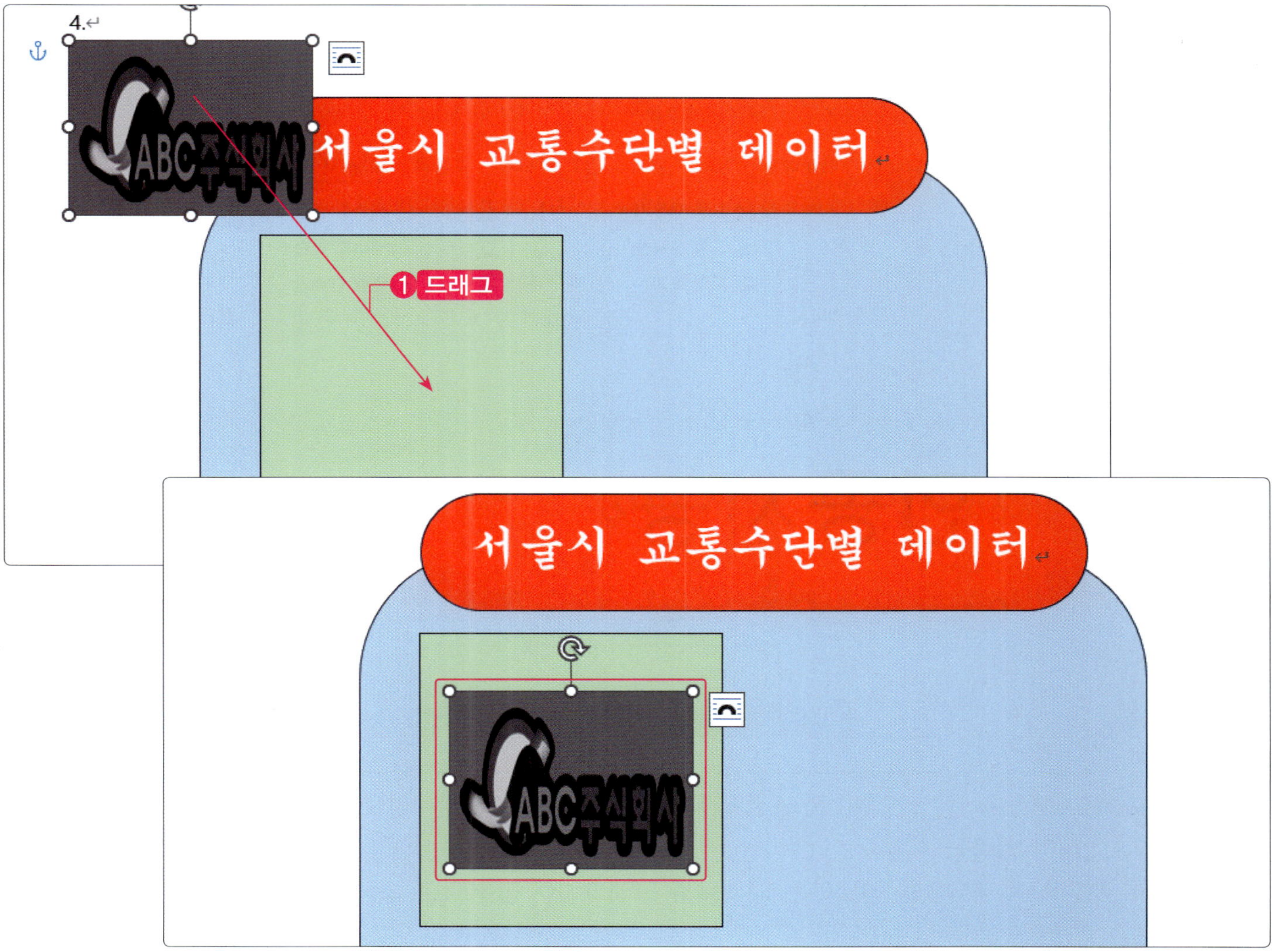

STEP 04 워드아트 삽입하기

〈조건〉 워드아트 삽입(갈매기형 수장, 위로【갈매기형 수장】), 크기(높이 3.5cm × 너비 5cm), 글꼴(돋움, 파랑)

1 워드아트를 삽입하기 위해 〔삽입〕 탭-〔텍스트〕 그룹에서 〔WordArt 삽입〕을 **클릭**한 후 **〔채우기: 검정, 텍스트 색 1, 그림자(A)〕를 클릭**합니다.

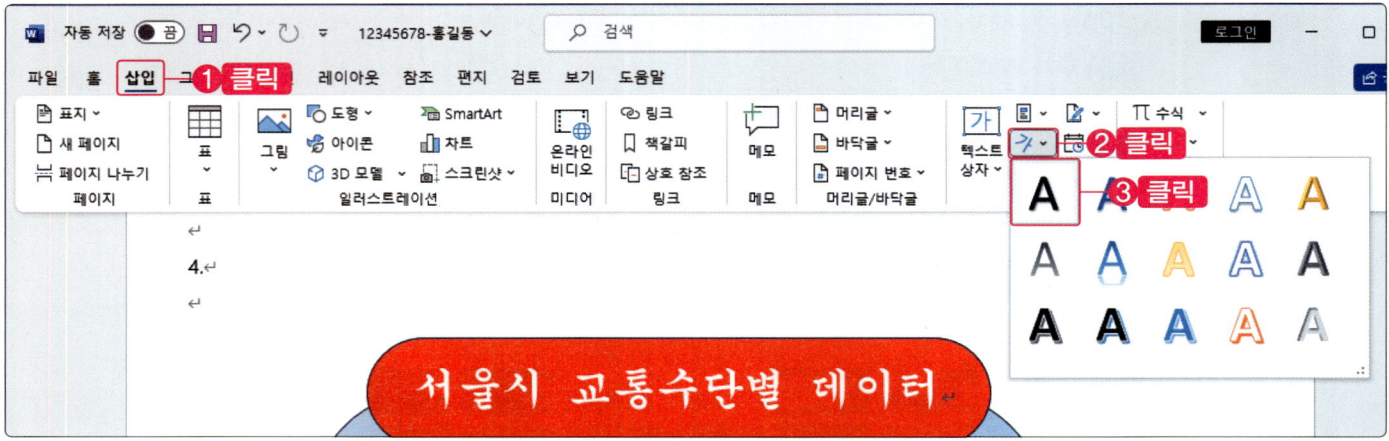

워드아트(WordArt)를 삽입할 때는 효과가 거의 없는 첫 번째 워드아트(채우기: 검정, 텍스트 색 1, 그림자)를 선택합니다.

2 워드아트가 삽입되면 **'인공지능'을 입력**합니다.

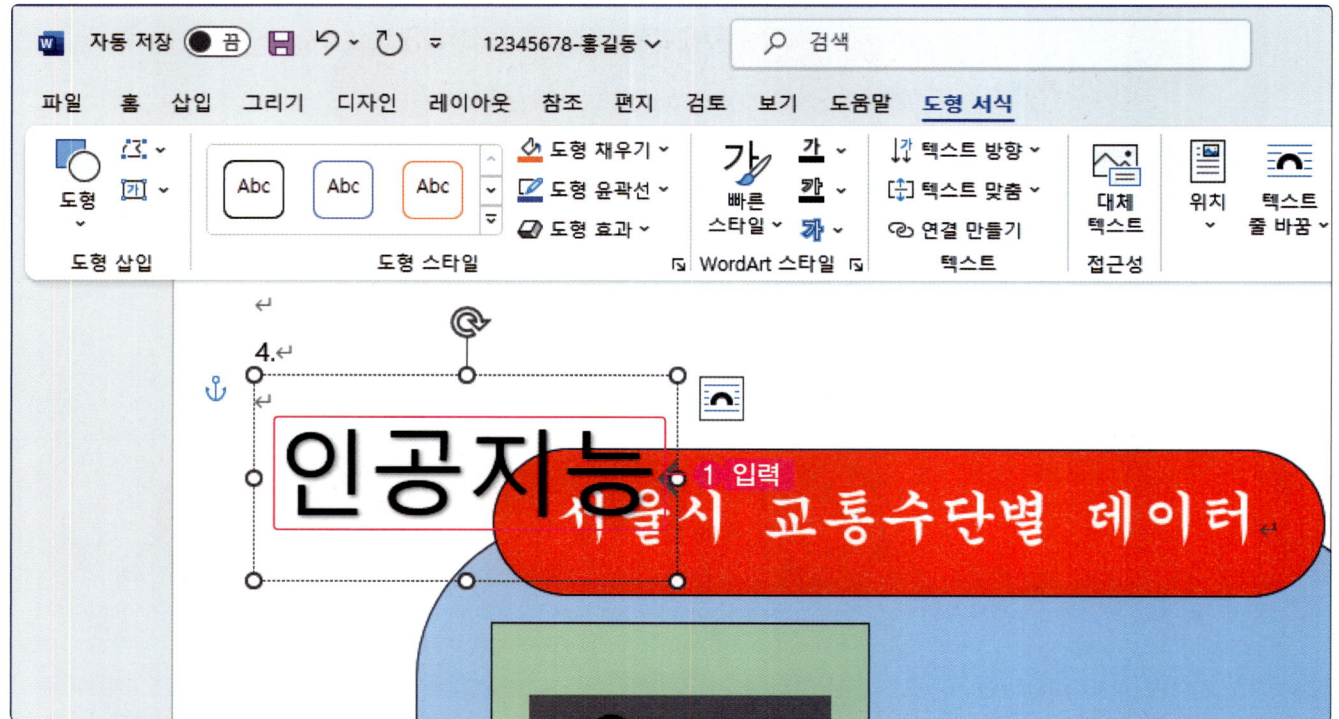

- 워드아트(WordArt)를 삽입한 후 바로 내용을 입력하면 이전 내용(필요한 내용을 적으십시오.)이 삭제되면서 내용이 입력됩니다.
- 블록 지정이 해제되었을 경우에는 텍스트를 드래그하여 블록으로 설정한 후 다시 입력합니다.

〈조건〉 워드아트 삽입(갈매기형 수장, 위로【갈매기형 수장】), 크기(높이 3.5cm × 너비 5cm), 글꼴(돋움, 파랑)

3 **워드아트(WordArt)를 선택**한 후 〔도형 서식〕 정황 탭-〔크기〕 그룹에서 〔**추가 옵션**(□)〕을 클릭합니다.

4 〔레이아웃〕 대화상자가 나타나면 〔크기〕 탭에서 **높이(3.5cm)와 너비(5cm)를 입력**한 후 〔확인〕 **단추를 클릭**합니다.

5 워드아트의 그림자 효과를 제거하기 위해 〔도형 서식〕 정황 탭-〔WordArt 스타일〕 그룹에서 〔**텍스트 효과**(가▼)〕를 클릭한 후 〔그림자〕-〔**없음**(A)〕을 클릭합니다.

워드아트(WordArt)의 문제 조건에서 그림자 효과는 없으므로 그림자 효과를 제거합니다.

<조건> 워드아트 삽입(갈매기형 수장, 위로【갈매기형 수장】), 크기(높이 3.5cm × 너비 5cm), 글꼴(돋움, 파랑)

6 워드아트 모양을 변환하기 위해 〔도형 서식〕 정황 탭-〔WordArt 스타일〕 그룹에서 〔**텍스트 효과**(가~)〕를 클릭한 후 〔변환〕-〔**갈매기형 수장: 위로**(abcde)〕를 클릭합니다.

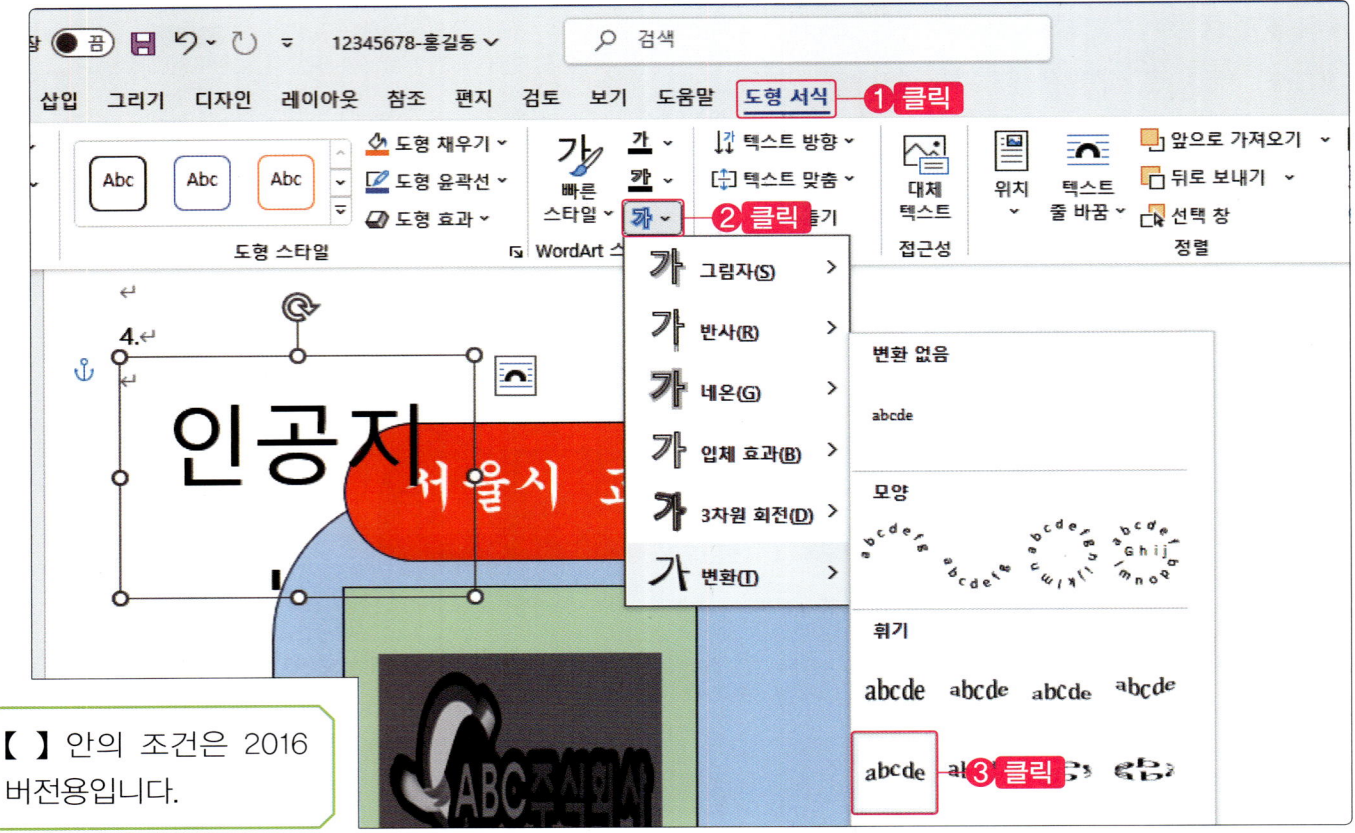

【 】 안의 조건은 2016 버전용입니다.

7 〔홈〕 탭-〔글꼴〕 그룹에서 **글꼴(돋움) 및 글꼴 크기(22)를 선택**한 후 **글꼴 색(파랑)을 선택**합니다.

글꼴 크기를 지정하는 조건은 없습니다. 글꼴 크기는 워드아트 텍스트가 한 줄로 표시될 수 있도록 수험자가 임의의 크기를 지정합니다.

8 워드아트를 **드래그하여 위치를 이동**합니다.

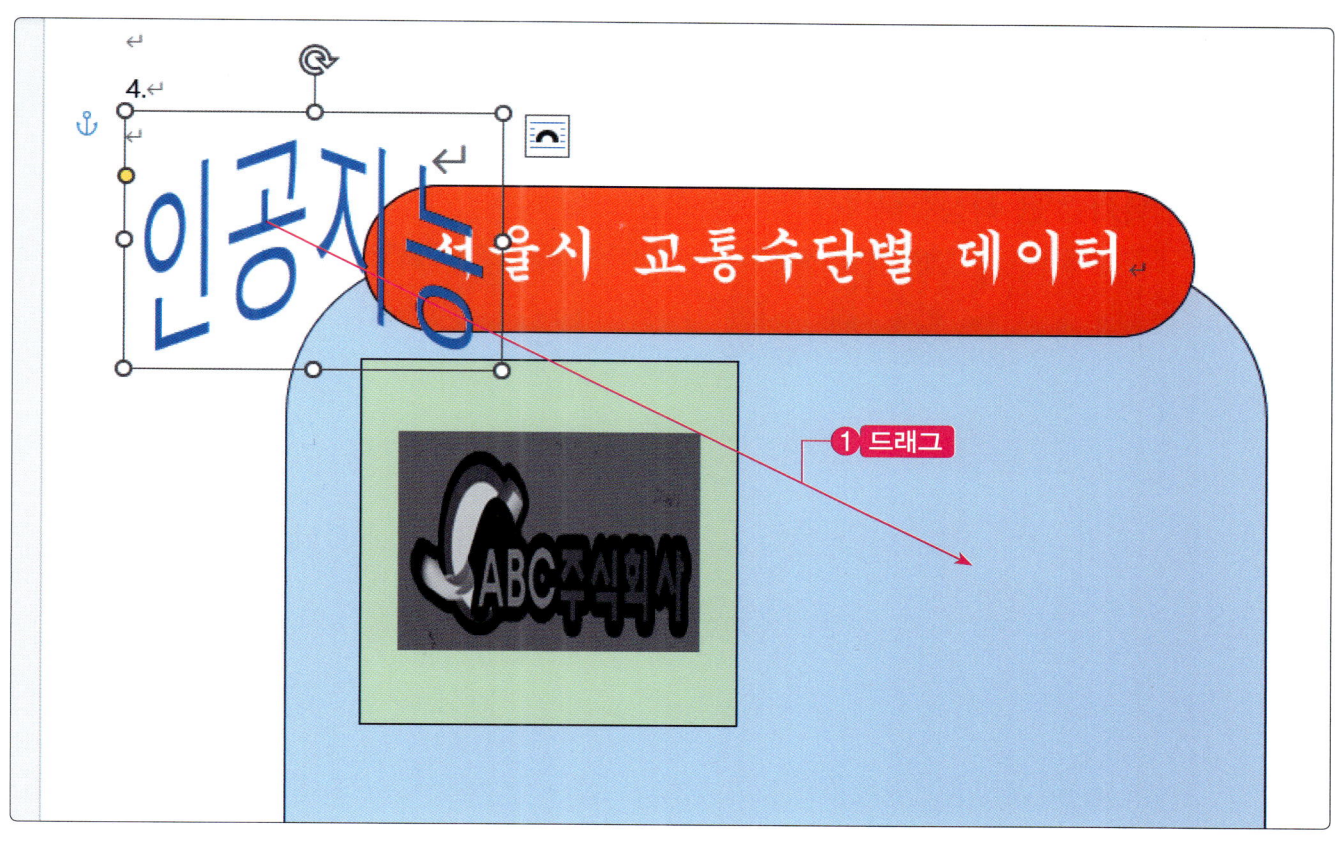

| STEP 05 | 목차 도형 작성하기 |

⟨조건⟩ 텍스트 상자
테두리(파선), 채우기 없음, 글꼴 : 굴림, 18pt, 가운데 맞춤

1 다음과 같이 **목차 '1'을 작성**합니다.

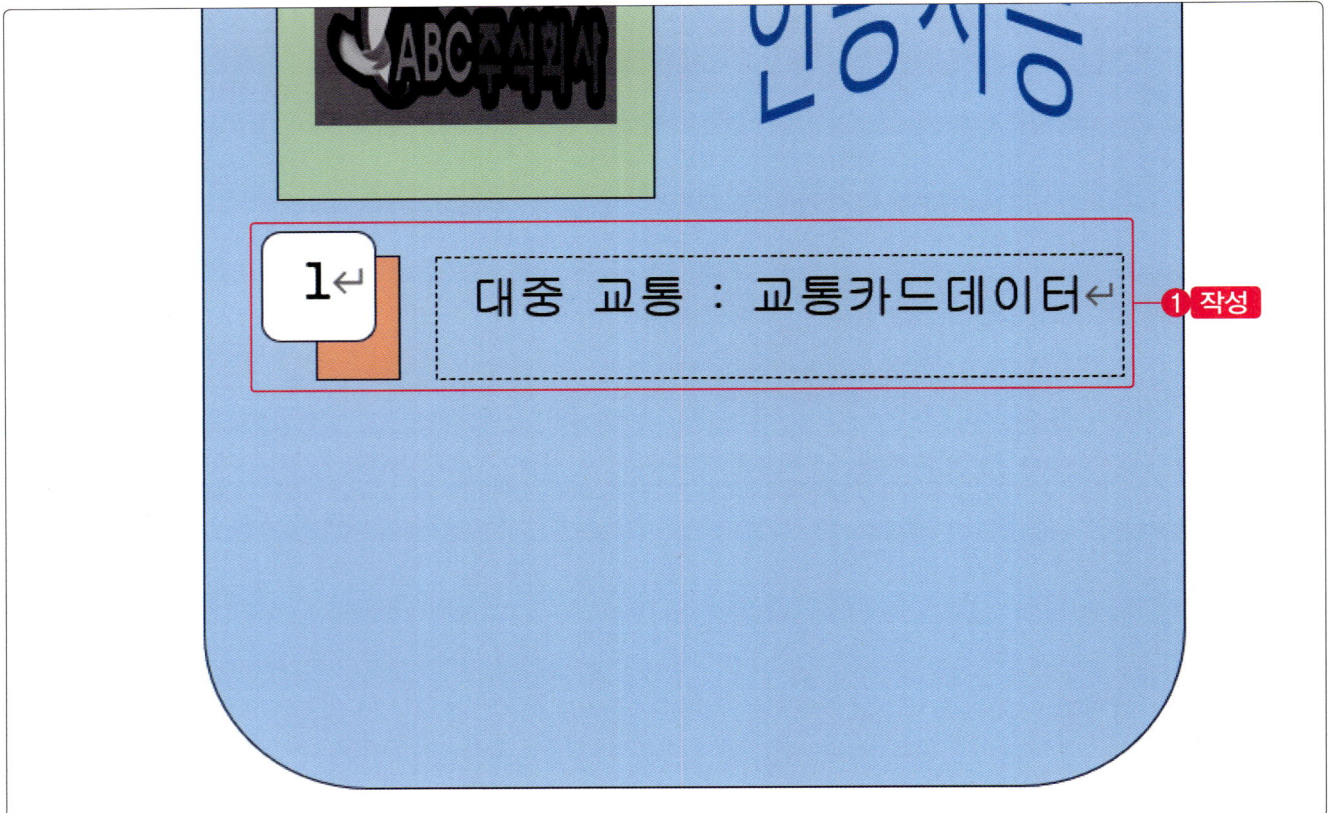

- **목차 '1'의 첫 번째 도형 작성** : 〔삽입〕 탭-〔일러스트레이션〕 그룹에서 〔도형〕을 클릭한 후 〔직사각형(□)〕을 클릭한 다음 드래그하여 도형을 삽입 → 도형을 선택한 후 〔도형 서식〕 정황 탭-〔크기〕 그룹에서 〔추가 옵션(⌐)〕을 클릭 → 〔레이아웃〕 대화상자의 〔크기〕 탭에서 너비(1.7cm)와 높이(1.1cm)를 입력한 후 〔확인〕 단추를 클릭 → 〔도형 서식〕 정황 탭-〔도형 스타일〕 그룹에서 〔도형 채우기〕를 클릭한 후 임의의 색을 지정 → 도형 위치를 조정
- **목차 '1'의 두 번째 도형 작성** : 〔삽입〕 탭-〔일러스트레이션〕 그룹에서 〔도형〕을 클릭한 후 〔사각형: 둥근 모서리(□)〕를 클릭한 다음 드래그하여 도형을 삽입 → 도형을 선택한 후 〔도형 서식〕 정황 탭-〔크기〕 그룹에서 〔추가 옵션(⌐)〕을 클릭 → 〔레이아웃〕 대화상자의 〔크기〕 탭에서 너비(1.5cm)와 높이(1.5cm)를 입력한 후 〔확인〕 단추를 클릭 → 〔도형 서식〕 정황 탭-〔도형 스타일〕 그룹에서 〔도형 채우기〕를 클릭한 후 '흰색, 배경 1' 색을 선택 → 도형 위에서 바로가기 메뉴의 〔텍스트 추가〕를 클릭 → 텍스트(1)를 입력한 후 드래그하여 블록 설정 → 〔홈〕 탭-〔글꼴〕 그룹에서 글꼴(궁서)과 글꼴 크기(20)를 선택한 후 〔단락〕 그룹에서 〔가운데 맞춤(≡)〕을 클릭 → 도형 위치를 조정
- **목차 '1'의 텍스트 상자 작성** : 〔삽입〕 탭-〔일러스트레이션〕 그룹에서 〔도형〕을 클릭한 후 〔텍스트 상자(가)〕를 클릭한 다음 드래그하여 텍스트 상자를 삽입 → 〔도형 서식〕 정황 탭-〔도형 스타일〕 그룹에서 〔도형 채우기〕를 클릭한 후 〔채우기 없음〕을 클릭 → 〔도형 서식〕 정황 탭-〔도형 스타일〕 그룹에서 〔도형 윤곽선〕을 클릭한 후 〔대시〕-〔파선(-----)〕을 클릭 → 텍스트(대중 교통 : 교통카드데이터)를 입력한 후 드래그하여 블록 설정 → 〔홈〕 탭-〔글꼴〕 그룹에서 글꼴(굴림)과 글꼴 크기(18)를 선택한 후 〔단락〕 그룹에서 〔가운데 맞춤(≡)〕을 클릭 → 텍스트 상자의 위치 및 크기를 조정

2 목차 '1'이 완성되면 **목차 도형을 모두 선택**한 후 Ctrl과 Shift를 **누른 상태에서 드래그**하여 목차 '1'을 복사합니다.

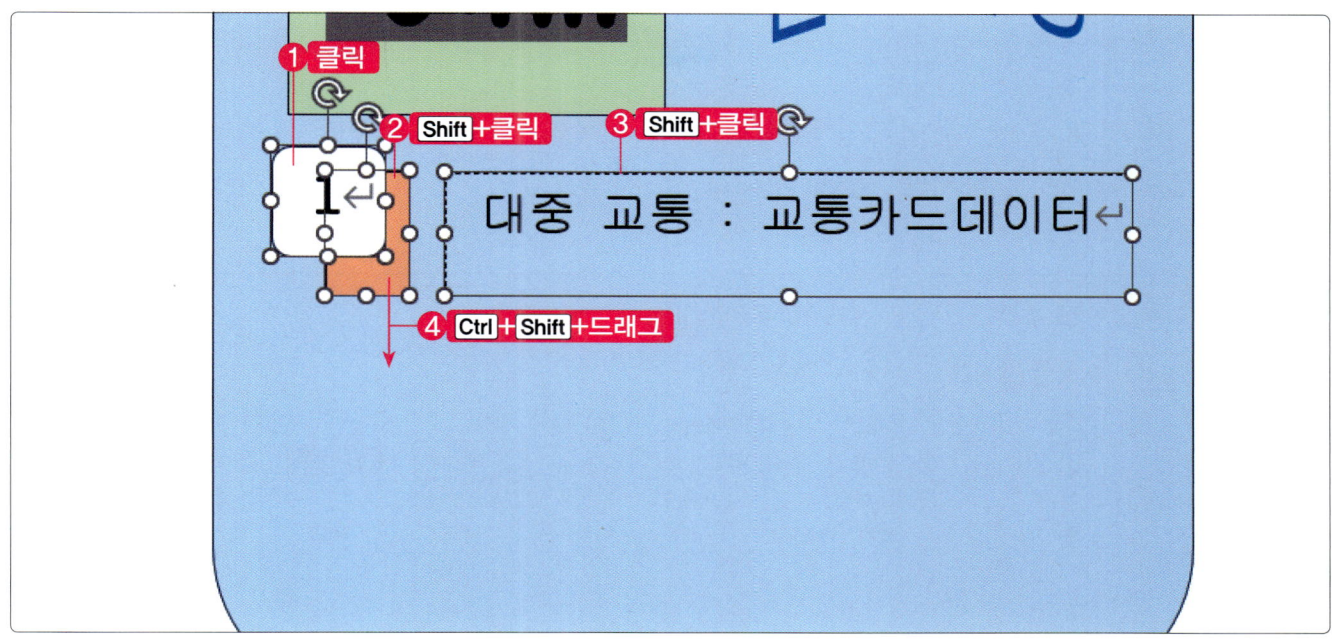

- 텍스트 상자를 선택한 후 Shift를 누른 상태에서 도형을 선택하면 좀더 쉽게 선택할 수 있습니다.
- 개체를 선택한 후 Ctrl을 누른 상태에서 드래그하면 개체가 복사되고 Shift를 누른 상태에서 드래그하면 개체가 수평 방향이나 수직 방향으로 이동됩니다. 여기서 목차 '1'을 수직 방향으로 복사하기 위해 Ctrl과 Shift를 누른 상태에서 아래쪽으로 드래그한 것입니다.

3 목차 '1'이 복사되면 같은 방법으로 다음과 같이 **목차 '1'을 한 개더 복사**한 후 **내용을 수정**한 다음 **'2'의 첫 번째 도형의 면색(임의의 색)과 목차 '3'의 첫 번째 도형의 면색(임의의 색)을 변경**합니다.

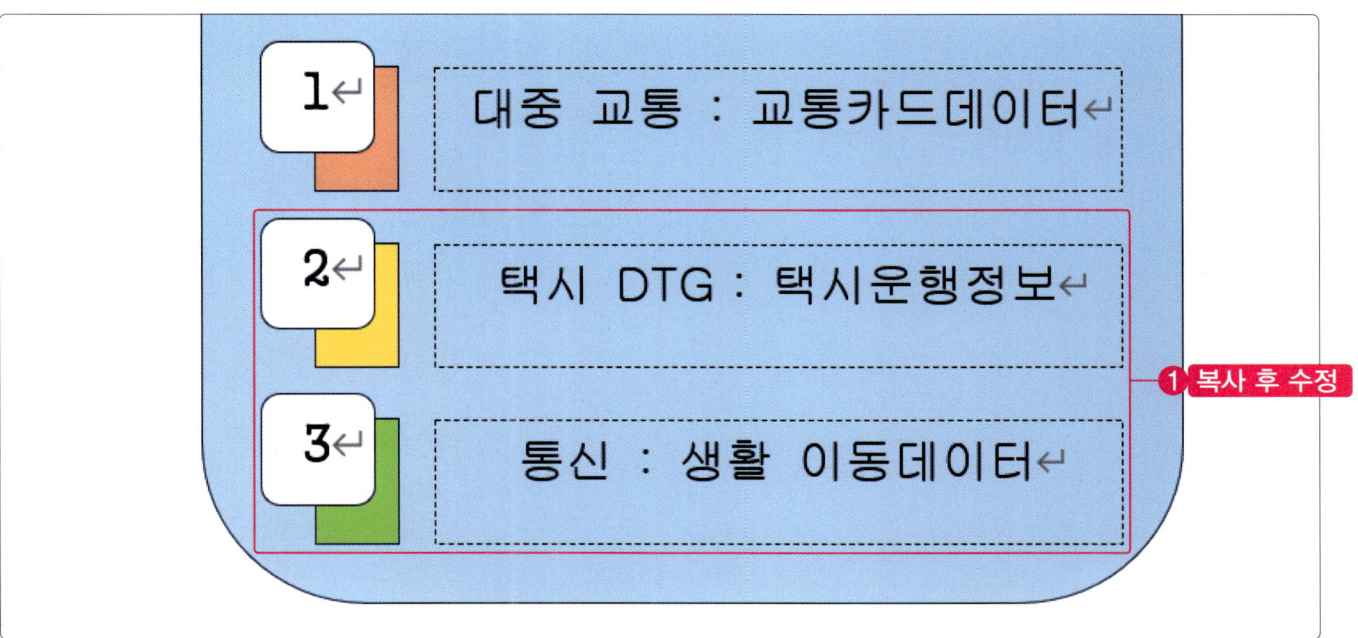

도형/텍스트 상자를 선택 해제한 후 텍스트 상자로 마우스 포인터를 가져가서 마우스 포인터가 I 모양으로 변경되었을 때 클릭하면 텍스트 상자에 입력한 내용을 수정할 수 있습니다.

STEP 06 책갈피 삽입하고 링크 지정하기

〈조건〉
- 링크【하이퍼링크】설정 : 문서작성능력평가의 **"인공지능 활용한 교통데이터"** 제목에 설정한 책갈피로 이동
- 책갈피 이름 : 인공지능

1 3페이지의 첫 번째 줄에 '문서작성 능력평가'의 제목(인공지능 활용한 교통데이터) 중에서 '**인공지능**'을 **입력**한 후 '**인공지능**' **앞에 커서**를 둔 다음 〔삽입〕 탭-〔링크〕 그룹에서 〔**책갈피**〕를 **클릭**합니다.

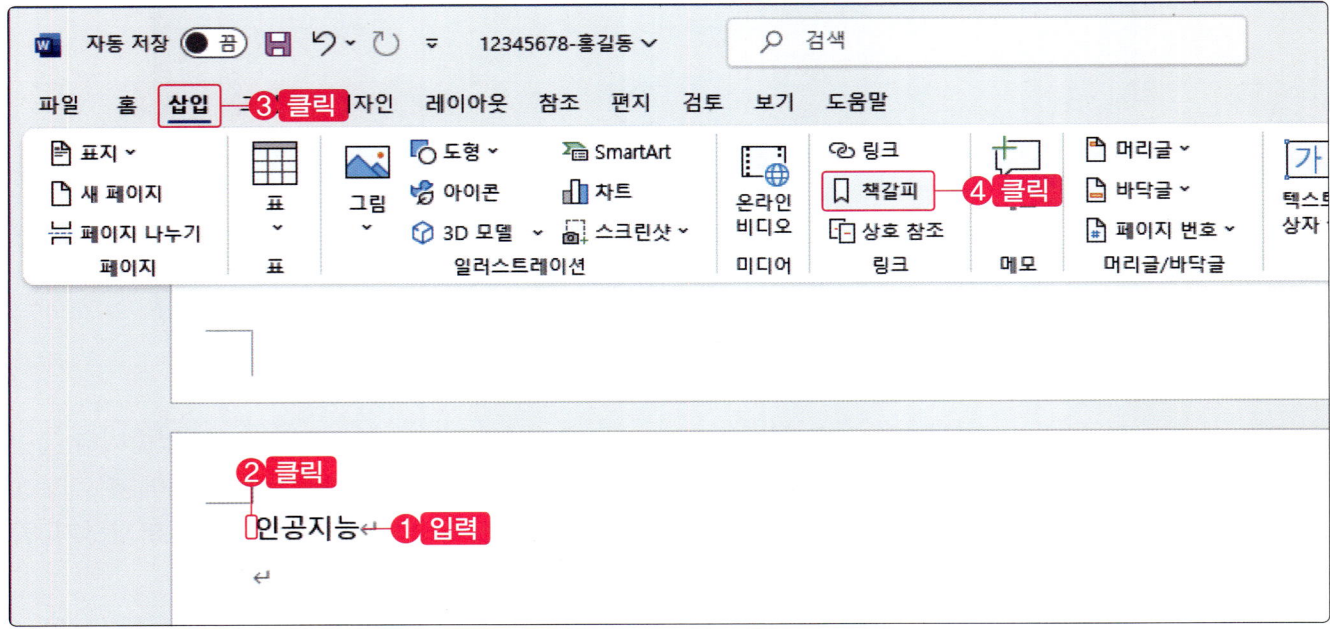

> 책갈피는 문서의 특정 위치에 표시해 두는 기능입니다. 책갈피를 삽입하면 손쉽게 문서의 특정 위치로 이동할 수 있습니다.

2 〔책갈피〕 대화상자가 나타나면 **책갈피 이름(인공지능)을 입력**한 후 〔**추가**〕 단추를 **클릭**합니다.

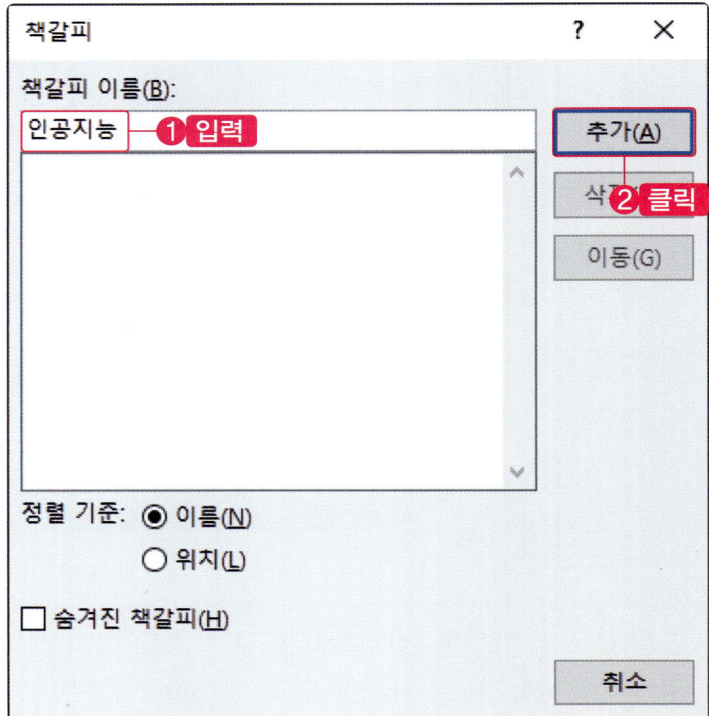

> 책갈피 이름은 시험의 '문서작성 능력평가'에서 확인할 수 있습니다. 여기서는 책갈피 이름으로 '인공지능'을 입력합니다.

<조건> • 링크【하이퍼링크】 설정 : 문서작성능력평가의 **"인공지능 활용한 교통데이터"** 제목에 설정한 책갈피로 이동
　　　 • 책갈피 이름 : 인공지능

3 책갈피가 삽입되면 그림에 링크를 지정하기 위해 2페이지에서 **그림을 선택**한 후 [삽입] 탭-[링크] 그룹에서 **[링크]를 클릭**합니다.

링크는 문서의 내용에 문서의 특정 위치나 웹 페이지 등을 연결하여 손쉽게 문서의 특정 위치로 이동하거나 웹 페이지를 열 수 있는 기능입니다.

4 [하이퍼링크 삽입] 대화상자가 나타나면 연결 대상의 [**현재 문서**] **탭을 클릭**한 후 **책갈피(인공지능)를 클릭**한 다음 [**확인**] **단추를 클릭**합니다.

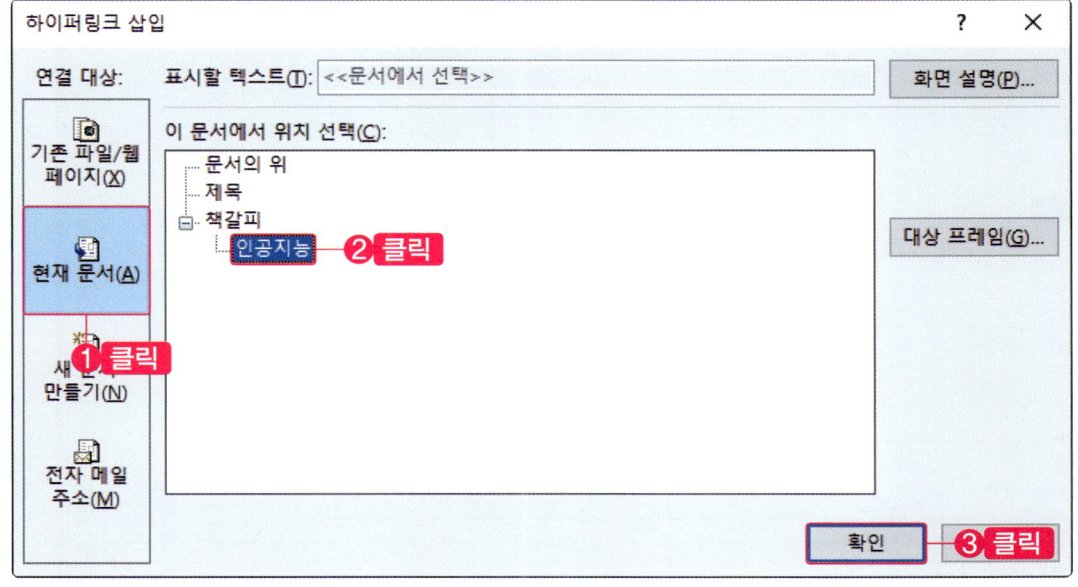

5 링크가 지정되면 **그림 선택을 해제**한 후 `Ctrl`를 누른 상태에서 마우스 포인터를 그림위로 가져가면 마우스 포인터 모양이 🖑 모양으로 변경되고, **그림을 클릭**하면 '문서작성 능력평가'의 제목으로 이동되는 것을 확인할 수 있습니다.

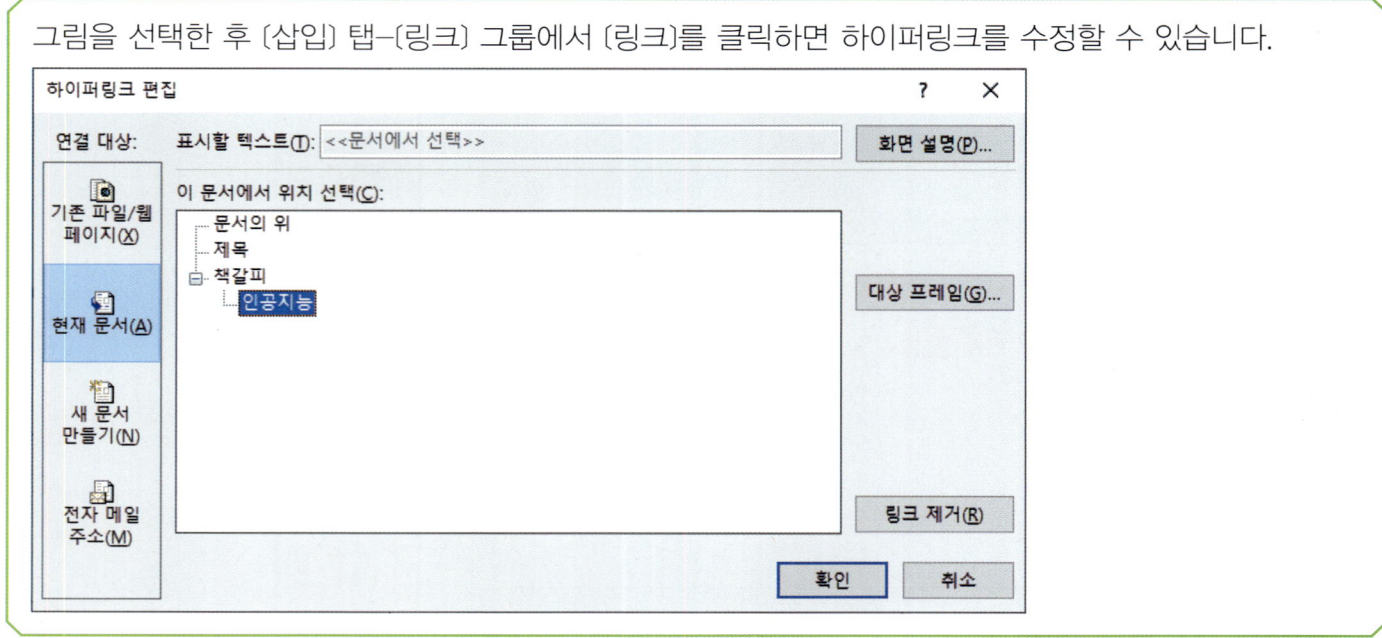

그림을 선택한 후 [삽입] 탭-[링크] 그룹에서 [링크]를 클릭하면 하이퍼링크를 수정할 수 있습니다.

실전문제유형

MS-WORD 2021

1 다음의 《조건》에 따라 《출력형태》와 같이 문서를 작성하시오. (110점)

▶ 소스파일 : Part 01\Chapter 06\문제01.docx   ▶ 완성파일 : Part 01\Chapter 06\문제01_완성.docx

《조건》
(1) 그리기 도구를 이용하여 작성하고, 모든 도형(글맵시, 지정된 그림 포함)을 《출력형태》와 같이 작성하시오.
(2) 도형의 면색은 지시사항이 없으면 색 없음을 제외하고 서로 다르게 임의로 지정하시오.

《출력형태》

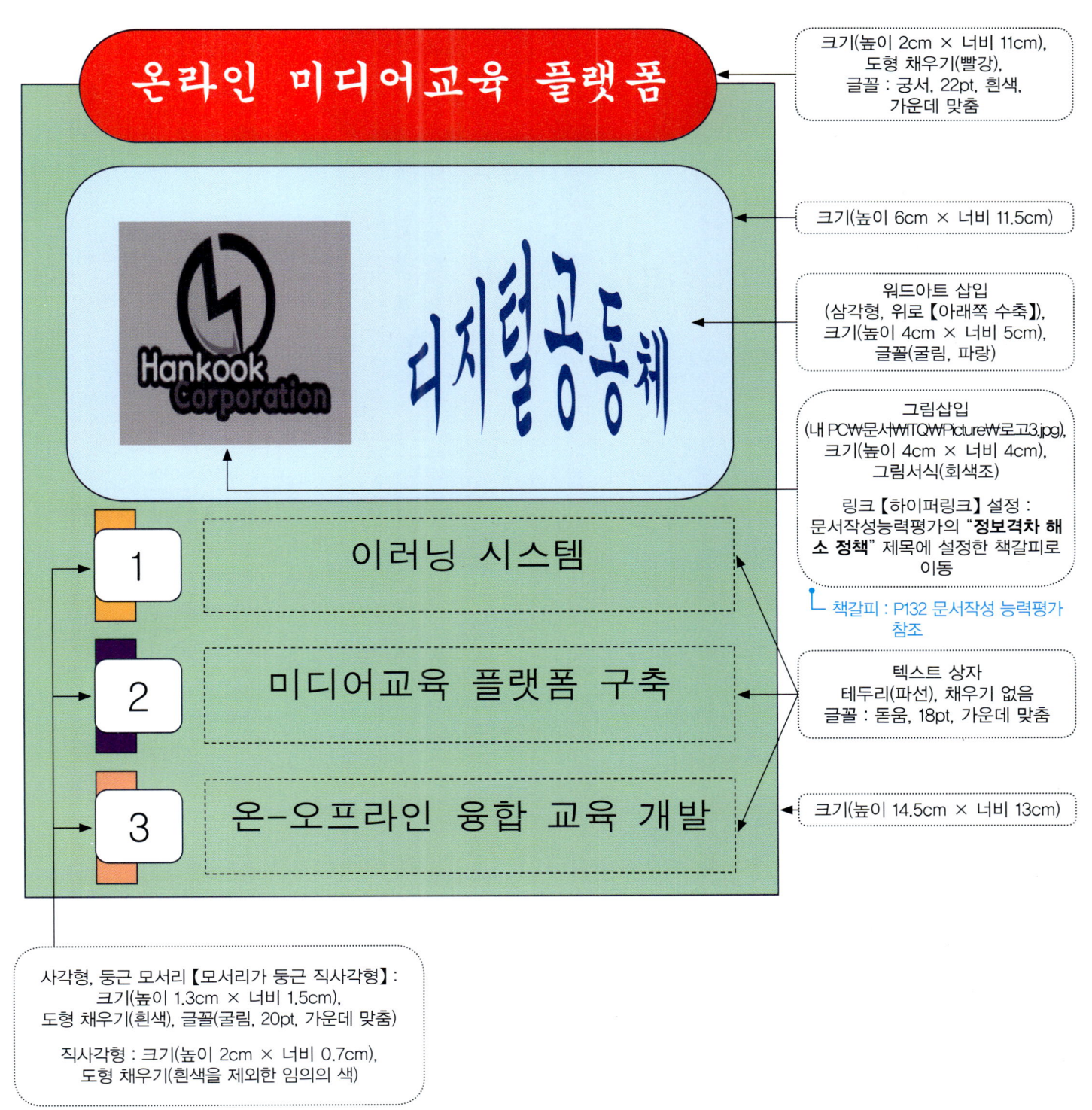

Practical question type
실전문제유형
MS-WORD 2021

2 다음의 《조건》에 따라 《출력형태》와 같이 문서를 작성하시오. (110점)

▶ 소스파일 : Part 01\Chapter 06\문제02.docx   ▶ 완성파일 : Part 01\Chapter 06\문제02_완성.docx

《조건》
(1) 그리기 도구를 이용하여 작성하고, 모든 도형(글맵시, 지정된 그림 포함)을 《출력형태》와 같이 작성하시오.
(2) 도형의 면색은 지시사항이 없으면 색 없음을 제외하고 서로 다르게 임의로 지정하시오.

《출력형태》

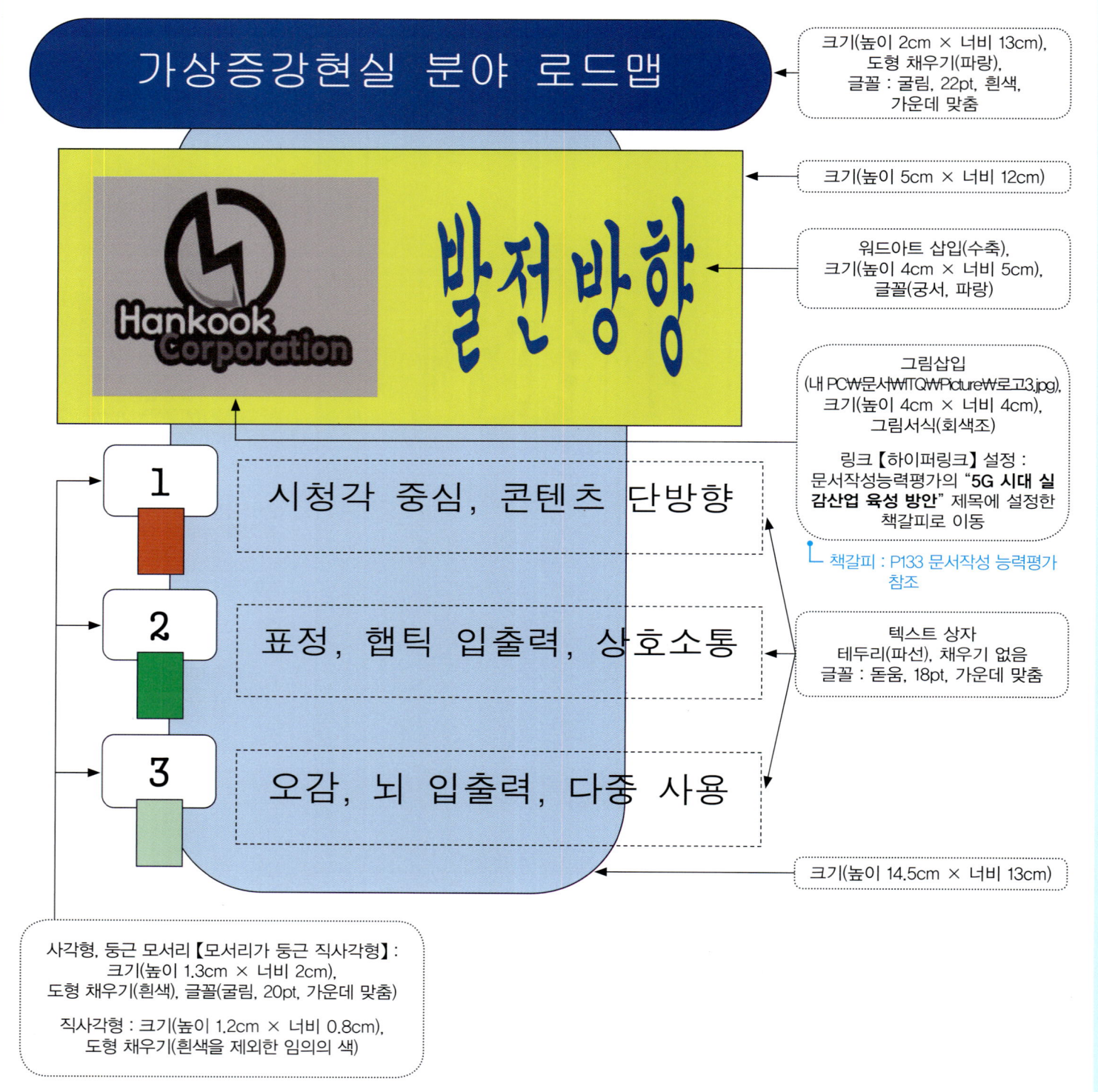

실전문제유형

3 다음의 《조건》에 따라 《출력형태》와 같이 문서를 작성하시오. (110점)

▶ 소스파일 : Part 01\Chapter 06\문제03.docx   ▶ 완성파일 : Part 01\Chapter 06\문제03_완성.docx

《조건》
(1) 그리기 도구를 이용하여 작성하고, 모든 도형(글맵시, 지정된 그림 포함)을 《출력형태》와 같이 작성하시오.
(2) 도형의 면색은 지시사항이 없으면 색 없음을 제외하고 서로 다르게 임의로 지정하시오.

《출력형태》

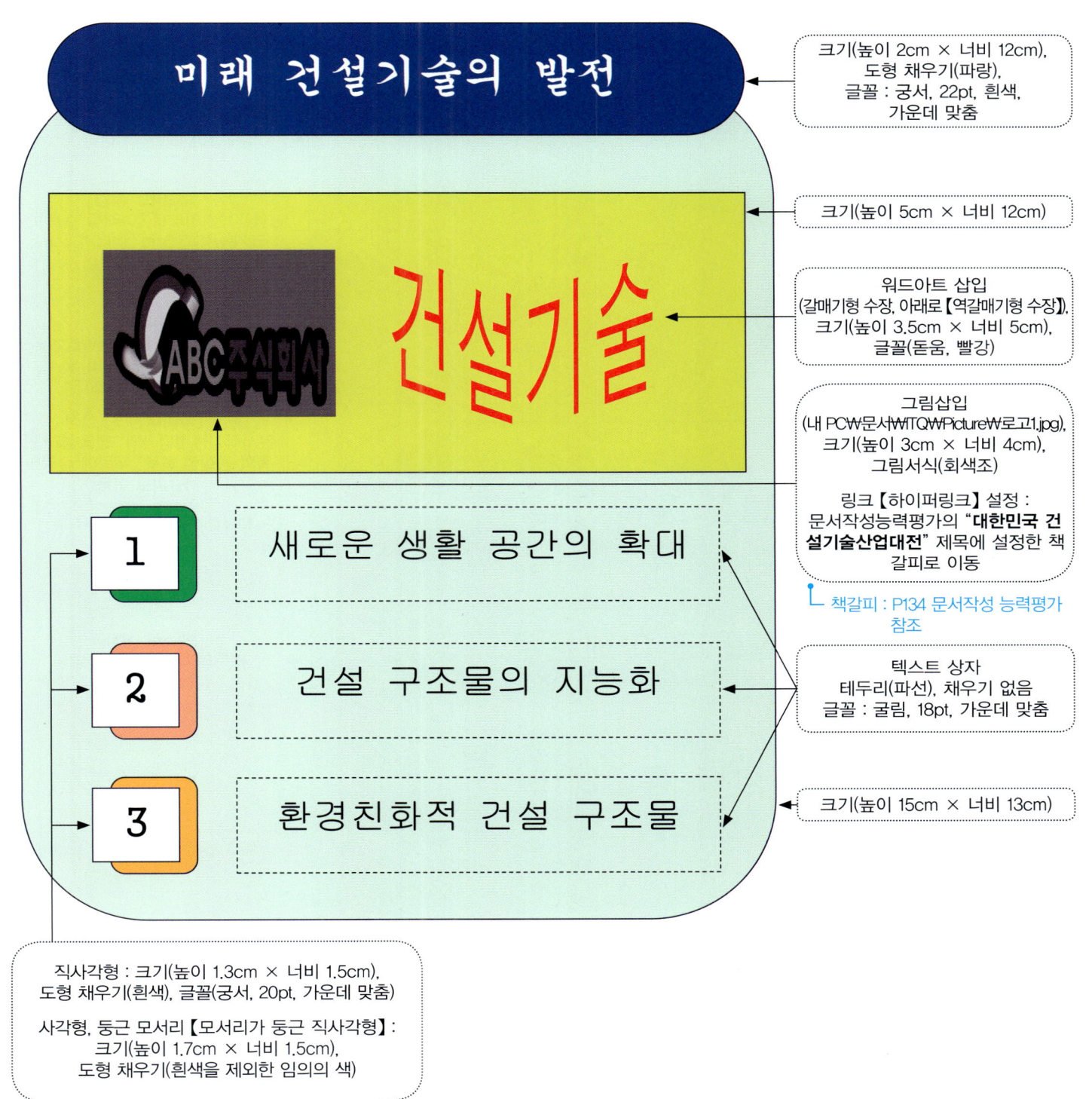

실전문제유형

Practical question type

MS-WORD 2021

4 다음의 《조건》에 따라 《출력형태》와 같이 문서를 작성하시오. (110점)

▶ 소스파일 : Part 01\Chapter 06\문제04.docx   ▶ 완성파일 : Part 01\Chapter 06\문제04_완성.docx

《조건》
(1) 그리기 도구를 이용하여 작성하고, 모든 도형(글맵시, 지정된 그림 포함)을 《출력형태》와 같이 작성하시오.
(2) 도형의 면색은 지시사항이 없으면 색 없음을 제외하고 서로 다르게 임의로 지정하시오.

《출력형태》

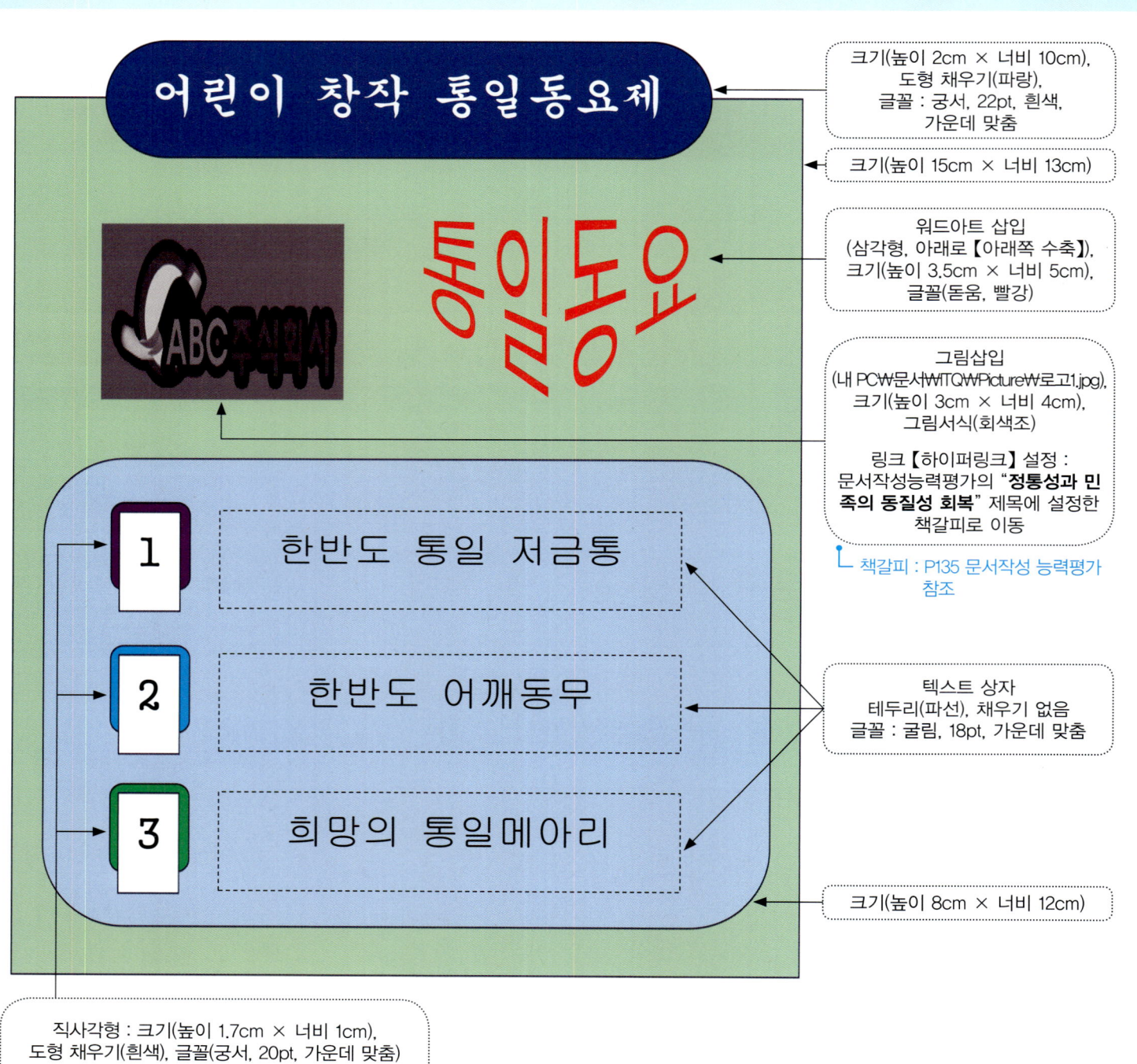

5 다음의 《조건》에 따라 《출력형태》와 같이 문서를 작성하시오. (110점)

▶ 소스파일 : Part 01\Chapter 06\문제05.docx   ▶ 완성파일 : Part 01\Chapter 06\문제05_완성.docx

《조건》
(1) 그리기 도구를 이용하여 작성하고, 모든 도형(글맵시, 지정된 그림 포함)을 《출력형태》와 같이 작성하시오.
(2) 도형의 면색은 지시사항이 없으면 색 없음을 제외하고 서로 다르게 임의로 지정하시오.

《출력형태》

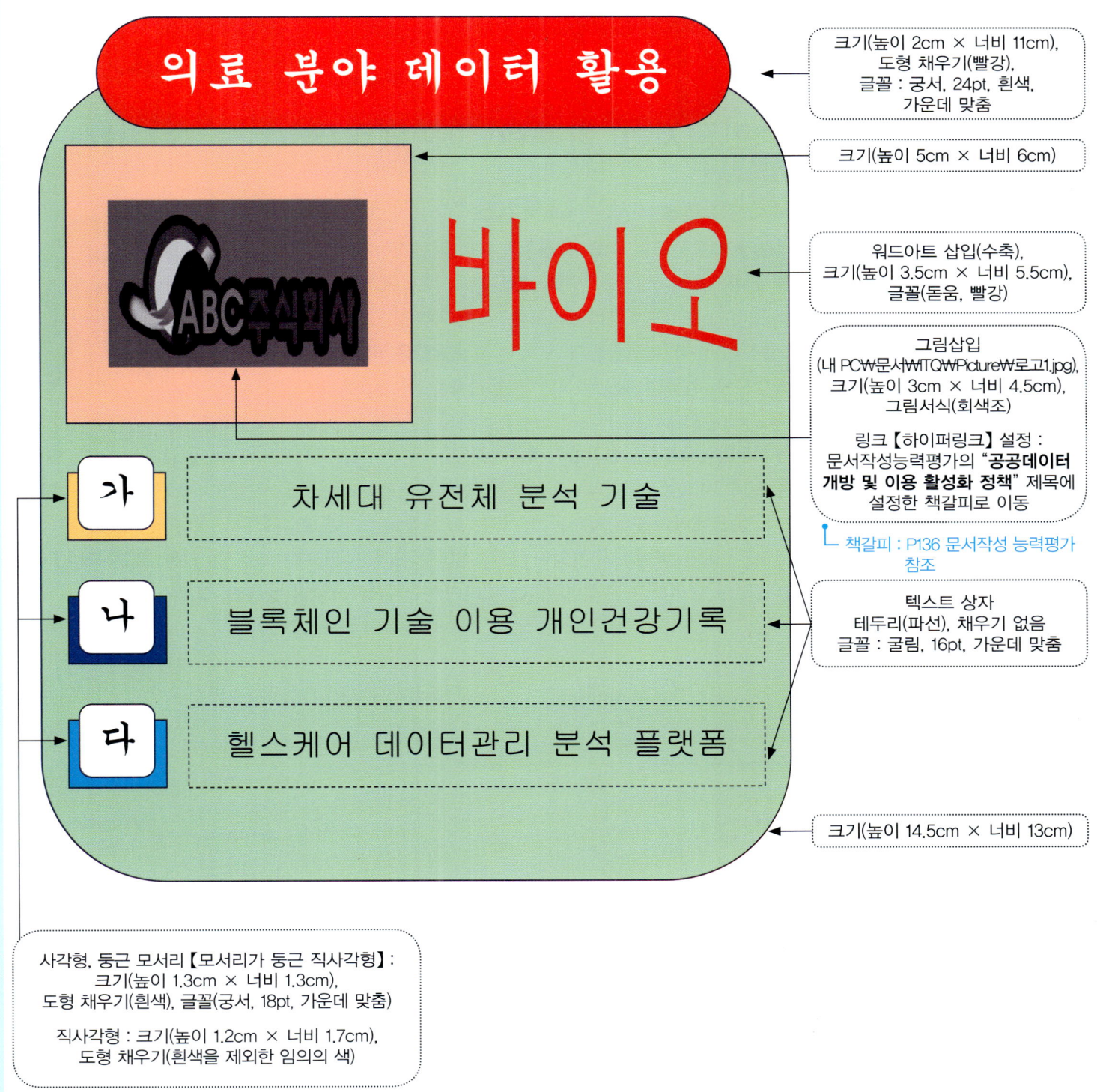

문서작성 능력평가 - Ⅰ

◆ 제목 작성하고 내용 입력하기 ◆ 머리글 삽입하기
◆ 단락 첫 문자 장식하기 ◆ 각주 삽입하기
◆ 그림 삽입하기

▶ 소스파일 : Part 01\Chapter 07\Ch07.docx   ▶ 완성파일 : Part 01\Chapter 07\Ch07_완성.docx

글꼴 : 굴림, 18pt, 굵게, 가운데 맞춤
책갈피 이름 : 인공지능
윗주 달기 : 묶어서, 가운데 맞춤

머리글 기능
돋움, 10pt, 오른쪽 맞춤 → 교통이용자 추정

서울연구원
인공지능 활용한 교통데이터

단락의 첫 문자 장식
궁서, 빨강

각주

그림삽입(내 PC\문서\ITQ\Picture\그림4.jpg)
자르기, 크기(높이 4cm × 너비 4cm)

가구통행실태조사로 구축되는 여객 기종점통행량(O/D)[a] 은 교통계획 및 사회간접자본의 타당성 평가에 활용되는 각종 교통통계지표를 산출하기 위한 핵심 기초자료이다. 표본을 감소에 따른 문제 해결을 위해 현장에서 수집(蒐輯)되는 교통 빅데이터 활용이 논의되고 있다. 전수에 가까운 교통카드데이터와 택시데이터가 있음에도 불구하고, O/D 구축과정에서 이 데이터들의 구체적 활용방안은 여전히 미비한 실정이다. 교통데이터에 AI 방법론을 적용해 통행목적과 이용자특성 등 필요한 속성을 추정(推定)한다.

　가구통행실태조사는 개인에 관한 풍부한 정보를 제공하지만, 극히 적은 표본이라는 단점이 있다. 반면, 교통카드데이터와 택시운행정보관리시스템 데이터는 전수 통행데이터라는 엄청난 장점이 있지만 통행목적과 이용자특성에 대한 정보가 없다. 통신데이터인 생활이동데이터는 표본율이 가구통행실태조사 대비 높고 통행목적과 이용자특성에 대한 정보가 있지만, 교통수단이 구분되어 있지 않다. 이처럼 필요한 속성이 있는 표본 데이터와 전수 데이터이지만 해당 속성이 없는 데이터가 존재하여, 각 데이터의 장점을 적절히 활용할 필요가 있다.

---

[a] 시종점간의 통행수 추정, 차량대수 또는 승객수

> **체크! 체크!**
>
> 〔문서작성 능력평가 Ⅰ〕
> - 제목 작성하고 내용 입력하기
>   - 제목에 윗주를 작성한 후 글꼴 및 단락을 지정합니다.
>   - 내용은 오타없이 정확히 입력할 수 있도록 연습합니다.
> - 머리글, 단락의 첫 문자 장식, 각주, 그림 삽입하기
>   - 머리글, 단락의 첫 문자 장식, 각주, 그림을 삽입합니다.
>   - 오른쪽 끝 부분의 글자가 《출력형태》와 다를 경우에는 '글자 누락, 오타, 띄어쓰기' 등을 다시 한 번 확인해야 합니다.

STEP 01 제목 작성하고 내용 입력하기

〈조건〉 글꼴 : 굴림, 18pt, 굵게, 가운데 맞춤
책갈피 이름 : 인공지능, 윗주 달기 : 묶어서, 가운데 맞춤

1 **3페이지로 이동**한 후 윗주를 달기 위해 '**인공지능**'을 드래그하여 블록으로 설정한 다음 〔홈〕 탭-〔글꼴〕 그룹에서 **글꼴(굴림), 글꼴 크기(18), 〔굵게(가)〕를 선택**합니다. 그런다음 〔단락〕 그룹에서 〔**가운데 맞춤(≡)〕을 클릭**합니다.

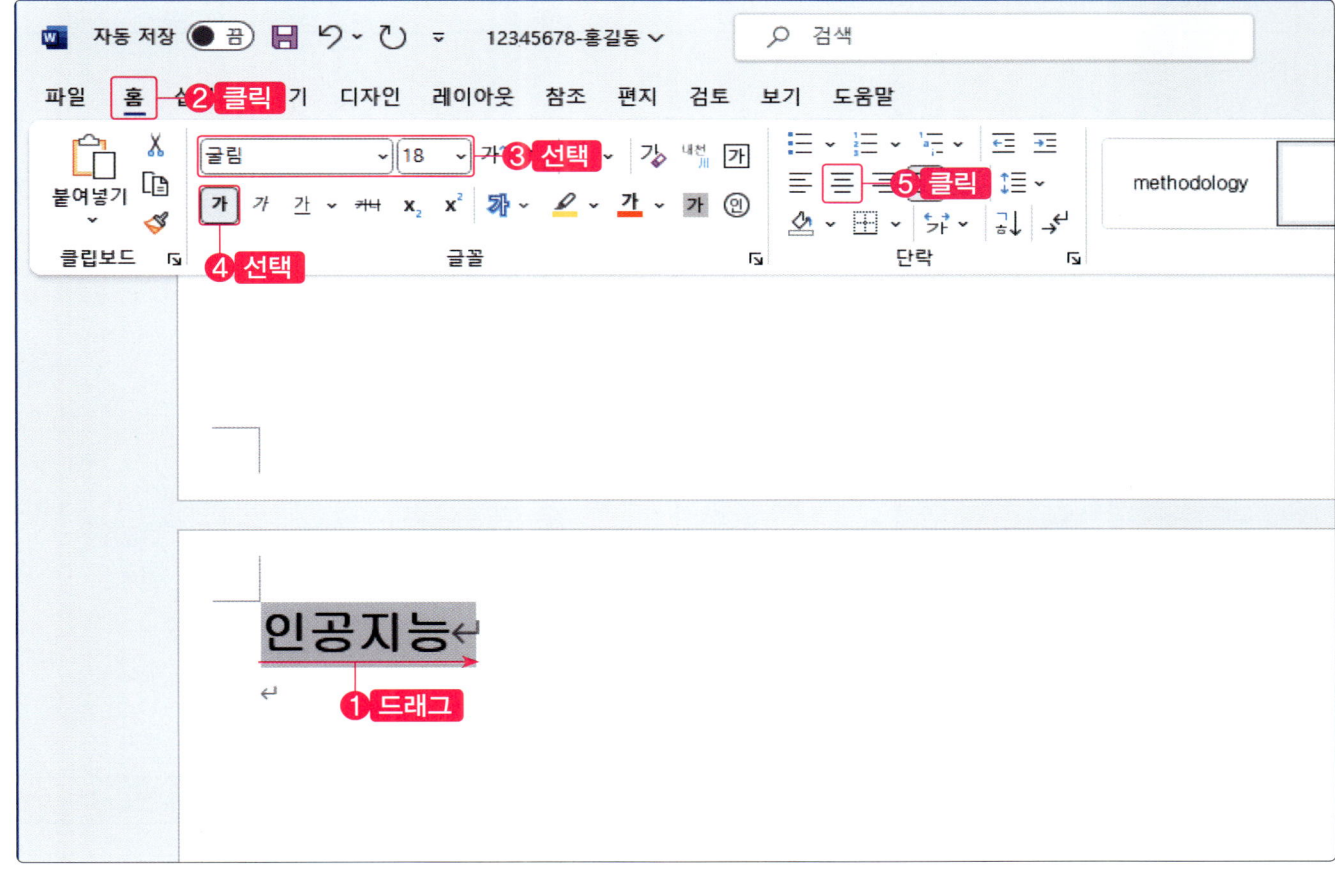

> 윗주를 작성하기 전에 글꼴 및 글꼴 크기, 속성 등을 지정합니다.

〈조건〉 글꼴 : 굴림, 18pt, 굵게, 가운데 맞춤
책갈피 이름 : 인공지능, 윗주 달기 : 묶어서, 가운데 맞춤

2 글꼴 서식이 지정되면 [홈] 탭-[글꼴] 그룹에서 [**윗주 달기**(내천川)]를 클릭합니다.

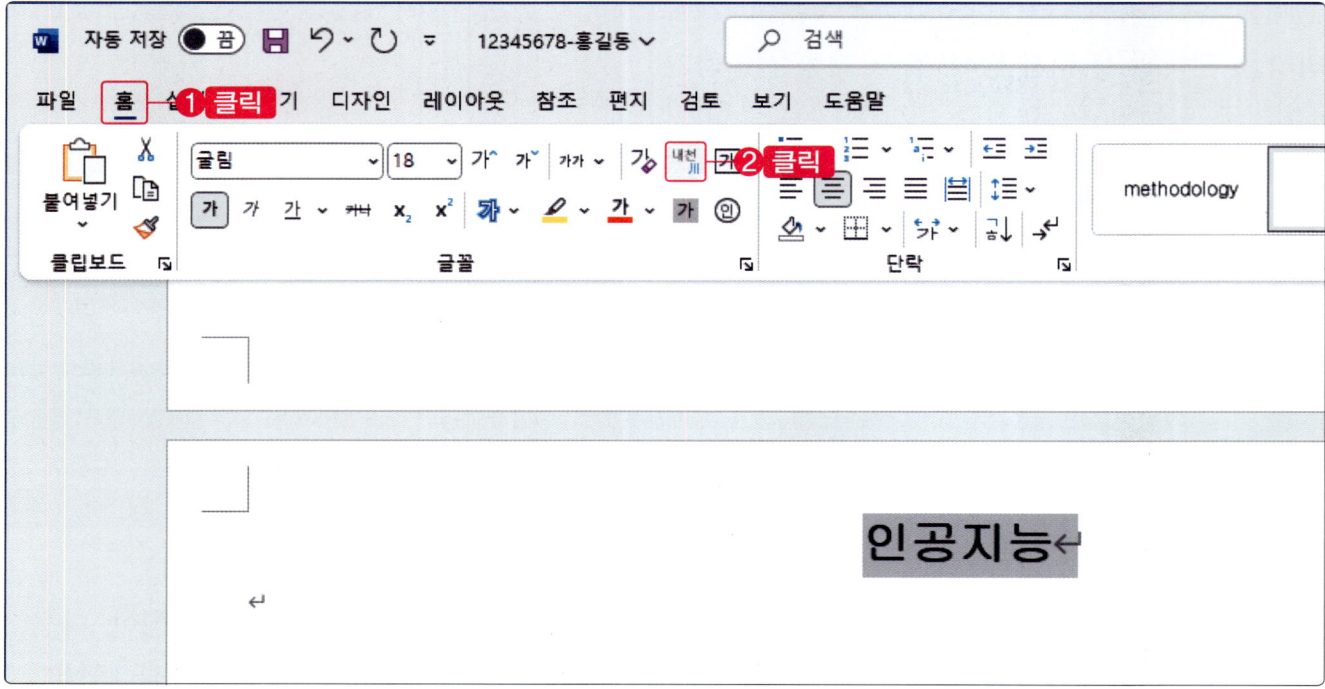

윗주는 내용의 위나 아래에 넣는 내용에 대한 보충 설명이나 참조 등을 말합니다.

3 [윗주 달기] 대화상자가 나타나면 [**묶어서**] 단추를 클릭합니다. 그런다음 텍스트가 묶어지면 **텍스트(활용한 교통데이터)를 추가로 입력**한 후 **윗주(서울연구원)을 입력**한 다음 **맞춤(가운데 맞춤)을 선택**하고 [확인] 단추를 클릭합니다.

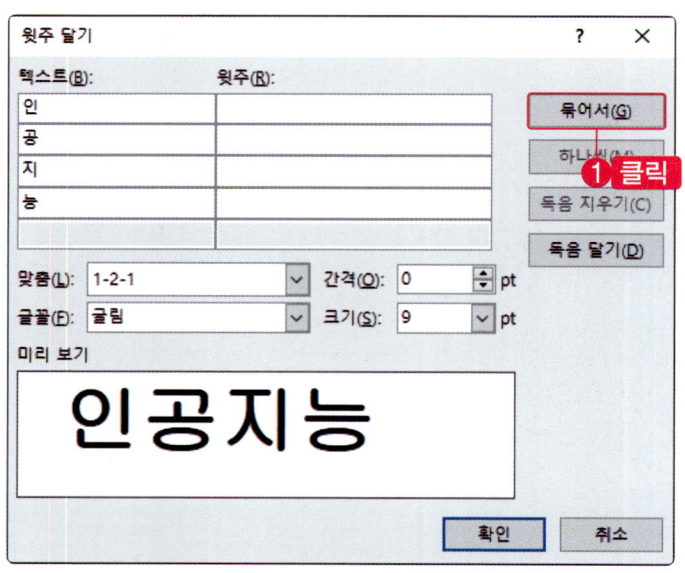
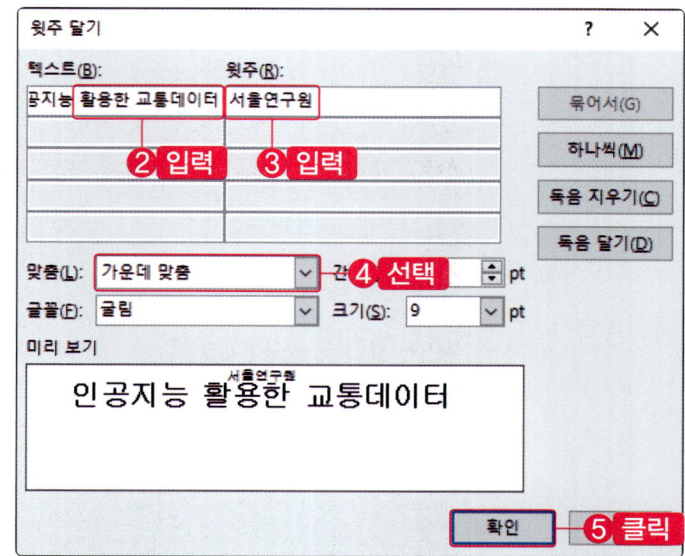

제목을 드래그하여 범위를 지정할 때 텍스트에 공백(사이 띄우기)이 있을 경우 [묶어서] 단추가 비 활성화 되므로 최소 글자를 범위로 지정한 후 [윗주 달기] 대화상자에서 나머지 텍스트를 입력합니다.

4 제목 아래 단락에서 Enter를 눌러 **강제개행**한 후 **내용을 입력**합니다.

> 가구통행실태조사로 구축되는 여객 기종점통행량(O/D)은 교통계획 및 사회간접자본의 타당성 평가에 활용되는 각종 교통통계지표를 산출하기 위한 핵심 기초자료이다. 표본을 감소에 따른 문제 해결을 위해 현장에서

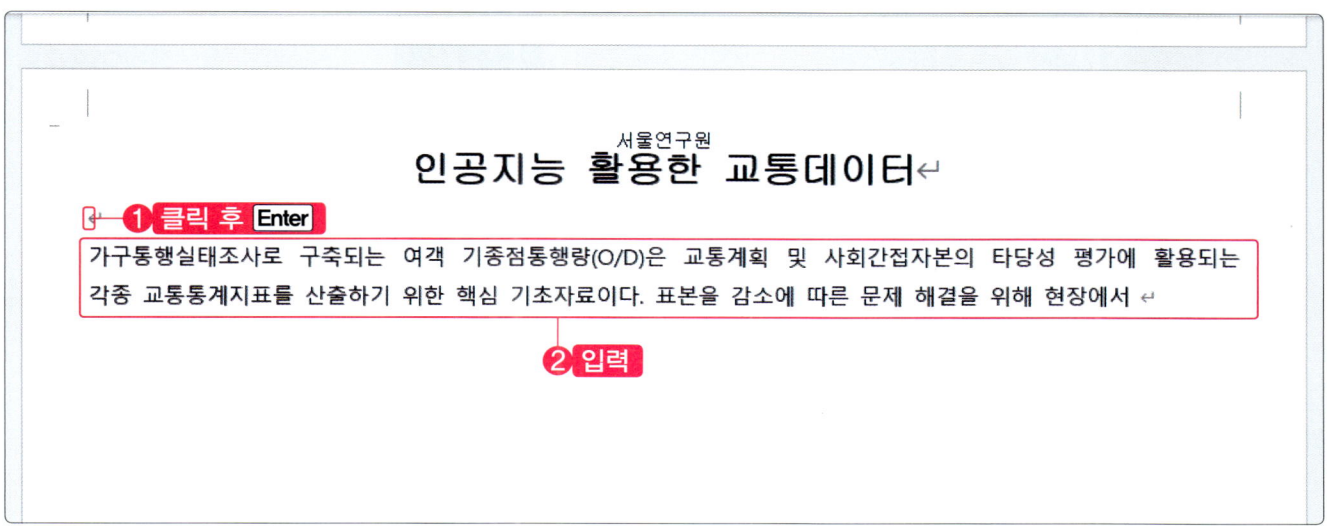

5 한자를 입력하기 위해 **'수집'을 입력**한 후 〔검토〕 탭-〔언어〕 그룹에서 **〔한글/한자 변환(漢)〕을 클릭**합니다.

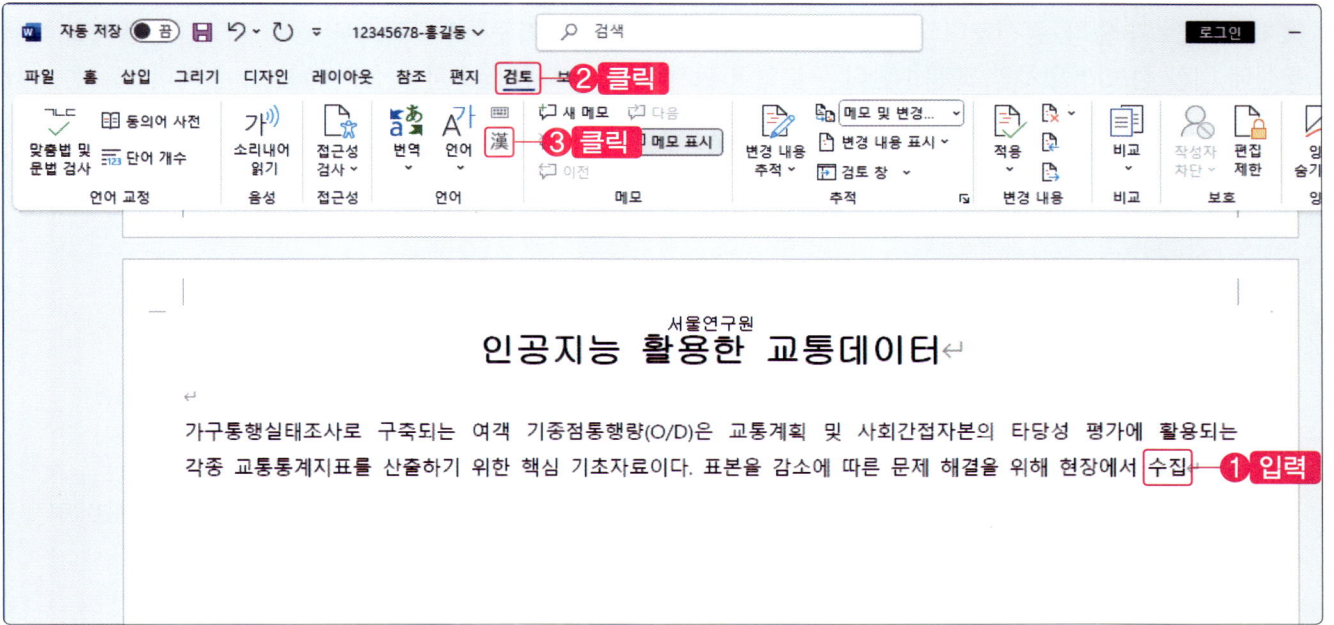

- 한자는 먼저 한글을 입력한 후 한글을 한자로 바꾸어서 입력합니다. 여기서는 '수집'을 '수집(蒐輯)'으로 바꾸어서 입력하기 위해 '수집'을 입력한 후 〔검토〕 탭-〔언어〕 그룹에서 〔한글/한자 변환(漢)〕을 클릭한 것입니다.
- '수집'을 입력한 후 한자(또는 Alt+Ctrl+F7)를 눌러 한자를 입력할 수도 있습니다.

6 〔한글/한자 변환〕 대화상자가 나타나면 **한자(蒐輯)와 입력 형식(한글(漢字))을 선택**한 후 〔**변환**〕 **단추를 클릭**합니다.

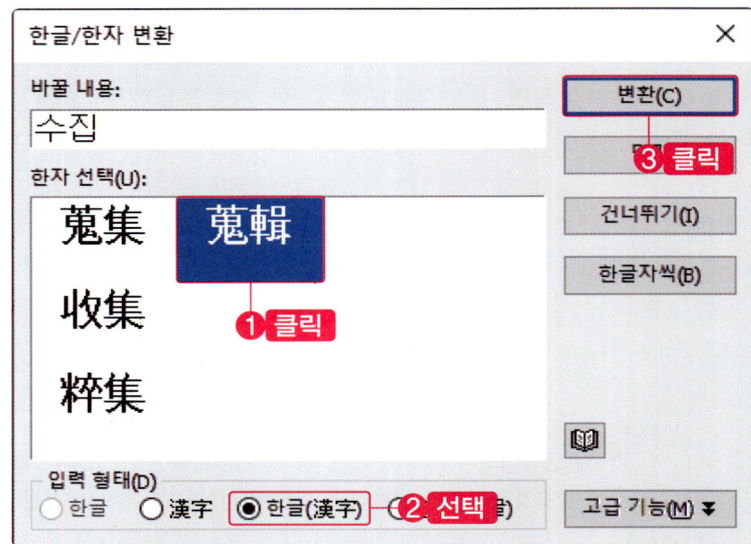

7 한자가 입력되면 같은 방법으로 **나머지 내용을 입력**합니다.

> 되는 교통 빅데이터 활용이 논의되고 있다. 전수에 가까운 교통카드데이터와 택시데이터가 있음에도 불구하고, O/D 구축과정에서 이 데이터들의 구체적 활용방안은 여전히 미비한 실정이다. 교통데이터에 AI 방법론을 적용해 통행목적과 이용자특성 등 필요한 속성을 추정(推定)한다.
>
> 　가구통행실태조사는 개인에 관한 풍부한 정보를 제공하지만, 극히 적은 표본이라는 단점이 있다. 반면, 교통카드데이터와 택시운행정보관리시스템 데이터는 전수 통행데이터라는 엄청난 장점이 있지만 통행목적과 이용자특성에 대한 정보가 없다. 통신데이터인 생활이동데이터는 표본율이 가구통행실태조사 대비 높고 통행목적과 이용자특성에 대한 정보가 있지만, 교통수단이 구분되어 있지 않다. 이처럼 필요한 속성이 있는 표본 데이터와 전수 데이터이지만 해당 속성이 없는 데이터가 존재하여, 각 데이터의 장점을 적절히 활용할 필요가 있다.

STEP 02 　머리글 삽입하기

〈조건〉　머리글 기능, 돋움, 10pt, 오른쪽 맞춤

1 머리글을 삽입하기 위해 〔삽입〕 탭-〔머리글/바닥글〕 그룹에서 〔**머리글**〕을 **클릭**한 후 〔**비어 있음**〕을 **클릭**합니다.

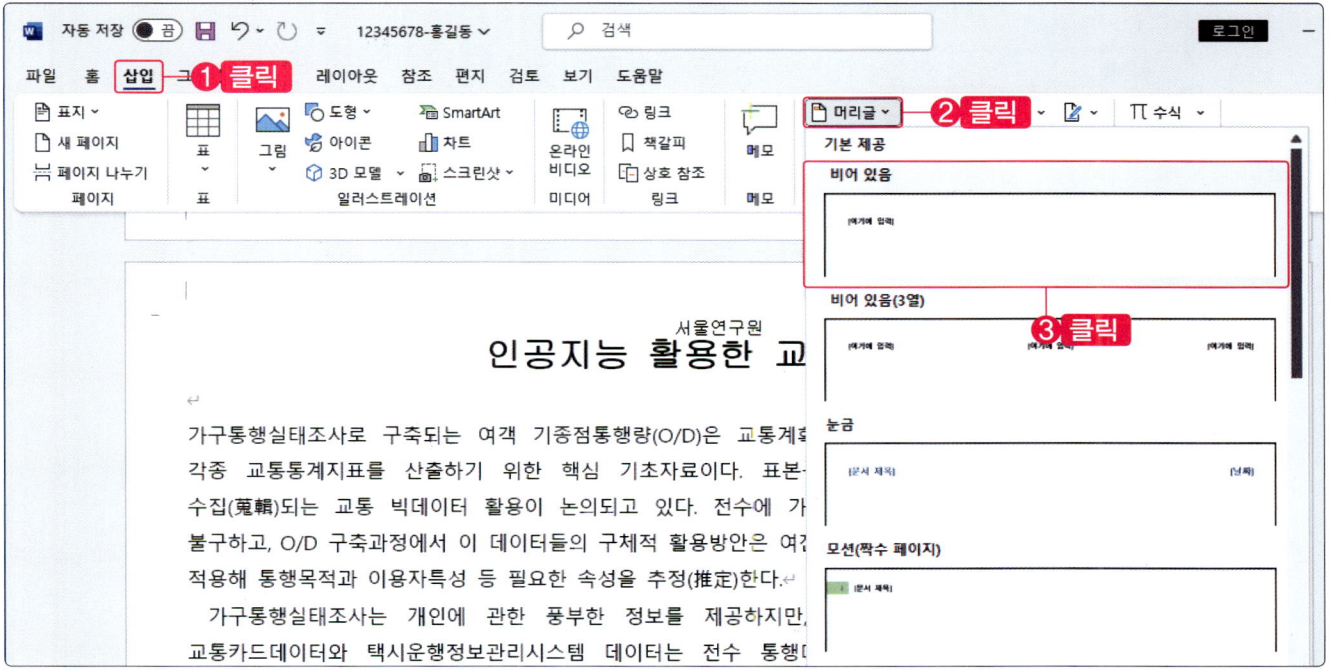

2 머리글 입력 화면이 나타나면 〔머리글/바닥글〕 정황탭-〔탐색〕 그룹에서 〔**이전 머리글에 연결**〕을 **선택 해제**합니다.

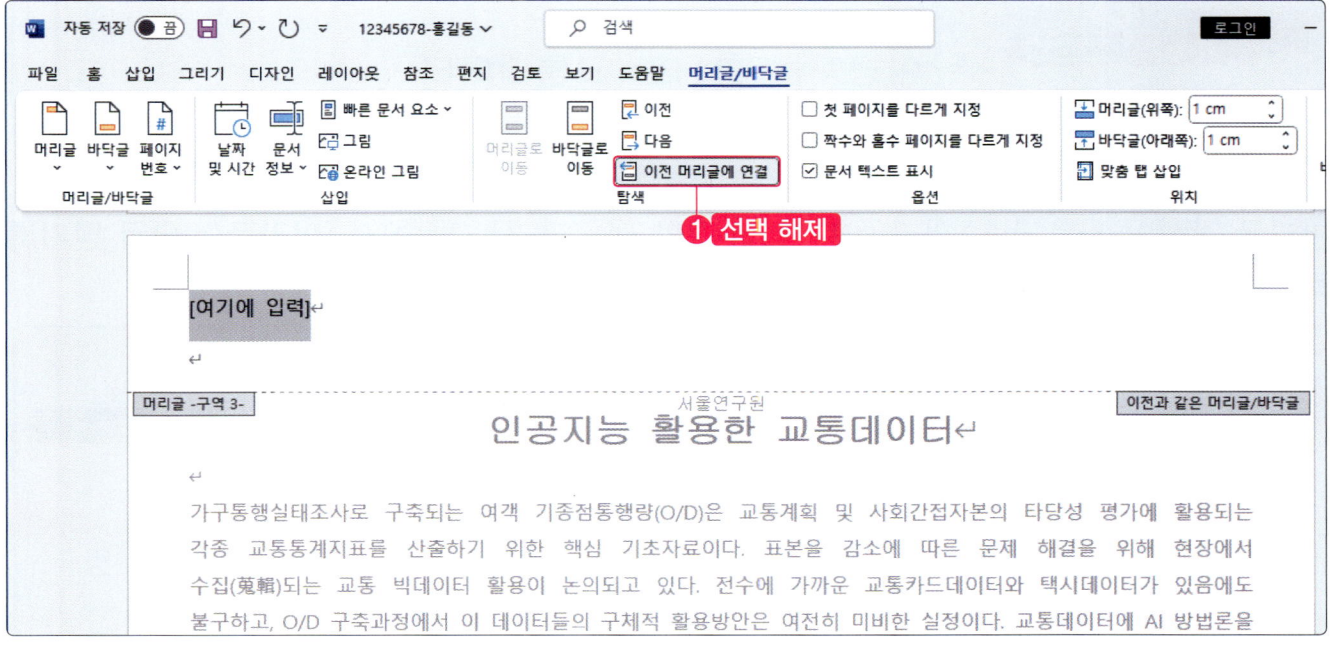

〔이전 머리글에 연결〕을 선택 해제하지 않으면 1, 2페이지에도 머리글이 표시되므로 〔이전 머리글에 연결〕을 선택 해제한 후 작성합니다.

⟨조건⟩ 머리글 기능, 돋움, 10pt, 오른쪽 맞춤

3 **머리글(교통이용자 추정)을 입력**한 후 **머리글을 드래그하여 블록으로 설정**한 다음 [홈] 탭-[글꼴] 그룹에서 **글꼴(돋움)과 글자 크기(10)를 선택**하고 [단락] 그룹에서 **[오른쪽 맞춤(≡)]을 클릭**합니다.

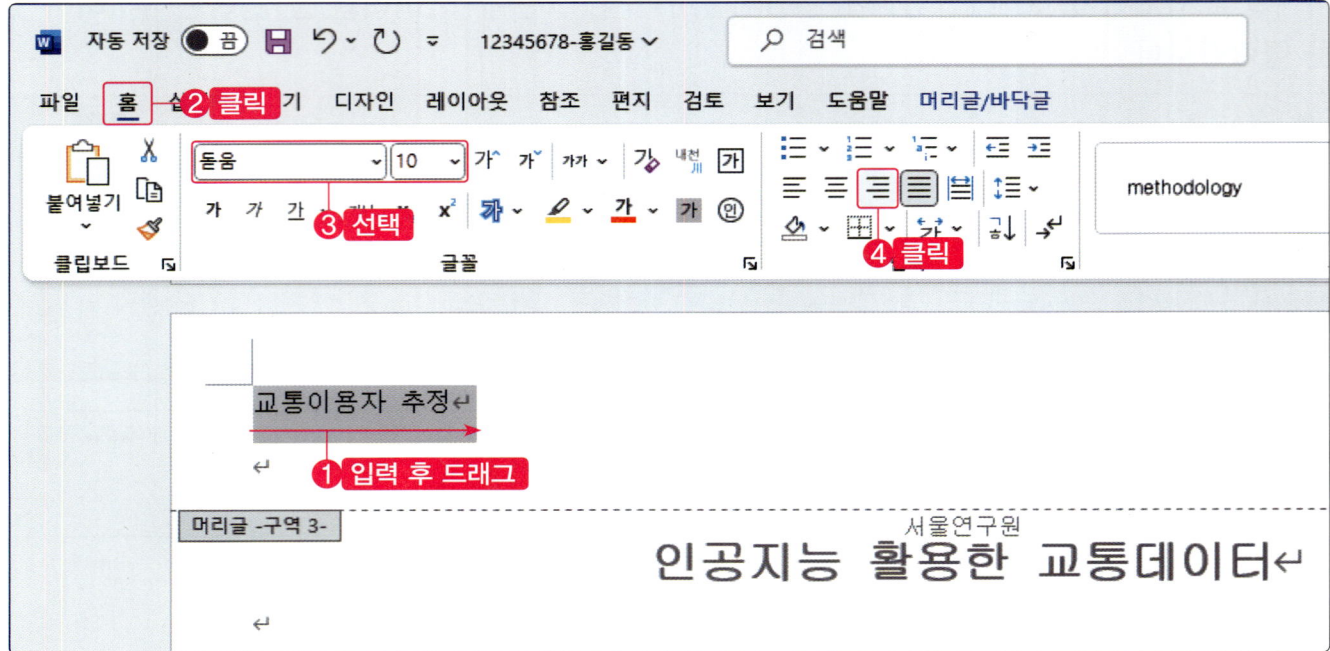

4 **머리글 아래 단락을 클릭**한 후 BackSpace 를 눌러 삭제합니다.

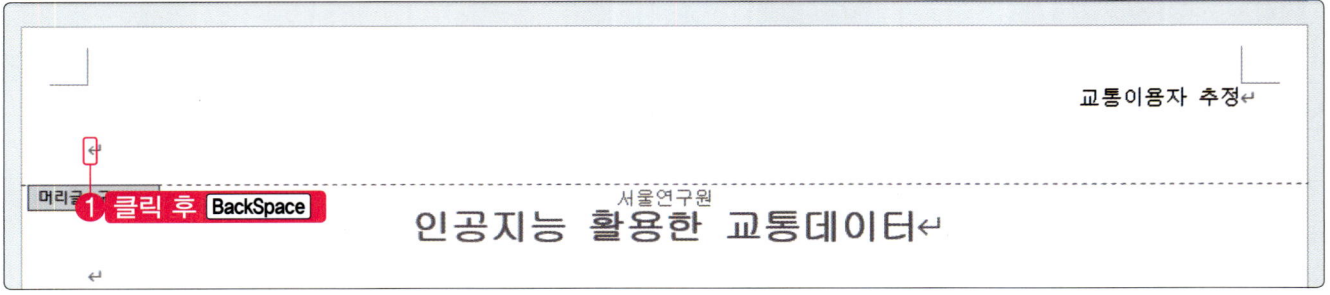

5 머리글 작성이 완료되면 [머리글/바닥글] 정황 탭-[닫기] 그룹에서 **[머리글/바닥글 닫기]를 클릭**합니다.

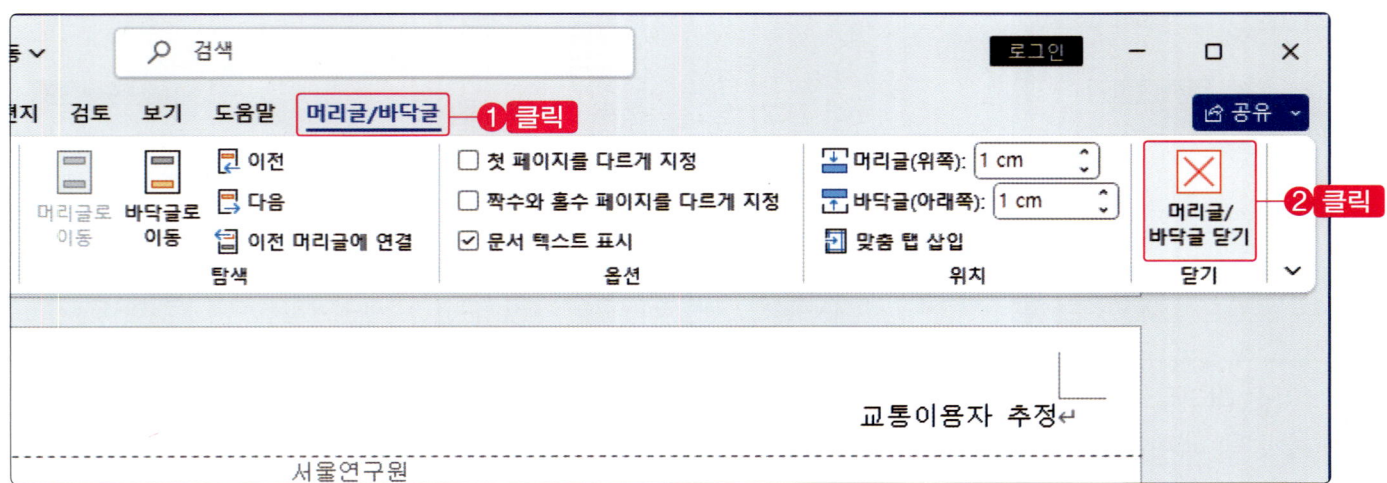

STEP 03 단락의 첫 문자 장식하기

〈조건〉 단락의 첫 문자 장식, 궁서, 빨강

1 단락의 첫 문자 장식을 하기 위해 **'가구통행실태조사로' 앞에 커서를 둔 후** [삽입] 탭-[텍스트] 그룹에서 [**단락의 첫 문자 장식 추가(가)**]를 **클릭**한 다음 [**단락의 첫 문자 장식 옵션**]을 **클릭**합니다.

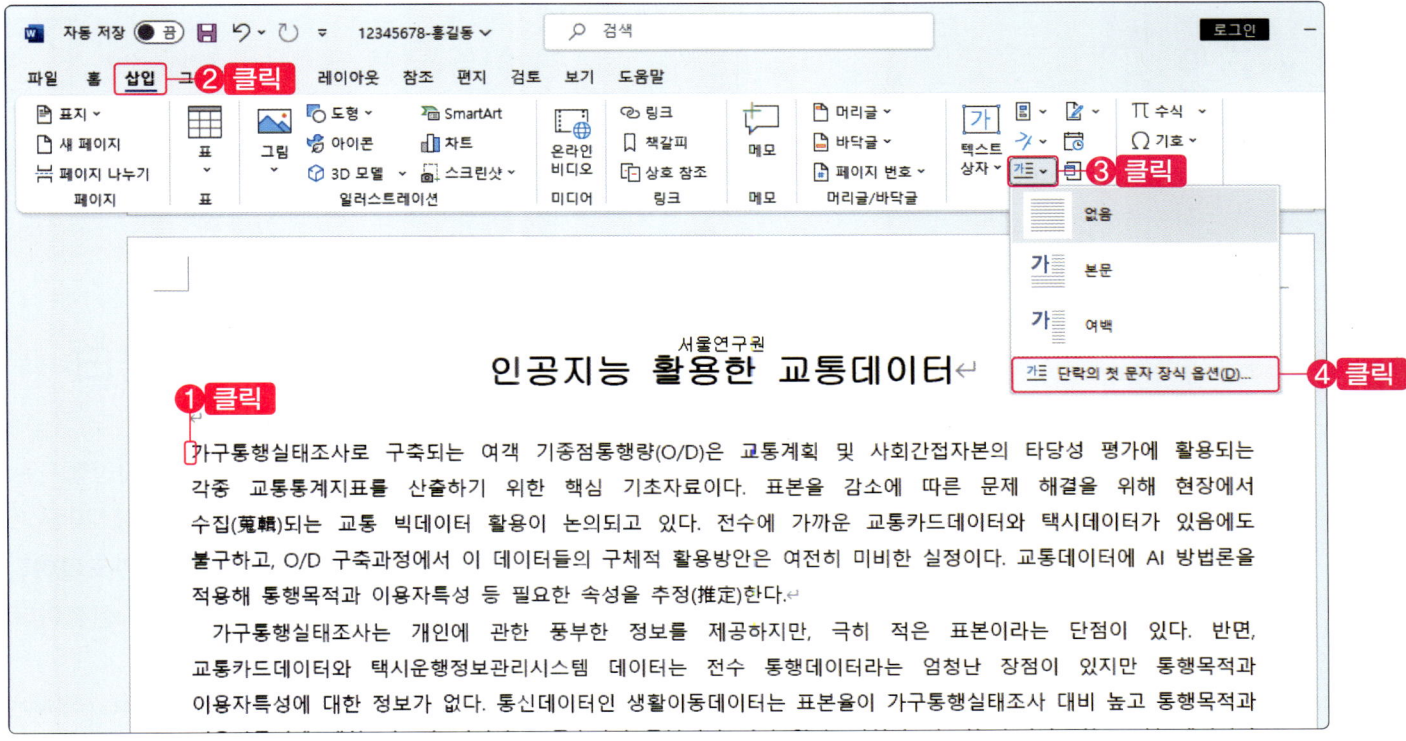

2 [단락의 첫 문자 장식] 대화상자가 나타나면 **위치(본문())을 클릭**한 후 **글꼴(궁서)을 선택**한 다음 **장식 문자 높이(줄수)(2)을 입력**하고 [**확인**] **단추를 클릭**합니다.

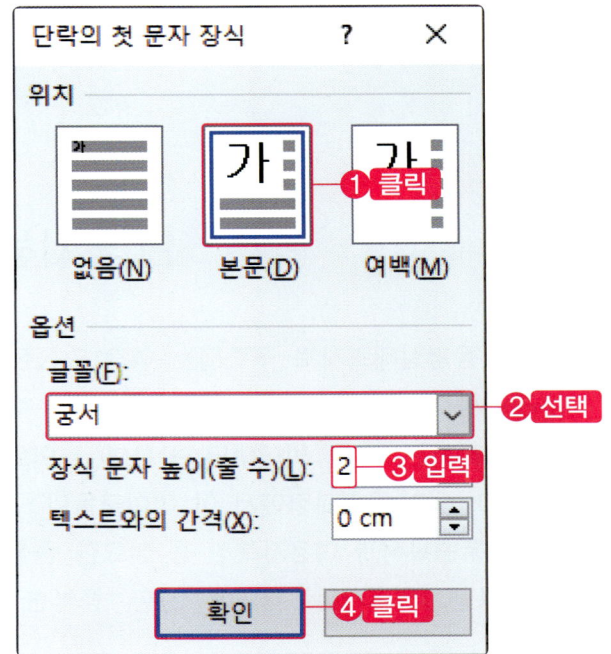

[없음()]을 선택하면 단락의 첫 문자 장식을 제거할 수 있습니다.

〈조건〉	단락의 첫 문자 장식, 궁서, 빨강

3 글꼴 색을 지정하기 위해 단락 첫 문자 장식의 **'가'를 드래그하여 블록으로 설정**한 후 [홈] 탭-[글꼴] 그룹에서 [**글꼴 색**]의 [목록(⌄)]을 **클릭**한 다음 [**빨강**]을 **클릭**합니다.

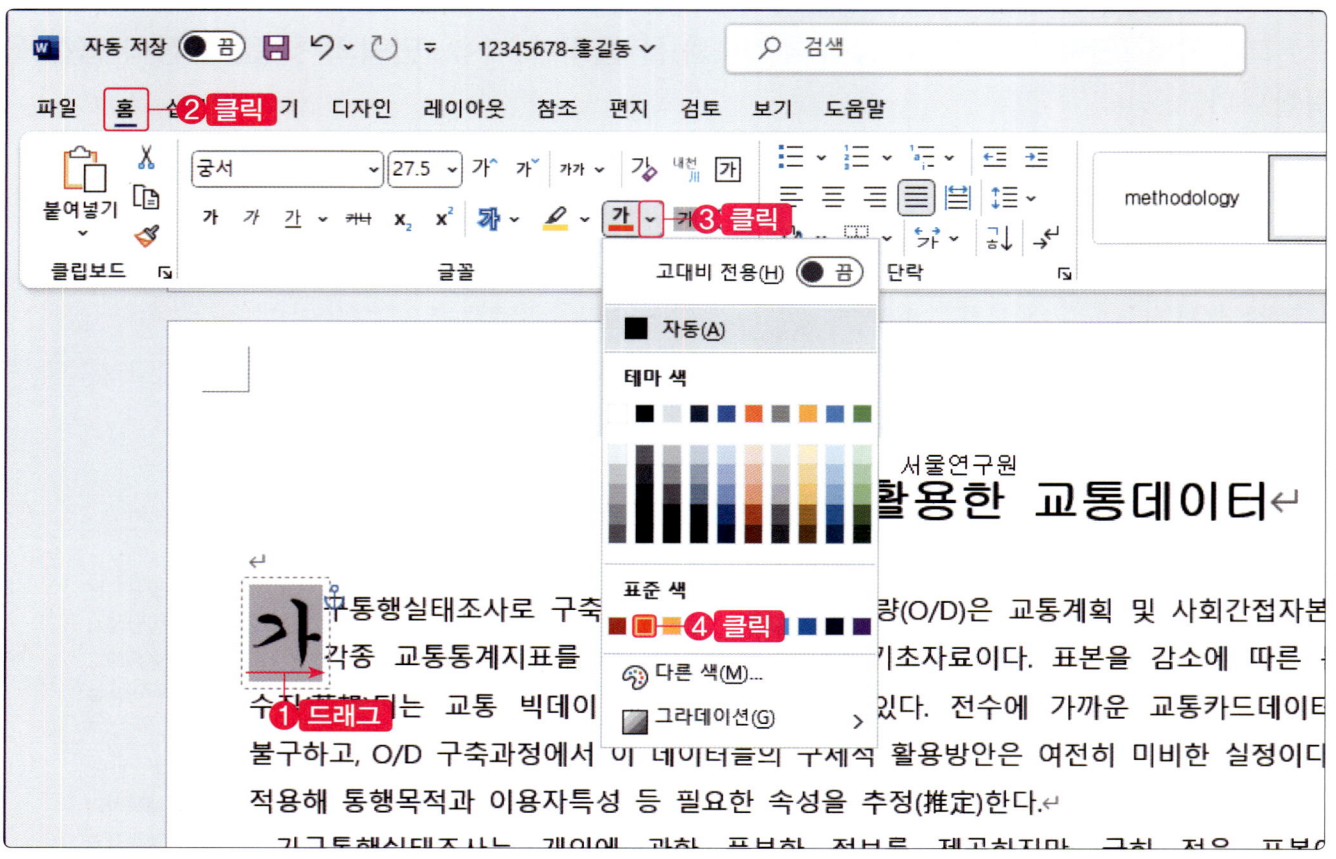

4 다음과 같이 단락의 첫 문자 장식이 지정됩니다.

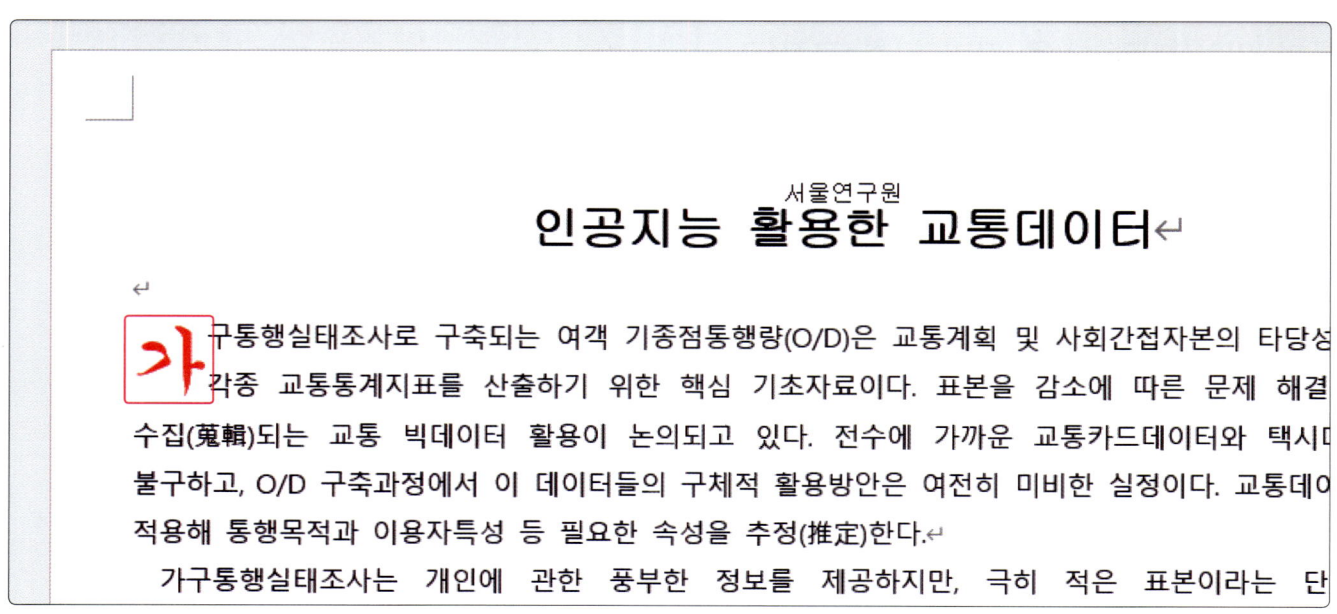

STEP 04 각주 삽입하기

1 각주를 삽입하기 위해 '**기종점통행량(O/D)**' **뒤에 커서**를 둔 후 [참조] 탭-[각주] 그룹에서 [**각주 삽입**]을 클릭합니다.

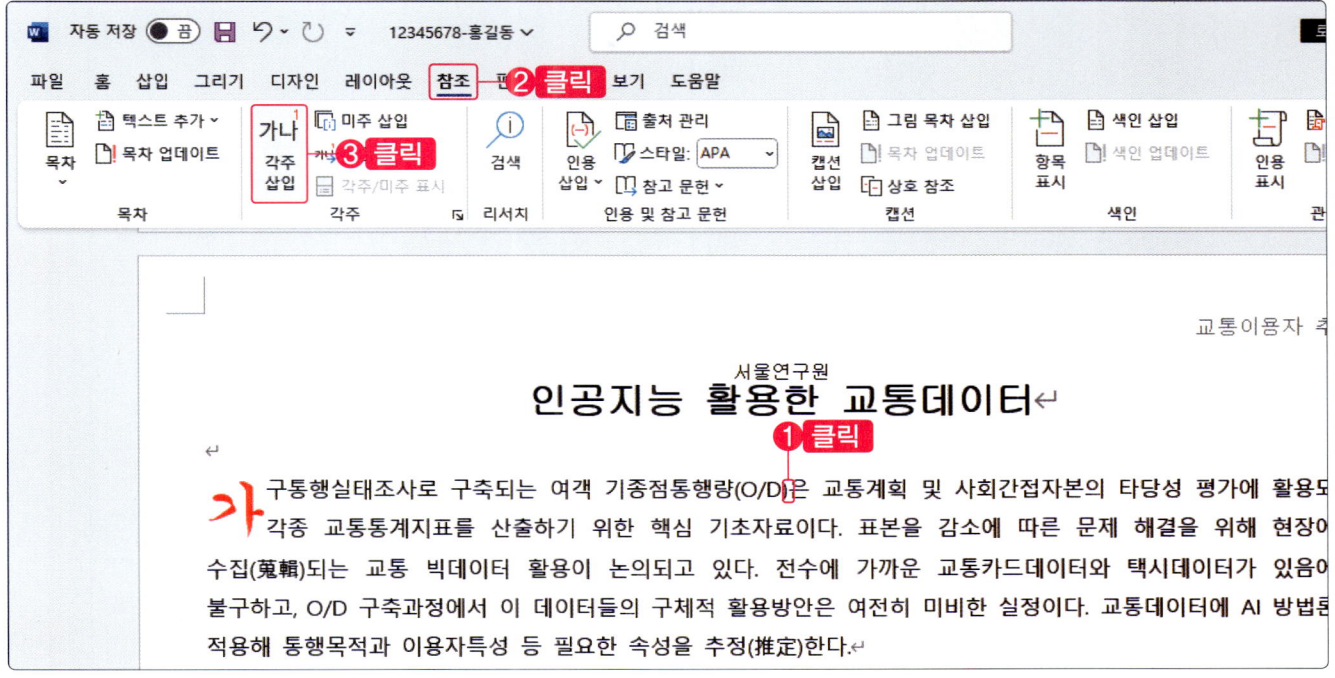

> 각주는 본문 내용에 대한 보충 설명이나 참조 등을 해당 페이지의 하단에 넣은 것을 말합니다.

2 각주 입력 화면이 나타나면 [참조] 탭-[각주] 그룹에서 [**추가 옵션(⬜)**]을 클릭합니다.

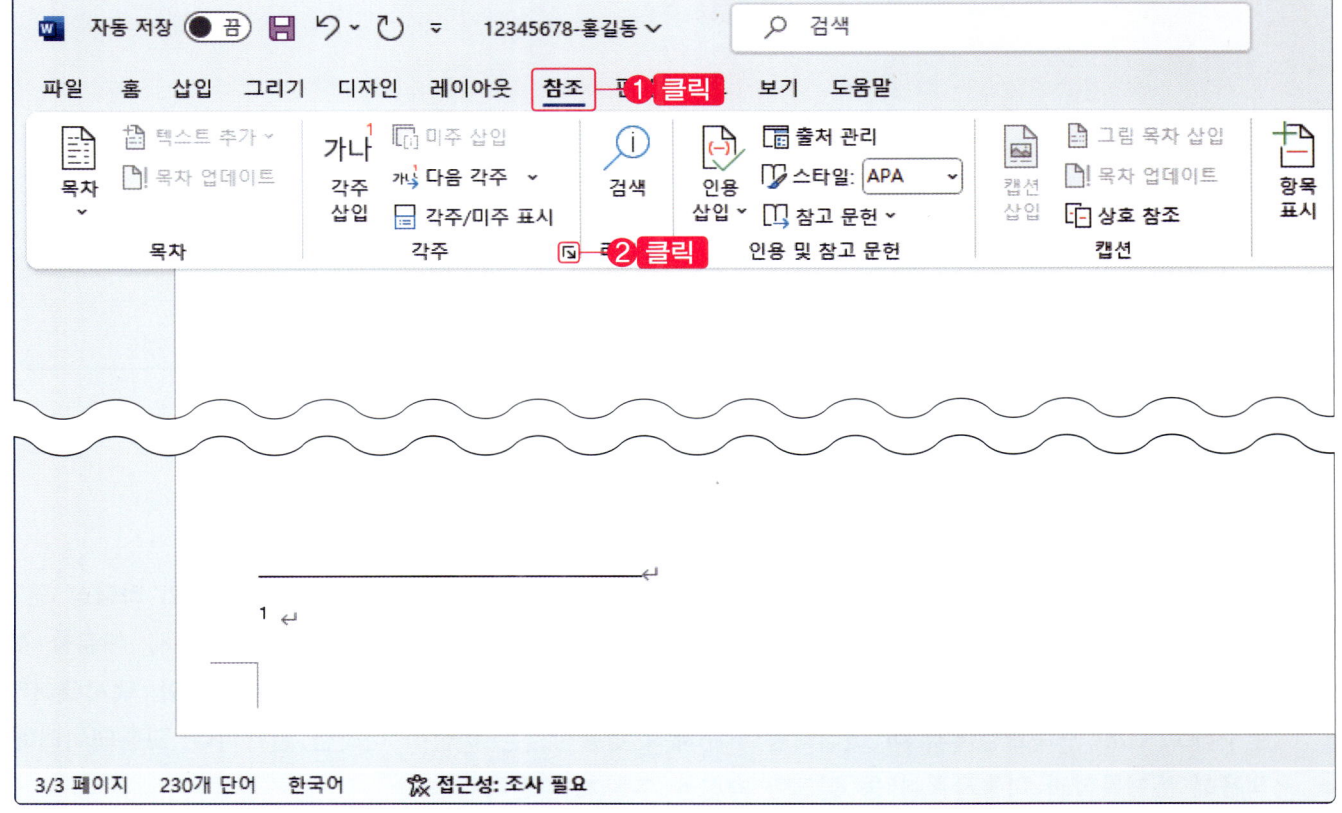

3 〔각주 및 미주〕 대화상자가 나타나면 **번호 서식(a, b, c, ...)을 선택**한 후 〔적용〕 단추를 **클릭**합니다.

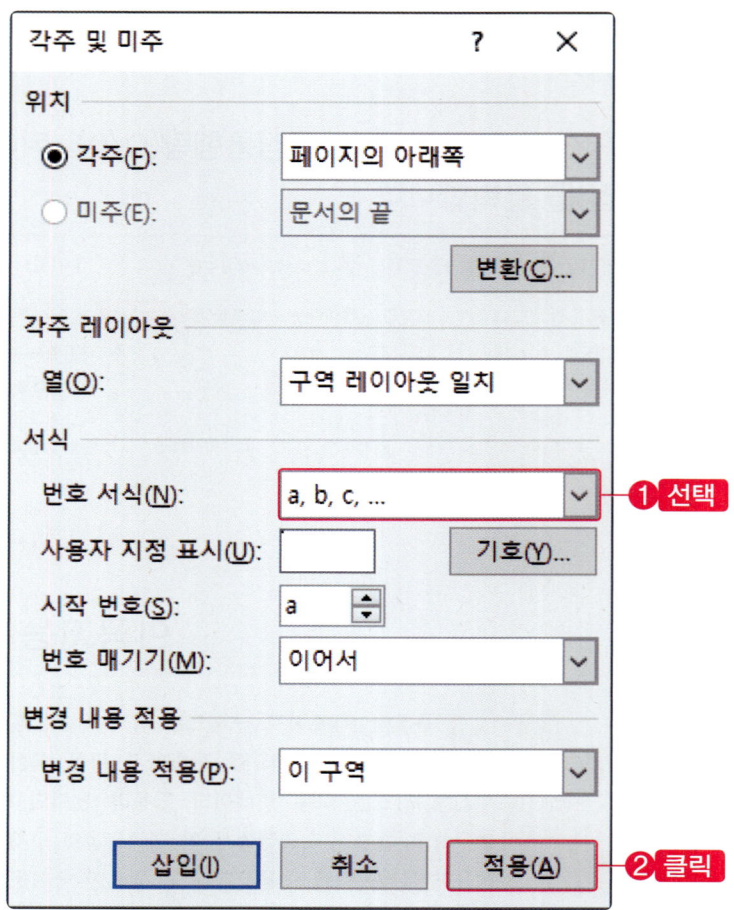

4 각주 번호 모양이 변경되면 다음과 같이 **각주 내용(시종점간의 통행수 추정, 차량대수 또는 승객수)을 입력**합니다. 그런다음 **빈 공간을 클릭**합니다.

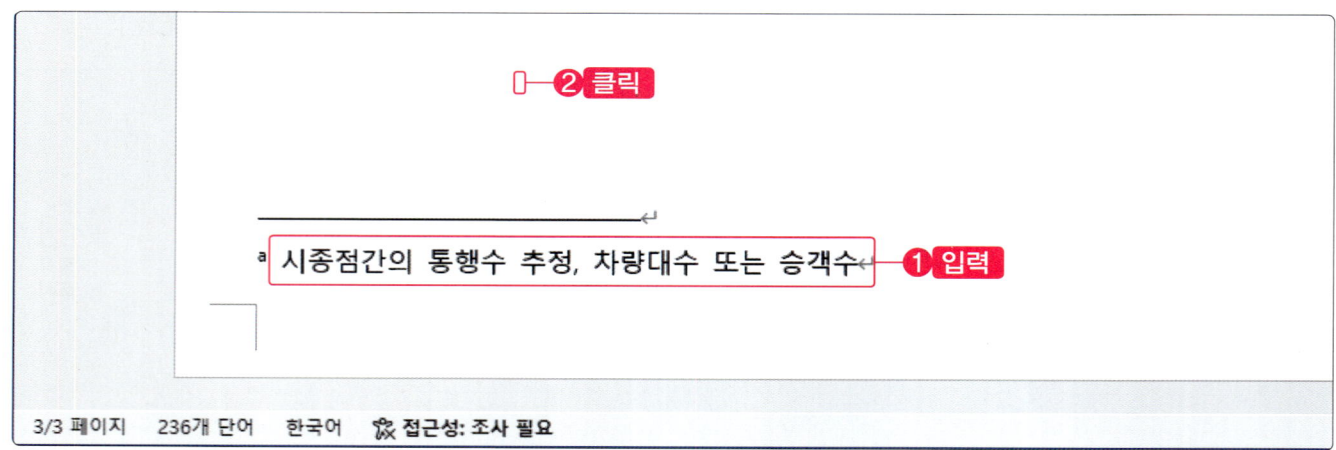

STEP 05 그림 삽입하기

〈조건〉 그림삽입(내 PC\문서\ITQ\Picture\로고4.jpg), 자르기, 크기(높이 4cm × 너비 4cm)

1 그림을 삽입하기 위해 〔삽입〕 탭-〔일러스트레이션〕 그룹에서 〔**그림**〕을 클릭한 후 〔**이 디바이스...**〕를 클릭합니다.

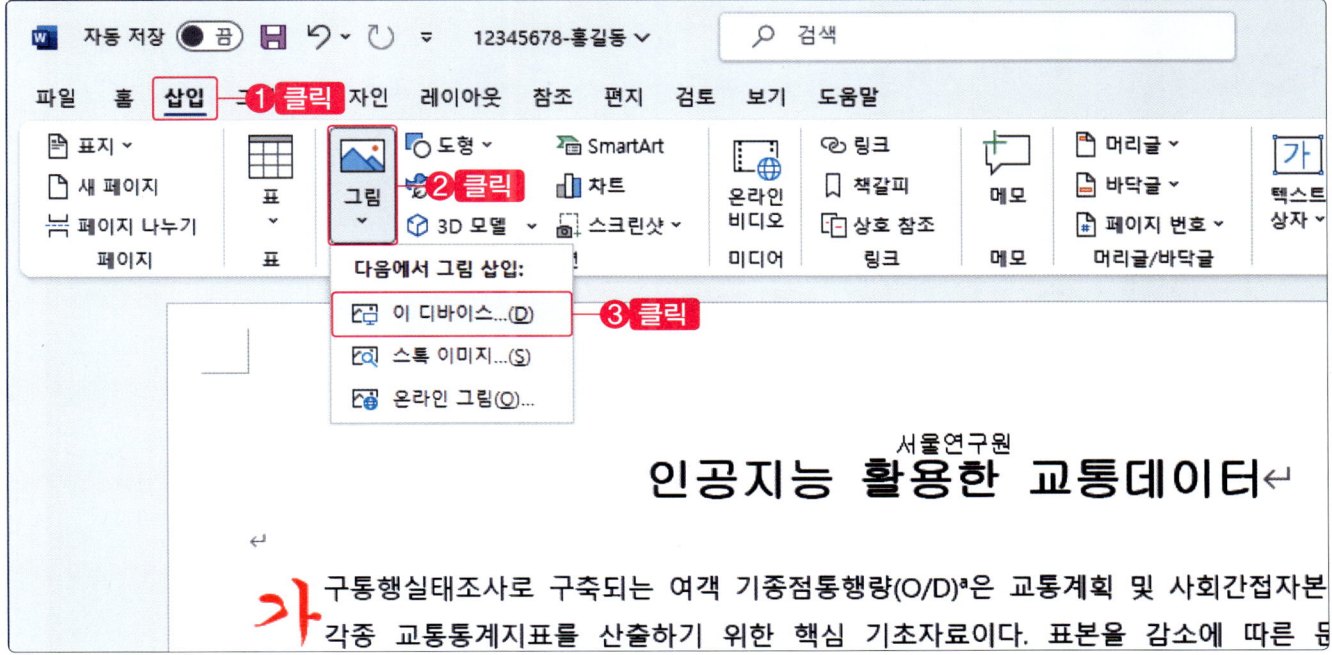

2 〔그림 삽입〕 대화상자가 나타나면 **위치(내 PC\문서\ITQ\Picture)를 선택**한 후 **파일(그림4.jpg)을 선택**한 다음 〔삽입〕 단추를 클릭합니다.

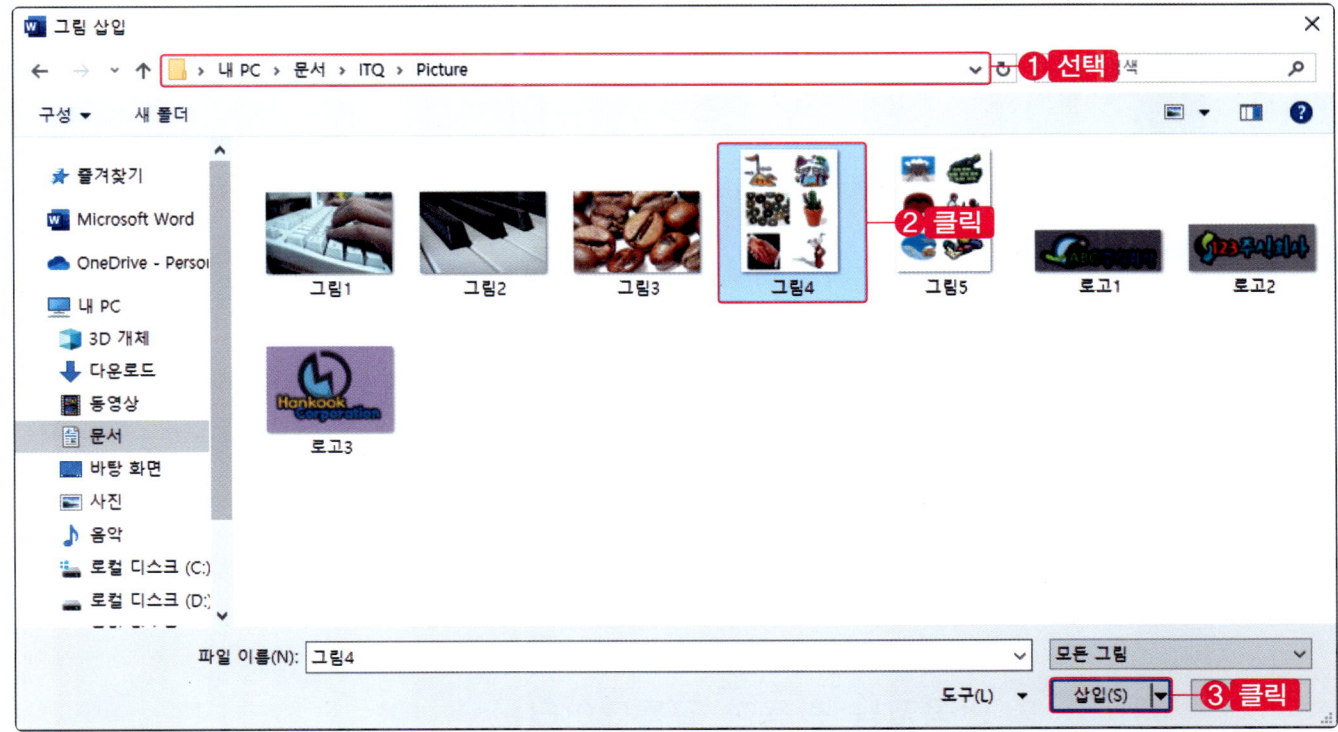

> 〈조건〉 그림삽입(내 PC₩문서₩ITQ₩Picture₩로고4.jpg), 자르기, 크기(높이 4cm × 너비 4cm)

3 그림이 삽입되면 **그림을 선택**한 후 〔그림 서식〕 정황 탭-〔크기〕 그룹에서 **〔자르기(⌐)〕를 클릭**합니다. 그런다음 그림의 **자르기 조정 핸들(ㄱ)**을 드래그하여 그림을 자릅니다.

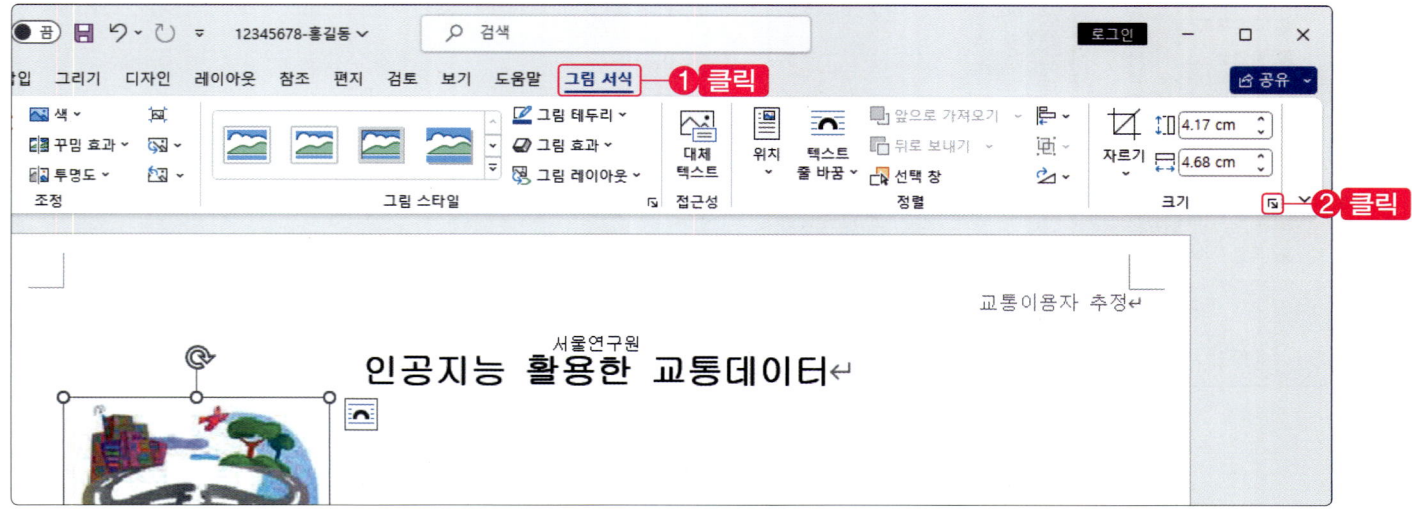

〔자르기〕 기능을 이용하여 그림을 자르다 잘못 잘랐을 경우 반대로 드래그하면 자르기 했던 부분의 그림이 다시 나타납니다.

4 그림 자르기가되면 〔그림 서식〕 정황 탭-〔크기〕 그룹에서 **〔추가 옵션(▣)〕을 클릭**합니다.

〈조건〉 그림삽입(내 PC₩문서₩ITQ₩Picture₩로고4.jpg), 자르기, 크기(높이 4cm × 너비 4cm)

5 〔레이아웃〕 대화상자가 나타나면 〔크기〕 탭에서 〔가로 세로 비율 고정〕을 **선택 해제**한 후 **높이 (4cm)와 너비(4cm)를 입력**합니다. 그런다음 〔텍스트 배치〕 탭을 **클릭**한 후 **배치 스타일(빽빽하게(T))**을 클릭한 다음 〔확인〕 단추를 클릭합니다.

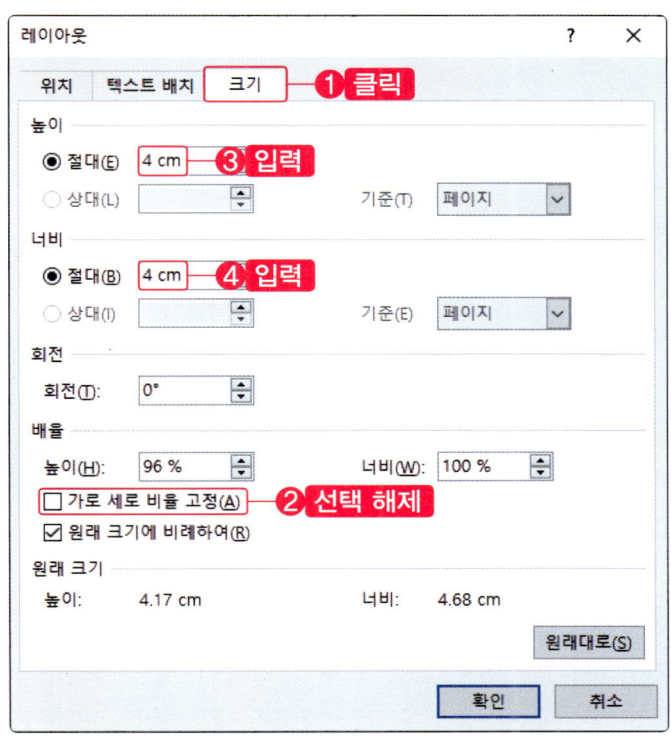 

〔가로 세로 비율 고정〕이 선택되어 있으면 높이를 지정하면 비율에 맞춰 너비도 자동으로 변경되므로 높이와 너비를 별도로 지정할 때는 먼저 〔가로 세로 비율 고정〕을 선택 해제하고 높이와 너비를 지정합니다.

6 그림을 드래그하여 위치를 이동합니다.

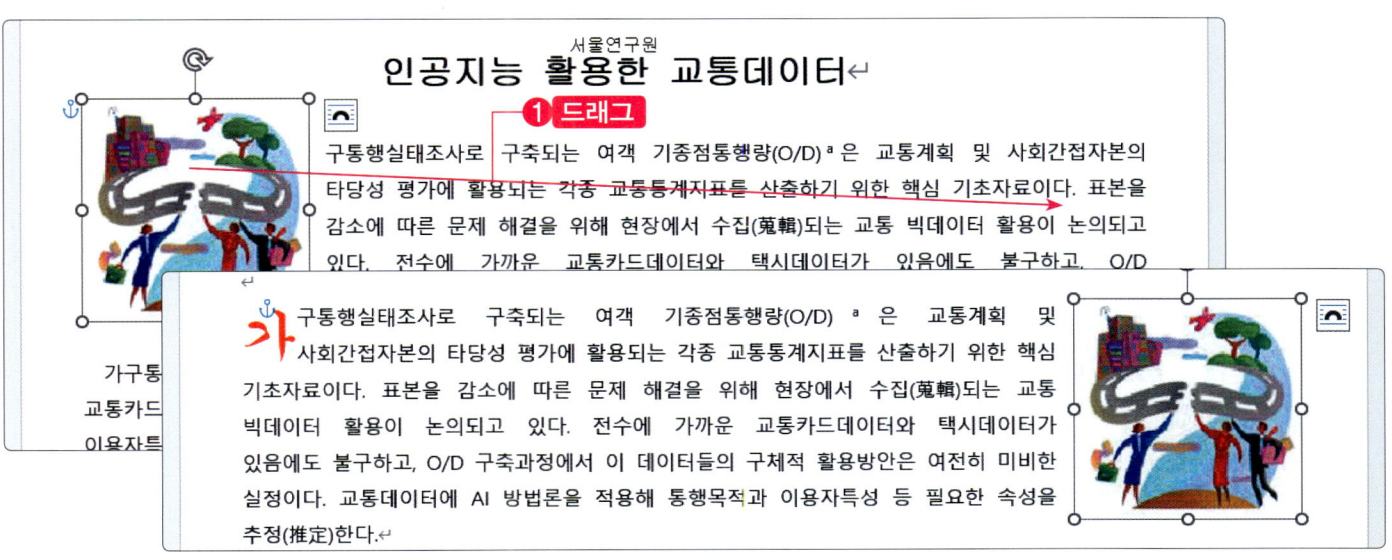

오른쪽 끝 부분의 글자가 《출력형태》와 다를 경우에는 '글자 누락, 오타, 띄어쓰기' 등을 다시 한 번 확인해야 합니다.

실전문제유형

1 다음의 지시사항을 참고하여 《출력형태》와 같이 문서를 작성하시오. (200점)

▶ 소스파일 : Part 01\Chapter 07\문제01.docx ▶ 완성파일 : Part 01\Chapter 07\문제01_완성.docx

《출력형태》

글꼴 : 궁서, 18pt, 굵게, 가운데 맞춤
책갈피 이름 : 정보격차
윗주 달기 : 묶어서, 가운데 맞춤

머리글 기능
굴림, 10pt, 오른쪽 맞춤 → 정보화 수준

전 국민이 함께하는
정보격차 해소 정책

그림삽입(내 PC\문서\ITQ\Picture\그림5.jpg), 자르기
크기(높이 3.5cm × 너비 4cm)

단락의 첫 문자 장식
궁서, 빨강

정보사회가 진전될수록 정보에 대한 접근과 이용이 용이한 계층과 그렇지 못한 계층 간의 격차(隔差)가 발생하게 된다. 이렇게 발생하는 정보격차는 정보취약계층의 소득과 삶의 질 저하, 사회참여 기회 축소 및 계층 간 빈부격차 등을 심화시켜 사회통합에 지장을 초래하기 때문에 정보화가 진전될수록 정보격차 해소의 중요성은 점점 커지고 있다. 특히 정보에 대한 접근 부문은 정보격차 해소를 위한 우선적 과제로 사회적, 경제적, 지역적 차이에 관계없이 누구나 쉽게 정보에 접근 가능한 환경을 제공받는 것은 정보격차 해소를 위한 기본적 수단(手段)이다.

정부는 급속히 발전하는 정보화 환경 속에서 신체적, 경제적, 지역적 여건 등에 의해 정보통신 제품 및 서비스의 접근이 어려운 장애인, 고령자, 저소득층, 농어민들의 평등한 정보접근 기회를 제공하고자 정보통신 보조기기를 개발하고 보급하는 한편, 사랑의 그린 PC를 보급하고 청각 및 언어 장애인을 위한 통신 중계 서비스를 제공하고 있다. 과학기술정보통신부와 한국지능정보사회진흥원에서는 소외계층의 PC, 인터넷 사용 능력 등 정보화 수준을 확인하기 위해 매년 장애인, 저소득층, 농어민, 장노년층 등을 대상으로 정보격차 실태조사[a]를 실시하고 있다.

각주

---

[a] 정보격차 해소 정책의 연간 추진 성과를 측정 및 평가하고 효율적인 정책 추진을 위한 기초자료 제공

2 다음의 지시사항을 참고하여 《출력형태》와 같이 문서를 작성하시오. (200점)

▶ 소스파일 : Part 01\Chapter 07\문제02.docx   ▶ 완성파일 : Part 01\Chapter 07\문제02_완성.docx

《출력형태》

글꼴 : 굴림, 18pt, 굵게, 가운데 맞춤
책갈피 이름 : 성장동력
윗주 달기 : 묶어서, 가운데 맞춤

머리글 기능
돋움, 10pt, 오른쪽 맞춤 → 소프트웨어 정책

확장현실
5G 시대 실감산업 육성 방안

단락의 첫 문자 장식
궁서, 빨강

그림삽입(내 PC\문서\ITQ\Picture\그림4.jpg), 자르기
크기(높이 4cm × 너비 4cm)

5G 상용화와 함께 비대면 시대에 접어들면서 VR, MR, AR을 포괄하는 XR(확장현실)에 대한 요구가 크게 증가(增加)하고 있다. 한국을 시작으로 38개국이 5G 상용화를 진행하면서 XR 시장이 성장할 것으로 전망된다. 특히 코로나 19로 인해 기업 경영과 개인 생활 영역에 제약이 생기면서 확장현실을 통해 활로를 찾고자 전 산업에 걸친 확장현실 도입이 이루어지고 있다. 이에 주요국들은 확장현실로 성장동력을 얻고자 정부가 주도해 프로젝트를 추진함으로써 실감산업 육성 지원에 들어갔으며, 애플, 구글, 페이스북을 비롯한 주요 기업은 확장현실에 대한 공격적인 투자를 통해 시장 선점에 노력을 기울이고 있다. 우리나라도 글로벌 확장현실^가 선도를 위해 실감콘텐츠 활성화 전략을 수립(樹立)하고 실감산업 육성을 지원하였다.

각주

한편, 협업 능력이 기업의 미래를 결정하는 중요 척도로 꼽히는 만큼 비대면 시대에서 기업들은 협업 효과를 잃지 않기 위해 많은 노력을 기울이고 있으며 그 중 하나가 확장현실에 기반한 협업인 실감협업이다. 이는 확장현실을 통해 풍부한 정보공유, 몰입감 높은 현장감, 자연스러운 상호작용으로 원격에서도 높은 협업 효과를 가져올 수 있다.

가 VR, MR, AR에 이르기까지 가상현실 기술 전체를 통틀어서 일컬음

3 다음의 지시사항을 참고하여 《출력형태》와 같이 문서를 작성하시오. (200점)

▶ 소스파일 : Part 01\Chapter 07\문제03.docx   ▶ 완성파일 : Part 01\Chapter 07\문제03_완성.docx

《출력형태》

[글꼴 : 돋움, 18pt, 굵게, 가운데 맞춤 / 책갈피 이름 : 건설 / 윗주 달기 : 묶어서, 가운데 맞춤]

[머리글 기능 / 굴림, 10pt, 오른쪽 맞춤] → 건설 네트워크

대한민국 건설기술산업대전
(새로운 공간 개발)

[단락의 첫 문자 장식 / 궁서, 파랑]

[그림삽입(내 PC\문서\ITQ\Picture\그림4.jpg), 자르기 / 크기(높이 4cm × 너비 4cm)]

대한민국 건설기술산업대전은 국내 최초 건설기술산업 전문 전시회(展示會)로 국내 건설기술의 최신 트렌드와 정보를 제공한다. 다양한 전문 세션으로 구성된 세미나가 개최됨과 동시에 도로, 철도, 항만 및 해안, 교량, 터널 등의 기술 품목, 토공, 도로, 콘크리트, 플랜트, 특수장비 등의 장비 품목, 구조재료, 철강재료, 도료, 방수 단열재 등의 자재 품목, 각종 해석 및 설계 프로그램, BIM, 3D 모델링, 통신, 제어솔루션 등의 시스템 품목을 아우르는 건설기술 산업 전 분야가 전시된다.

　한국건설기술연구원 구조융합연구소, 성균관대학교 자기치유친환경콘크리트센터, 한국BIM학회, 한국비계기술원, 한국크레인협회 등의 기관에서 세미나에 참여하고 신기술&신공법 소개, 건설산업에서 4차 산업혁명과 BIM, 가설구조물 안정성 확보 방안 등의 다양한 프로그램을 준비하여 국제표준지표, 기술연구결과, 최신 건설기술 동향(動向)에 대한 수준 높은 강의가 진행된다. 건설기술에 관심 많은 종사자 및 실수요자가 건설 산업 현황을 한 눈에 파악할 수 있으며, 비즈니스 네트워크 구축을 통해 B2B[A] 상호간 긴밀한 협조체계가 이뤄질 예정이다.

[각주]

[A] 기업과 기업 사이에 이루어지는 전자상거래를 일컫는 경제 용어

정통성과 민족의 동질성 회복

통일은 남북한 국민이 한 민족[a] 하나의 국민이라고 느끼고 남북한 단일체제 수립(樹立)을 넘어 한마음이 된 상태를 의미한다. 통일은 분단된 국토가 하나 되는 것은 물론 정치적으로 대립되었던 체제를 하나로 만드는 것이고, 경제적으로 서로 다른 제도를 하나로 거듭나게 하는 것이며, 남북 주민 사이에 내면화된 이질적인 문화를 하나로 다시 탄생시키는 것이다. 우리가 추구하는 통일은 인류 보편적 가치로 자리 잡은 자유민주주의와 시장경제를 바탕으로 구성원 모두의 자유와 인권이 보장되는 민족공동체의 건설이다.

통일은 분단으로 인해 굴절된 역사를 바로잡고, 민족공동체 건설을 통해 우리 민족의 총체적 역량을 극대화하기 위해 필요하다. 또한 통일은 분단에 따른 유형, 무형적인 비용을 소멸시키고 새로운 이득을 창출(創出)함으로 인해 국가와 사회뿐 아니라 개인에게도 삶의 질을 향상시킬 것이다. 개인적 차원에서 통일은 이산가족의 고통을 해소하고 남북 간에 자유롭게 오고 가며 살 수 있는 등의 다양한 선택의 기회를 부여하며 인간적인 삶을 보장할 것이다. 통일은 21세기 한민족의 새로운 비상과 선진일류국가로 도약하기 위한 수단으로써 필요하다.

---

[a] 언어와 문화상의 공통성에 기초하여 오랜 세월 역사적으로 형성된 사회 집단

5 다음의 지시사항을 참고하여 《출력형태》와 같이 문서를 작성하시오. (200점)

▶ 소스파일 : Part 01\Chapter 07\문제05.docx   ▶ 완성파일 : Part 01\Chapter 07\문제05_완성.docx

《출력형태》

- 글꼴 : 굴림, 18pt, 굵게, 가운데 맞춤
- 책갈피 이름 : 데이터
- 윗주 달기 : 묶어서, 가운데 맞춤

- 머리글 기능 돋움, 10pt, 오른쪽 맞춤 → 데이터 정책

디지털 뉴딜 정책
공공데이터 개방 및 이용 활성화 정책

- 단락의 첫 문자 장식 돋움, 빨강
- 그림삽입(내 PC\문서\ITQ\Picture\그림4.jpg), 자르기 크기(높이 4cm × 너비 4cm)

코로나19의 세계적 유행을 극복하는 과정에서 공공데이터 활용이 위기 대응에 기여하는 사례가 늘어남에 따라 데이터 경제 가속화를 가져오는데 공공데이터가 핵심으로 부상하게 되었다. 이에 코로나19로 인한 경제 위기를 극복하고 디지털 전환 시대에 세계 경제를 선도(先導)하기 위해 정부는 '한국판 뉴딜'의 한 축으로 '디지털 뉴딜' 정책을 발표했다. 과학기술정보통신부는 디지털 뉴딜 정책의 일환으로 데이터 수집, 가공, 활용 기반을 강화하여 데이터 경제와 인공지능 경제로 전환하기 위해 데이터 댐 프로젝트를 핵심 과제로 추진하고 있다.

인공지능 개발에 필수적인 인공지능 학습용 데이터를 누구나 편리한 시간과 장소에서 수집하고 가공하며 검증할 수 있도록 크라우드 소싱 방식[a]을 적용하여 170종 4억 8천만 건의 데이터를 개방(開放)했다. 데이터를 국민 누구나 손쉽게 찾아 활용할 수 있도록 분야별 빅데이터 플랫폼 및 센터를 구축하여 6개 플랫폼과 50개 센터를 운영하고 있다. 또한 여러 기관에 분산된 개인 데이터를 가치 있게 활용할 수 있도록 마이데이터 실증사업을 추진하고 정보 주체 중심의 데이터 활용 확산에 기여하고 있다. ← 각주

---

[a] 대중들의 참여로 해결책을 얻는 방법

6 다음의 지시사항을 참고하여 《출력형태》와 같이 문서를 작성하시오. (200점)

▶ 소스파일 : Part 01\Chapter 07\문제06.docx   ▶ 완성파일 : Part 01\Chapter 07\문제06_완성.docx

《출력형태》

글꼴 : 돋움, 18pt, 굵게, 가운데 맞춤
책갈피 이름 : 저작권
윗주 달기 : 묶어서, 가운데 맞춤

머리글 기능
굴림, 10pt, 오른쪽 맞춤 → 보호되는 저작물

문화경제의 경쟁력
저작권이란 무엇인가요

단락의 첫 문자 장식
궁서, 빨강

각주

그림삽입(내 PC\문서\ITQ\Picture\그림4.jpg), 자르기
크기(높이 4.5cm × 너비 4cm)

저작권이란 저작물을 창작한 사람 및 기타 권리자에게 저작권법이 인정하고 있는 배타적 권리를 말한다. 단, 저작권법[a]은 저작물의 이용을 도모(圖謀)하기 위해 창작자 및 기타 권리자에게 일정기간에 한하여 독점 배타적 권리를 인정하고 있으며, 공정한 이용을 위하여 일정한 저작권 제한 사유를 규정하고 있다. 저작권과 관련된 역할자는 저작물을 창작하고 이에 대해 권리를 가지는 저작권자와 이러한 저작물을 해석하고 전달하는 데 대하여 권리를 가지는 저작인접권자, 그리고 이러한 저작물이나 저작인접물을 소비하는 이용자가 있다. 이 이용자에는 이를 사용하거나 향유(享有)하는 소비적 이용자와 이를 활용하여 또 다른 창작을 꾀하는 생산적 이용자가 있는가 하면, 이를 매개하거나 다른 목적을 위하여 활용하는 도서관이나 학교와 같은 기관들도 있다.

　저작물의 창작과 전달 그리고 그의 이용을 둘러싼 이들 각 역할자 사이의 관계는 기본적으로 저작권법 등의 법규와 이에 기초한 계약, 그리고 각종 사법제도에 의하여 규율된다. 저작물의 창작과 이용에 활용되는 기술과 각 역할자의 법의식 등 행동 윤리 역시 이들 간의 관계에 중대한 영향을 미친다.

---

[a] 저작자의 권리와 이에 인접한 권리를 보호하기 위하여 만든 법률

문서작성 능력평가 - II

- 소제목 작성하기
- 표 제목 작성하기
- 기관 이름 작성하기
- 다단계 목록 지정하기
- 표 작성하기
- 페이지 번호 매기기

▶ 소스파일 : Part 01\Chapter 08\Ch08.docx   ▶ 완성파일 : Part 01\Chapter 08\Ch08_완성.docx

실정이다. 교통데이터에 AI 방법론을 적용해 통행목적과 이용자특성 등 필요한 속성을 추정(推定)한다.

가구통행실태조사는 개인에 관한 풍부한 정보를 제공하지만, 극히 적은 표본이라는 단점이 있다. 반면, 교통카드데이터와 택시운행정보관리시스템 데이터는 전수 통행데이터라는 엄청난 장점이 있지만 통행목적과 이용자특성에 대한 정보가 없다. 통신데이터인 생활이동데이터는 표본율이 가구통행실태조사 대비 높고 통행목적과 이용자특성에 대한 정보가 있지만, 교통수단이 구분되어 있지 않다. 이처럼 필요한 속성이 있는 표본 데이터와 전수 데이터이지만 해당 속성이 없는 데이터가 존재하여, 각 데이터의 장점을 적절히 활용할 필요가 있다.

◆ **교통데이터 통행목적과 이용자특성 추정** ← 궁서, 18pt, 흰색, 텍스트 강조 색(빨강)

1 AI모형 중 분류모형과 생성모형 적용
    가) 가구통행실태조사의 통행정보와 이용자특성 학습
    나) 교통카드데이터의 통행목적과 이용자특성 추정
2 대중교통과 택시 각각의 AI모형 구축
    가) 대중교통 AI모형 입력 변수와 모형에 따라 구축
    나) 택시 AI모형 표본 매우 부족, 신뢰성 부족

다단계 목록 지정
(1 단계, 2 단계)
1 단계 맞춤위치 : 0.3cm
2 단계 맞춤위치 : 0.75cm

◆ *교통데이터 특성 비교* ← 궁서, 18pt, 기울임, 강조점

굴림, 10pt, 가운데 맞춤
셀 음영 : 노랑

데이터구분	표본율	이용자 특성	데이터 특성
가구통행실태조사	0.25	성별, 연령, 소득 등	통행목적, 수단
교통카드데이터	100%	아동/청소년/고령자 구분	수단
택시운행정보관리시스템	100%	알수없음	수단
통신데이터	23.97%	성별, 연령대	통행목적
교통카드 및 택시 데이터	표본율은 100%에 가까우므로 100%라고 표기함		

돋움, 24pt, 굵게, 장평 105%, 오른쪽 맞춤 → **도시인프라계획센터**

---

[a] 시종점간의 통행수 추정, 차량대수 또는 승객수

페이지 번호 매기기 : 시작번호 7 → G

체크! 체크!

〔문서작성 능력평가 Ⅱ〕

- **소제목 작성하기**
  - 글꼴 및 글꼴 크기를 지정한 후 텍스트 강조색을 지정합니다.
- **다단계 목록 지정하기**
  - 임의의 다단계 목록을 선택한 후 〔새 다단계 목록 정의〕를 이용하여 지시사항에 맞게 지정합니다.
- **표 제목 및 표 작성하기**
  - 표 제목에 글꼴 및 글꼴 크기, 속성을 지정한 후 강조점을 지정합니다.
  - 표를 삽입한 후 내용을 입력한 다음 너비 및 셀 테두리를 지정합니다.
- **기관 이름 작성하기**
  - 글꼴 및 글꼴 크기, 속성을 지정한 후 〔글꼴〕 대화상자에서 장평을 지정합니다.
- **페이지 번호 매기기**
  - 번호 서식, 시작 번호를 지정한후 페이지 번호 위치를 지정합니다.
  - 《출력형태》를 참고하여 문서를 작성합니다.

STEP 01 소제목 작성하기

〈조건〉 궁서, 18pt, 흰색, 텍스트 강조 색(빨강)

1 소제목 및 내용을 작성하기 위해 단락 맨 뒤에서 Enter를 눌러 **강제개행**한 후 BackSpace를 눌러 **들여쓰기를 삭제**한 다음 Enter를 눌러 **강제개행**합니다.

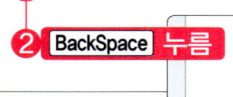

들여쓰기가 지정될 경우 BackSpace를 눌러 들여쓰기를 삭제합니다.

⟨조건⟩ 궁서, 18pt, 흰색, 텍스트 강조 색(빨강)

2 기호를 입력하기 위해 [삽입] 탭-[기호] 그룹에서 [기호(Ω)]를 클릭한 후 [다른 기호]를 클릭합니다.

3 [기호] 대화상자가 나타나면 [기호] 탭에서 **기호(◆)를 선택**한 후 [삽입] 단추를 클릭합니다. 그런다음 [닫기] 단추를 클릭합니다.

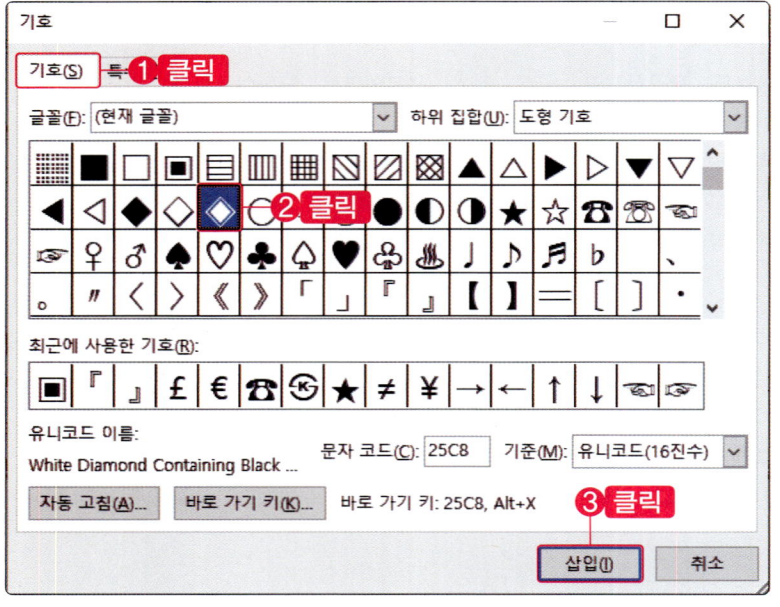

- [삽입] 단추를 클릭하여 기호를 삽입하면 [취소] 단추가 [닫기] 단추로 변경됩니다.
- 삽입할 기호가 없을 경우 '하위 집합'을 다른 항목으로 선택합니다.

<조건>　궁서, 18pt, 흰색, 텍스트 강조 색(빨강)

4 기호가 삽입되면 **소제목과 내용을 입력**합니다.

◆ 교통데이터 통행목적과 이용자특성 추정
AI모형 중 분류모형과 생성모형 적용
가구통행실태조사의 통행정보와 이용자특성 학습
교통카드데이터의 통행목적과 이용자특성 추정
대중교통과 택시 각각의 AI모형 구축
대중교통 AI모형 입력 변수와 모형에 따라 구축
택시 AI모형 표본 매우 부족, 신뢰성 부족

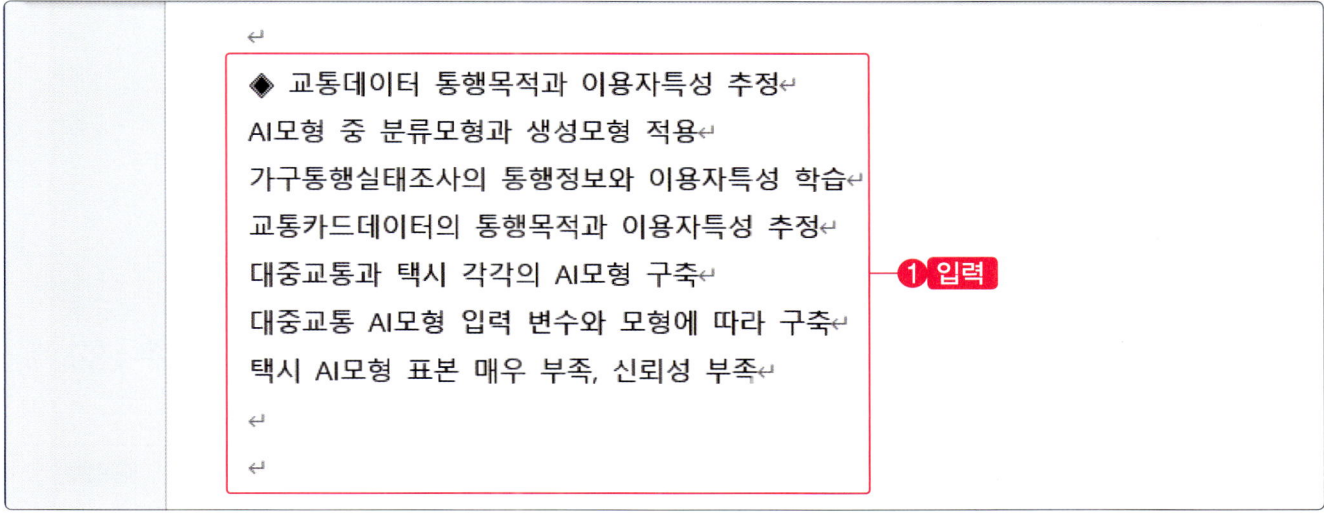

다단계 목록을 지정하므로 내용만 입력합니다.

5 **소제목을 드래그하여 블록으로 설정**한 후 [홈] 탭-[글꼴] 그룹에서 **글꼴(궁서)과 글꼴 크기(18)를 선택**합니다.

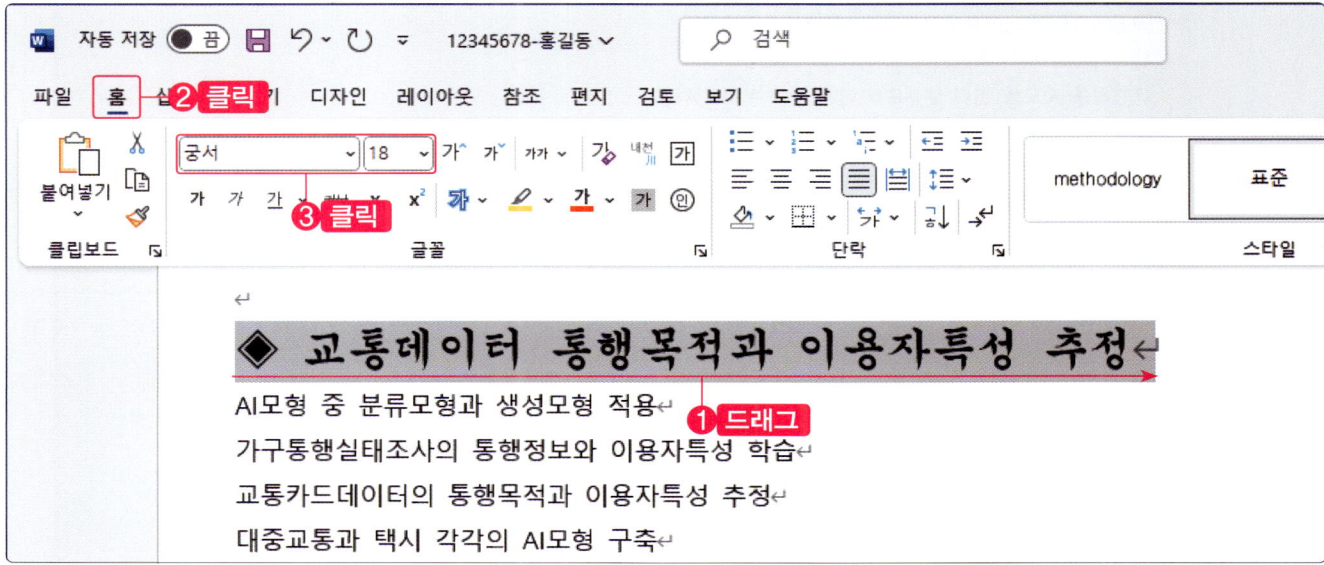

> 〈조건〉 궁서, 18pt, 흰색, 텍스트 강조 색(빨강)

6 '교통데이터 통행목적과 이용자특성 추정'을 드래그하여 블록으로 설정한 후 [홈] 탭-[글꼴] 그룹에서 [텍스트 강조 색]의 [목록(▼)]을 클릭한 다음 [빨강]을 클릭합니다.

7 다시 '교통데이터 통행목적과 이용자특성 추정'을 드래그하여 블록으로 설정한 후 [홈] 탭-[글꼴] 그룹에서 [글꼴 색]의 [목록(▼)]을 클릭한 다음 [흰색, 배경 1]을 클릭합니다.

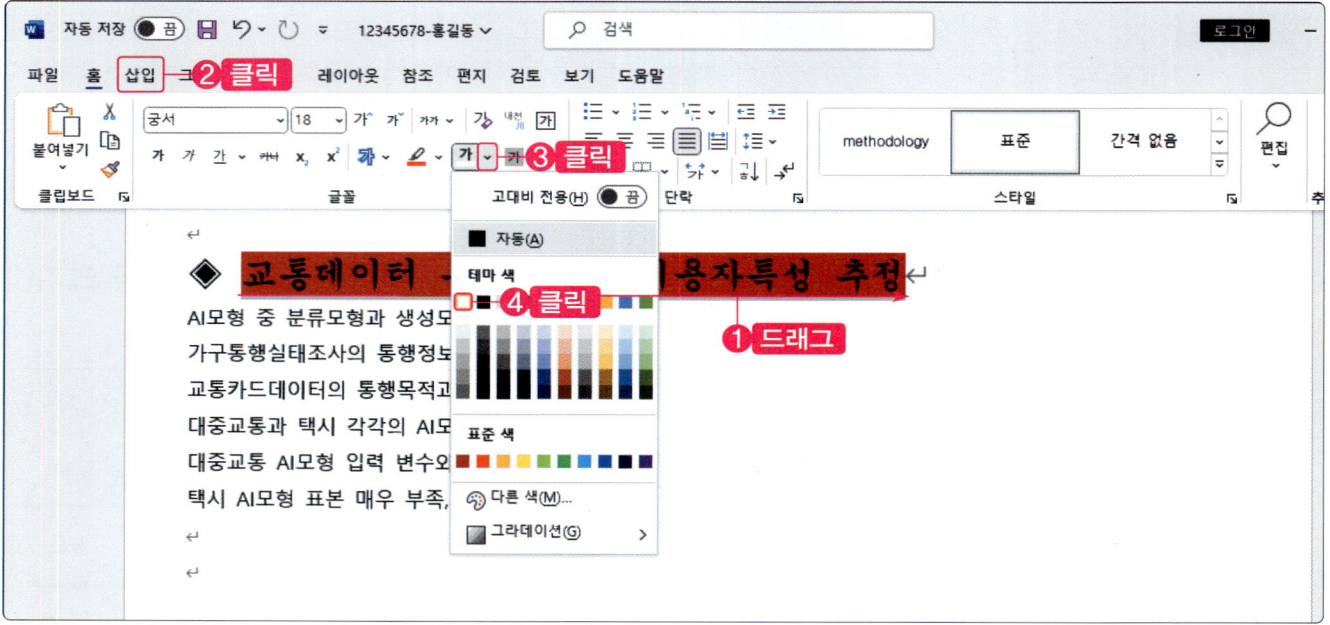

> [텍스트 강조 색]을 지정하면 블록이 해제되므로 다시 소제목을 드래그하여 블록으로 지정한 후 글꼴 색을 지정합니다.

STEP 02 다단계 목록 지정하기

〈조건〉
- 다단계 목록 지정(1 단계, 2 단계)
  1 단계 맞춤 위치 : 0.3cm, 2 단계 맞춤 위치 : 0.75cm,

1 다단계 목록을 지정하기 위해 'AI모형 중 ~ 신뢰성 부족'을 드래그하여 블록으로 설정한 후 〔홈〕 탭-〔단락〕 그룹에서 〔**다단계 목록**〕을 클릭한 다음 〔**1 가) ①**〕을 클릭합니다.

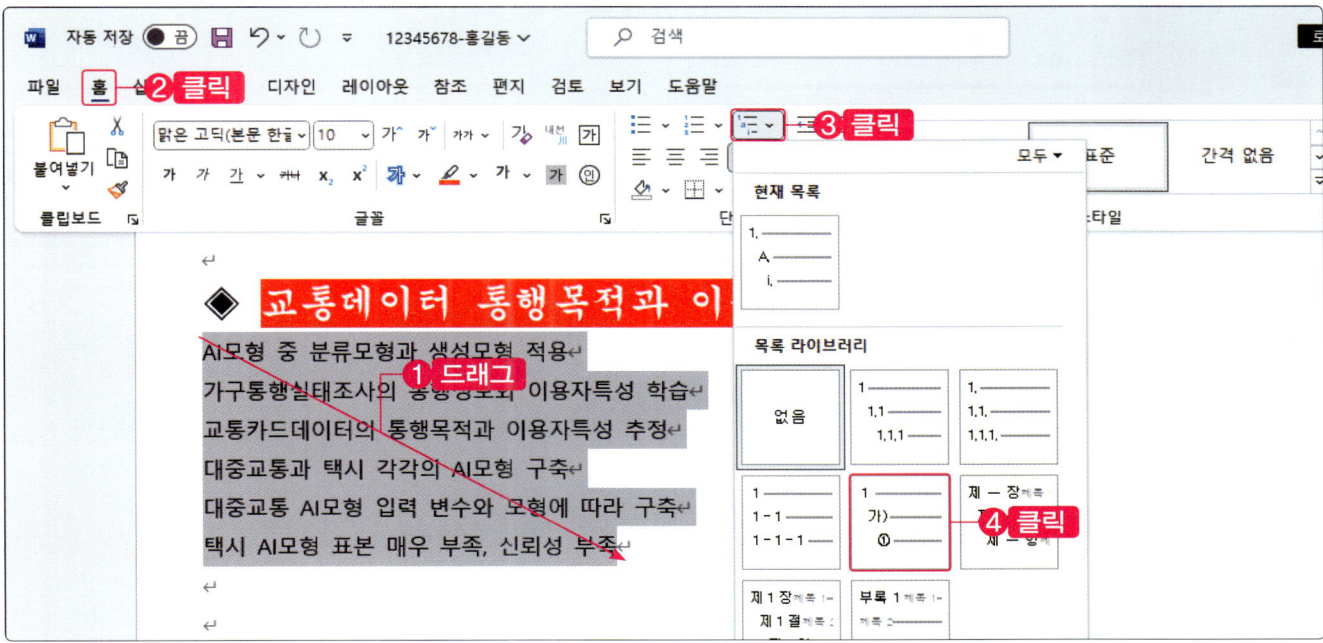

2 다단계 목록이 지정되면 다시 〔홈〕 탭-〔단락〕 그룹에서 〔**다단계 목록**〕을 클릭한 후 〔**새 다단계 목록 정의**〕를 클릭합니다.

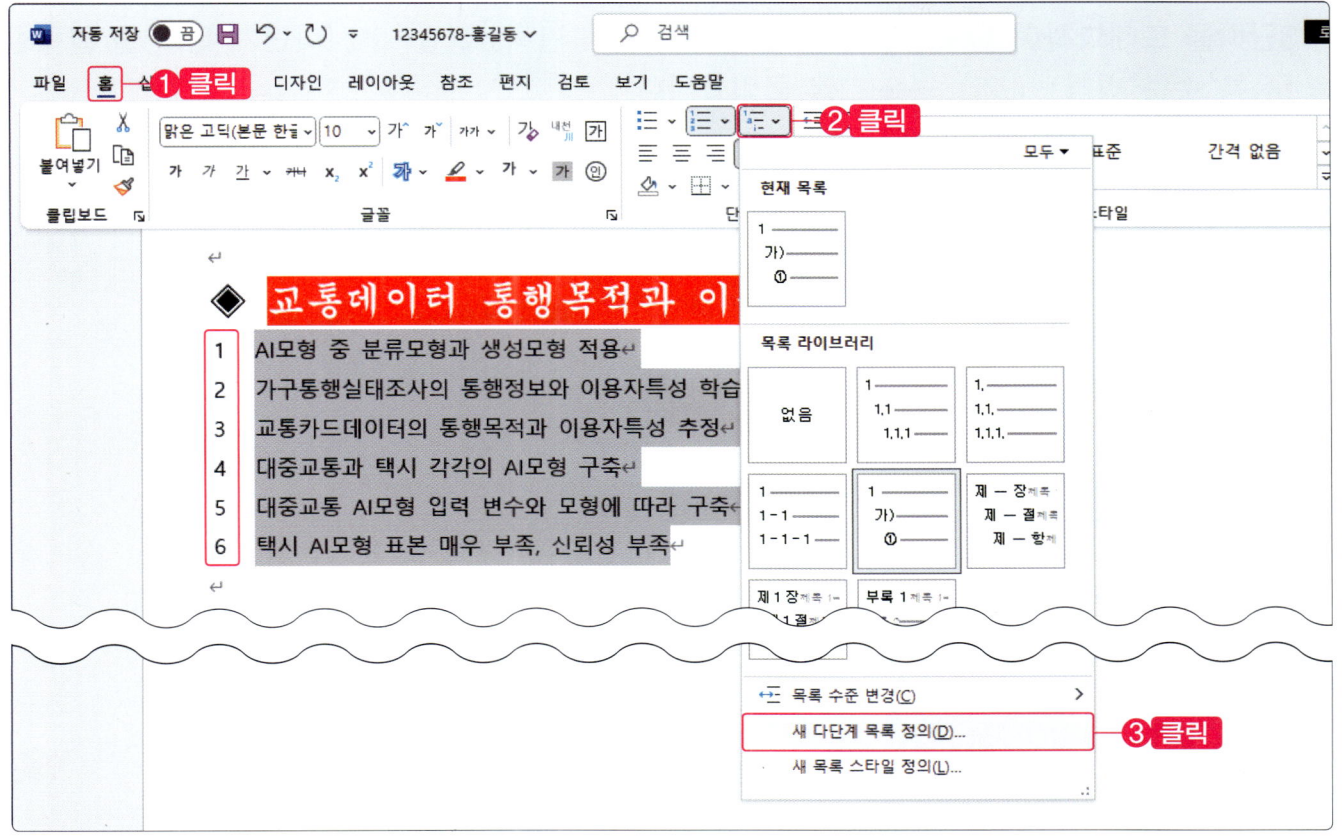

⟨조건⟩
- 다단계 목록 지정(1단계, 2단계)
  1단계 맞춤 위치 : 0.3cm, 2단계 맞춤 위치 : 0.75cm,

3 〔새 다단계 목록 정의〕 대화상자가 나타나면 **단계(1)를 클릭**한 후 **맞춤 위치(0.3cm)를 입력**합니다. 그런다음 **단계(2)를 클릭**한 후 **맞춤 위치(0.75cm)를 입력**한 다음 **목록과의 간격(0.75cm)을 입력**하고 〔확인〕 **단추를 클릭**합니다.

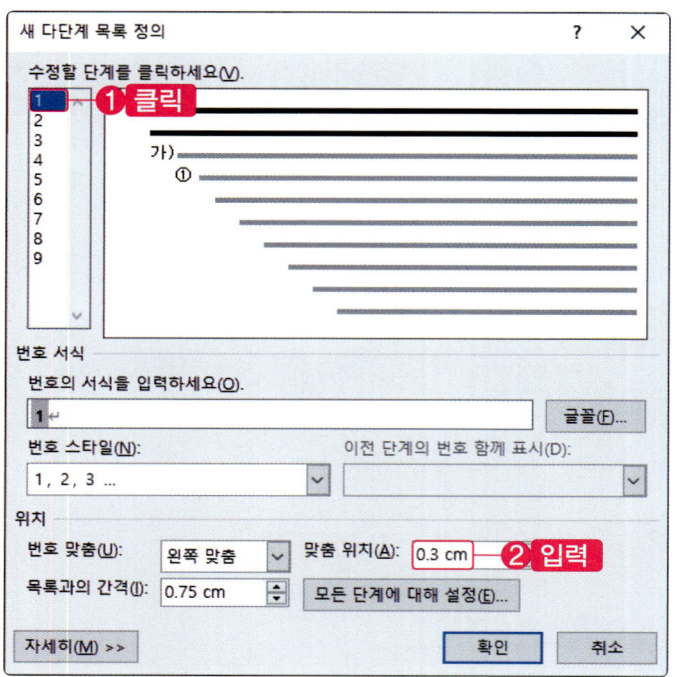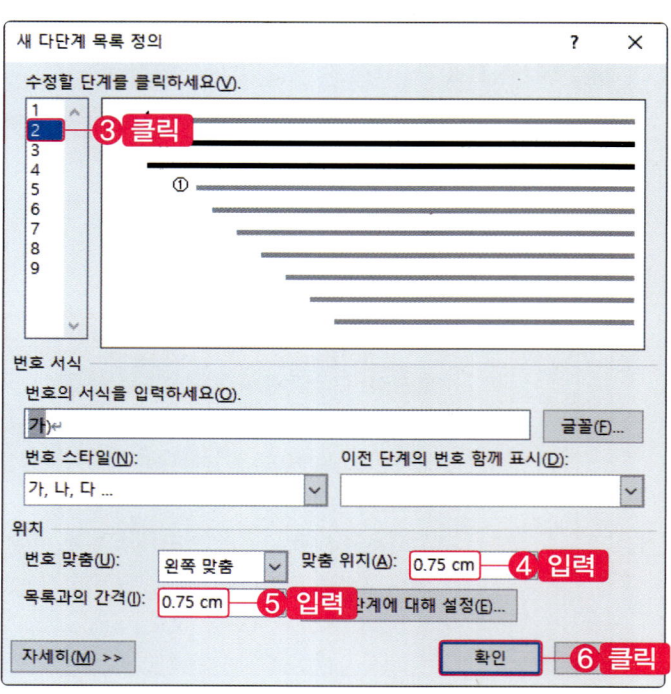

'목록과의 간격'은 지시사항에 없지만 ⟪출력형태⟫를 참고하여 목록과의 간격을 0.75cm로 지정합니다.

4 2, 3단락을 드래그하여 블록으로 설정한 후 〔홈〕 탭-〔단락〕 그룹에서 〔**다단계 목록**〕을 클릭한 다음 〔목록 수준 변경〕-〔 가) ──── 〕를 클릭합니다.

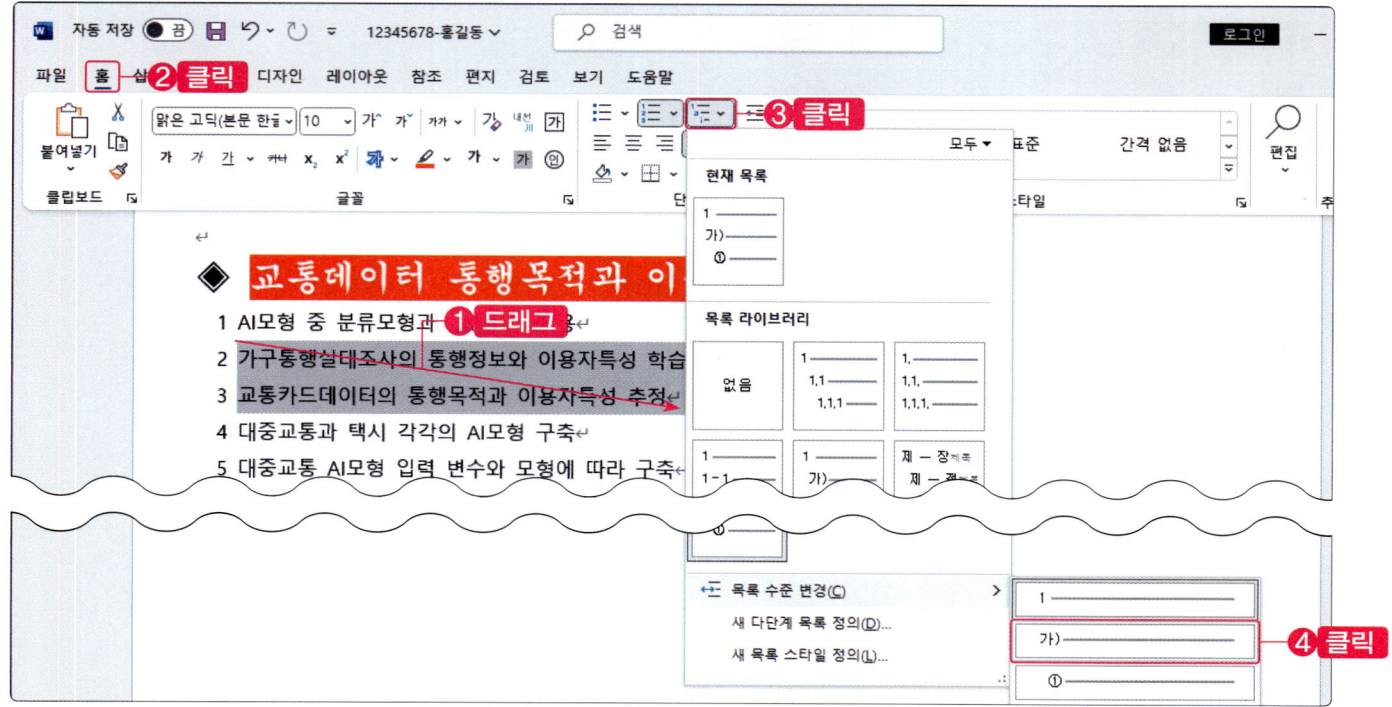

5 같은 방법으로 5, 6번 단락의 다단계 목록을 지정합니다.

◆ 교통데이터 통행목적과 이용자특성 추정
1 AI모형 중 분류모형과 생성모형 적용
　가) 가구통행실태조사의 통행정보와 이용자특성 학습
　나) 교통카드데이터의 통행목적과 이용자특성 추정
2 대중교통과 택시 각각의 AI모형 구축
　가) 대중교통 AI모형 입력 변수와 모형에 따라 구축　❶ 지정
　나) 택시 AI모형 표본 매우 부족, 신뢰성 부족

> **한가지 더!**
>
> **목록과의 간격**
>
> 다단계 목록과 내용 사이의 간격을 이야기하며, 값이 클 수록 사이가 많이 떨어집니다.
>
> • 목록과의 간격(0.75cm)
>
> ◆ 교통데이터 통행목적과 이용자특성 추정
> 1 AI모형 중 분류모형과 생성모형 적용
> 　가) 가구통행실태조사의 통행정보와 이용자특성 학습
> 　나) 교통카드데이터의 통행목적과 이용자특성 추정
> 2 대중교통과 택시 각각의 AI모형 구축
> 　가) 대중교통 AI모형 입력 변수와 모형에 따라 구축
> 　나) 택시 AI모형 표본 매우 부족, 신뢰성 부족
>
> • 목록과의 간격(1.5cm)
>
> ◆ 교통데이터 통행목적과 이용자특성 추정
> 1 AI모형 중 분류모형과 생성모형 적용
> 　　가) 가구통행실태조사의 통행정보와 이용자특성 학습
> 　　나) 교통카드데이터의 통행목적과 이용자특성 추정
> 2 대중교통과 택시 각각의 AI모형 구축
> 　　가) 대중교통 AI모형 입력 변수와 모형에 따라 구축
> 　　나) 택시 AI모형 표본 매우 부족, 신뢰성 부족

| STEP 03 | 표 제목 작성하기 |

〈조건〉 궁서, 18pt, 기울임, 강조점

1 표 제목(◆ 교통데이터 특성 비교)을 **입력**한 후 Enter 를 눌러 **강제개행**합니다.

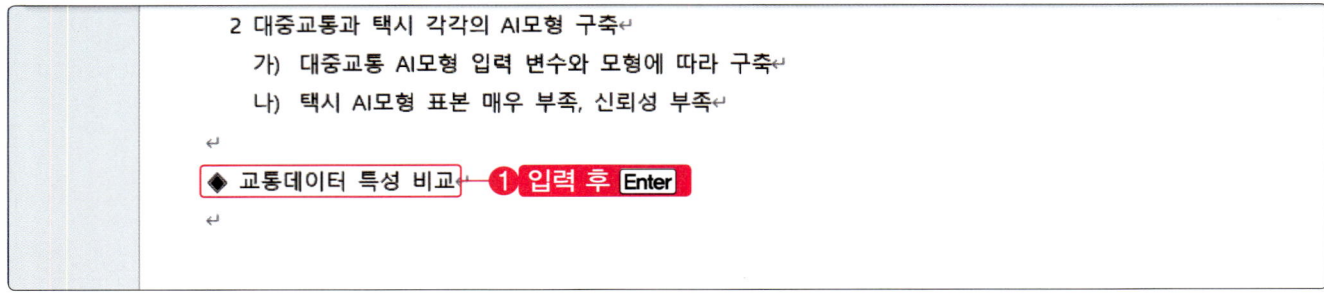

2 표 제목을 드래그하여 블록으로 설정한 다음 [홈] 탭-[글꼴] 그룹에서 **글꼴(궁서)과 글꼴 크기 (18)를 선택**합니다.

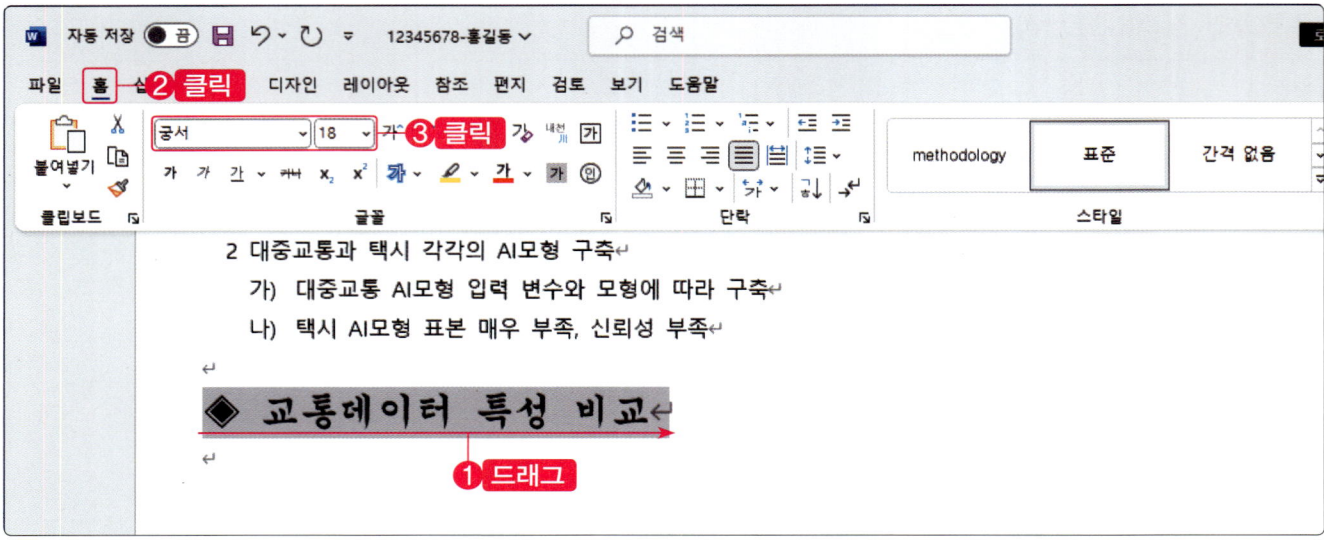

3 '교통데이터 특성 비교'를 드래그하여 블록으로 설정한 다음 [홈] 탭-[글꼴] 그룹에서 **[기울임꼴 (가)]을 클릭**합니다.

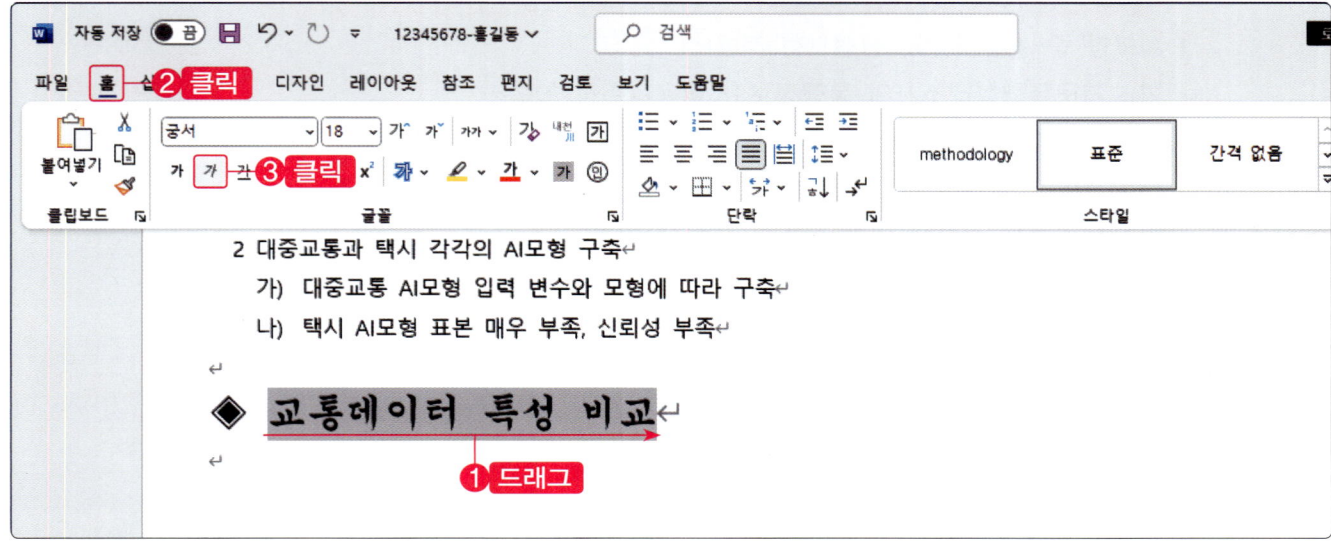

〈조건〉 궁서, 18pt, 기울임, 강조점

4 '교통데이터'를 드래그하여 블록으로 설정한 다음 [홈] 탭-[글꼴] 그룹에서 [추가옵션(⌐)]을 클릭합니다.

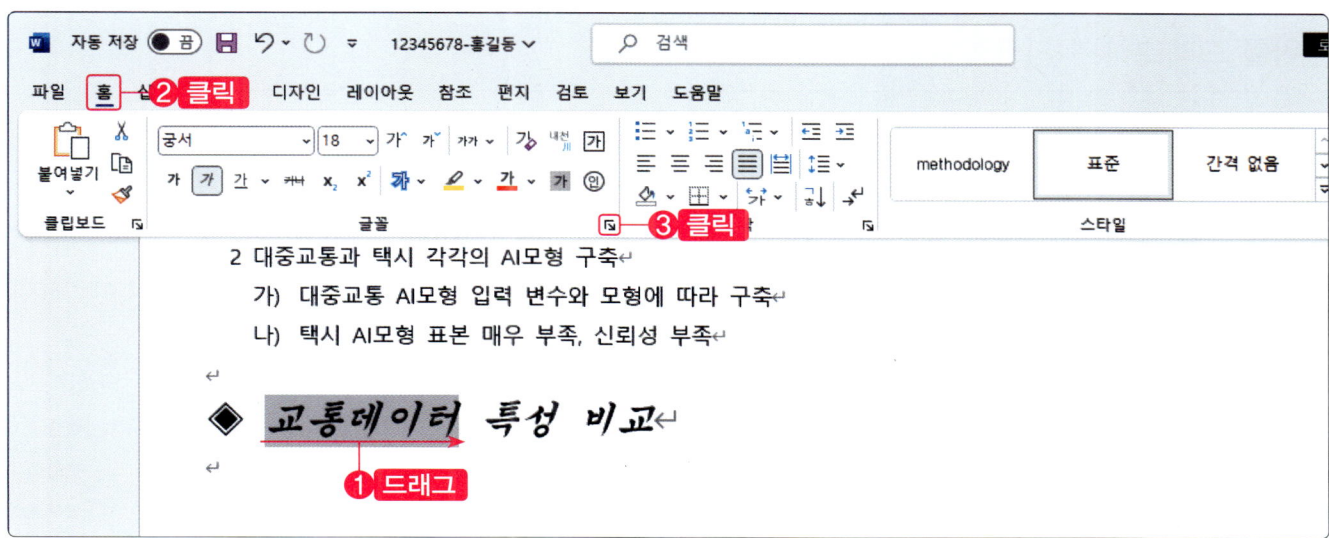

5 [글꼴] 대화상자가 나타나면 [글꼴] 탭에서 **강조점(°)을 선택**한 후 [확인] 단추를 **클릭**합니다.

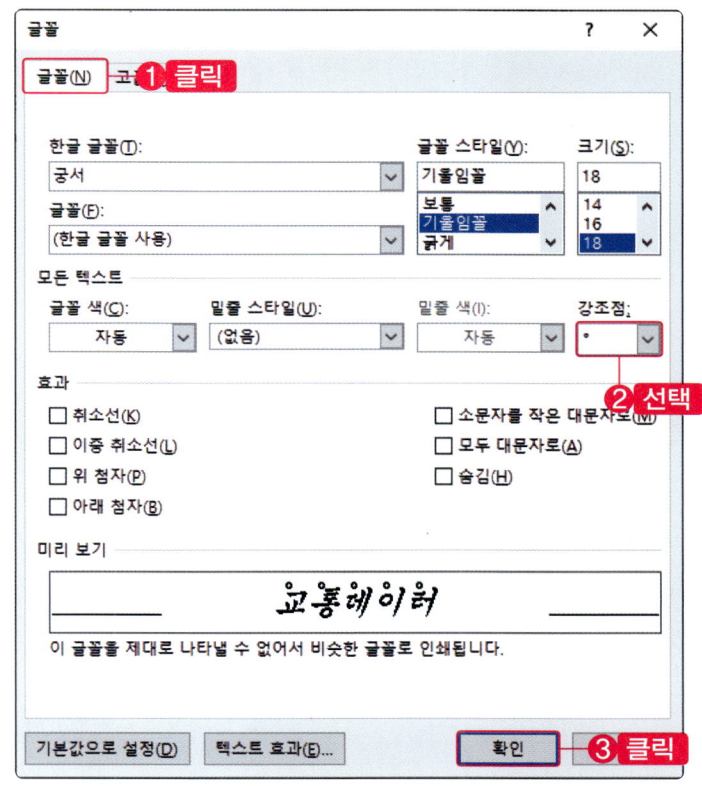

6 '교통데이터'에 강조점이 지정되면 같은 방법으로 '**비교**'에 강조점을 **지정**합니다.

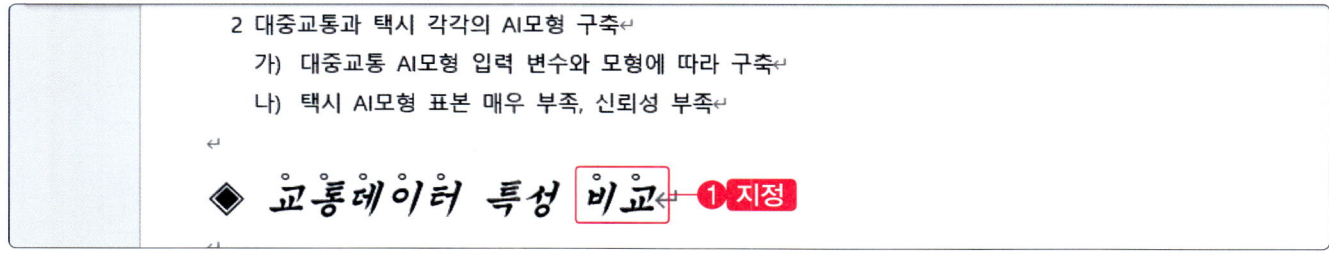

STEP 04 표 작성하기

〈조건〉 굴림, 10pt, 가운데 맞춤, 셀음영 : 노랑

1 표 제목 아래 단락에 커서를 위치한 후 [삽입] 탭-[표] 그룹에서 [표]를 클릭한 다음 '4×6 표' 범위를 드래그하여 지정합니다.

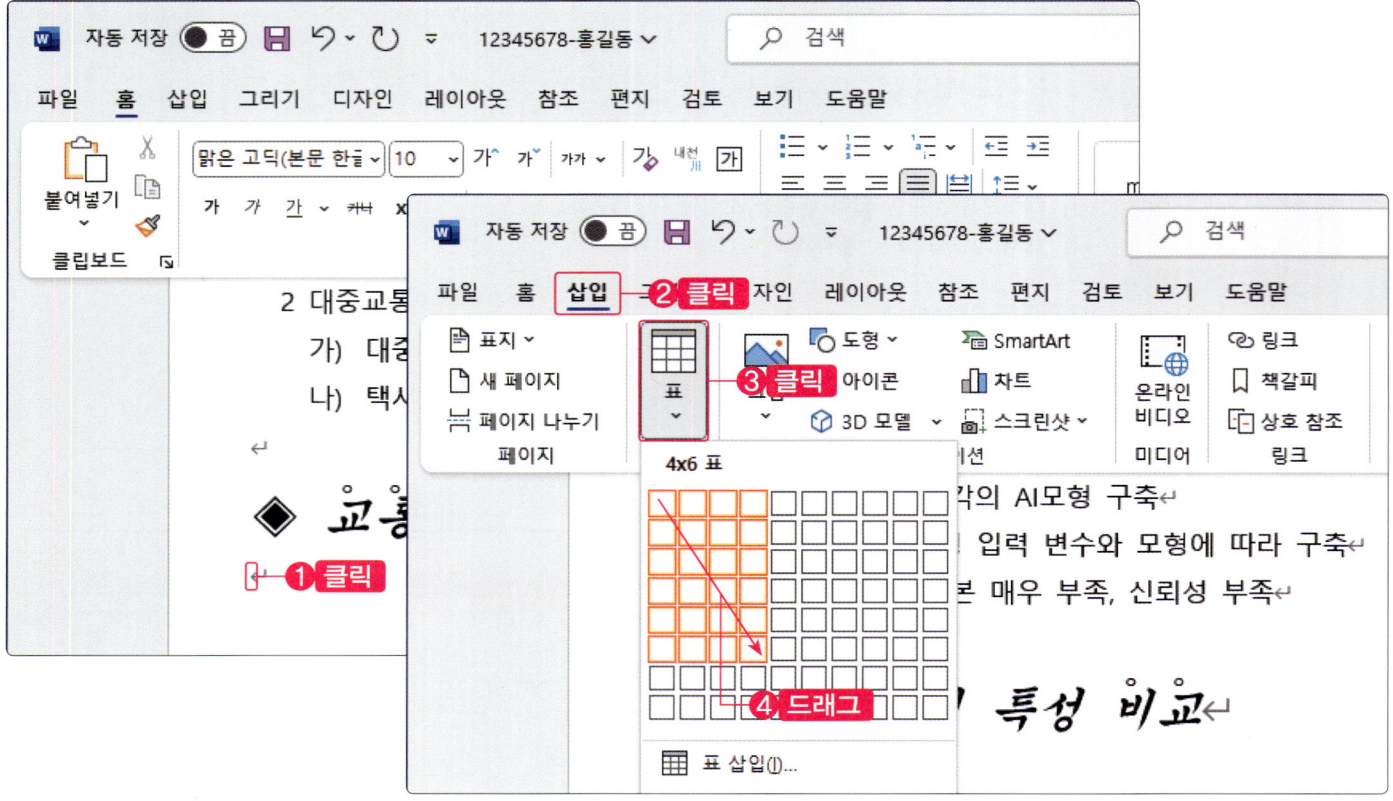

2 표가 삽입되면 다음과 같이 **셀에 내용을 입력**합니다.

데이터 구분	표본율	이용자특성	데이터특성
가구통행실태조사	0.25%	성별, 연령, 소득 등	통행목적, 수단
교통카드데이터	100%	아동/청소년/고령자 구분	수단
택시운행정보관리시스템	100%	알수없음	수단
통신데이터	23.97%	성별, 연령대	통행목적
교통카드 및 택시 데이터		표본율은 100%에 가까우므로 100%라고 표기함	

3 6행 1열 ~ 6행 2열을 드래그하여 셀 블록으로 설정한 후 〔레이아웃〕 정황 탭-〔병합〕 그룹에서 〔셀 병합()〕을 클릭합니다.

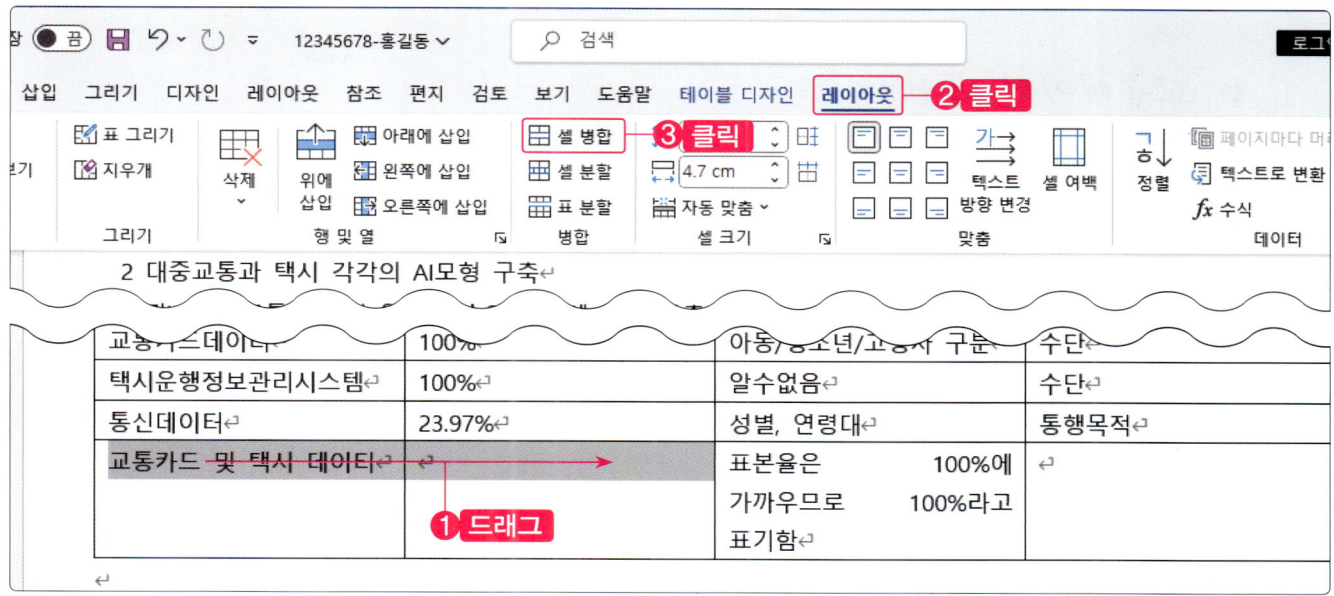

4 같은 방법으로 6행 3열 ~ 6행 4열을 드래그하여 셀 블록으로 설정한 후 〔레이아웃〕 정황 탭-〔병합〕 그룹에서 〔셀 병합()〕을 클릭합니다.

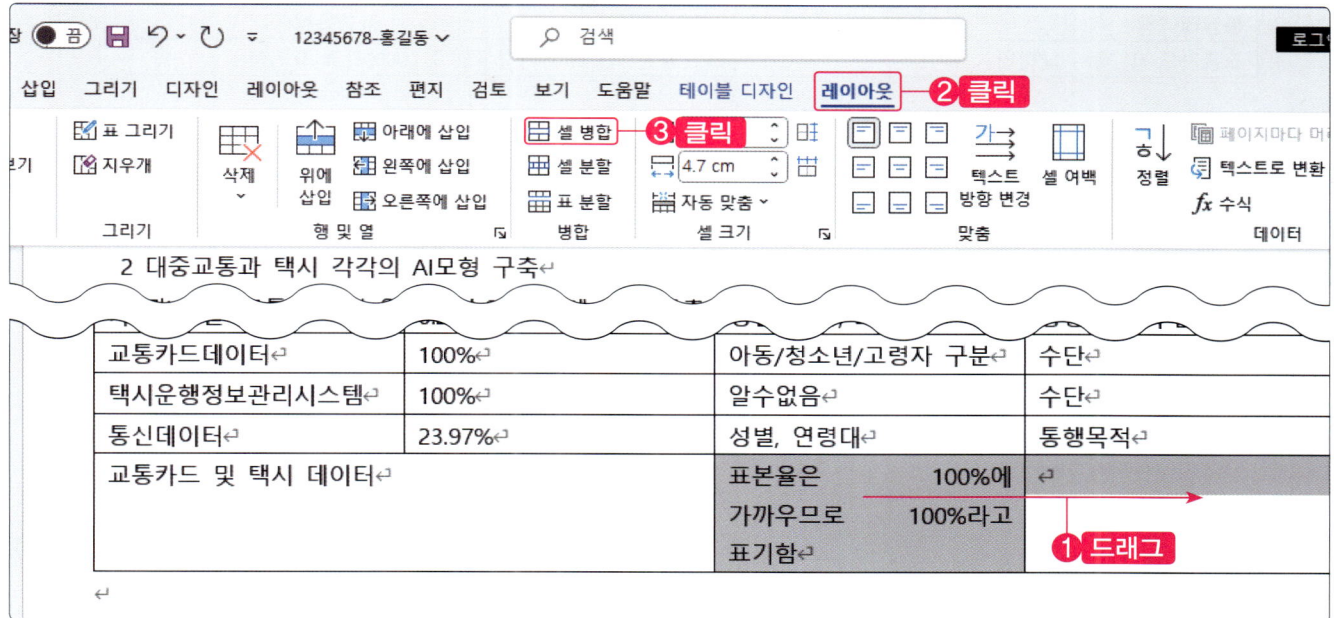

셀 병합과 분할

- **셀 병합** : 셀 블록으로 설정한 두 개 이상의 셀을 합쳐서 하나의 셀로 만드는 것을 말합니다. 두 개 이상의 셀을 셀 블록으로 설정한 후 〔레이아웃〕 정황 탭-〔병합〕 그룹에서 〔셀 병합()〕을 클릭하면 셀 합쳐 하나의 셀로 만들 수 있습니다.

- **셀 분할** : 커서를 둔 셀이나 셀 블록으로 설정한 셀을 나누어 두 개 이상의 셀로 만드는 것을 말합니다. 셀에 커서를 두거나 셀 블록으로 설정한 후 〔레이아웃〕 정황 탭-〔병합〕 그룹에서 〔셀 분할()〕을 클릭하면 셀을 나누어 두 개 이상의 셀로 만들 수 있습니다.

5 첫 번째 열의 경계선에 마우스를 가져가 **마우스포인터 모양이 ↔ 모양으로 변경되면 드래그하여 열 너비를 변경**합니다.

6 같은 방법으로 **열 경계선을 드래그하여 너비를 조절**합니다.

7 **표 전체를 드래그하여 블록으로 설정**한 후 [레이아웃] 정황 탭-[셀 크기] 그룹에서 **표 행 높이(0.6cm)를 입력**합니다.

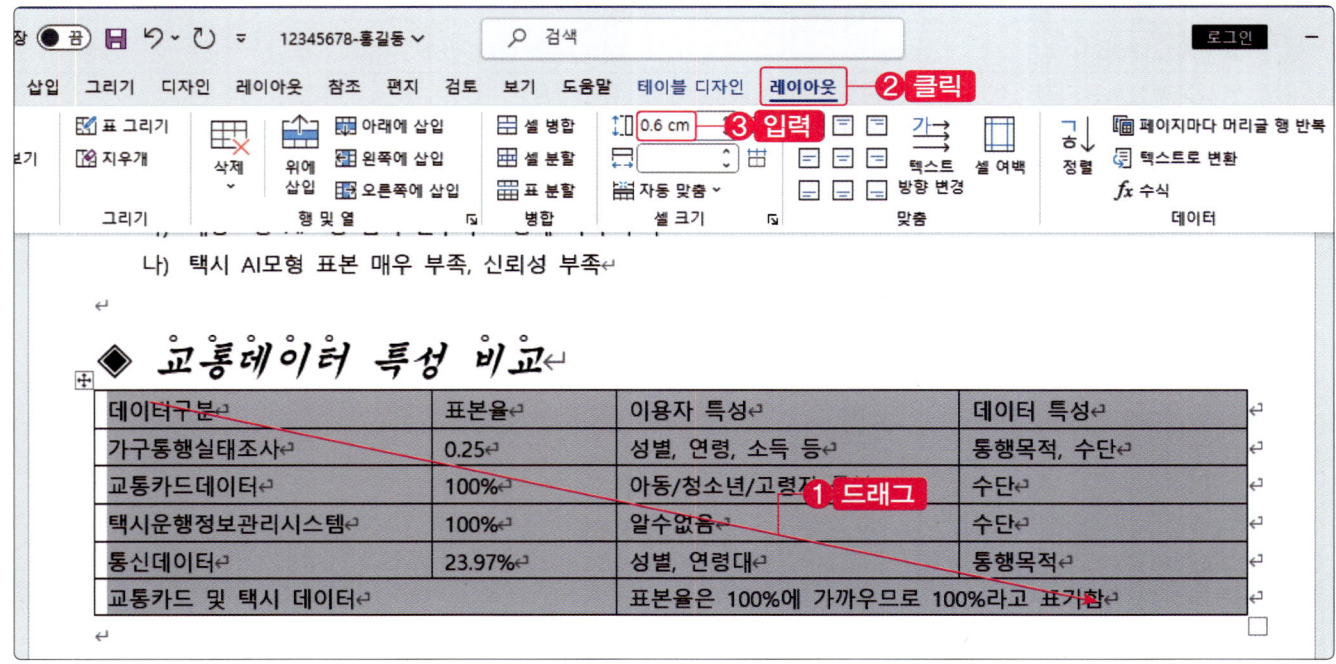

'표 행 높이'는 지시사항에 없지만 《출력형태》를 참고하여 표 행 높이를 0.6cm로 지정합니다.

<조건>　굴림, 10pt, 가운데 맞춤, 셀음영 : 노랑

8 글꼴 서식을 지정하기 위해 [홈] 탭-[글꼴] 그룹에서 **글꼴(굴림)과 글꼴 크기(10)를 선택**합니다.

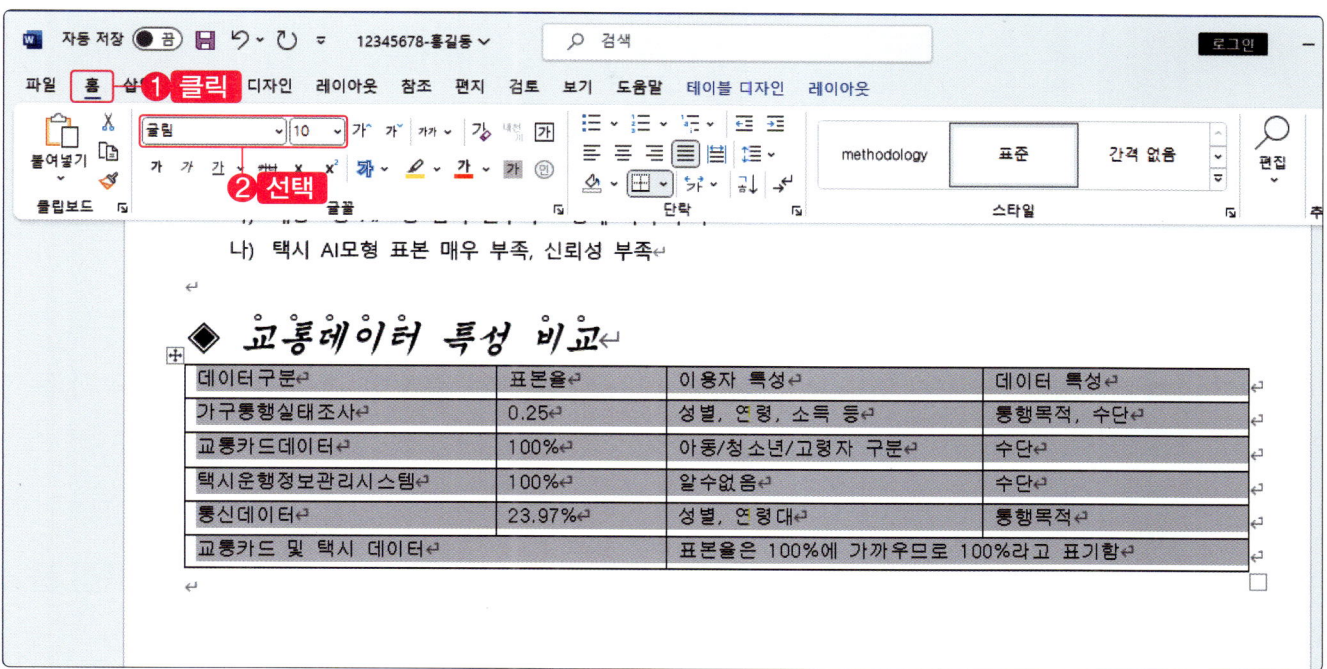

9 맞춤을 지정하기 위해 [레이아웃] 정황 탭-[맞춤] 그룹에서 [**가운데 맞춤**]을 클릭합니다.

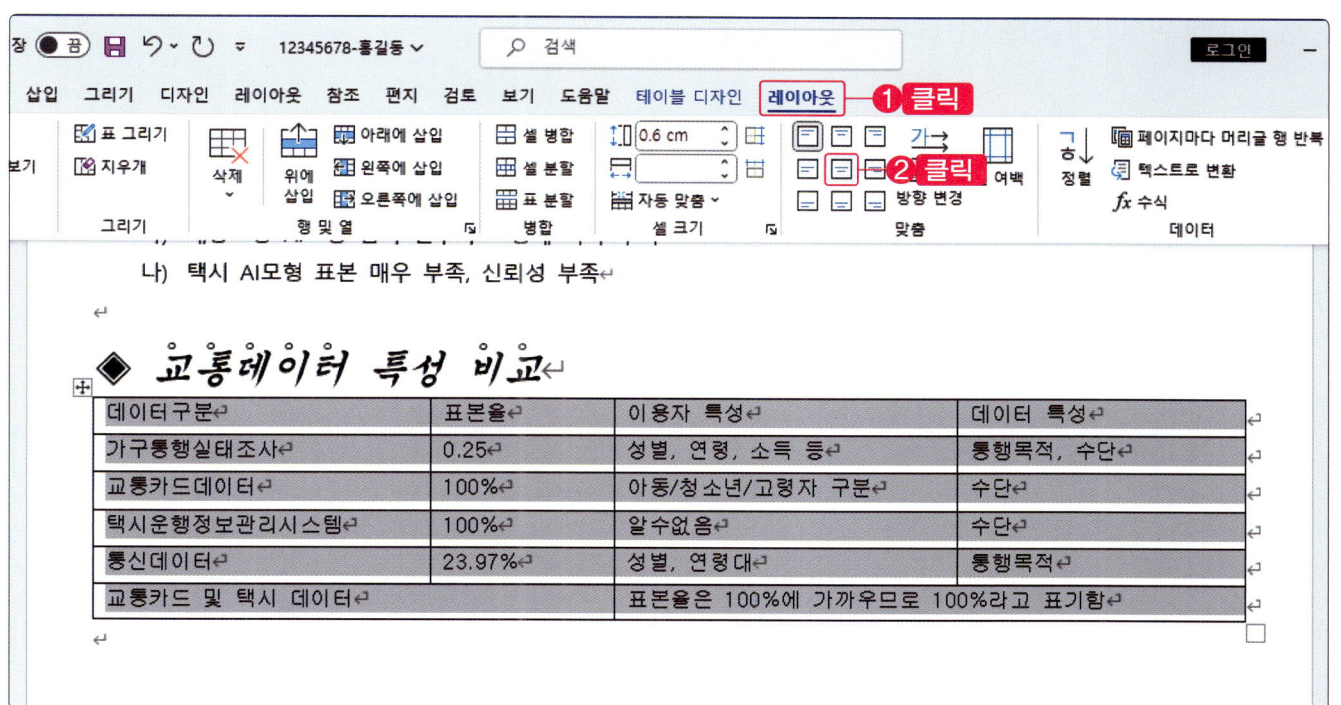

[홈] 탭-[단락] 그룹에서 [가운데 맞춤]을 클릭하면 가로의 가운데로 맞추고, [레이아웃] 정황 탭-[맞춤] 그룹에서 [가운데 맞춤]을 클릭하면 가로·세로의 가운데로 맞춥니다.

> 셀 음영 및 표 테두리 지정은 43page를 참고하세요.

10 셀 음영을 지정하기 위해 **1행 1열 ~ 1행 4열을 셀 블록으로 설정**합니다.

11 〔테이블 디자인〕 정황 탭-〔표 스타일〕 그룹에서 〔**음영**〕**을 클릭**한 후 〔**노랑**〕**을 클릭**합니다.

12 테두리를 지정하기 위해 **표 전체를 드래그하여 셀 블록으로 설정**합니다.

13 〔테이블 디자인〕 정황 탭-〔테두리〕 그룹에서 〔**펜 스타일**〕**을 클릭**한 후 〔**이중 실선(══)**〕**을 클릭**합니다.

14 〔테이블 디자인〕 정황 탭-〔테두리〕 그룹에서 〔**테두리**〕**를 클릭**한 후 〔**바깥쪽 테두리(▦)**〕**을 클릭**합니다.

15 **1행 1열 ~ 1행 4열을 드래그하여 셀 블록으로 지정**한 후 〔테이블 디자인〕 정황 탭-〔테두리〕 그룹에서 〔테두리〕의 〔**바깥쪽 테두리(▦)**〕**을 클릭**합니다.

16 **표 전체를 드래그하여 셀 블록으로 설정**합니다.

17 〔테이블 디자인〕 정황 탭-〔테두리〕 그룹에서 〔**펜 스타일**〕**을 클릭**한 후 〔**테두리 없음**〕**을 클릭**합니다.

18 〔테이블 디자인〕 정황 탭-〔테두리〕 그룹에서 〔**테두리**〕**를 클릭**한 후 〔**왼쪽 테두리(▦)**〕**을 클릭**합니다.

19 〔테이블 디자인〕 정황 탭-〔테두리〕 그룹에서 〔**테두리**〕**를 클릭**한 후 〔**오른쪽 테두리(▦)**〕**을 클릭**합니다.

STEP 05 기관 이름 작성하기

〈조건〉 돋움, 24pt, 굵게, 장평 105%, 오른쪽 맞춤

1 기관 이름을 작성하기 위해 표 아래 단락에서 Enter를 눌러 **강제개행**한 후 **기관 이름(도시인프라계획센터)을 입력**합니다.

2 **기관 이름을 드래그하여 블록으로 설정**한 후 〔홈〕 탭–〔글꼴〕 그룹에서 〔**추가 옵션(⌐)**〕을 클릭합니다.

3 〔글꼴〕 대화상자가 나타나면 〔글꼴〕 탭에서 **한글 글꼴(돋움)과 글꼴 스타일(굵게), 크기(24)를 선택**한 후 〔**고급**〕 탭을 클릭한 다음 **장평(105)을 입력**하고 〔**확인**〕 단추를 클릭합니다.

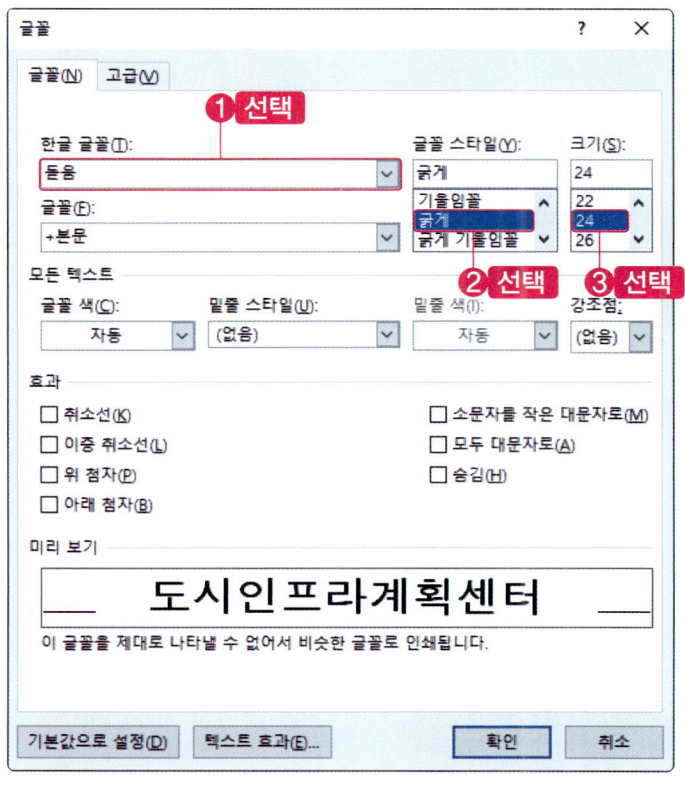
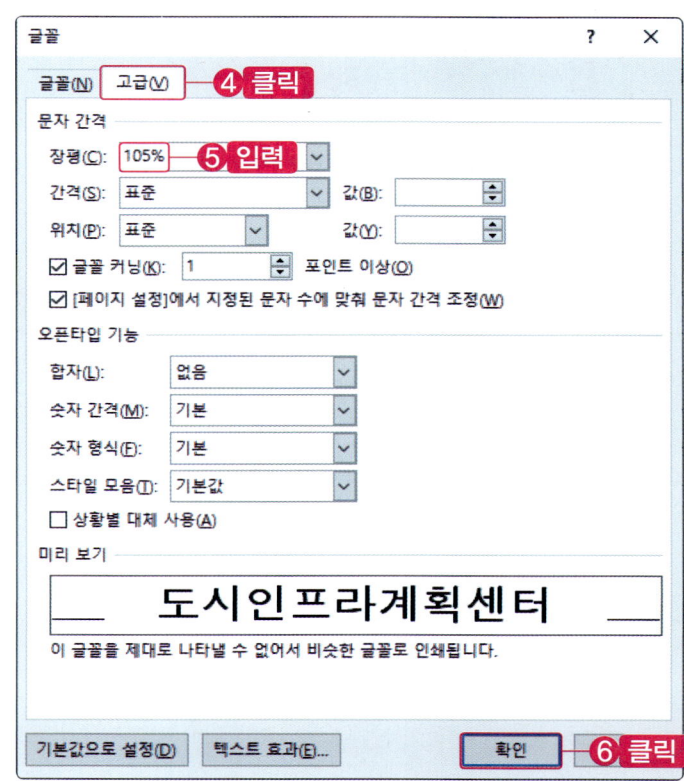

<조건> 돋움, 24pt, 굵게, 장평 105%, 오른쪽 맞춤

4 기관 이름을 오른쪽 맞춤하기위해 [홈] 탭-[단락] 그룹에서 [**오른쪽 맞춤(≡)**]을 **클릭**합니다.

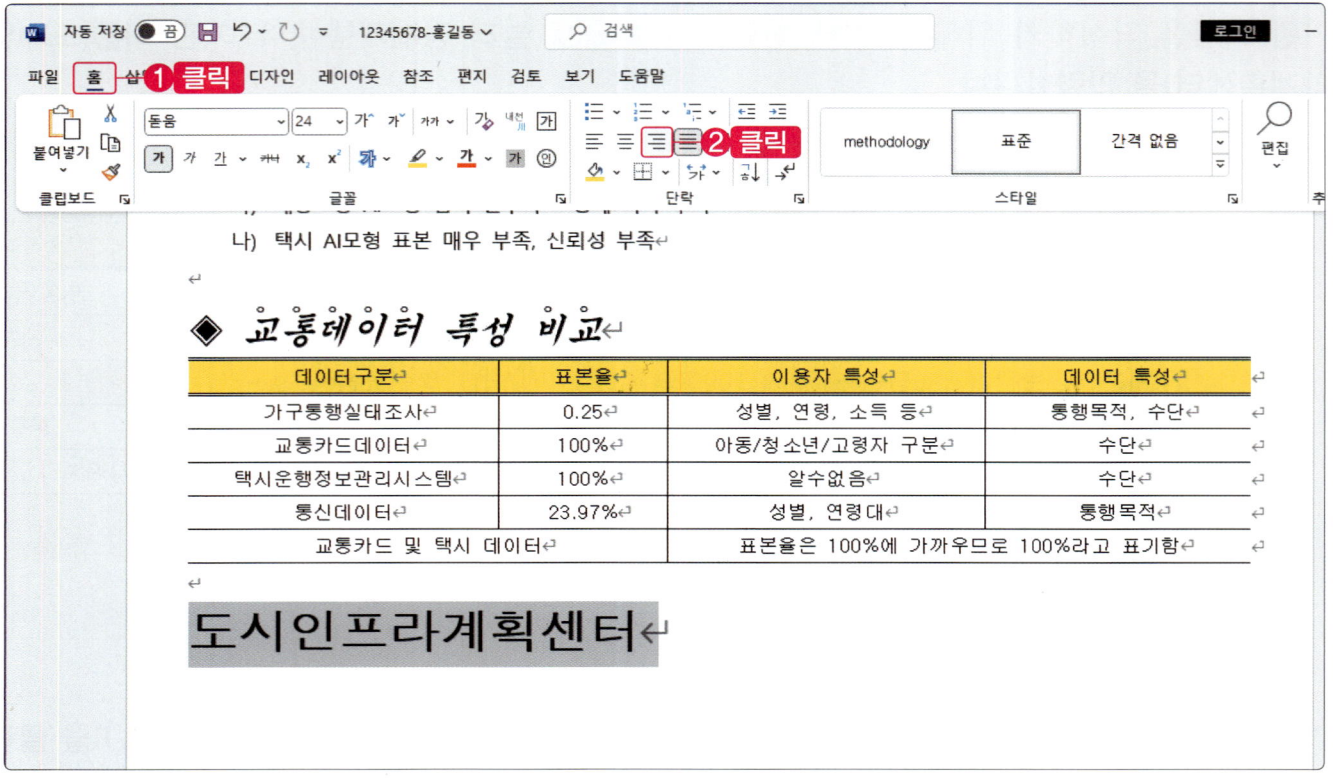

5 다음과 같이 기관 이름 작성이 완료됩니다.

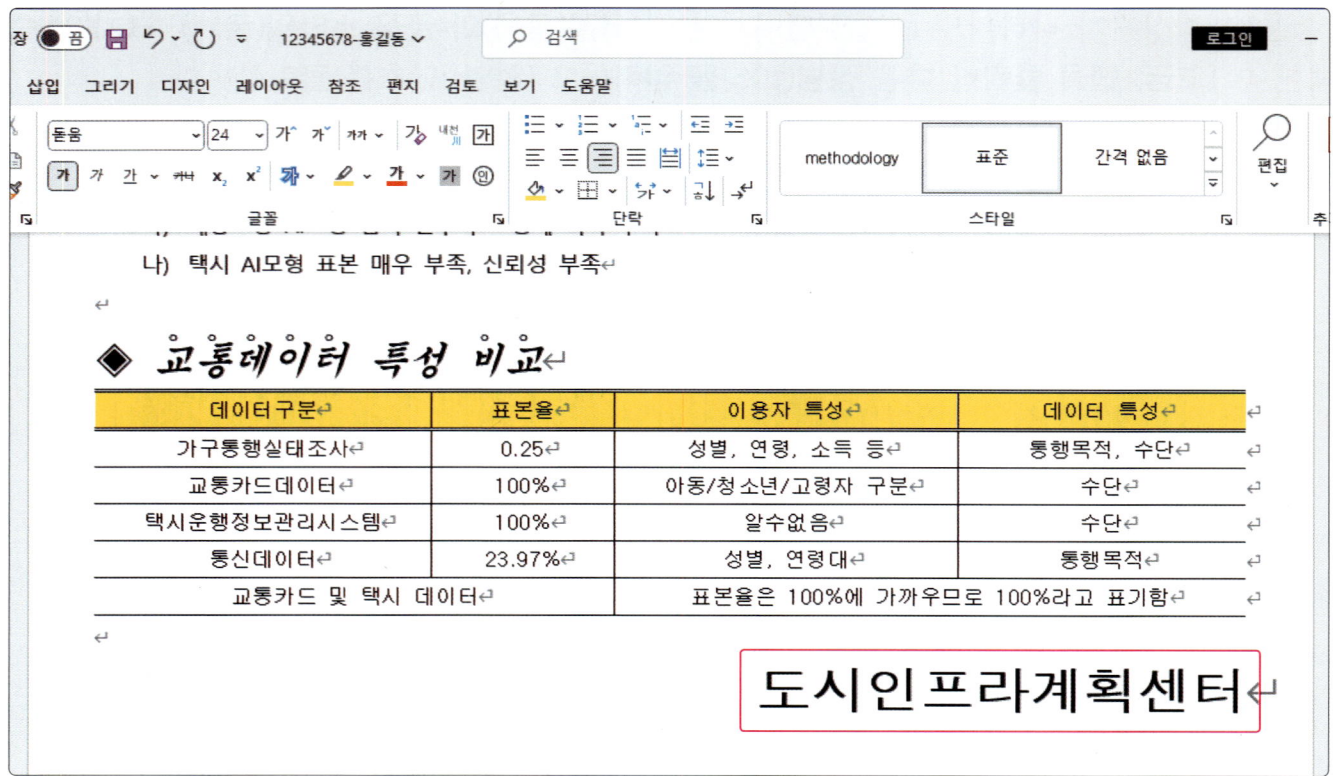

STEP 06 페이지 번호 매기기

〈조건〉 페이지 번호 매기기 : 시작 번호 7

1 페이지 번호를 매기기 위해 〔삽입〕 탭-〔머리글/바닥글〕 그룹에서 〔**페이지 번호**〕를 **클릭**한 후 〔**페이지 번호 서식**〕을 **클릭**합니다.

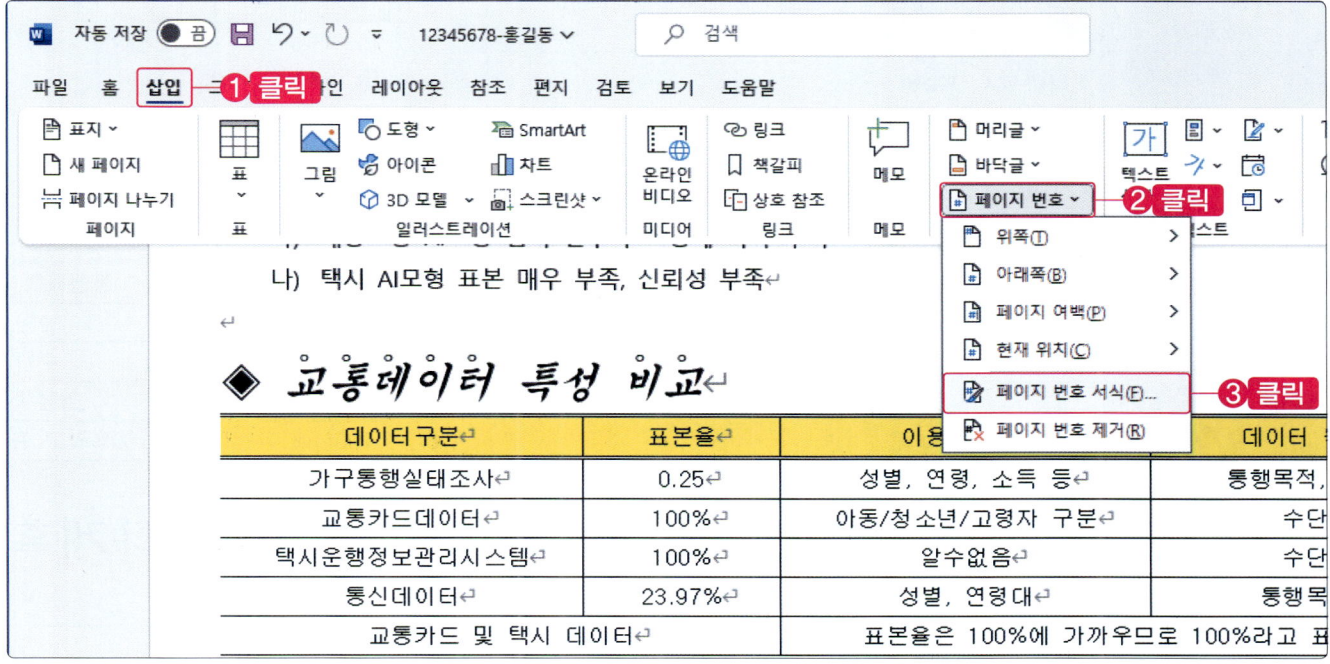

> 페이지 번호는 문서에 페이지 번호를 자동으로 매겨주는 기능입니다.

2 〔페이지 번호 서식〕 대화상자가 나타나면 **번호 서식(A, B, C, …)을 선택**한 후 **시작 번호(7)을 입력**한 다음 〔확인〕 단추를 클릭합니다.

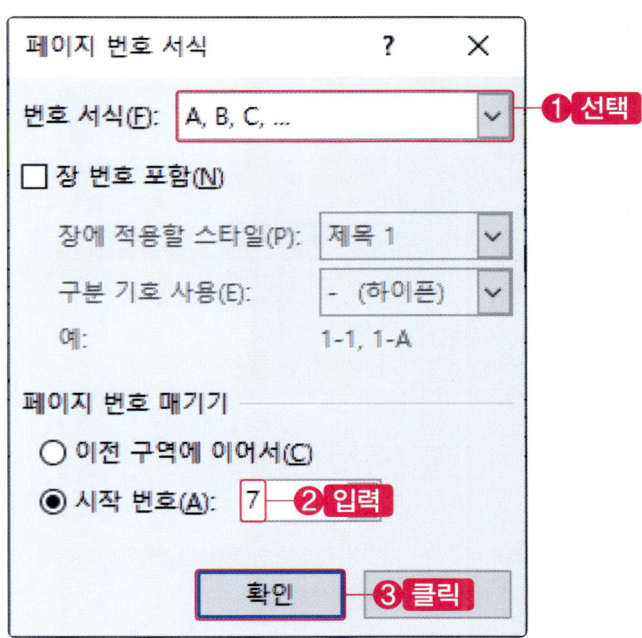

3 페이지 번호 서식을 지정하면 페이지 번호를 삽입하기 위해 [삽입] 탭-[머리글/바닥글] 그룹에서 **[페이지 번호]**를 클릭한 후 [아래쪽]-**[일반 번호 3]**을 클릭합니다.

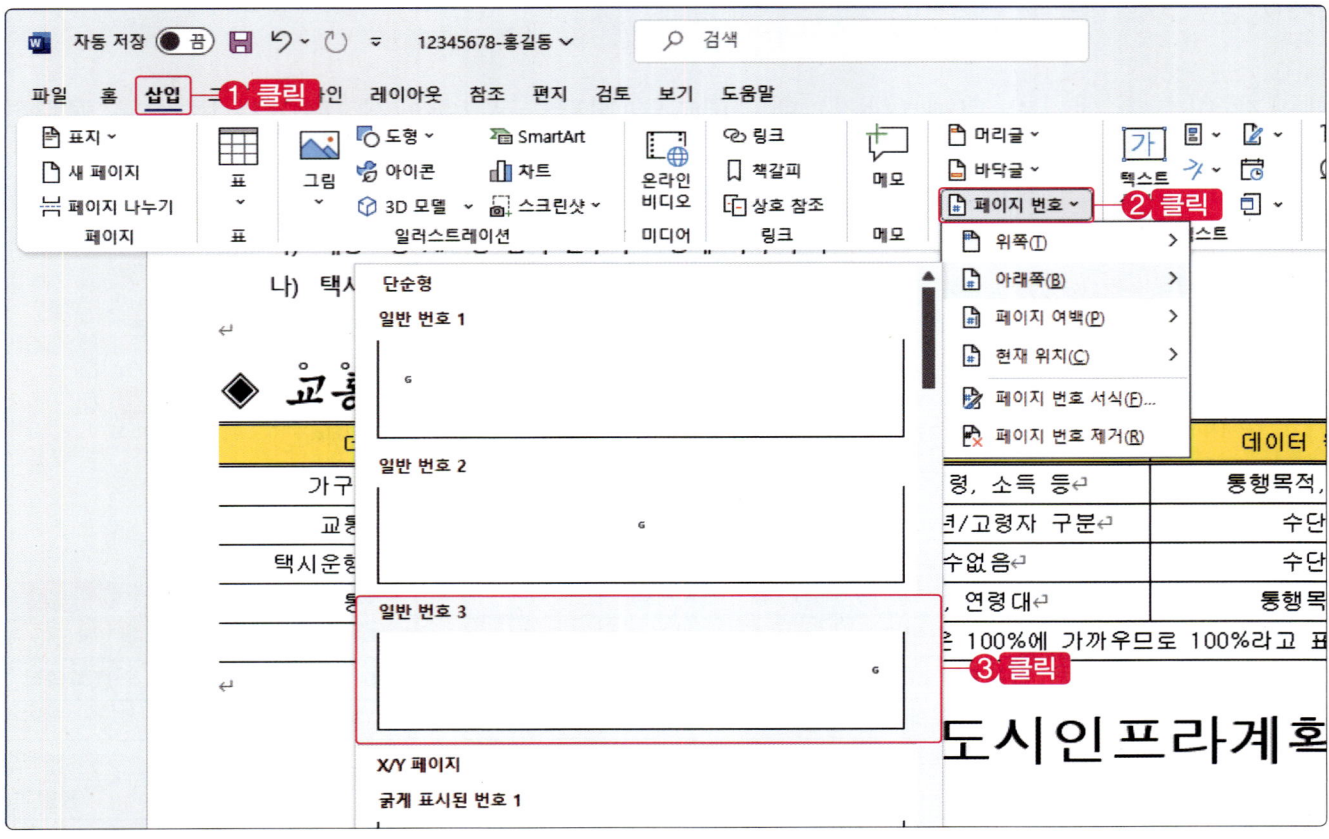

4 페이지 번호가 삽입되면 [머리글/바닥글] 탭-[탐색] 그룹에서 **[이전 머리글에 연결]**을 선택 해제한 후 **페이지 번호 아래 단락을 클릭**한 다음 BackSpace 를 눌러 단락을 삭제합니다. 그런다음 [머리글/바닥글] 탭-[닫기] 그룹에서 **[머리글/바닥글 닫기]**를 클릭합니다.

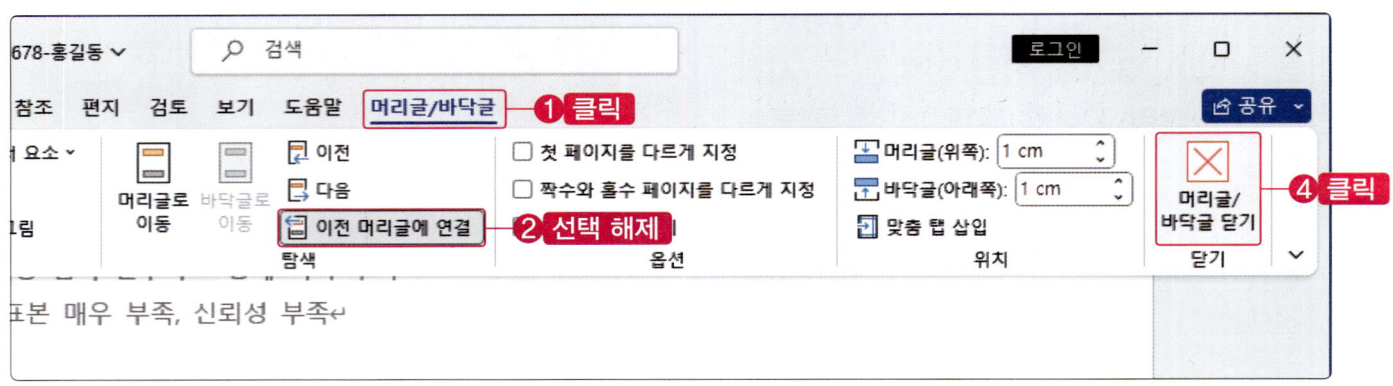

5 다음과 같이 페이지 번호가 매겨집니다.

6 1, 2페이지의 머리글 영역을 삭제하기 위해 1페이지로 이동한 후 [삽입] 탭-[머리글/바닥글] 그룹에서 [**머리글**]을 클릭한 후 [**머리글 제거**]를 클릭합니다.

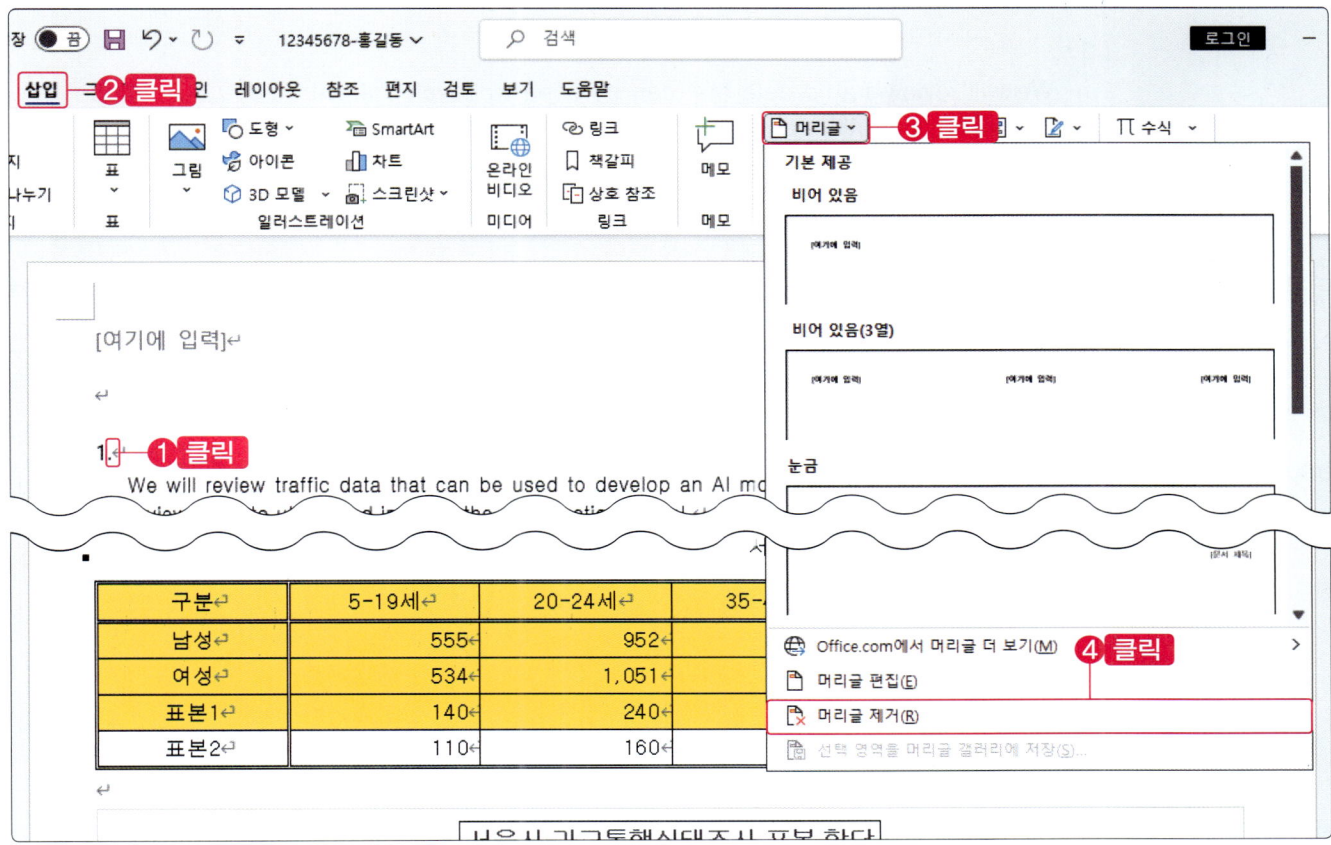

7 페이지 번호를 삭제하기 위해 [삽입] 탭-[머리글/바닥글] 그룹에서 [**페이지 번호**]를 클릭한 후 [**페이지 번호 제거**]를 클릭합니다.

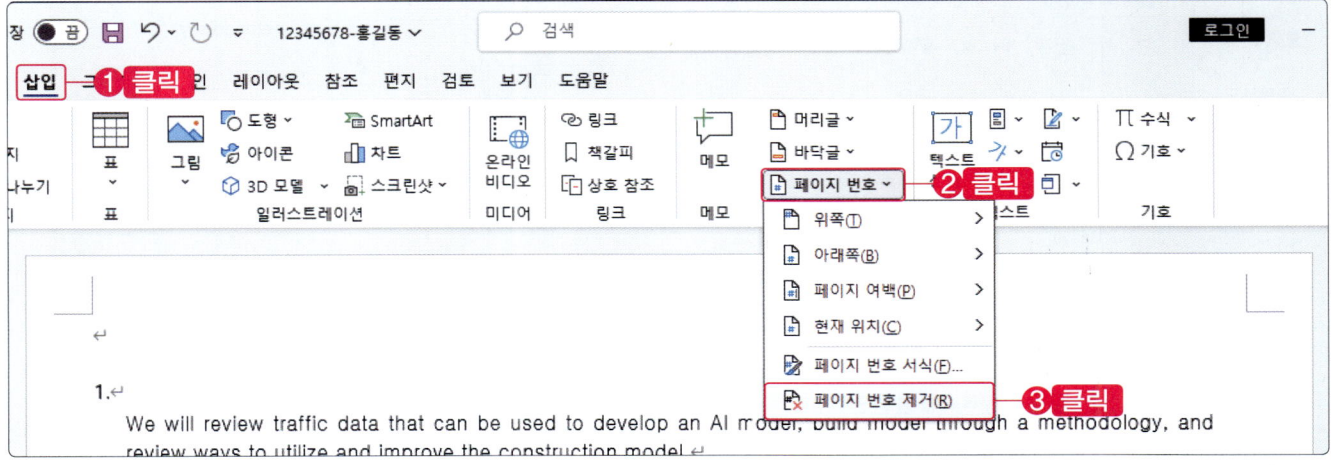

8 머리글과 페이지 번호가 제거되면 **머리글 영역을 더블클릭**합니다.

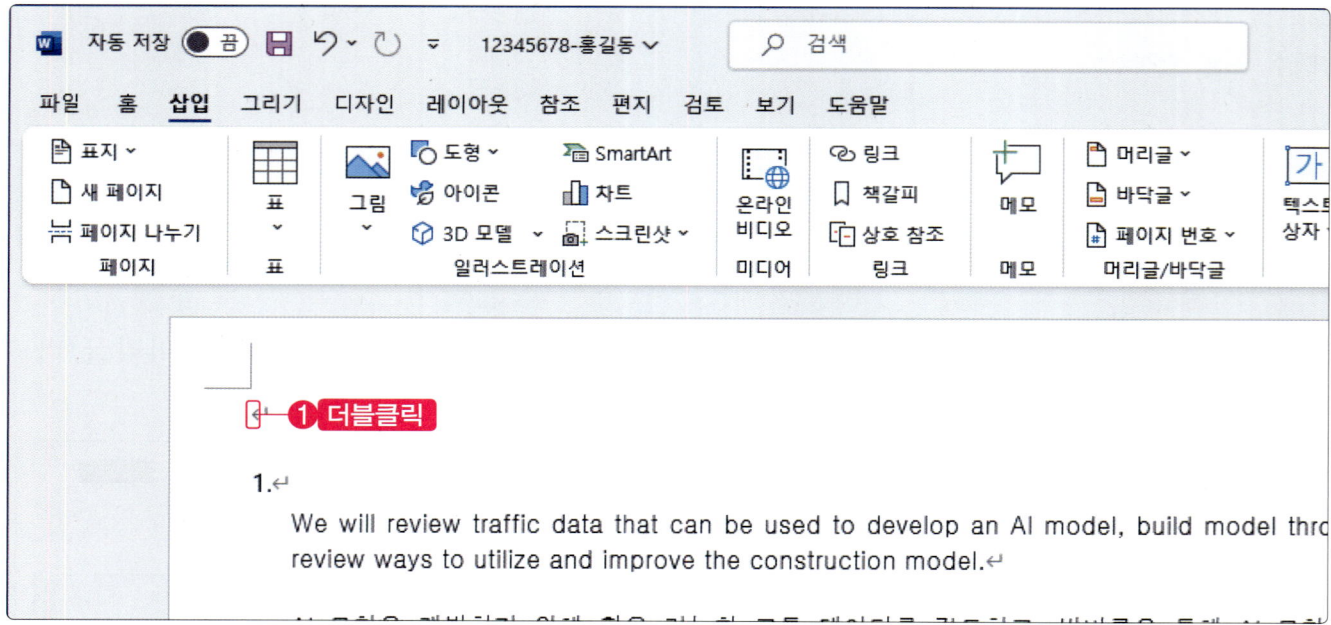

9 머리글 편집 상태가 되면 [머리글/바닥글] 탭-[닫기] 그룹에서 [**머리글/바닥글 닫기**]를 클릭합니다.

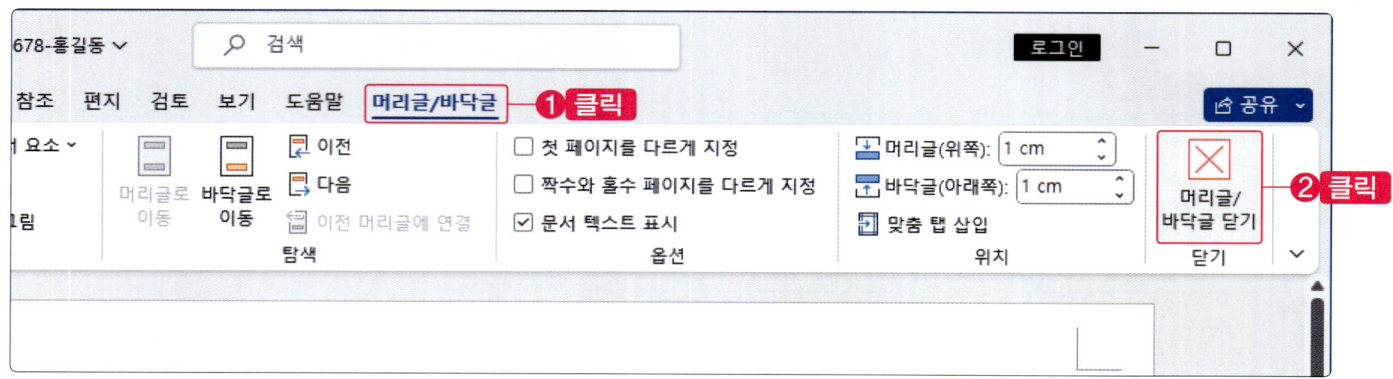

10 다음과 같이 머리글 영역과 페이지 번호가 깔끔히 제거됩니다.

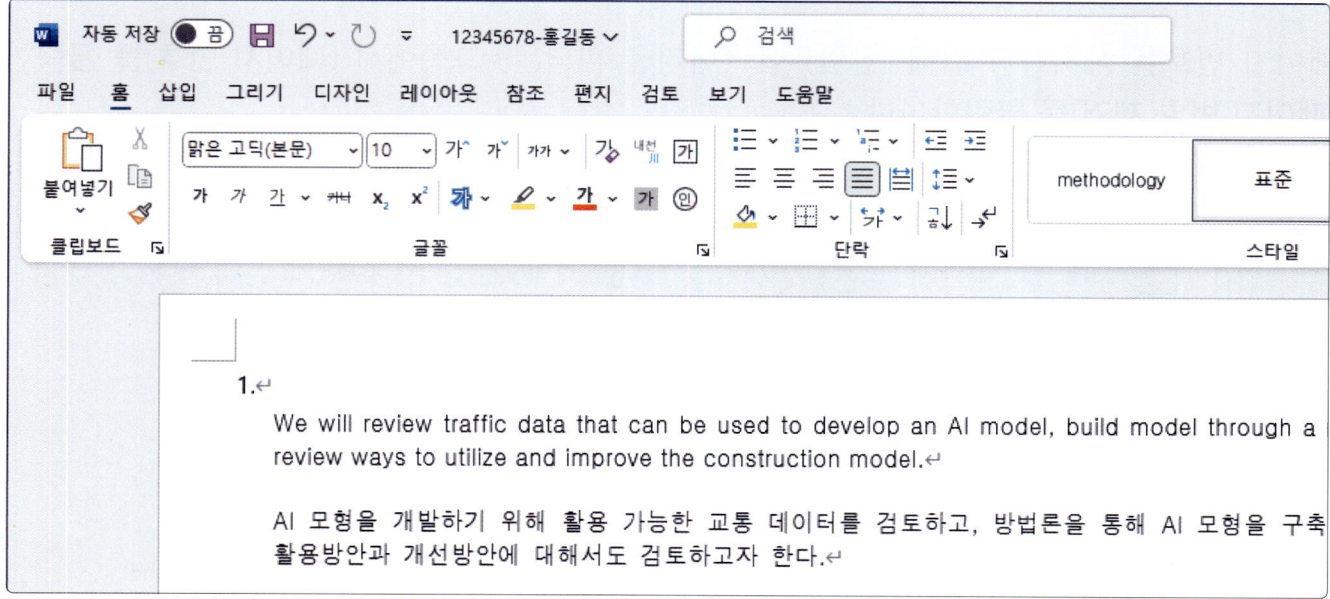

11 모든 작성이 완료되면 빠른 실행 도구 모음에서 [**저장(🖫)**]을 클릭합니다.

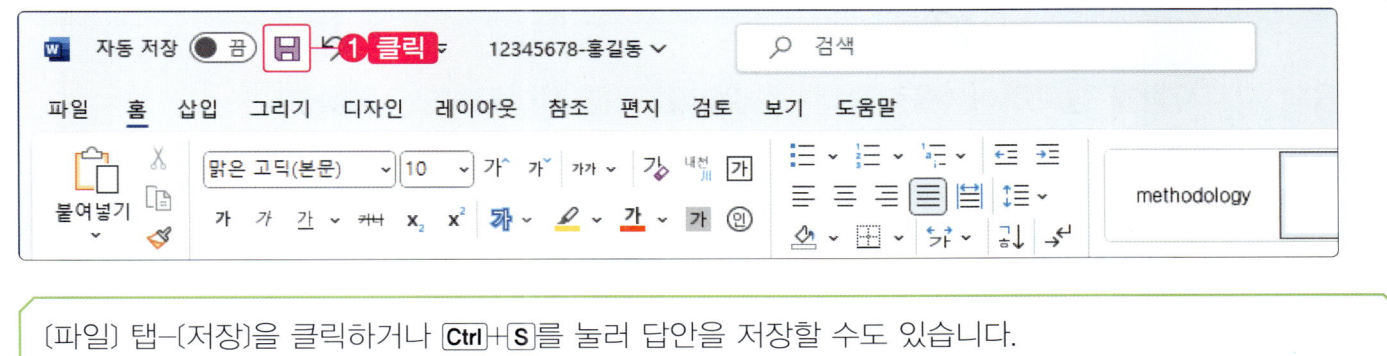

> [파일] 탭-[저장]을 클릭하거나 Ctrl+S를 눌러 답안을 저장할 수도 있습니다.

12 답안을 전송하기 위해 KOAS 수험자용 프로그램에서 [**답안 전송**] 단추를 클릭합니다.

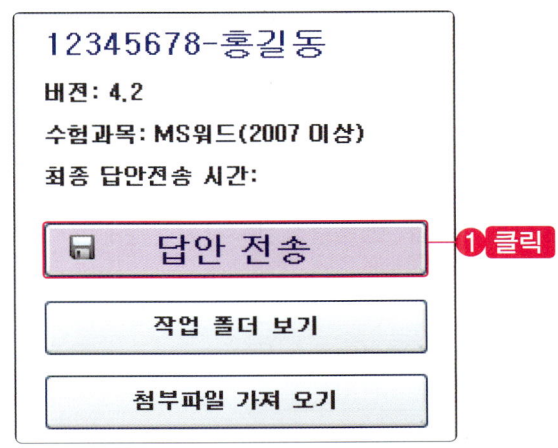

13 지금 전송할 것인지 묻는 대화상자가 나타나면 [**예**] **단추를 클릭**합니다.

14 [답안전송] 대화상자가 나타나면 **파일 목록(12345678-홍길동.docx)과 존재(있음)를 확인**한 후 [**답안전송**] **단추를 클릭**합니다.

15 답안파일 전송을 성공하였다는 메시지가 나타나면 [**확인**] **단추를 클릭**합니다.

16 [답안전송] 대화상자가 다시 나타나면 [상태]에 '성공'이 표시되는지 확인한 후 [**닫기**] **단추를 클릭**합니다.

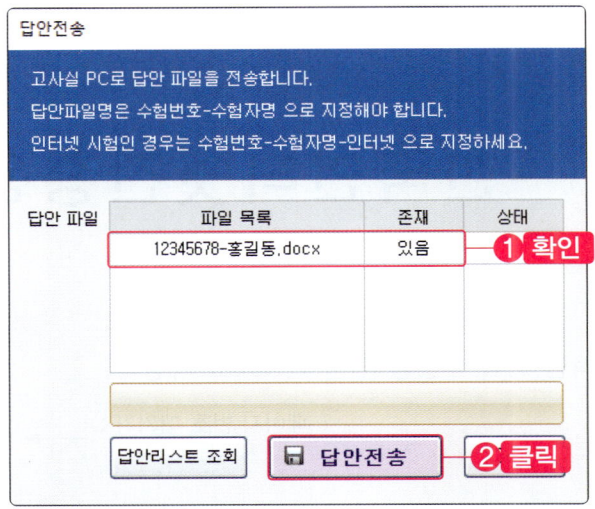
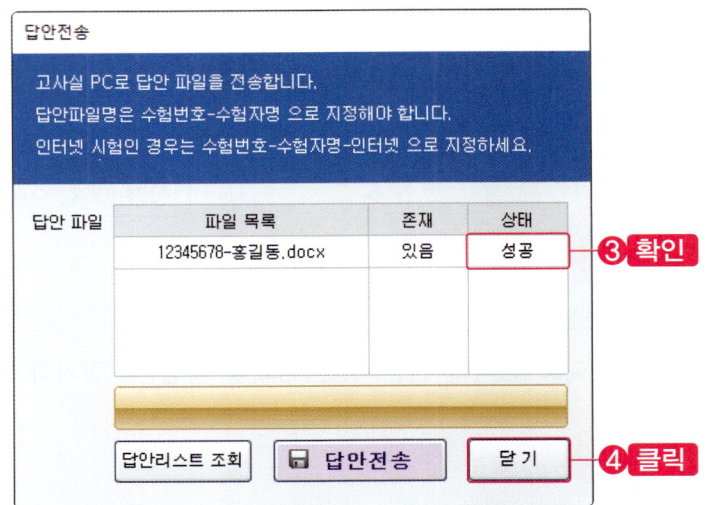

실전문제유형

1 다음의 지시사항을 참고하여 《출력형태》와 같이 문서를 작성하시오. (200점)

▶ 소스파일 : Part 01\Chapter 08\문제01.docx   ▶ 완성파일 : Part 01\Chapter 08\문제01_완성.docx

《출력형태》

사회통합에 지장을 초래하기 때문에 정보화가 진전될수록 정보격차 해소의 중요성은 점점 커지고 있다. 특히 정보에 대한 접근 부문은 정보격차 해소를 위한 우선적 과제로 사회적, 경제적, 지역적 차이에 관계없이 누구나 쉽게 정보에 접근 가능한 환경을 제공받는 것은 정보격차 해소를 위한 기본적 수단(手段)이다.

정부는 급속히 발전하는 정보화 환경 속에서 신체적, 경제적, 지역적 여건 등에 의해 정보통신 제품 및 서비스의 접근이 어려운 장애인, 고령자, 저소득층, 농어민들의 평등한 정보접근 기회를 제공하고자 정보통신 보조기기를 개발하고 보급하는 한편, 사랑의 그린 PC를 보급하고 청각 및 언어 장애인을 위한 통신 중계 서비스를 제공하고 있다. 과학기술정보통신부와 한국지능정보사회진흥원에서는 소외계층의 PC, 인터넷 사용 능력 등 정보화 수준을 확인하기 위해 매년 장애인, 저소득층, 농어민, 장노년층 등을 대상으로 정보격차 실태조사[a]를 실시하고 있다.

♠ **정보격차지수 개요**   ← 굴림, 18pt, 흰색, 텍스트 강조 색(파랑)

1 접근 수준
　가) 필요시 PC 및 인터넷 접근 가능 정도
　나) 정보이용 시설 접근 용이성, PC 보유 및 인터넷 접속 여부
2 역량 수준
　가) PC 기반 인터넷 기본 용도별 이용 능력 보유 정도
　나) PC 환경설정, 워드, 정보검색, 이메일, 전자상거래 활용 능력

다단계 목록 지정
(1 단계, 2 단계)
1 단계 맞춤위치 : 0.3cm
2 단계 맞춤위치 : 0.75cm

♠ **정보격차지수 및 구성 요소**   ← 굴림, 18pt, 밑줄, 강조점

돋움, 10pt, 가운데 맞춤
셀 음영 : 노랑

지수	구성 요소	가중치		구성 요소	가중치
접근지수	필요시 컴퓨터/인터넷 접근 가능성	0.6	양적 활용지수	이용 여부	0.7
	정보통신기기 보유 정도	0.2		이용 시간	0.3
역량지수	컴퓨터 기종 및 인터넷 접속 방식	0.2	질적 활용지수	일상생활 부문별 도움 정도	0.6
	컴퓨터/인터넷 이용 기본 능력	각 0.5		기본 용도별 이용 정도	0.4

돋움, 24pt, 굵게,
장평 105%, 오른쪽 맞춤 → **한국인터넷진흥원**

─────────────
[a] 정보격차 해소 정책의 연간 추진 성과를 측정 및 평가하고 효율적인 정책 추진을 위한 기초자료 제공

페이지 번호 매기기 :
시작번호 5 → V

2. 다음의 지시사항을 참고하여 《출력형태》와 같이 문서를 작성하시오. (200점)

▶ 소스파일 : Part 01\Chapter 08\문제02.docx   ▶ 완성파일 : Part 01\Chapter 08\문제02_완성.docx

《출력형태》

확장현실 도입이 이루어지고 있다. 이에 주요국들은 확장현실로 성장동력을 얻고자 정부가 주도해 프로젝트를 추진함으로써 실감산업 육성 지원에 들어갔으며, 애플, 구글, 페이스북을 비롯한 주요 기업은 확장현실에 대한 공격적인 투자를 통해 시장 선점에 노력을 기울이고 있다. 우리나라도 글로벌 확장현실⁺ 선도를 위해 실감콘텐츠 활성화 전략을 수립(樹立)하고 실감산업 육성을 지원하였다.

한편, 협업 능력이 기업의 미래를 결정하는 중요 척도로 꼽히는 만큼 비대면 시대에서 기업들은 협업 효과를 잃지 않기 위해 많은 노력을 기울이고 있으며 그 중 하나가 확장현실에 기반한 협업인 실감협업이다. 이는 확장현실을 통해 풍부한 정보공유, 몰입감 높은 현장감, 자연스러운 상호작용으로 원격에서도 높은 협업 효과를 가져올 수 있다.

♣ **XR을 활용한 회복 및 치유 효과** ← 굴림, 18pt, 흰색, 텍스트 강조 색(빨강)

① 육체적 활용 사례
　가) 효과 : 목표 의식을 함양함으로써 치료 동기를 부여
　나) 활용 사례 : 헬스케어, 홈트레이닝, 재활훈련
② 사회적 활용 사례
　가) 효과 : 자연스러운 상호작용과 사용자 간의 깊은 연결성 제공
　나) 활용 사례 : 소셜 VR, 그룹 치료

← 다단계 목록 지정
(1 단계, 2 단계)
1 단계 맞춤위치 : 0.3cm
2 단계 맞춤위치 : 0.75cm

♣ **실감콘텐츠산업 활성화 전략** ← 굴림, 18pt, 밑줄, 강조점

돋움, 10pt, 가운데 맞춤
셀 음영 : 노랑

비전	세계 최초 5G 상용화를 기반으로 2023년 실감콘텐츠 선도국가 도약		
전략 목표	콘텐츠 생산액	전문기업 수	수출액
	20조 원	100개	5조원
중점 추진과제	신수요 창출	기술, 인프라 고도화	산업성장 지원
	공공서비스에 XR 적용	글로벌 선도기술 확보	전문기업 육성
	산업분야에 XR 적용	제작인프라 고도화	글로벌 진출 지원

궁서, 24pt, 굵게,
장평 105%, 오른쪽 맞춤 → **소프트웨어정책연구소**

⁺ VR, MR, AR에 이르기까지 가상현실 기술 전체를 통틀어 일컬음

페이지 번호 매기기 :
시작번호 6 → 6

실전문제유형

3 다음의 지시사항을 참고하여 《출력형태》와 같이 문서를 작성하시오. (200점)

▶ 소스파일 : Part 01\Chapter 08\문제03.docx   ▶ 완성파일 : Part 01\Chapter 08\문제03_완성.docx

《출력형태》

세미나가 개최됨에 동시에 토목, 플랜, 상하 수 배관, 포장, 터널 등의 시공 일반 공종, 측량, 도로, 콘크리트, 플랜트, 특수장비 등의 장비 품목, 구조재료, 철강재료, 도료, 방수 단열재 등의 자재 품목, 각종 해석 및 설계 프로그램, BIM, 3D 모델링, 통신, 제어솔루션 등의 시스템 품목을 아우르는 건설기술 산업 전 분야가 전시된다.

한국건설기술연구원 구조융합연구소, 성균관대학교 자기치유친환경콘크리트센터, 한국BIM학회, 한국비계기술원, 한국크레인협회 등의 기관에서 세미나에 참여하고 신기술&신공법 소개, 건설 산업에서 4차 산업혁명과 BIM, 가설구조물 안정성 확보 방안 등의 다양한 프로그램을 준비하여 국제표준지표, 기술연구결과, 최신 건설기술 동향(動向)에 대한 수준 높은 강의가 진행된다. 건설기술에 관심 많은 종사자 및 실수요자가 건설 산업 현황을 한 눈에 파악할 수 있으며, 비즈니스 네트워크 구축을 통해 B2B[A] 상호간 긴밀한 협조체계가 이뤄질 예정이다.

♣ 대한민국 건설기술산업대전 개요

① 기간 및 장소
　가. 기간 : 2022년 12월 12일(월) - 15일(목)
　나. 장소 : 일산 킨텍스 제2전시장
② 부대행사
　가. 컨퍼런스 : 최신 산업 트렌드, 글로벌 건설시장 사례 등
　나. 기술설명회 : 참가 기업 신기술공법, 제품 설명회

♣ 주요 세미나 프로그램 일정

구분	장소	프로그램	비고
1일차	3층 그랜드볼룸	에너지 절약기술을 적용한 제로 에너지 하우스	잔여 좌석은 선착순 현장접수 마감
1일차	302호 세미나실	4차 산업혁명과 디지털 건설 산업의 미래	잔여 좌석은 선착순 현장접수 마감
2일차	3층 그랜드볼룸	친환경 콘크리트, 스마트 건설재료 포럼	잔여 좌석은 선착순 현장접수 마감
2일차	302호 세미나실	스마트 건설기술 사례	잔여 좌석은 선착순 현장접수 마감
2일차	304호 세미나실	모듈러 공동주택의 실증사례보고	잔여 좌석은 선착순 현장접수 마감

건설기술산업대전사무국

[A] 기업과 기업 사이에 이루어지는 전자상거래를 일컫는 경제 용어

4 다음의 지시사항을 참고하여 《출력형태》와 같이 문서를 작성하시오. (200점)

▶ 소스파일 : Part 01\Chapter 08\문제04.docx   ▶ 완성파일 : Part 01\Chapter 08\문제04_완성.docx

《출력형태》

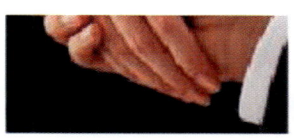

시주 이른 새소를 이수주 이날에 있는 것이며, 문흐 무른 서이에 재단되면 이르국은 문화를 하나로 다시 탄생시키는 것이다. 우리가 추구하는 통일은 인류 보편적 가치로 자리 잡은 자유민주주의와 시장경제를 바탕으로 구성원 모두의 자유와 인권이 보장되는 민족공동체의 건설이다.

　　통일은 분단으로 인해 굴절된 역사를 바로잡고, 민족공동체 건설을 통해 우리 민족의 총체적 역량을 극대화하기 위해 필요하다. 또한 통일은 분단에 따른 유형, 무형적인 비용을 소멸시키고 새로운 이득을 창출(創出)함으로 인해 국가와 사회뿐 아니라 개인에게도 삶의 질을 향상시킬 것이다. 개인적 차원에서 통일은 이산가족의 고통을 해소하고 남북 간에 자유롭게 오고 가며 살 수 있는 등의 다양한 선택의 기회를 부여하며 인간적인 삶을 보장할 것이다. 통일은 21세기 한민족의 새로운 비상과 선진일류국가로 도약하기 위한 수단으로써 필요하다.

♠ **통일교육의 내용** ← 궁서, 18pt, 흰색, 텍스트 강조 색(파랑)

　1 통일 문제
　　가) 통일의 의의와 필요성, 남북관계의 전개
　　나) 국제질서와 한반도 통일, 통일의 비전과 과제
　2 북한 이해
　　가) 북한을 보는 시각, 북한 변화 전망 등
　　나) 북한 분야별 실상(정치, 외교, 군사, 경제, 교육, 문화, 예술)

다단계 목록 지정
(1 단계, 2 단계)
1 단계 맞춤위치 : 0.3cm
2 단계 맞춤위치 : 0.75cm

♠ *지역별 통일관 현황* ← 궁서, 18pt, 기울임, 강조점

굴림, 10pt, 가운데 맞춤
셀 음영 : 노랑

지역	위치	운영주체	휴관
서울	서울 구로구 궁동 35번지	서서울생활과학고등학교	매주 일요일, 공휴일
오두산	경기 파주시 통일전망대 내	민간위탁	매주 월요일
광주	광주 서구 화정2동	통일교육위원광주협의회	매주 월요일, 토요일
부산	부산 부산진구 자유회관 내	한국자유총연맹	연중 무휴
기타 지역 현황		경남, 고성, 대전, 양구, 인천, 제주	

굴림, 24pt, 굵게,
장평 95%, 오른쪽 맞춤 → **국립통일교육원**

---
a 언어와 문화상의 공통성에 기초하여 오랜 세월 역사적으로 형성된 사회 집단

페이지 번호 매기기 :
시작번호 6 → Ⅵ

5 다음의 지시사항을 참고하여 《출력형태》와 같이 문서를 작성하시오. (200점)

▶ 소스파일 : Part 01\Chapter 08\문제05.docx   ▶ 완성파일 : Part 01\Chapter 08\문제05_완성.docx

《출력형태》

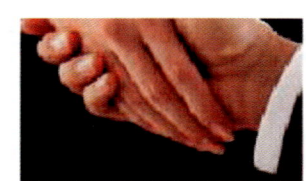

디지털 전환 시대에 세계 경제를 선도(先導)하기 위해 정부는 '한국판 뉴딜'의 한 축으로 '디지털 뉴딜' 정책을 발표했다. 과학기술정보통신부는 디지털 뉴딜 정책의 일환으로 데이터 수집, 가공, 활용 기반을 강화하여 데이터 경제와 인공지능 경제로 전환하기 위해 데이터 댐 프로젝트를 핵심 과제로 추진하고 있다.

인공지능 개발에 필수적인 인공지능 학습용 데이터를 누구나 편리한 시간과 장소에서 수집하고 가공하며 검증할 수 있도록 크라우드 소싱 방식[a]을 적용하여 170종 4억 8천만 건의 데이터를 개방(開放)했다. 데이터를 국민 누구나 손쉽게 찾아 활용할 수 있도록 분야별 빅데이터 플랫폼 및 센터를 구축하여 6개 플랫폼과 50개 센터를 운영하고 있다. 또한 여러 기관에 분산된 개인 데이터를 가치 있게 활용할 수 있도록 마이데이터 실증사업을 추진하고 정보 주체 중심의 데이터 활용 확산에 기여하고 있다.

♣ **디지털 뉴딜 및 빅데이터 관련 정책** ← 돋움, 18pt, 흰색, 텍스트 강조 색(빨강)

1 그린산업 분야 에너지효율 과제
　가) 전력수요관리를 위한 아파트 스마트 전력량계 보급
　나) 노후건물 에너지 빅데이터 시스템 구축
2 일반행정 분야 스마트정부 과제
　가) 공공데이터 개방 및 이용 활성화 지원
　나) 행정기관 정보통신 이용환경 고도화

다단계 목록 지정
(1 단계, 2 단계)
1 단계 맞춤위치 : 0.3cm
2 단계 맞춤위치 : 0.75cm

♣ *디지털 정보기술 분야 경쟁력 지수* ← 돋움, 18pt, 기울임, 강조점

돋움, 10pt, 가운데 맞춤
셀 음영 : 노랑

순위	ICT 수용 능력	유연한 근무방식	디지털 기술	디지털 법적 프레임워크
1	대한민국	네덜란드	핀란드	미국
2	아랍에미리트	뉴질랜드	스웨덴	룩셈부르크
3	홍콩	스위스	에스토니아	싱가포르
4	스웨덴	에스토니아	아이슬란드	아랍에미리트
5	일본	미국		말레이시아

궁서, 24pt, 굵게, 장평 95%, 오른쪽 맞춤 → **한국지능정보사회진흥원**

―――――――――
[a] 대중들의 참여로 해결책을 얻는 방법

페이지 번호 매기기 : 시작번호 7 → G

BiG 1 빅 폰트(Big Font)
BiG 2 빅 픽쳐(Big Picture)
BiG 3 빅 북(Big Book)

ITQ 정보기술자격
MS WORD 2021

PART 02
실전모의문제

PART 02
실전모의문제 차례

제01회 실전모의문제 ……… 158
제02회 실전모의문제 ……… 162
제03회 실전모의문제 ……… 166
제04회 실전모의문제 ……… 170
제05회 실전모의문제 ……… 174
제06회 실전모의문제 ……… 178
제07회 실전모의문제 ……… 182
제08회 실전모의문제 ……… 186
제09회 실전모의문제 ……… 190
제10회 실전모의문제 ……… 194
제11회 실전모의문제 ……… 198
제12회 실전모의문제 ……… 202

- 2024년 부터 적용되는 문제 조건으로 만들었습니다.
- 실제 시험지와 같이 흑백으로 12회분 구성하였습니다.
- 각 문제에 대한 글자와 화면을 크게 만들었습니다.
- 채점프로그램을 이용하여 점수를 확인할 수 있습니다.

ITQ MS 워드 기본 설정

1 기본 설정을 지정하기 위해 [홈] 탭-[단락] 그룹에서 [**추가 옵션(□)**]을 클릭합니다.

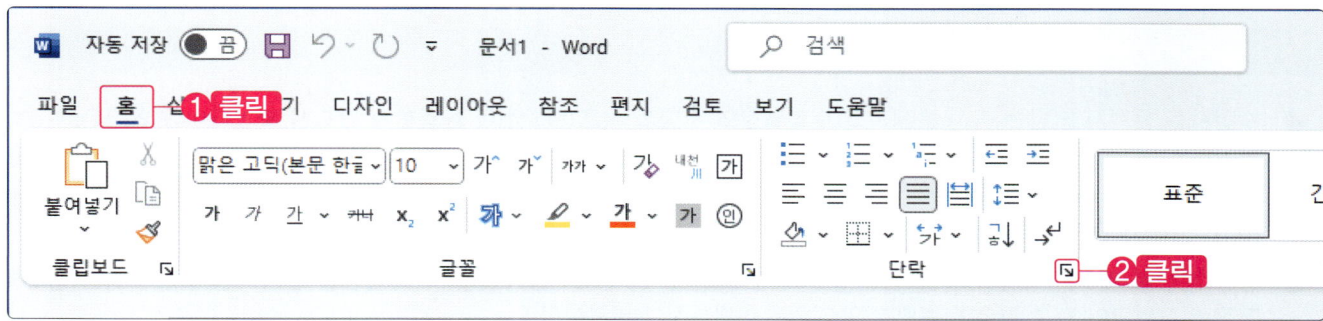

2 [단락] 대화상자가 나타나면 [들여쓰기 및 간격] 탭에서 **단락 뒤 간격에 '0'을 입력**합니다. 그런다음 [**한글 입력 체계**] **탭을 클릭**한 후 [**한글 단어 잘림 허용**]을 **선택 해제**한 다음 [**한글과 영어 간격을 자동으로 조절**]과 [**한글과 숫자 간격을 자동으로 조절**]을 **선택 해제**하고 [확인] 단추를 클릭합니다.

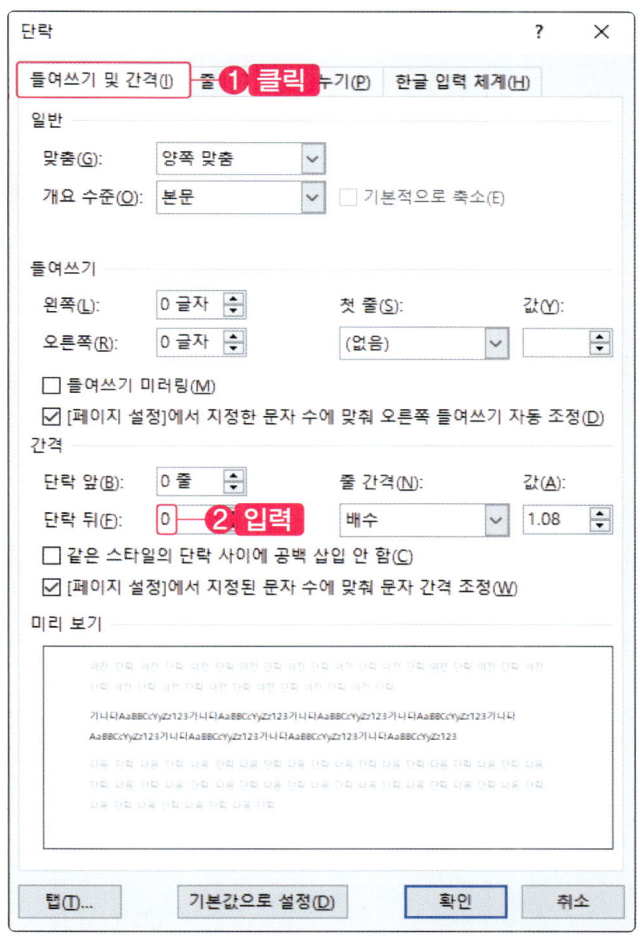
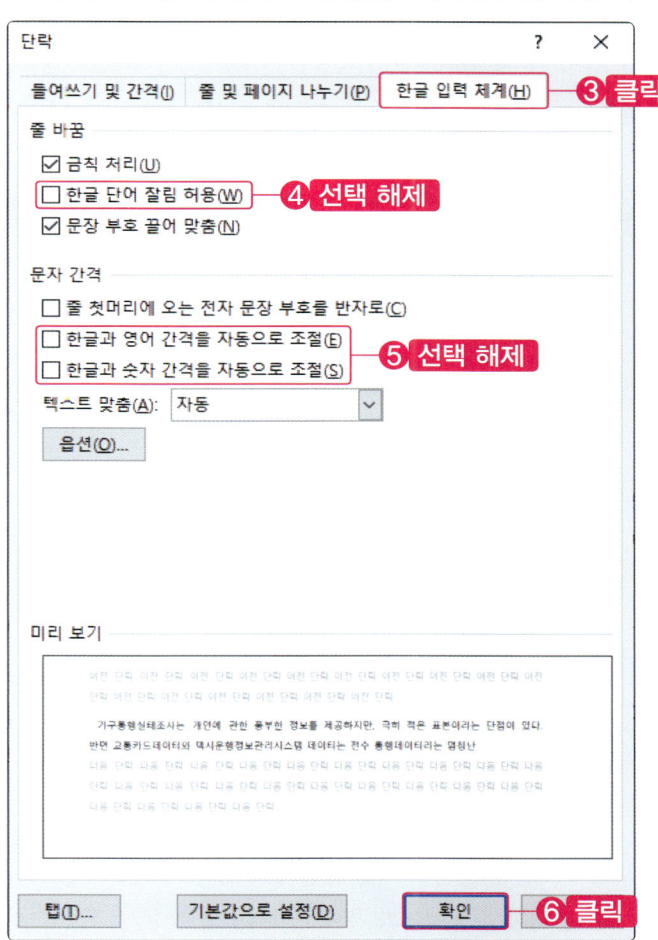

> [단락] 대화상자에서 설정하는 지시사항은 별도로 없지만 〈출력형태〉를 참고하여 위 기능을 설정해줘야 문제지와 같이 작성할 수 있습니다.

제 01 회 ITQ 실전모의문제

과목	코드	문제유형	시험시간	수험번호	성명
MS 워드	1112	A	60분		

수험자 유의사항

- 수험자는 문제지를 받는 즉시 문제지와 **수험표상의 시험과목(프로그램)이 동일한지 반드시 확인**하여야 합니다.
- 파일명은 본인의 "수험번호-성명"으로 입력하여 답안폴더(내 PC₩문서₩ITQ)에 하나의 파일로 저장해야 하며, 답안문서 파일명이 "수험번호-성명"과 일치하지 않거나, 답안파일을 전송하지 않아 미제출로 처리될 경우 실격처리합니다 (예:12345678-홍길동.docx).
- 답안 작성을 마치면 파일을 저장하고, '답안 전송' 버튼을 선택하여 감독위원 PC로 답안을 전송하십시오. 수험생 정보와 저장한 파일명이 다를 경우 전송되지 않으므로 주의하시기 바랍니다.
- 답안 작성 중에도 주기적으로 저장하고, '답안 전송'하여야 문제 발생을 줄일 수 있습니다. 작업한 내용을 저장하지 않고 전송할 경우 이전에 저장된 내용이 전송되오니 이점 유의하시기 바랍니다.
- 기타 통신수단(이메일, 메신저, 네트워크 등)을 이용하여 타인에게 전달 또는 외부 반출하는 경우는 부정 처리합니다.
- 시험 중 부주의 또는 고의로 시스템을 파손한 경우는 수험자가 변상해야 하며, <수험자 유의사항>에 기재된 방법대로 이행하지 않아 생기는 불이익은 수험생 당사자의 책임임을 알려 드립니다.
- 문제의 조건은 MS오피스 2021 버전으로 설정되어 있으며 MS오피스 2016은 【 】에 표기되어 있습니다. 이와 관련하여 작성한 답안의 출력형태가 문제지와 다를 수 있습니다.
- 시험을 완료한 수험자는 답안파일이 전송되었는지 확인한 후 감독위원의 지시에 따라 문제지를 제출하고 퇴실합니다.

답안 작성요령

- **온라인 답안 작성 절차**
  수험자 등록 ⇒ 시험 시작 ⇒ 답안파일 저장 ⇒ 답안 전송 ⇒ 시험 종료
- **공통 부문**
  - 글꼴에 대한 기본설정은 맑은고딕, 10포인트, 검정으로 합니다.
  - 문서작성능력평가의 줄간격은 한 페이지 내에서 작성되도록 조정합니다.
  - 각 문항에 주어진 ≪조건≫에 따라 작성하고 언급하지 않은 조건은 ≪출력형태≫와 같이 작성합니다.
  - 수험자는 문제지를 받는 즉시 문제지와 수험표상의 시험과목(프로그램)이 동일한지 반드시 확인하여야 합니다.
  - 여백은 왼쪽·오른쪽 1.1cm , 위쪽·아래쪽·머리글·바닥글 1cm , 제본 0cm 로 합니다.
  - 그림 삽입 문제의 경우 '내 PC₩문서₩ITQ₩Picture' 폴더에서 지정된 파일을 선택하여 삽입하십시오.
  - 삽입한 그림은 반드시 문서에 포함하여 저장해야 합니다(미포함 시 감점 처리).
  - 각 항목은 지정된 페이지에 출력형태와 같이 정확히 작성하시기 바라며, 그렇지 않을 경우에 해당 항목은 0점 처리됩니다.
    ※ 페이지구분 : 1페이지 - 기능평가 I (문제번호 표시 : 1. 2.),
    　　　　　　　　2페이지 - 기능평가 II (문제번호 표시 : 3. 4.),
    　　　　　　　　3페이지 - 문서작성 능력평가
- **기능평가**
  - 문제와 ≪조건≫은 입력하지 않으며 문제번호와 답(≪출력형태≫)만 작성합니다.
  - 4번 문제는 묶기를 했을 경우 0점 처리됩니다.
- **문서작성 능력평가**
  - A4 용지(210㎜×297㎜) 1매 크기, 세로 서식 문서로 작성합니다.
  - ┆┆┆┆ 표시는 문서작성에 대한 지시사항이므로 작성하지 않습니다.

kpc 한국생산성본부

기능평가 Ⅰ (150점)

1. 다음의 ≪조건≫에 따라 스타일 기능을 적용하여 ≪출력형태≫와 같이 작성하시오. (50점)

≪조건≫ (1) 스타일 이름 - mascot
(2) 단락 - 왼쪽 들여쓰기 : 1.5 글자, 단락 뒤 간격 : 12pt(또는 1줄)
(3) 글꼴 - 글꼴 : 한글(돋움)/영어(궁서), 크기 : 10pt, 장평 : 95%, 간격 : 표준

≪출력형태≫

Ever since Shuss, a red, white and blue mascot on skis, appeared at the Olympic Winter Games Grenoble 1968, mascots have been fun and festive ambassadors of the Olympic Movement.

1968년 동계 올림픽 그르노블에서 스키를 탄 빨간색, 흰색, 파란색 마스코트 슈스가 등장한 이래로 마스코트는 재미있고 축제 같은 올림픽 운동의 홍보대사였다.

2. 다음의 ≪조건≫에 따라 ≪출력형태≫와 같이 표와 차트를 작성하시오. (100점)

≪표 조건≫ (1) 표 전체(표, 캡션) - 돋움, 10pt
(2) 맞춤 - 문자 : 가운데 맞춤, 숫자 : 오른쪽 맞춤
(3) 셀 음영 : 노랑
(4) 계산 기능을 이용하여 빈칸에 합계를 구하고, 캡션 기능 사용할 것
(5) 테두리 모양은 ≪출력형태≫와 동일하게 처리할 것

≪출력형태≫

한국 하계올림픽 특정 종목 역대 메달 현황(단위: 개)

종목	레슬링	양궁	유도	태권도	근대 5종
금메달	11	27	11	12	0
은메달	11	9	17	3	0
동메달	14	7	18	7	1
합계					

≪차트 조건≫ (1) 차트 데이터는 표 내용에서 메달별 레슬링, 양궁, 유도, 태권도의 값만 이용할 것
(2) 종류 - <묶은 세로 막대형>으로 작업할 것
(3) 제목 – 글꼴 : 굴림, 굵게, 12pt, 테두리
(4) 제목 이외의 전체 글꼴 – 굴림, 보통, 10pt
(5) 축제목과 범례는 ≪출력형태≫와 동일하게 처리할 것

≪출력형태≫

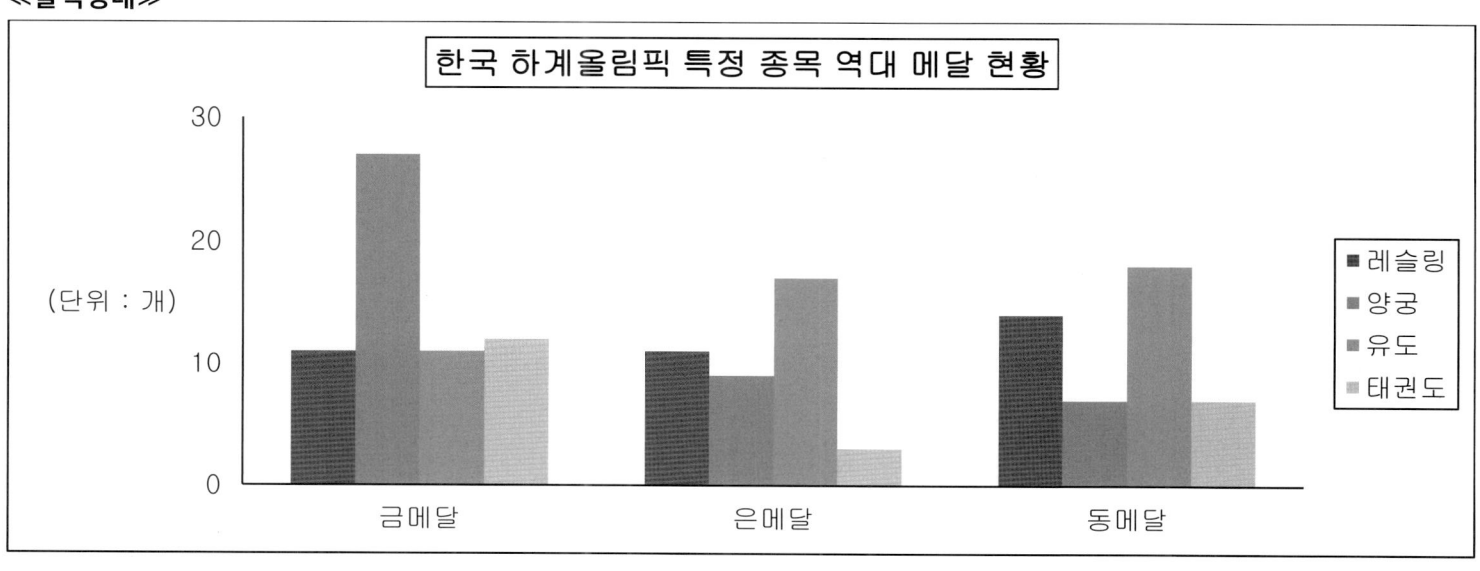

기능평가 II (150점)

3. 다음 (1), (2)의 수식을 수식 편집기로 각각 입력하시오. (40점)

≪출력형태≫

(1) $\overline{AB} = \sqrt{(x_2 - x_1)^2 + (y_2 - y_1)^2}$

(2) $G = 2\int_{\frac{a}{2}}^{a} \frac{b\sqrt{a^2 - x^2}}{a} dx$

4. 다음의 ≪조건≫에 따라 ≪출력형태≫와 같이 문서를 작성하시오. (110점)

≪조건≫
(1) 그리기 도구를 이용하여 작성하고, 모든 도형(글맵시, 지정된 그림 포함)을 ≪출력형태≫와 같이 작성하시오.
(2) 도형의 면색은 지시사항이 없으면 색 없음을 제외하고 서로 다르게 임의로 지정하시오.

≪출력형태≫

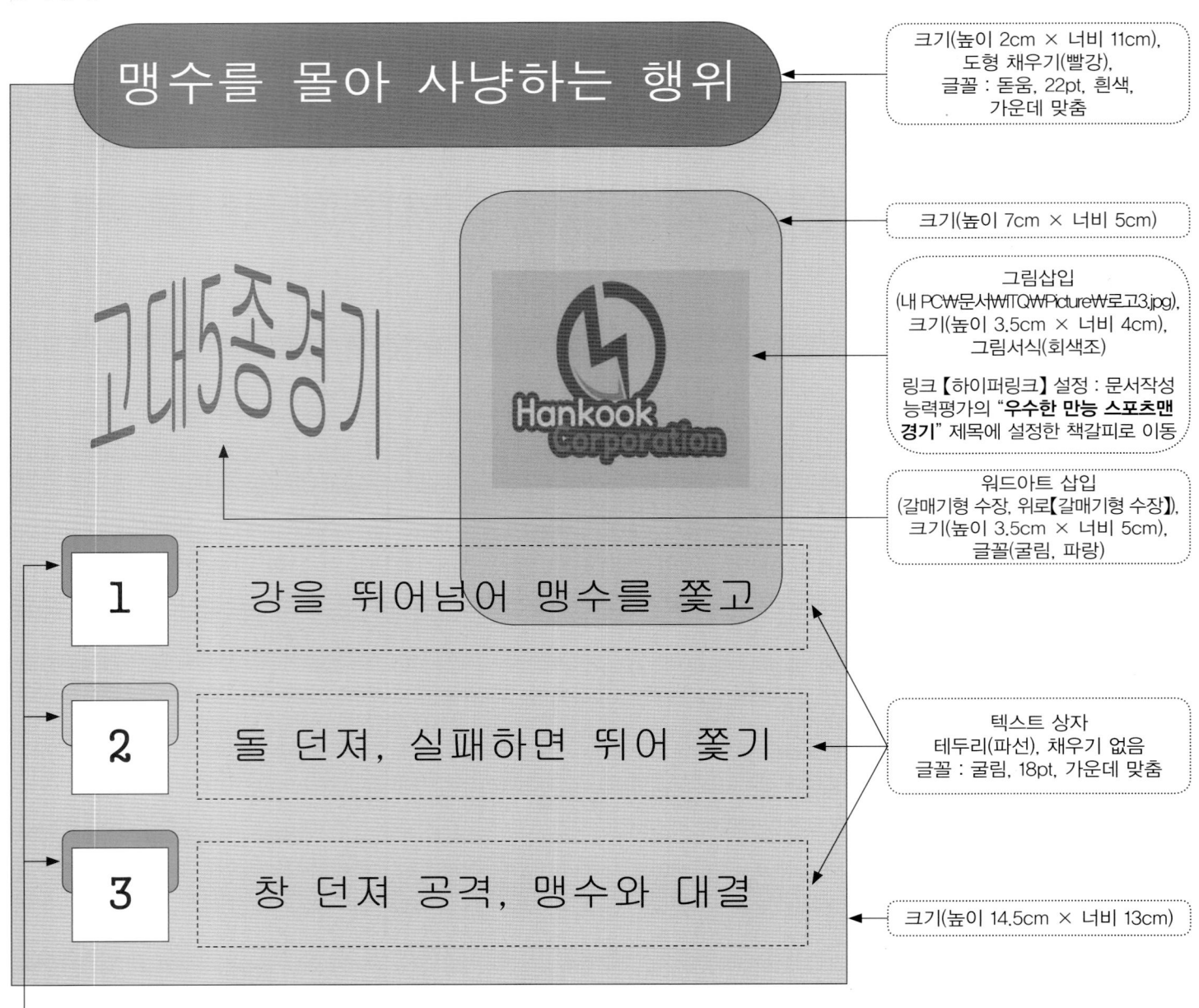

우수한 만능 스포츠맨 경기

중세 철학자 아리스토텔레스는 '가장 완벽한 스포츠인은 5종 경기를 하는 사람이다. 체력과 스피드가 경기인의 신체 속에 가장 아름다운 조화를 이루게 하는 경기이기 때문이다.'라고 5종 경기를 찬미 한 바 있다. 한 선수가 체력, 체능, 체격조건과 기술요건이 서로 다른 5가지 경기종목을 섭렵한다는 것은 가장 뛰어난 신체 능력과 정신력을 발휘함으로써 가능하며, 그러한 선수만이 올림픽 선수의 칭호를 받을 만하다는 피에르 쿠베르탱 남작의 말은 바로 완전한 인간을 추구한다는 올림픽의 진정한 이념을 반영한 것이다.

현대사회는 모든 분야(分野)에서 급속도의 변화를 가져오고 있다. 현대사회는 인간이 각기 전문성을 갖도록 강요하고 있다. 따라서 인간은 생존(生存)을 위하여 그렇게 되지 않을 수 없는 상황에 처해 있으며 몸과 마음의 조화가 갖는 아름다움을 스스로 파기하고 있다. 정신적, 육체적으로 조화를 이룬 인간개발을 목표로 쿠베르탱 남작에 의해 개발되고 올림픽 스포츠로 발전해온 근대 5종경기[a]는 성장기의 청소년에게 정신과 육체의 균형을 갖춘 인격체로서 성장할 수 있도록 도와주고 그들의 미래가 여러 분야에서 조화를 이룰 수 있도록 창안되었다.

◆ 근대5종 세부종목 안내

1 펜싱 및 수영 소개
    가) 펜싱: 참가선수 전원이 1분 단판으로 풀 리그를 펼침
    나) 수영: 200m 자유형이나 어떠한 영법을 사용해도 무방함
2 승마 및 복합경기 소개
    가) 승마: 350-450m 코스에서 12개의 장애물을 넘는 경기
    나) 복합경기(육상+사격): 핸디캡 스타트 방식

◆ 근대5종 경기 일정(2025년)

국내대회	대회기간	장소	세계 대회	대회 기간	장소
선수권대회	06.21 - 06.27	강원(홍천)	U17	07.12 - 07.30	이집트 튀르키예
문체부대회	08.10 - 08.15	전남(해남)	U19		
대한체육회장배	09.07 - 09.12	강원(인제)	세계선수권대회	08.21 - 08.28	영국
전국체육대회	10.13 - 10.19	전라남도	주니어대회	09.12 - 09.17	리투아니아

→ 대한근대5종연맹

---

[a] 한 경기자가 펜싱, 수영, 승마, 복합(사격, 육상) 등의 5종목을 각각 겨루는 경기

제02회 ITQ 실전모의문제

과목	코드	문제유형	시험시간	수험번호	성명
MS 워드	1112	B	60분		

수험자 유의사항

- 수험자는 문제지를 받는 즉시 문제지와 **수험표상의 시험과목(프로그램)이 동일한지 반드시 확인**하여야 합니다.
- 파일명은 본인의 "수험번호-성명"으로 입력하여 답안폴더(내 PC₩문서₩ITQ)에 하나의 파일로 저장해야 하며, 답안문서 파일명이 "수험번호-성명"과 일치하지 않거나, 답안파일을 전송하지 않아 미제출로 처리될 경우 실격처리합니다 (예:12345678-홍길동.docx).
- 답안 작성을 마치면 파일을 저장하고, '답안 전송' 버튼을 선택하여 감독위원 PC로 답안을 전송하십시오. 수험생 정보와 저장한 파일명이 다를 경우 전송되지 않으므로 주의하시기 바랍니다.
- 답안 작성 중에도 주기적으로 저장하고, '답안 전송'하여야 문제 발생을 줄일 수 있습니다. 작업한 내용을 저장하지 않고 전송할 경우 이전에 저장된 내용이 전송되오니 이점 유의하시기 바랍니다.
- 기타 통신수단(이메일, 메신저, 네트워크 등)을 이용하여 타인에게 전달 또는 외부 반출하는 경우는 부정 처리합니다.
- 시험 중 부주의 또는 고의로 시스템을 파손한 경우는 수험자가 변상해야 하며, <수험자 유의사항>에 기재된 방법대로 이행하지 않아 생기는 불이익은 수험생 당사자의 책임임을 알려 드립니다.
- 문제의 조건은 MS오피스 2021 버전으로 설정되어 있으며 MS오피스 2016은 【 】에 표기되어 있습니다. 이와 관련하여 작성한 답안의 출력형태가 문제지와 다를 수 있습니다.
- 시험을 완료한 수험자는 답안파일이 전송되었는지 확인한 후 감독위원의 지시에 따라 문제지를 제출하고 퇴실합니다.

답안 작성요령

- **온라인 답안 작성 절차**
  수험자 등록 ⇒ 시험 시작 ⇒ 답안파일 저장 ⇒ 답안 전송 ⇒ 시험 종료

- **공통 부문**
  - 글꼴에 대한 기본설정은 맑은고딕, 10포인트, 검정으로 합니다.
  - 문서작성능력평가의 줄간격은 한 페이지 내에서 작성되도록 조정합니다.
  - 각 문항에 주어진 ≪조건≫에 따라 작성하고 언급하지 않은 조건은 ≪출력형태≫와 같이 작성합니다.
  - 수험자는 문제지를 받는 즉시 문제지와 수험표상의 시험과목(프로그램)이 동일한지 반드시 확인하여야 합니다.
  - 여백은 왼쪽·오른쪽 1.1cm , 위쪽·아래쪽·머리글·바닥글 1cm , 제본 0cm 로 합니다.
  - 그림 삽입 문제의 경우 '내 PC₩문서₩ITQ₩Picture' 폴더에서 지정된 파일을 선택하여 삽입하십시오.
  - 삽입한 그림은 반드시 문서에 포함하여 저장해야 합니다(미포함 시 감점 처리).
  - 각 항목은 지정된 페이지에 출력형태와 같이 정확히 작성하시기 바라며, 그렇지 않을 경우에 해당 항목은 0점 처리됩니다.
    ※ 페이지구분 : 1페이지 - 기능평가 I (문제번호 표시 : 1. 2.),
    　　　　　　　 2페이지 - 기능평가 II (문제번호 표시 : 3. 4.),
    　　　　　　　 3페이지 - 문서작성 능력평가

- **기능평가**
  - 문제와 ≪조건≫은 입력하지 않으며 문제번호와 답(≪출력형태≫)만 작성합니다.
  - 4번 문제는 묶기를 했을 경우 0점 처리됩니다.

- **문서작성 능력평가**
  - A4 용지(210mm×297mm) 1매 크기, 세로 서식 문서로 작성합니다.
  - ┊┊┊ 표시는 문서작성에 대한 지시사항이므로 작성하지 않습니다.

kpc 한국생산성본부

기능평가 I (150점)

1. 다음의 ≪조건≫에 따라 스타일 기능을 적용하여 ≪출력형태≫와 같이 작성하시오. (50점)

≪조건≫ (1) 스타일 이름 - dementia
(2) 단락 - 왼쪽 들여쓰기 : 1.5 글자, 단락 뒤 간격 : 12pt(또는 1줄)
(3) 글꼴 - 글꼴 : 한글(돋움)/영어(궁서), 크기 : 10pt, 장평 : 95%, 간격 : 표준

≪출력형태≫

They may lose their ability to solve problems or control their emotions. Their personalities may change. They may become agitated or see things that are not there.

치매 질환은 정상적인 지적 능력을 유지하던 사람이 다양한 원인으로 뇌기능의 기질성 손상으로 지적 능력이 감퇴하거나 소실하여 사회적 또는 직업적 기능장애를 가져오는 경우를 통칭한다.

2. 다음의 ≪조건≫에 따라 ≪출력형태≫와 같이 표와 차트를 작성하시오. (100점)

≪표 조건≫ (1) 표 전체(표, 캡션) - 돋움, 10pt
(2) 맞춤 - 문자 : 가운데 맞춤, 숫자 : 오른쪽 맞춤
(3) 셀 음영 : 노랑
(4) 계산 기능을 이용하여 빈칸에 평균(소수점 두 자리)을 구하고, 캡션 기능 사용할 것
(5) 테두리 모양은 ≪출력형태≫와 동일하게 처리할 것

≪출력형태≫

치매 환자수 및 유병률 추이(단위: 만 명, %)

구분	2020년	2030년	2040년	2050년	평균
남성	31	55	90	126	
여성	68	107	162	225	
고령자 합계	812	163	252	351	
치매 유병률	12.3	12.6	14.7	18.5	

≪차트 조건≫ (1) 차트 데이터는 표 내용에서 연도별 남성, 여성, 고령자 합계의 값만 이용할 것
(2) 종류 - <묶은 세로 막대형>으로 작업할 것
(3) 제목 - 글꼴 : 굴림, 굵게, 12pt, 테두리
(4) 제목 이외의 전체 글꼴 - 굴림, 보통, 10pt
(5) 축제목과 범례는 ≪출력형태≫와 동일하게 처리할 것

≪출력형태≫

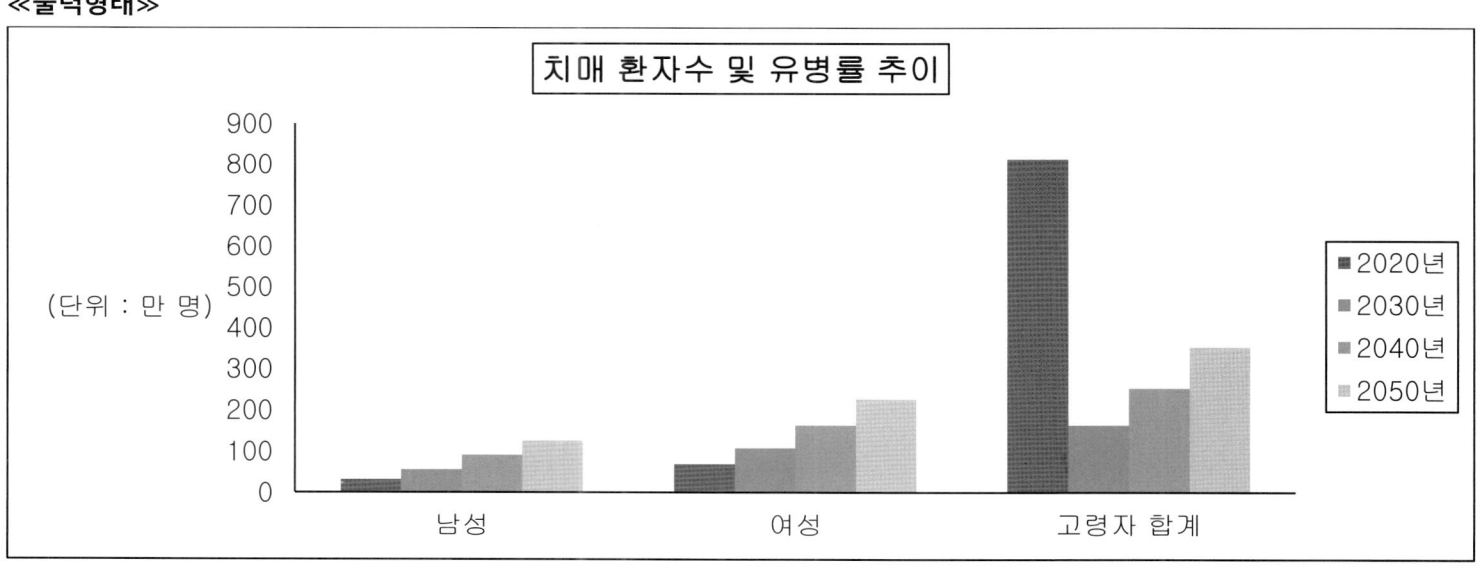

기능평가 II (150점)

3. 다음 (1), (2)의 수식을 수식 편집기로 각각 입력하시오. (40점)

≪출력형태≫

(1) $h = \sqrt{k^2 - r^2}, M = \frac{1}{3}\pi r^2 h$

(2) $F = \frac{4\pi^2}{T^2} = 4\pi^2 K \frac{m}{r^2}$

4. 다음의 ≪조건≫에 따라 ≪출력형태≫와 같이 문서를 작성하시오. (110점)

≪조건≫
(1) 그리기 도구를 이용하여 작성하고, 모든 도형(글맵시, 지정된 그림 포함)을 ≪출력형태≫와 같이 작성하시오.
(2) 도형의 면색은 지시사항이 없으면 색 없음을 제외하고 서로 다르게 임의로 지정하시오.

≪출력형태≫

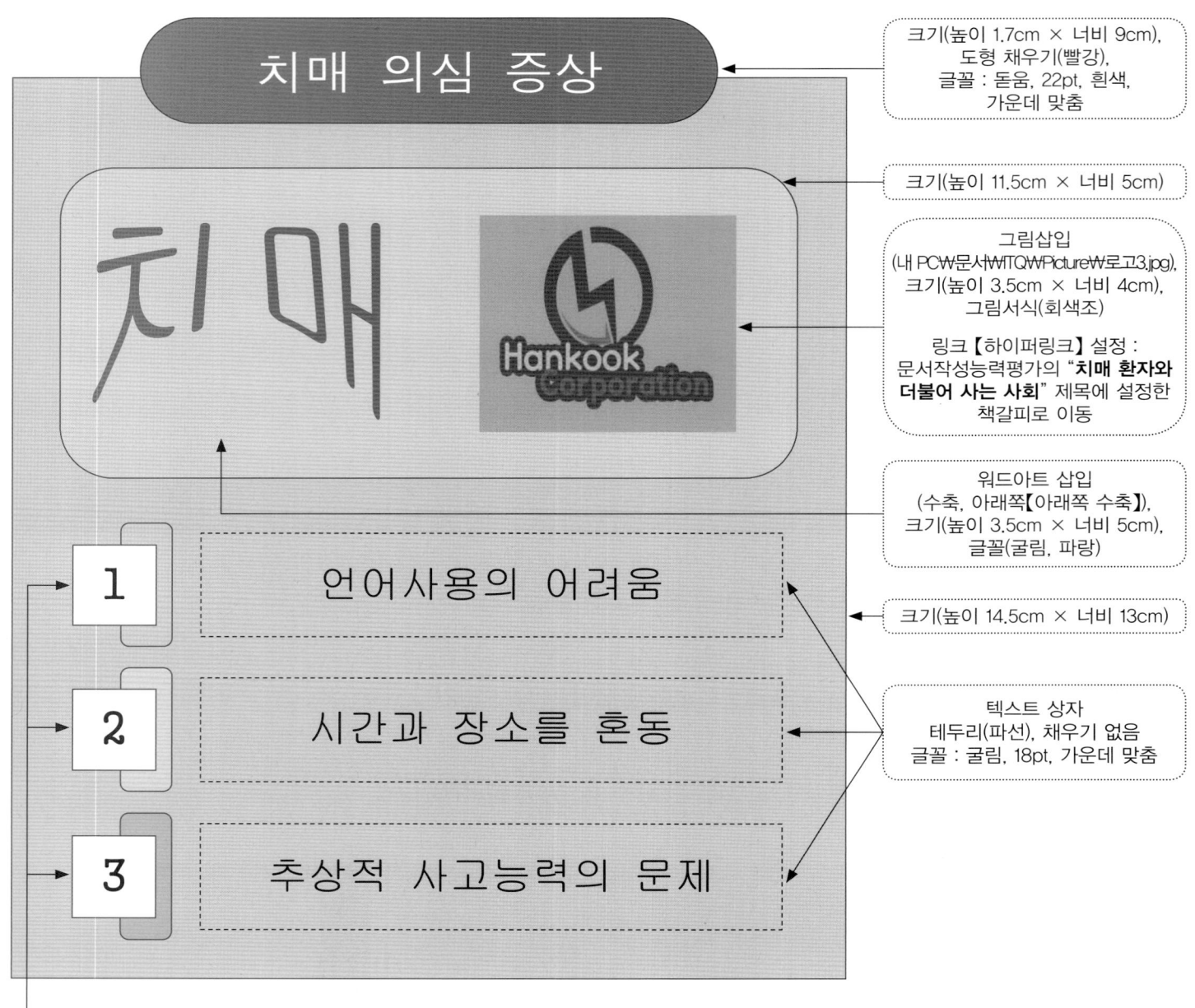

치매 안심 사회
치매 환자와 더불어 사는 사회

한국 65세 이상 노인 인구 중 치매[가]로 추정되는 환자는 66만명에 달하며 2025년에는 100만 명, 2041년에는 200만 명을 넘어설 것으로 예상(豫想)된다. 치매는 최근의 기억부터 잃기 시작해 나중에는 가족도 알아보지 못하고 대소변도 가리지 못해 혼자 일상생활을 하기가 어려워진다. 흔히 건망증과 치매를 혼동하는데, 열쇠를 어디에 뒀는지 모르면 건망증이고 열쇠를 보고도 열쇠인 줄 모르면 치매이다. 뻔히 아는 것조차 잊어버리면 치매 증상이라는 것이다.

　치매 예방에 가장 좋은 것은 시속 6킬로미터 이상 속도로 빠르게 걷는 것이다. 땀내가 살짝 나는 꾸준한 걷기가 뇌 혈류를 개선하고 기억 중추(中樞)인 해마를 활성화한다. 고혈압, 고혈당, 고지혈증을 모두 낮추니 일석삼조이다. 치매 예방을 위해 고스톱을 치라는 속설이 있는데 이는 엄밀히 말해 과학적 방법이 아니다. 반복적인 것보다 평소 뇌가 쓰이지 않던 새로운 것을 자주 해야 한다. 그런 의미에서 전문가들은 외국어 공부가 치매 예방에 가장 좋다고 말한다. 뇌의 가용 용량을 다양하게 늘려 놓으면 설사 치매로 일부 뇌세포가 손상되더라도 그것을 보충해 줄 뇌 기능의 여유분이 있기 때문에 치매 증상이 상당히 줄어든다고 한다.

★ 치매의 종류 및 증상

1 루이소체 치매
　　가) 루이체가 뇌 겉질에 축적되면 치매, 중뇌에 축적되면 파킨슨병
　　나) 행동이 느려짐, 뻣뻣한 움직임, 손의 떨림, 종종걸음 등
2 알코올성 치매
　　가) 신경세포에 부정적인 영향을 주며 장기간 과음 시 치매로 진행
　　나) 작화증, 눈 움직임의 문제, 비틀거리는 걸음걸이, 기억력 저하

★ 영국의 치매 돌봄 서비스 제공 지표

평가영역	구분	지표명
종사자들의 적절한 교육훈련	구조	치매 관련 종사자를 위한 지역사회 치매 교육 프로그램 제공
	과정	전체 치매 관련 종사자들 중 최신 보수교육을 이수 받은 사람들의 비율
평가 및 개인별 맞춤형 케어 플랜 수립	구조	환자 개인별 맞춤형 서비스 제공을 위한 준비
	과정1	치매 환자 중 케어 플랜이 수립된 환자 비율
	과정2	치매 환자 중 보건 및 복지 서비스 코디네이터 할당된 환자 비율

치매안심센터

[가] 2030년 치매인구는 전 세계적으로 6,600만 명으로 늘어날 것으로 예상

제 03 회 ITQ 실전모의문제

과목	코드	문제유형	시험시간	수험번호	성명
MS 워드	1112	C	60분		

수험자 유의사항

- 수험자는 문제지를 받는 즉시 문제지와 **수험표상의 시험과목(프로그램)이 동일한지 반드시 확인**하여야 합니다.
- 파일명은 본인의 "수험번호-성명"으로 입력하여 답안폴더(내 PC₩문서₩ITQ)에 하나의 파일로 저장해야 하며, 답안문서 파일명이 "수험번호-성명"과 일치하지 않거나, 답안파일을 전송하지 않아 미제출로 처리될 경우 실격처리합니다. (예:12345678-홍길동.docx).
- 답안 작성을 마치면 파일을 저장하고, '답안 전송' 버튼을 선택하여 감독위원 PC로 답안을 전송하십시오. 수험생 정보와 저장한 파일명이 다를 경우 전송되지 않으므로 주의하시기 바랍니다.
- 답안 작성 중에도 주기적으로 저장하고, '답안 전송'하여야 문제 발생을 줄일 수 있습니다. 작업한 내용을 저장하지 않고 전송할 경우 이전에 저장된 내용이 전송되오니 이점 유의하시기 바랍니다.
- 기타 통신수단(이메일, 메신저, 네트워크 등)을 이용하여 타인에게 전달 또는 외부 반출하는 경우는 부정 처리합니다.
- 시험 중 부주의 또는 고의로 시스템을 파손한 경우는 수험자가 변상해야 하며, <수험자 유의사항>에 기재된 방법대로 이행하지 않아 생기는 불이익은 수험생 당사자의 책임임을 알려 드립니다.
- 문제의 조건은 MS오피스 2021 버전으로 설정되어 있으며 MS오피스 2016은 【 】에 표기되어 있습니다. 이와 관련하여 작성한 답안의 출력형태가 문제지와 다를 수 있습니다.
- 시험을 완료한 수험자는 답안파일이 전송되었는지 확인한 후 감독위원의 지시에 따라 문제지를 제출하고 퇴실합니다.

답안 작성요령

- **온라인 답안 작성 절차**
  수험자 등록 ⇒ 시험 시작 ⇒ 답안파일 저장 ⇒ 답안 전송 ⇒ 시험 종료
- **공통 부문**
  - 글꼴에 대한 기본설정은 맑은고딕, 10포인트, 검정으로 합니다.
  - 문서작성능력평가의 줄간격은 한 페이지 내에서 작성되도록 조정합니다.
  - 각 문항에 주어진 ≪조건≫에 따라 작성하고 언급하지 않은 조건은 ≪출력형태≫와 같이 작성합니다.
  - 수험자는 문제지를 받는 즉시 문제지와 수험표상의 시험과목(프로그램)이 동일한지 반드시 확인하여야 합니다.
  - 여백은 왼쪽·오른쪽 1.1cm , 위쪽·아래쪽·머리글·바닥글 1cm , 제본 0cm 로 합니다.
  - 그림 삽입 문제의 경우 '내 PC₩문서₩ITQ₩Picture' 폴더에서 지정된 파일을 선택하여 삽입하십시오.
  - 삽입한 그림은 반드시 문서에 포함하여 저장해야 합니다(미포함 시 감점 처리).
  - 각 항목은 지정된 페이지에 출력형태와 같이 정확히 작성하시기 바라며, 그렇지 않을 경우에 해당 항목은 0점 처리됩니다.
    ※ 페이지구분 : 1페이지 - 기능평가 I (문제번호 표시 : 1. 2.),
    　　　　　　　2페이지 - 기능평가 II (문제번호 표시 : 3. 4.),
    　　　　　　　3페이지 - 문서작성 능력평가
- **기능평가**
  - 문제와 ≪조건≫은 입력하지 않으며 문제번호와 답(≪출력형태≫)만 작성합니다.
  - 4번 문제는 묶기를 했을 경우 0점 처리됩니다.
- **문서작성 능력평가**
  - A4 용지(210mm×297mm) 1매 크기, 세로 서식 문서로 작성합니다.
  - ┈┈ 표시는 문서작성에 대한 지시사항이므로 작성하지 않습니다.

kpc 한국생산성본부

기능평가 I (150점)

1. 다음의 ≪조건≫에 따라 스타일 기능을 적용하여 ≪출력형태≫와 같이 작성하시오. (50점)

≪조건≫ (1) 스타일 이름 - martial
(2) 단락 - 왼쪽 들여쓰기 : 1.5 글자, 단락 뒤 간격 : 12pt(또는 1줄)
(3) 글꼴 - 글꼴 : 한글(궁서)/영어(돋움), 크기 : 10pt, 장평 : 95%, 간격 : 표준

≪출력형태≫

You can see diligent and happy lives of Chungju citizens large and small festivals. Beginning of Spa Festival and holding Chungju Martial Arts Festival and Ureuk Cultural Festival will on the top rung.

한반도의 중심이며 국가 지정 중요무형문화재 제76호인 택견의 본고장 충주에서 세계 무술과 문화의 만남이라는 주제로 다양한 체험과 함께 세계무술축제가 개최된다.

2. 다음의 ≪조건≫에 따라 ≪출력형태≫와 같이 표와 차트를 작성하시오. (100점)

≪표 조건≫ (1) 표 전체(표, 캡션) - 돋움, 10pt
(2) 맞춤 - 문자 : 가운데 맞춤, 숫자 : 오른쪽 맞춤
(3) 셀 음영 : 노랑
(4) 계산 기능을 이용하여 빈칸에 평균(소수점 두 자리)을 구하고, 캡션 기능 사용할 것
(5) 테두리 모양은 ≪출력형태≫와 동일하게 처리할 것

≪출력형태≫

연도별 무술 수련자 현황(단위 : 천 명)

구분	2021년	2022년	2023년	2024년	평균
택견	225	224	312	324	
해동검도	223	272	291	321	
특공무술	268	284	348	368	
공권유술	198	250	268	298	

≪차트 조건≫ (1) 차트 데이터는 표 내용에서 연도별 택견, 해동검도, 특공무술의 값만 이용할 것
(2) 종류 - <묶은 세로 막대형>으로 작업할 것
(3) 제목 – 글꼴 : 굴림, 굵게, 12pt, 테두리
(4) 제목 이외의 전체 글꼴 – 굴림, 보통, 10pt
(5) 축제목과 범례는 ≪출력형태≫와 동일하게 처리할 것

≪출력형태≫

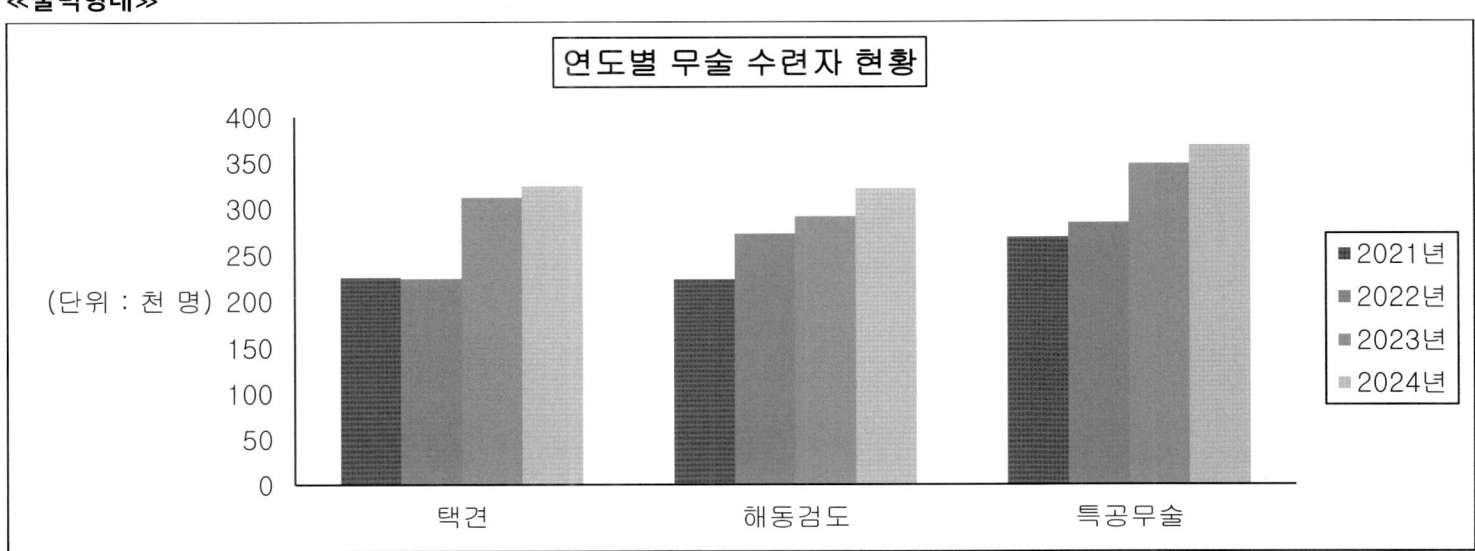

기능평가 II (150점)

3. 다음 (1), (2)의 수식을 수식 편집기로 각각 입력하시오. (40점)

≪출력형태≫

(1) $\dfrac{b}{\sqrt{a^2+b^2}} = \dfrac{2\tan\theta}{1+\tan^2\theta}$

(2) $\int_a^b xf(x)dx = \dfrac{1}{b-a}\int_a^b xdx = \dfrac{a+b}{2}$

4. 다음의 ≪조건≫에 따라 ≪출력형태≫와 같이 문서를 작성하시오. (110점)

≪조건≫
(1) 그리기 도구를 이용하여 작성하고, 모든 도형(글맵시, 지정된 그림 포함)을 ≪출력형태≫와 같이 작성하시오.
(2) 도형의 면색은 지시사항이 없으면 색 없음을 제외하고 서로 다르게 임의로 지정하시오.

≪출력형태≫

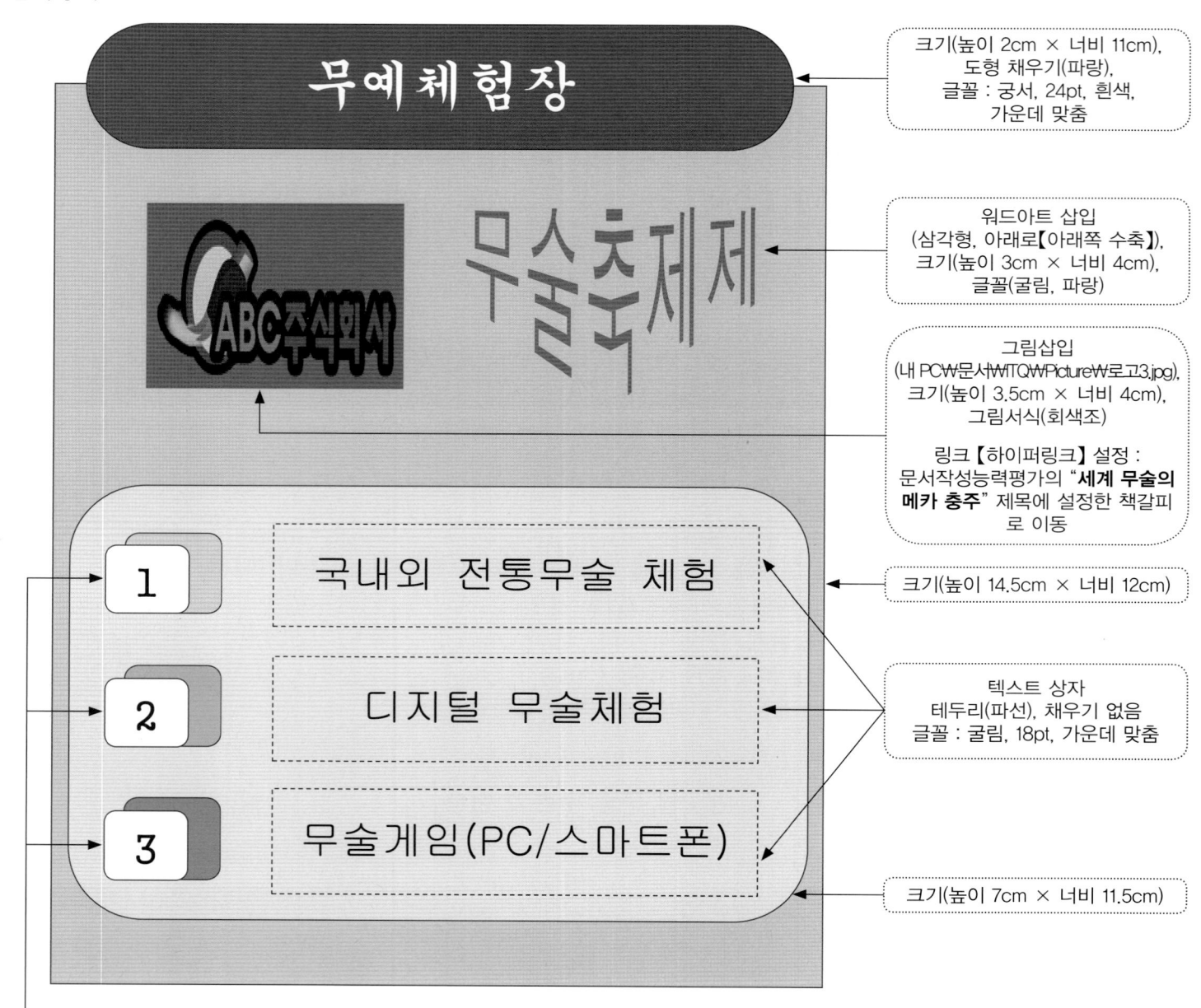

무술 한마당

세계 무술의 메카 충주

문화의 시대로 불리는 21세기는 문화(文化)가 곧 국력이자 부가가치가 무한한 관광자원이다. 찬란했던 중원문화ᵃ의 중심지인 충주는 국가 지정 중요무형문화재 제76호인 택견의 본고장으로 1998년부터 충주세계무술축제를 개최하고 있다. 유네스코가 공식 후원하는 본 행사는 국내 무술은 물론 아시아, 아메리카, 오세아니아, 아프리카, 유럽 등 전 세계 주요 무술을 만날 수 있는 생동감 넘치는 축제의 장이다. 제14회를 맞은 2012년에는 37개국 42개 세계무술연맹 단체를 비롯하여 국내외 유수의 무술 팀이 대거 참여해 풍성한 볼거리와 흥미진진하고 다양한 체험을 선사하면서 충주를 세계 무술의 메카로 확고히 자리매김하게 하였다.

세계무술축제는 충주 지역 관광의 세계화를 통해 지역 경제의 활성화를 도모하고, 외국인 관광객을 집중적으로 유치하여 문화관광 상품으로 발전(發展)하는 데 그 목적이 있다. 공식 행사, 문화 행사, 무술 및 경연 행사 등 무대 프로그램과 무술체험복합관, 건강체험관 등 상설 프로그램 그리고 시민 참여 및 경연 행사와 전시 프로그램을 통해 무술을 사랑하는 마니아뿐만 아니라 국내외 많은 관광객을 대상으로 무술의 대중화에 앞장서고자 한다.

♥ 세계의 전통 무술

1. 한국의 전통 무술
   - 가. 태권도 : 기술단련으로 자신의 신체를 방어하는 호신 무술
   - 나. 합기도 : 합기를 사용해서 상대를 다루는 전통 무예
2. 일본의 전통 무술
   - 가. 주짓수 : 유술을 바탕으로 상대방을 제압하는 전통 무예
   - 나. 가라테 : 신체 각 부위면을 이용해서 상대방을 공격하는 무술

♥ 무술축제 프로그램과 내용

구분		내용
무대 프로그램	문화 행사	사물놀이, 직지팝스 오케스트라, 택견 비보잉
	무술 및 경연 행사	키즈세계무예마스터쉽, 세계철인무사대회, 국제무예연무대회
상설 프로그램	무술 체험	특공무술 체험, 주짓수 배우기, 전자기록장비 체험
	세계무술퍼레이드	축제장 내 밴드, 공연, 무술팀 합동 행진

충주중원문화재단

ᵃ 충주 지역을 중심으로 형성되었던 정치, 경제, 사회 등 모든 상황을 포괄하는 개념

제04회 ITQ 실전모의문제

과목	코드	문제유형	시험시간	수험번호	성명
MS 워드	1112	A	60분		

수험자 유의사항

- 수험자는 문제지를 받는 즉시 문제지와 **수험표상의 시험과목(프로그램)이 동일한지 반드시 확인**하여야 합니다.
- 파일명은 본인의 "수험번호-성명"으로 입력하여 답안폴더(내 PC₩문서₩ITQ)에 하나의 파일로 저장해야 하며, 답안문서 파일명이 "수험번호-성명"과 일치하지 않거나, 답안파일을 전송하지 않아 미제출로 처리될 경우 실격처리합니다 (예:12345678-홍길동.docx).
- 답안 작성을 마치면 파일을 저장하고, '답안 전송' 버튼을 선택하여 감독위원 PC로 답안을 전송하십시오. 수험생 정보와 저장한 파일명이 다를 경우 전송되지 않으므로 주의하시기 바랍니다.
- 답안 작성 중에도 주기적으로 저장하고, '답안 전송'하여야 문제 발생을 줄일 수 있습니다. 작업한 내용을 저장하지 않고 전송할 경우 이전에 저장된 내용이 전송되오니 이점 유의하시기 바랍니다.
- 기타 통신수단(이메일, 메신저, 네트워크 등)을 이용하여 타인에게 전달 또는 외부 반출하는 경우는 부정 처리합니다.
- 시험 중 부주의 또는 고의로 시스템을 파손한 경우는 수험자가 변상해야 하며, <수험자 유의사항>에 기재된 방법대로 이행하지 않아 생기는 불이익은 수험생 당사자의 책임임을 알려 드립니다.
- 문제의 조건은 MS오피스 2021 버전으로 설정되어 있으며 MS오피스 2016은 【 】에 표기되어 있습니다. 이와 관련하여 작성한 답안의 출력형태가 문제지와 다를 수 있습니다.
- 시험을 완료한 수험자는 답안파일이 전송되었는지 확인한 후 감독위원의 지시에 따라 문제지를 제출하고 퇴실합니다.

답안 작성요령

- **온라인 답안 작성 절차**
  수험자 등록 ⇒ 시험 시작 ⇒ 답안파일 저장 ⇒ 답안 전송 ⇒ 시험 종료

- **공통 부문**
  - 글꼴에 대한 기본설정은 맑은고딕, 10포인트, 검정으로 합니다.
  - 문서작성능력평가의 줄간격은 한 페이지 내에서 작성되도록 조정합니다.
  - 각 문항에 주어진 ≪조건≫에 따라 작성하고 언급하지 않은 조건은 ≪출력형태≫와 같이 작성합니다.
  - 수험자는 문제지를 받는 즉시 문제지와 수험표상의 시험과목(프로그램)이 동일한지 반드시 확인하여야 합니다.
  - 여백은 왼쪽·오른쪽 1.1cm, 위쪽·아래쪽·머리글·바닥글 1cm, 제본 0cm 로 합니다.
  - 그림 삽입 문제의 경우 '내 PC₩문서₩ITQ₩Picture' 폴더에서 지정된 파일을 선택하여 삽입하십시오.
  - 삽입한 그림은 반드시 문서에 포함하여 저장해야 합니다(미포함 시 감점 처리).
  - 각 항목은 지정된 페이지에 출력형태와 같이 정확히 작성하시기 바라며, 그렇지 않을 경우에 해당 항목은 0점 처리됩니다.
    ※ 페이지구분 : 1페이지 - 기능평가 I (문제번호 표시 : 1. 2.),
    　　　　　　　 2페이지 - 기능평가 II (문제번호 표시 : 3. 4.),
    　　　　　　　 3페이지 - 문서작성 능력평가

- **기능평가**
  - 문제와 ≪조건≫은 입력하지 않으며 문제번호와 답(≪출력형태≫)만 작성합니다.
  - 4번 문제는 묶기를 했을 경우 0점 처리됩니다.

- **문서작성 능력평가**
  - A4 용지(210mm×297mm) 1매 크기, 세로 서식 문서로 작성합니다.
  - ┊┊ 표시는 문서작성에 대한 지시사항이므로 작성하지 않습니다.

기능평가 I (150점)

1. 다음의 ≪조건≫에 따라 스타일 기능을 적용하여 ≪출력형태≫와 같이 작성하시오. (50점)

≪조건≫
(1) 스타일 이름 - delivery
(2) 단락 - 왼쪽 들여쓰기 : 1.5 글자, 단락 뒤 간격 : 12pt(또는 1줄)
(3) 글꼴 - 글꼴 : 한글(돋움)/영어(굴림), 크기 : 10pt, 장평 : 95%, 간격 : 표준

≪출력형태≫

To efficient placement and operation of the joint delivery center, it is necessary to analyze the systematic collection of delivery centers, and regional economic indicators.

공동배송센터 구축사업의 효율적 배치와 운영을 위해 택배 물동량 자료의 체계적인 수집방안을 모색하고, 물동량 자료와 지역별 사회경제지표를 연계하여 분석할 필요가 있다.

2. 다음의 ≪조건≫에 따라 ≪출력형태≫와 같이 표와 차트를 작성하시오. (100점)

≪표 조건≫
(1) 표 전체(표, 캡션) - 돋움, 10pt
(2) 맞춤 - 문자 : 가운데 맞춤, 숫자 : 오른쪽 맞춤
(3) 셀 음영 : 노랑
(4) 계산 기능을 이용하여 빈칸에 합계를 구하고, 캡션 기능 사용할 것
(5) 테두리 모양은 ≪출력형태≫와 동일하게 처리할 것

≪출력형태≫

연도별 주요 택배사 점유율(단위 : 백 개)

구분	2022년	2023년	2024년	2025년	합계
A택배	1,054	1,224	1,320	1,689	
B택배	293	332	387	453	
C택배	282	317	368	465	
D택배	188	214	263	246	

≪차트 조건≫
(1) 차트 데이터는 표 내용에서 연도별 A택배, B택배, C택배의 값만 이용할 것
(2) 종류 - <묶은 세로 막대형>으로 작업할 것
(3) 제목 – 글꼴 : 굴림, 굵게, 12pt, 테두리
(4) 제목 이외의 전체 글꼴 – 굴림, 보통, 10pt
(5) 축제목과 범례는 ≪출력형태≫와 동일하게 처리할 것

≪출력형태≫

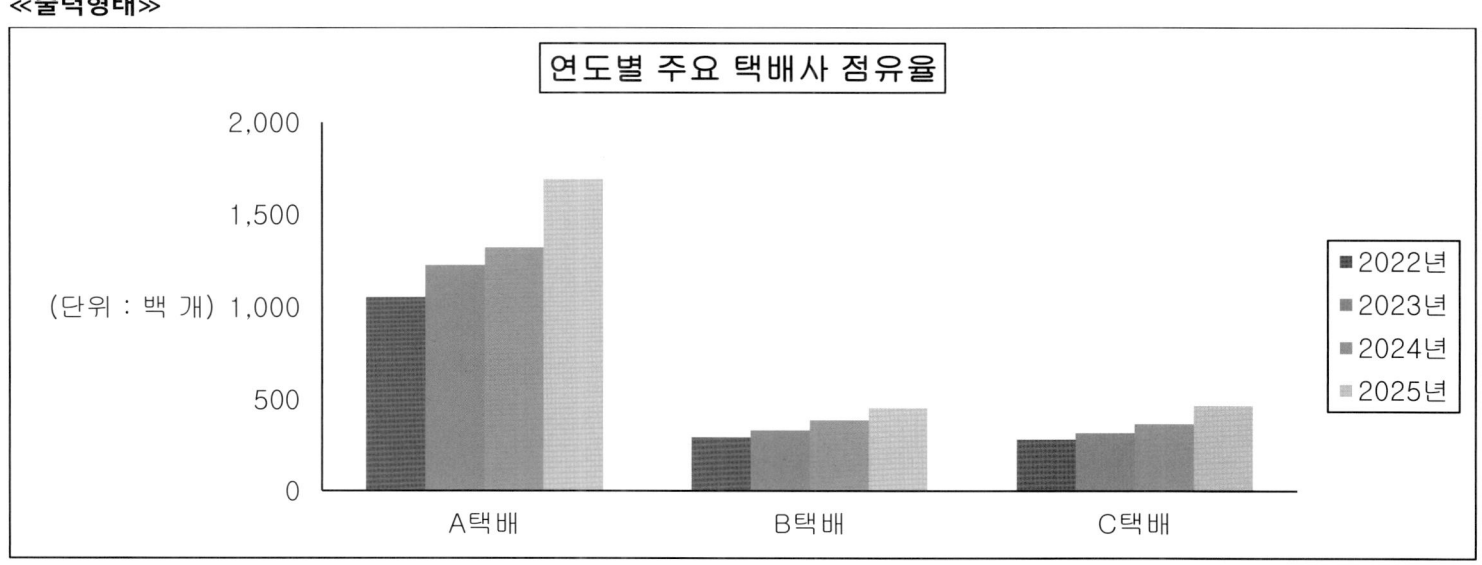

기능평가 II (150점)

3. 다음 (1), (2)의 수식을 수식 편집기로 각각 입력하시오. (40점)

≪출력형태≫

(1) $V = \frac{1}{R}\int_0^q qdq = \frac{1}{2}\frac{q^2}{R}$

(2) $\int_0^1 \left(sinx + \frac{x}{2}\right)dx = \int_0^1 \frac{1+sinx}{2}dx$

4. 다음의 ≪조건≫에 따라 ≪출력형태≫와 같이 문서를 작성하시오. (110점)

≪조건≫
(1) 그리기 도구를 이용하여 작성하고, 모든 도형(글맵시, 지정된 그림 포함)을 ≪출력형태≫와 같이 작성하시오.
(2) 도형의 면색은 지시사항이 없으면 색 없음을 제외하고 서로 다르게 임의로 지정하시오.

≪출력형태≫

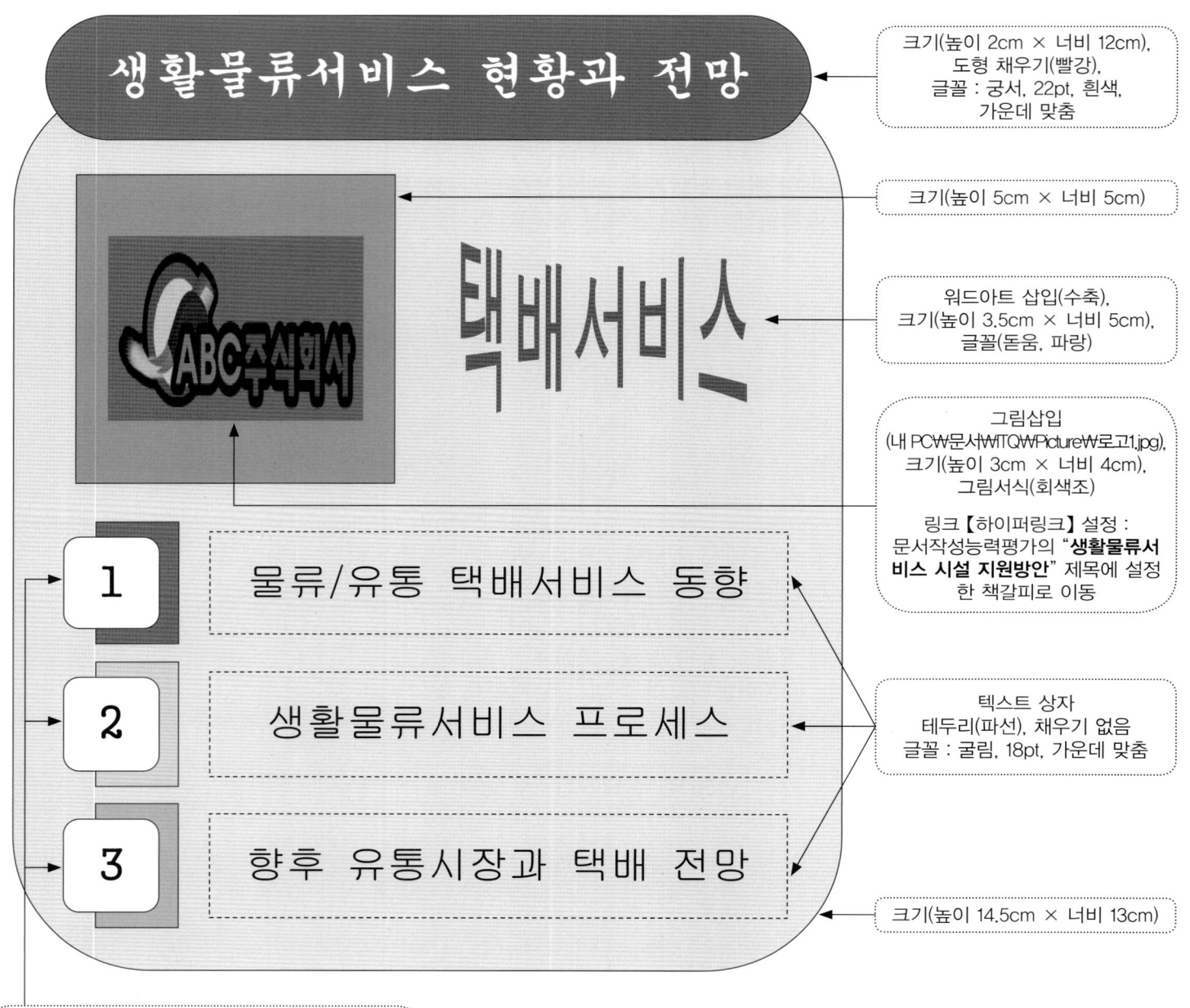

생활물류서비스 시설 지원방안

디지털과 모바일 기술의 발전과 함께 소비자의 취향과 소비패턴도 다양해지면서 온라인 쇼핑이 계속해서 늘어나고 있다. 서울과 수도권에 집중(集中)된 택배 물동량을 처리하기 위한 택배 시설은 턱없이 부족한 실정이다.

서울 외곽으로 밀려난 물류시설은 허브 앤 스포크[a] 방식의 국내 택배 처리 시스템에서 서울시 물동량이 멀리 떨어진 물류터미널까지 이동 후 다시 서울로 유입되는 비효율을 발생시키고 있으며, 이는 다시 택배 차량의 통행 거리를 증가시켜 에너지 소비 증가, 환경오염 등 많은 사회적 부작용을 유발(誘發)한다. 택배 차량의 통행거리 증가는 교통정체 증가, 종사자 근로환경 악화 등 사회적 갈등의 한 요인이다. 문제 해결을 위해 택배 물동량 처리에 상응하는 적정 택배 서브터미널의 추가 확보가 이루어져야 한다. 택배 시장 현황과 이슈를 살펴보고 서울시 택배 물동량을 분석하여 추가로 필요한 택배 서브터미널의 규모와 위치를 도출한다. 서울시 내부에 택배 서브터미널을 구축하기 위한 가용부지의 활용을 위해 관련 법과 제도를 검토한다. 택배 서브터미널의 적정 규모와 위치는 '시설 입지 문제'를 우선 구축하고 택배 물동량 현황과 전망을 토대로 시나리오를 설정한 후 시나리오별 최적해를 도출한다.

■ 물류시설 확보를 위한 법/제도 개선

1 물류 인프라 확충 지원 및 규제 완화
　가) 정부차원의 생활물류서비스 발전법 제정
　나) 공공 주도 개발방식 적극 활용
2 도시계획시설의 입체/복합개발 현실적 대안
　가) 일정 규모의 부지 확보, 차량 통행 유출입 유연
　나) 교통시설과 유수지 등 방재시설 적합

■ 서브터미널 추정 결과

구분	시나리오	우선 배정	서브터미널 수(개)	경제 타당성
현재 물동량	원안	수도권 내 기존 물류터미널 67개	63	3.46
	시나리오 1	기존 서울 인근 터미널 51개	63	1.40
장래 물동량	시나리오 2	서울 내부 터미널 23개	72	1.38
	시나리오 3	서울 인근 터미널 51개	69	1.01
현재 및 장래 물동량 원인		수도권 내 기존 물류터미널 우선 배정 후 후보 대상자(168개) 추가		

도시인프라계획센터

---

[a] 국가 간 공항 중심의 작은 노선이 연결된 항공 네트워크 형태

제05회 ITQ 실전모의문제

과목	코드	문제유형	시험시간	수험번호	성명
MS 워드	1112	B	60분		

수험자 유의사항

- 수험자는 문제지를 받는 즉시 문제지와 **수험표상의 시험과목(프로그램)이 동일한지 반드시 확인**하여야 합니다.
- 파일명은 본인의 "수험번호-성명"으로 입력하여 답안폴더(내 PC₩문서₩ITQ)에 하나의 파일로 저장해야 하며, 답안문서 파일명이 "수험번호-성명"과 일치하지 않거나, 답안파일을 전송하지 않아 미제출로 처리될 경우 실격처리합니다 (예:12345678-홍길동.docx).
- 답안 작성을 마치면 파일을 저장하고, '답안 전송' 버튼을 선택하여 감독위원 PC로 답안을 전송하십시오. 수험생 정보와 저장한 파일명이 다를 경우 전송되지 않으므로 주의하시기 바랍니다.
- 답안 작성 중에도 주기적으로 저장하고, '답안 전송'하여야 문제 발생을 줄일 수 있습니다. 작업한 내용을 저장하지 않고 전송할 경우 이전에 저장된 내용이 전송되오니 이점 유의하시기 바랍니다.
- 기타 통신수단(이메일, 메신저, 네트워크 등)을 이용하여 타인에게 전달 또는 외부 반출하는 경우는 부정 처리합니다.
- 시험 중 부주의 또는 고의로 시스템을 파손한 경우는 수험자가 변상해야 하며, <수험자 유의사항>에 기재된 방법대로 이행하지 않아 생기는 불이익은 수험생 당사자의 책임임을 알려 드립니다.
- 문제의 조건은 MS오피스 2021 버전으로 설정되어 있으며 MS오피스 2016은 【 】에 표기되어 있습니다. 이와 관련하여 작성한 답안의 출력형태가 문제지와 다를 수 있습니다.
- 시험을 완료한 수험자는 답안파일이 전송되었는지 확인한 후 감독위원의 지시에 따라 문제지를 제출하고 퇴실합니다.

답안 작성요령

온라인 답안 작성 절차
수험자 등록 ⇒ 시험 시작 ⇒ 답안파일 저장 ⇒ 답안 전송 ⇒ 시험 종료

공통 부문
- 글꼴에 대한 기본설정은 맑은고딕, 10포인트, 검정으로 합니다.
- 문서작성능력평가의 줄간격은 한 페이지 내에서 작성되도록 조정합니다.
- 각 문항에 주어진 ≪조건≫에 따라 작성하고 언급하지 않은 조건은 ≪출력형태≫와 같이 작성합니다.
- 수험자는 문제지를 받는 즉시 문제지와 수험표상의 시험과목(프로그램)이 동일한지 반드시 확인하여야 합니다.
- 여백은 왼쪽·오른쪽 1.1cm , 위쪽·아래쪽·머리글·바닥글 1cm , 제본 0cm 로 합니다.
- 그림 삽입 문제의 경우 '내 PC₩문서₩ITQ₩Picture' 폴더에서 지정된 파일을 선택하여 삽입하십시오.
- 삽입한 그림은 반드시 문서에 포함하여 저장해야 합니다(미포함 시 감점 처리).
- 각 항목은 지정된 페이지에 출력형태와 같이 정확히 작성하시기 바라며, 그렇지 않을 경우에 해당 항목은 0점 처리됩니다.
  ※ 페이지구분 : 1페이지 - 기능평가 I (문제번호 표시 : 1. 2.),
  　　　　　　　 2페이지 - 기능평가 II (문제번호 표시 : 3. 4.),
  　　　　　　　 3페이지 - 문서작성 능력평가

기능평가
- 문제와 ≪조건≫은 입력하지 않으며 문제번호와 답(≪출력형태≫)만 작성합니다.
- 4번 문제는 묶기를 했을 경우 0점 처리됩니다.

문서작성 능력평가
- A4 용지(210mm×297mm) 1매 크기, 세로 서식 문서로 작성합니다.
- ⁞⁞⁞⁞⁞ 표시는 문서작성에 대한 지시사항이므로 작성하지 않습니다.

kpc 한국생산성본부

기능평가 Ⅰ (150점)

1. 다음의 ≪조건≫에 따라 스타일 기능을 적용하여 ≪출력형태≫와 같이 작성하시오. (50점)

≪조건≫　(1) 스타일 이름 - festival
　　　　　(2) 단락 - 왼쪽 들여쓰기 : 1.5 글자, 단락 뒤 간격 : 12pt(또는 1줄)
　　　　　(3) 글꼴 - 글꼴 : 한글(돋움)/영어(굴림), 크기 : 10pt, 장평 : 95%, 간격 : 표준

≪출력형태≫

　　Celebrating its 25th anniversary this year, the Festival has been held annually in Pohang, the Republic of Korea, collaborating with other local arts festivals.

　　포항바다국제연극제는 포항시와 경상북도에서 후원하는 국제 공연 축제로서 매년 새로운 콘텐츠와 콘셉트를 도입하여 국제 행사로서의 입지를 굳혀가고 있습니다.

2. 다음의 ≪조건≫에 따라 ≪출력형태≫와 같이 표와 차트를 작성하시오. (100점)

≪표 조건≫　(1) 표 전체(표, 캡션) - 돋움, 10pt
　　　　　　(2) 맞춤 - 문자 : 가운데 맞춤, 숫자 : 오른쪽 맞춤
　　　　　　(3) 셀 음영 : 노랑
　　　　　　(4) 계산 기능을 이용하여 빈칸에 합계를 구하고, 캡션 기능 사용할 것
　　　　　　(5) 테두리 모양은 ≪출력형태≫와 동일하게 처리할 것

≪출력형태≫

포항시 축제 방문객 현황(단위 : 만 명)

축제명	2021년	2022년	2023년	2024년	합계
바다연극축제	115	123	152	212	
해맞이축제	67	65	87	113	
우리불빛축제	54	67	74	98	
구룡포해변축제	38	49	55	82	

≪차트 조건≫　(1) 차트 데이터는 표 내용에서 연도별 바다연극축제, 해맞이축제, 우리불빛축제의 값만 이용할 것
　　　　　　　(2) 종류 - <묶은 세로 막대형>으로 작업할 것
　　　　　　　(3) 제목 – 글꼴 : 굴림, 굵게, 12pt, 테두리
　　　　　　　(4) 제목 이외의 전체 글꼴 – 굴림, 보통, 10pt
　　　　　　　(5) 축제목과 범례는 ≪출력형태≫와 동일하게 처리할 것

≪출력형태≫

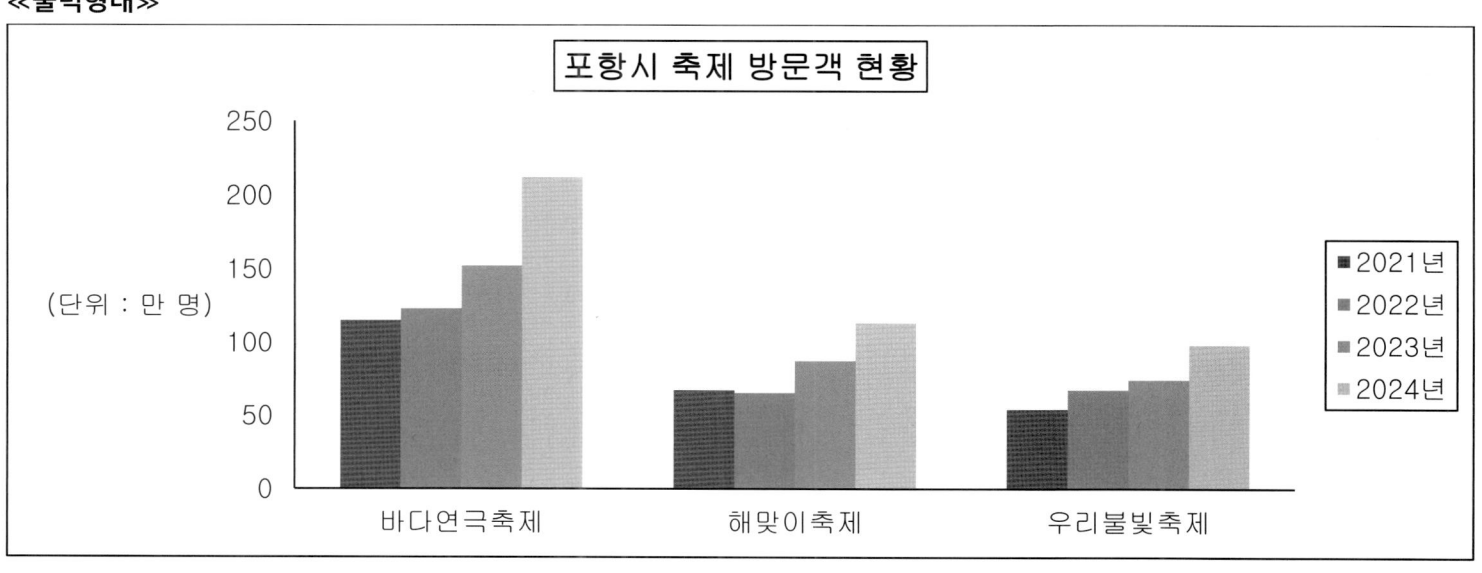

기능평가 II (150점)

3. 다음 (1), (2)의 수식을 수식 편집기로 각각 입력하시오. (40점)

≪출력형태≫

(1) $\lim\limits_{n \to \infty} p_n = 1 - \dfrac{9^3}{10^3} = \dfrac{271}{1000}$

(2) $\dfrac{t_A}{t_B} = \sqrt{\dfrac{d_B}{d_A}} = \sqrt{\dfrac{M_B}{M_A}}$

4. 다음의 ≪조건≫에 따라 ≪출력형태≫와 같이 문서를 작성하시오. (110점)

≪조건≫
(1) 그리기 도구를 이용하여 작성하고, 모든 도형(글맵시, 지정된 그림 포함)을 ≪출력형태≫와 같이 작성하시오.
(2) 도형의 면색은 지시사항이 없으면 색 없음을 제외하고 서로 다르게 임의로 지정하시오.

≪출력형태≫

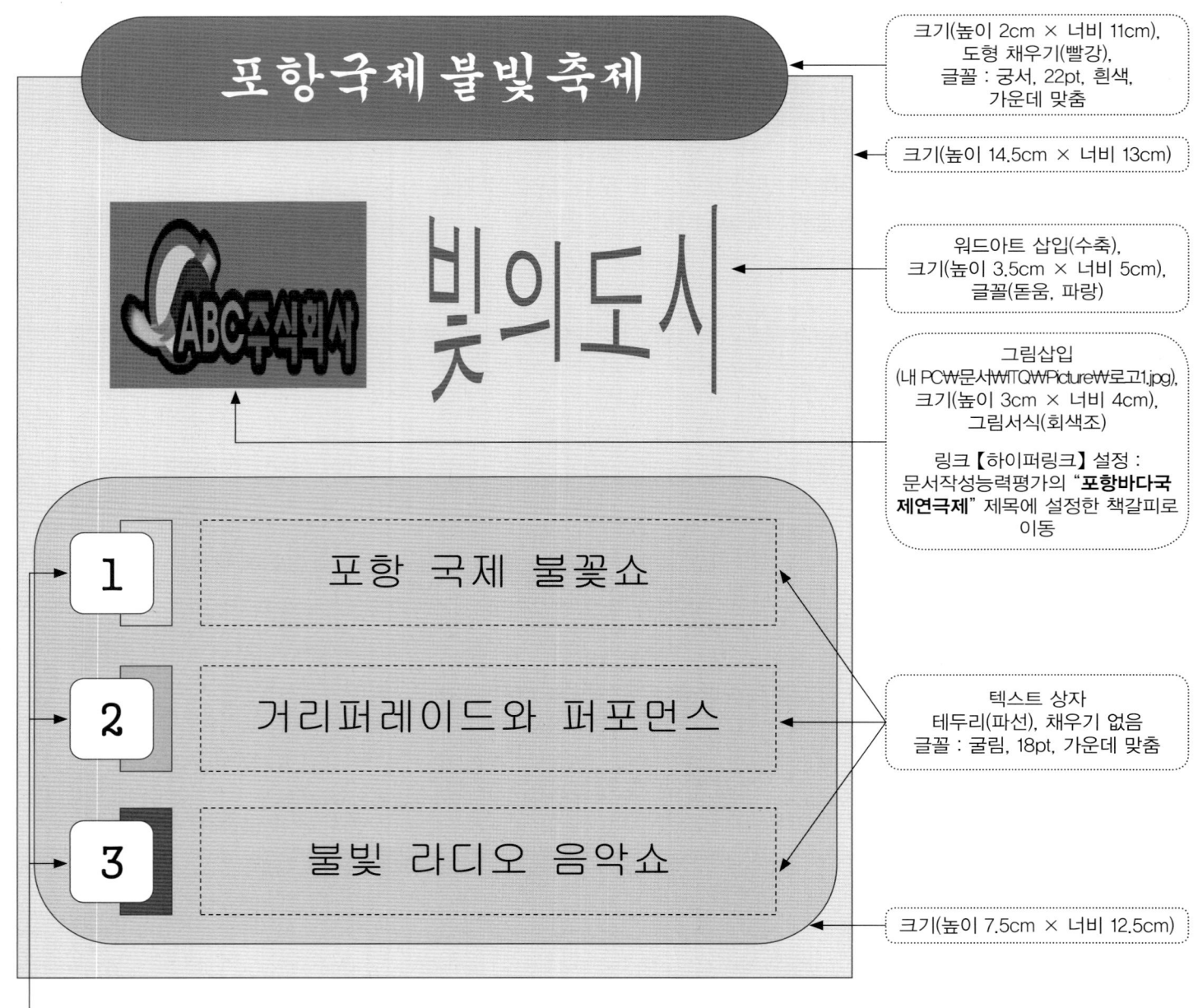

포항바다국제연극제
(공연예술)

　포항바다국제연극제는 매년 여름에 열리는 국제 연극 축제로서 포항시와 경상북도에서 후원하여 올해로 25회를 맞이한다. 포항바다국제연극제는 지역의 문화 발전 및 관광 자원 개발을 주도(主導)하고자 개최되며, 공연예술제의 테마는 자연과 바다 그리고 인간이 하나 되는 세상을 만드는 데 있다.

　포항바다국제연극제는 여름이면 생각나는 바다와 백사장 그리고 포항의 상징인 포스코를 배경으로 포항의 대표적인 랜드마크로 자리 잡은 영일대 해상누각 앞에서 10월 13일부터 7일간 펼쳐진다. 코믹극, 공포극, 1인극 등 다양한 연극과 거리 퍼포먼스, 콘서트, 뮤지컬 등 다채로운 공연으로 축제의 분위기가 더욱 고조(高潮)될 전망이다. 또한, 포항 국제불빛축제와 연계하여 축제 분위기를 한껏 돋울 거리 퍼포먼스와 화려한 공연 예술을 선보일 예정이다. 2025년 축제에서는 국내 20여 팀 외에 중국과 베트남, 오스트리아, 네덜란드, 일본, 미국 등 해외 팀 19단체가 참여할 예정이어서 국제 행사로서의 입지도 굳혀가고 있다.

♥ 행사 개요

1. 일정 및 주제
    ① 일정 : 2025. 10. 13(월) – 2025. 10. 19(일)
    ② 주제 : 꿈꾸는 바다 그리고 인간
2. 장소 및 주최
    ① 장소 : 포항북부해수욕장 영일대 해상누각 앞
    ② 주최 : 포항시, (사)포항바다국제연극제진흥회

♥ 공연 관람 일정

일자	시간	공연 및 연극	국가	장소
10. 13(월)	오후 7시	배소고지 이야기	한국	중앙무대
10. 14(화)	오후 3시	라마야나	중국	연극무대
10. 18(토)	오후 7시	화이어쇼	오스트리아	시립아트홀
10. 19(일)	오후 7시	오페라 부룽불불	말레이시아	연극무대
		이야기가 있는 음악회	한국	중앙무대

포항바다국제연극제진흥회

ⁱ 산과 바다 그리고 문화와 인간이 어우러진 국제 연극 축제

제06회 ITQ 실전모의문제

과목	코드	문제유형	시험시간	수험번호	성명
MS 워드	1112	C	60분		

수험자 유의사항

- 수험자는 문제지를 받는 즉시 문제지와 **수험표상의 시험과목(프로그램)이 동일한지 반드시 확인**하여야 합니다.
- 파일명은 본인의 "수험번호-성명"으로 입력하여 답안폴더(내 PC₩문서₩ITQ)에 하나의 파일로 저장해야 하며, 답안문서 파일명이 "수험번호-성명"과 일치하지 않거나, 답안파일을 전송하지 않아 미제출로 처리될 경우 실격처리합니다 (예:12345678-홍길동.docx).
- 답안 작성을 마치면 파일을 저장하고, '답안 전송' 버튼을 선택하여 감독위원 PC로 답안을 전송하십시오. 수험생 정보와 저장한 파일명이 다를 경우 전송되지 않으므로 주의하시기 바랍니다.
- 답안 작성 중에도 주기적으로 저장하고, '답안 전송'하여야 문제 발생을 줄일 수 있습니다. 작업한 내용을 저장하지 않고 전송할 경우 이전에 저장된 내용이 전송되오니 이점 유의하시기 바랍니다.
- 기타 통신수단(이메일, 메신저, 네트워크 등)을 이용하여 타인에게 전달 또는 외부 반출하는 경우는 부정 처리합니다.
- 시험 중 부주의 또는 고의로 시스템을 파손한 경우는 수험자가 변상해야 하며, <수험자 유의사항>에 기재된 방법대로 이행하지 않아 생기는 불이익은 수험생 당사자의 책임임을 알려 드립니다.
- 문제의 조건은 MS오피스 2021 버전으로 설정되어 있으며 MS오피스 2016은 【 】에 표기되어 있습니다. 이와 관련하여 작성한 답안의 출력형태가 문제지와 다를 수 있습니다.
- 시험을 완료한 수험자는 답안파일이 전송되었는지 확인한 후 감독위원의 지시에 따라 문제지를 제출하고 퇴실합니다.

답안 작성요령

- **온라인 답안 작성 절차**
  수험자 등록 ⇒ 시험 시작 ⇒ 답안파일 저장 ⇒ 답안 전송 ⇒ 시험 종료

- **공통 부문**
  - 글꼴에 대한 기본설정은 맑은고딕, 10포인트, 검정으로 합니다.
  - 문서작성능력평가의 줄간격은 한 페이지 내에서 작성되도록 조정합니다.
  - 각 문항에 주어진 ≪조건≫에 따라 작성하고 언급하지 않은 조건은 ≪출력형태≫와 같이 작성합니다.
  - 수험자는 문제지를 받는 즉시 문제지와 수험표상의 시험과목(프로그램)이 동일한지 반드시 확인하여야 합니다.
  - 여백은 왼쪽·오른쪽 1.1cm , 위쪽·아래쪽·머리글·바닥글 1cm , 제본 0cm 로 합니다.
  - 그림 삽입 문제의 경우 '내 PC₩문서₩ITQ₩Picture' 폴더에서 지정된 파일을 선택하여 삽입하십시오.
  - 삽입한 그림은 반드시 문서에 포함하여 저장해야 합니다(미포함 시 감점 처리).
  - 각 항목은 지정된 페이지에 출력형태와 같이 정확히 작성하시기 바라며, 그렇지 않을 경우에 해당 항목은 0점 처리됩니다.
    ※ 페이지구분 : 1페이지 - 기능평가 I (문제번호 표시 : 1. 2.),
    　　　　　　　 2페이지 - 기능평가 II (문제번호 표시 : 3. 4.),
    　　　　　　　 3페이지 - 문서작성 능력평가

- **기능평가**
  - 문제와 ≪조건≫은 입력하지 않으며 문제번호와 답(≪출력형태≫)만 작성합니다.
  - 4번 문제는 묶기를 했을 경우 0점 처리됩니다.

- **문서작성 능력평가**
  - A4 용지(210mm×297mm) 1매 크기, 세로 서식 문서로 작성합니다.
  - 표시는 문서작성에 대한 지시사항이므로 작성하지 않습니다.

kpc 한국생산성본부

기능평가 I (150점)

1. 다음의 ≪조건≫에 따라 스타일 기능을 적용하여 ≪출력형태≫와 같이 작성하시오. (50점)

≪조건≫ (1) 스타일 이름 - keis
(2) 단락 - 왼쪽 들여쓰기 : 1.5 글자, 단락 뒤 간격 : 12pt(또는 1줄)
(3) 글꼴 - 글꼴 : 한글(돋움)/영어(굴림), 크기 : 10pt, 장평 : 95%, 간격 : 표준

≪출력형태≫

Korea Employment Information Service (KEIS) is working diligently to create a society where everyone can have work opportunity.

한국고용정보원은 고용과 직업에 관한 정보를 수집, 분석, 제공하고 고용서비스 선진화를 지원하는 고용노동부 산하기관으로 모두가 원하는 일자리에서 행복하게 일할 수 있도록 노력하고 있습니다.

2. 다음의 ≪조건≫에 따라 ≪출력형태≫와 같이 표와 차트를 작성하시오. (100점)

≪표 조건≫ (1) 표 전체(표, 캡션) - 돋움, 10pt
(2) 맞춤 - 문자 : 가운데 맞춤, 숫자 : 오른쪽 맞춤
(3) 셀 음영 : 노랑
(4) 계산 기능을 이용하여 빈칸에 평균(소수점 두 자리)을 구하고, 캡션 기능 사용할 것
(5) 테두리 모양은 ≪출력형태≫와 동일하게 처리할 것

≪출력형태≫

고용보험 신중년 피보험자의 연령 구성(단위 : %)

구분	2020년	2021년	2022년	2023년	평균
50-54세	37.5	37.1	36.6	36.4	
55-59세	32.1	31.1	30.1	28.9	
60-64세	20.5	21.3	21.9	22.6	
65-69세	10.1	10.6	11.5	12.1	

≪차트 조건≫ (1) 차트 데이터는 표 내용에서 연도별 50-54세, 55-59세, 60-64세의 값만 이용할 것
(2) 종류 - <묶은 세로 막대형>으로 작업할 것
(3) 제목 - 글꼴 : 굴림, 굵게, 12pt, 테두리
(4) 제목 이외의 전체 글꼴 - 굴림, 보통, 10pt
(5) 축제목과 범례는 ≪출력형태≫와 동일하게 처리할 것

≪출력형태≫

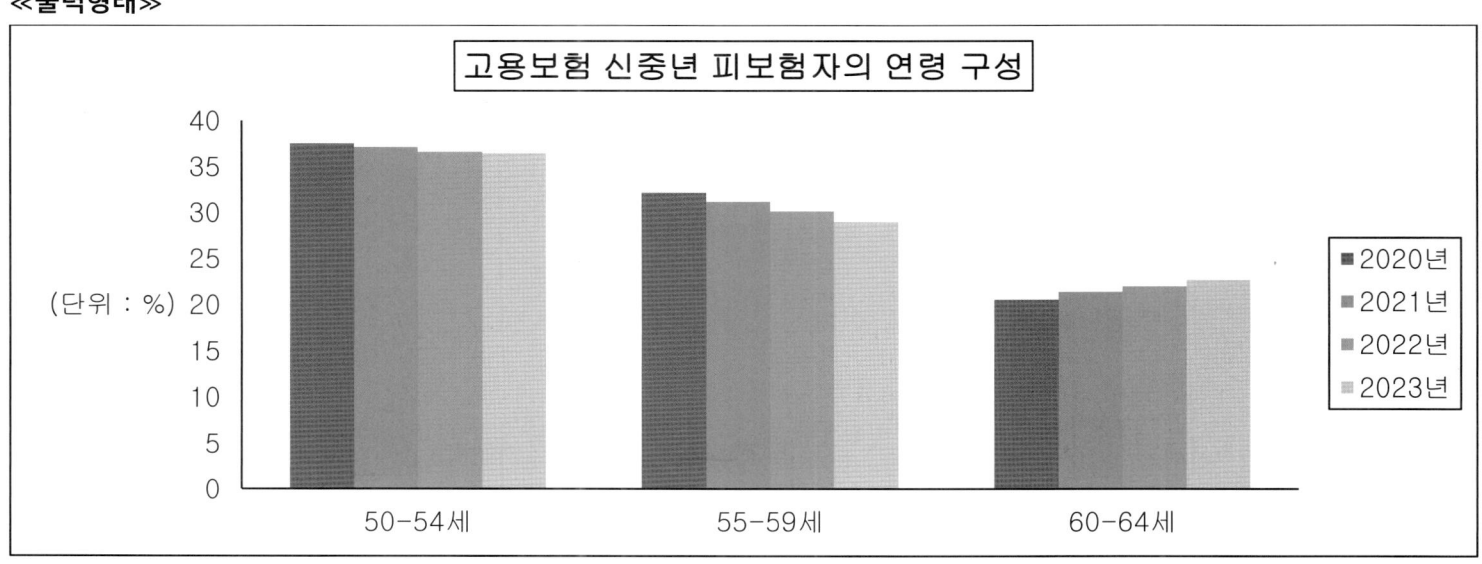

기능평가 II (150점)

3. 다음 (1), (2)의 수식을 수식 편집기로 각각 입력하시오. (40점)

≪출력형태≫

(1) $m_2 - m_1 = \frac{5}{2} \log \frac{h_1}{h_2}$

(2) $U_a - U_b = \frac{GmM}{a} - \frac{GmM}{b} = \frac{GmM}{2R}$

4. 다음의 ≪조건≫에 따라 ≪출력형태≫와 같이 문서를 작성하시오. (110점)

≪조건≫

(1) 그리기 도구를 이용하여 작성하고, 모든 도형(글맵시, 지정된 그림 포함)을 ≪출력형태≫와 같이 작성하시오.
(2) 도형의 면색은 지시사항이 없으면 색 없음을 제외하고 서로 다르게 임의로 지정하시오.

≪출력형태≫

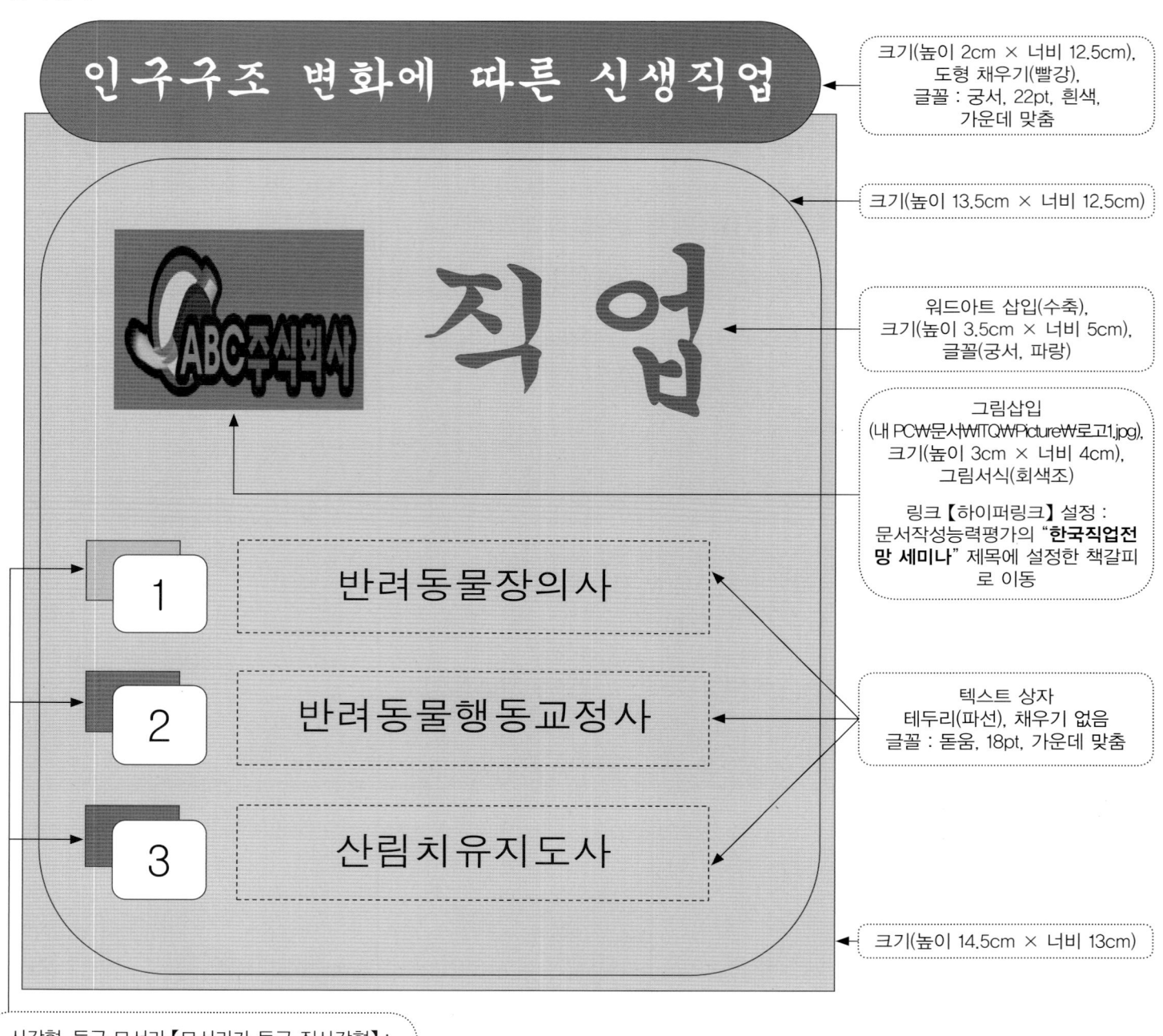

한국직업전망

한국직업전망 세미나

최근 사회는 다양한 요인으로 인해 빠르게 변화하고 있습니다. 첨단산업 기술의 발전과 IT 기술의 보편화로 우리의 생활은 몇 년 전에 비해 크게 달라졌으며 저출산, 고령화로 인한 인구구조의 변화, 정부정책기조 및 산업구조의 변화 등에 의해서도 영향을 받고 있습니다. 이러한 사회 환경의 변화는 직업에도 큰 영향을 미치고 있습니다. 기존의 직업들이 축소되거나 사라지기도 하고, 기술의 발전 등으로 없던 직업이 새로이 등장하기도 합니다. 또한 산업을 이끌어가는 주요 직업들도 변화하게 됩니다. 특히 고령인구 및 1인 가구의 증가, 국민생활 수준의 향상, IT 기술의 발달 등으로 향후에는 보건 및 의료 서비스와 문화 관련 전문가의 수요(需要)가 증대할 것으로 보입니다.

한국고용정보원은 변화하는 상황에 따른 직업의 변화, 향후 전망(展望) 및 창직[A]에 대한 세미나를 개최하오니 일자리를 구하고자 하는 구직자와 대학생에게는 직업 탐색의 정보로, 학생들의 진로를 상담하고 설계하는 중고등학교의 진로진학상담교사에게는 중요한 진로 자료로 활용되길 바랍니다.

♥ 세미나 일정 및 내용

1 일정 및 장소
   가) 일정 : 2025. 10. 13(월) - 2023. 10. 16(목)
   나) 장소 : 고용노동부 7층 회의실
2 내용
   가) 구인구직 및 취업 동향
   나) 새로운 직업 소개 및 취업지원 프로그램 소개

♥ 취업희망 프로그램

모듈명	시간	세부 내용
나를 만나는 날	6시간	빗장 열기, 나와의 만남(교류분석, 역경을 통해 발견한 나의 힘)
너를 만나는 날		우리는 한 운명, 건강한 만남의 조건, 내 마음 또는 상대방 마음 헤아리기
직업을 만나는 날	4시간	안성맞춤 직업 찾기, 직업 정보 찾기
희망으로 가는 날		장기목표 및 단기계획 세우기, 동아리 구성 및 카페 소개, 수료식

한국고용정보원

[A] 창조적 아이디어를 통해 개인이 새로운 직업을 발굴하고 일자리를 창출하는 것

제07회 ITQ 실전모의문제

과목	코드	문제유형	시험시간	수험번호	성명
MS 워드	1112	A	60분		

수험자 유의사항

- 수험자는 문제지를 받는 즉시 문제지와 **수험표상의 시험과목(프로그램)이 동일한지 반드시 확인**하여야 합니다.
- 파일명은 본인의 "수험번호-성명"으로 입력하여 답안폴더(내 PC₩문서₩ITQ)에 하나의 파일로 저장해야 하며, 답안문서 파일명이 "수험번호-성명"과 일치하지 않거나, 답안파일을 전송하지 않아 미제출로 처리될 경우 실격처리합니다 (예:12345678-홍길동.docx).
- 답안 작성을 마치면 파일을 저장하고, '답안 전송' 버튼을 선택하여 감독위원 PC로 답안을 전송하십시오. 수험생 정보와 저장한 파일명이 다를 경우 전송되지 않으므로 주의하시기 바랍니다.
- 답안 작성 중에도 주기적으로 저장하고, '답안 전송'하여야 문제 발생을 줄일 수 있습니다. 작업한 내용을 저장하지 않고 전송할 경우 이전에 저장된 내용이 전송되오니 이점 유의하시기 바랍니다.
- 기타 통신수단(이메일, 메신저, 네트워크 등)을 이용하여 타인에게 전달 또는 외부 반출하는 경우는 부정 처리합니다.
- 시험 중 부주의 또는 고의로 시스템을 파손한 경우는 수험자가 변상해야 하며, <수험자 유의사항>에 기재된 방법대로 이행하지 않아 생기는 불이익은 수험생 당사자의 책임임을 알려 드립니다.
- 문제의 조건은 MS오피스 2021 버전으로 설정되어 있으며 MS오피스 2016은 【 】에 표기되어 있습니다. 이와 관련하여 작성한 답안의 출력형태가 문제지와 다를 수 있습니다.
- 시험을 완료한 수험자는 답안파일이 전송되었는지 확인한 후 감독위원의 지시에 따라 문제지를 제출하고 퇴실합니다.

답안 작성요령

- **온라인 답안 작성 절차**
  수험자 등록 ⇒ 시험 시작 ⇒ 답안파일 저장 ⇒ 답안 전송 ⇒ 시험 종료

- **공통 부문**
  - 글꼴에 대한 기본설정은 맑은고딕, 10포인트, 검정으로 합니다.
  - 문서작성능력평가의 줄간격은 한 페이지 내에서 작성되도록 조정합니다.
  - 각 문항에 주어진 ≪조건≫에 따라 작성하고 언급하지 않은 조건은 ≪출력형태≫와 같이 작성합니다.
  - 수험자는 문제지를 받는 즉시 문제지와 수험표상의 시험과목(프로그램)이 동일한지 반드시 확인하여야 합니다.
  - 여백은 왼쪽·오른쪽 1.1cm , 위쪽·아래쪽·머리글·바닥글 1cm , 제본 0cm 로 합니다.
  - 그림 삽입 문제의 경우 '내 PC₩문서₩ITQ₩Picture' 폴더에서 지정된 파일을 선택하여 삽입하십시오.
  - 삽입한 그림은 반드시 문서에 포함하여 저장해야 합니다(미포함 시 감점 처리).
  - 각 항목은 지정된 페이지에 출력형태와 같이 정확히 작성하시기 바라며, 그렇지 않을 경우에 해당 항목은 0점 처리됩니다.
    ※ 페이지구분 : 1페이지 - 기능평가 I (문제번호 표시 : 1. 2.),
    　　　　　　　 2페이지 - 기능평가 II (문제번호 표시 : 3. 4.),
    　　　　　　　 3페이지 - 문서작성 능력평가

- **기능평가**
  - 문제와 ≪조건≫은 입력하지 않으며 문제번호와 답(≪출력형태≫)만 작성합니다.
  - 4번 문제는 묶기를 했을 경우 0점 처리됩니다.

- **문서작성 능력평가**
  - A4 용지(210mm×297mm) 1매 크기, 세로 서식 문서로 작성합니다.
  - ⁝⁝⁝⁝⁝ 표시는 문서작성에 대한 지시사항이므로 작성하지 않습니다.

kpc 한국생산성본부

기능평가 I (150점)

1. 다음의 ≪조건≫에 따라 스타일 기능을 적용하여 ≪출력형태≫와 같이 작성하시오. (50점)

≪조건≫ (1) 스타일 이름 - exhibition
(2) 단락 - 왼쪽 들여쓰기 : 1.5 글자, 단락 뒤 간격 : 12pt(또는 1줄)
(3) 글꼴 - 글꼴 : 한글(돋움)/영어(굴림), 크기 : 10pt, 장평 : 95%, 간격 : 표준

≪출력형태≫

WSCE 2024 is the largest Smart City related technology exhibition in Asia where more than 20,000 visitors from 60 countries 200 cities gather together to build 'People-centered smart cities.

2024 월드 스마트시티 엑스포는 60개국 200개 도시 2만여 명의 관람객이 모여 '사람 중심' 스마트시티를 구축하는 아시아 최대 규모의 스마트시티 관련 기술 전시회이다.

2. 다음의 ≪조건≫에 따라 ≪출력형태≫와 같이 표와 차트를 작성하시오. (100점)

≪표 조건≫ (1) 표 전체(표, 캡션) - 굴림, 10pt
(2) 맞춤 - 문자 : 가운데 맞춤, 숫자 : 오른쪽 맞춤
(3) 셀 음영 : 노랑
(4) 계산 기능을 이용하여 빈칸에 합계를 구하고, 캡션 기능 사용할 것
(5) 테두리 모양은 ≪출력형태≫와 동일하게 처리할 것

≪출력형태≫

월드 스마트시티 엑스포 참관객 연령별 현황(단위 : 백 명)

구분	3회	4회	5회	6회	합계
20대	42	51	54	60	
30대	55	69	72	79	
40대	98	113	118	123	
50대 이상	23	34	36	41	

≪차트 조건≫ (1) 차트 데이터는 표 내용에서 횟수별 20대, 30대, 40대의 값만 이용할 것
(2) 종류 - <묶은 세로 막대형>으로 작업할 것
(3) 제목 - 글꼴 : 돋움, 굵게, 12pt, 테두리
(4) 제목 이외의 전체 글꼴 - 돋움, 보통, 10pt
(5) 축제목과 범례는 ≪출력형태≫와 동일하게 처리할 것

≪출력형태≫

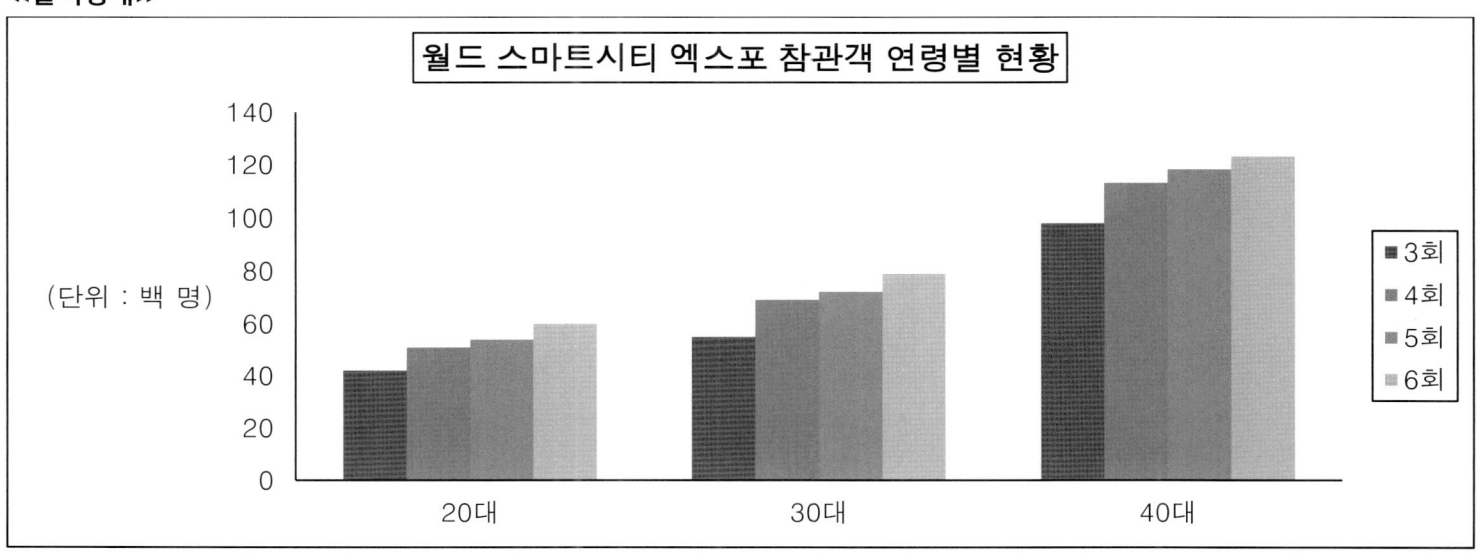

기능평가 II (150점)

3. 다음 (1), (2)의 수식을 수식 편집기로 각각 입력하시오. (40점)

≪출력형태≫

(1) $G = 2\int_{\frac{a}{2}}^{a} \frac{b\sqrt{a^2-x^2}}{a} dx$

(2) $L = \frac{m+M}{m}V = \frac{m+M}{m}\sqrt{2gh}$

4. 다음의 ≪조건≫에 따라 ≪출력형태≫와 같이 문서를 작성하시오. (110점)

≪조건≫
(1) 그리기 도구를 이용하여 작성하고, 모든 도형(글맵시, 지정된 그림 포함)을 ≪출력형태≫와 같이 작성하시오.
(2) 도형의 면색은 지시사항이 없으면 색 없음을 제외하고 서로 다르게 임의로 지정하시오.

≪출력형태≫

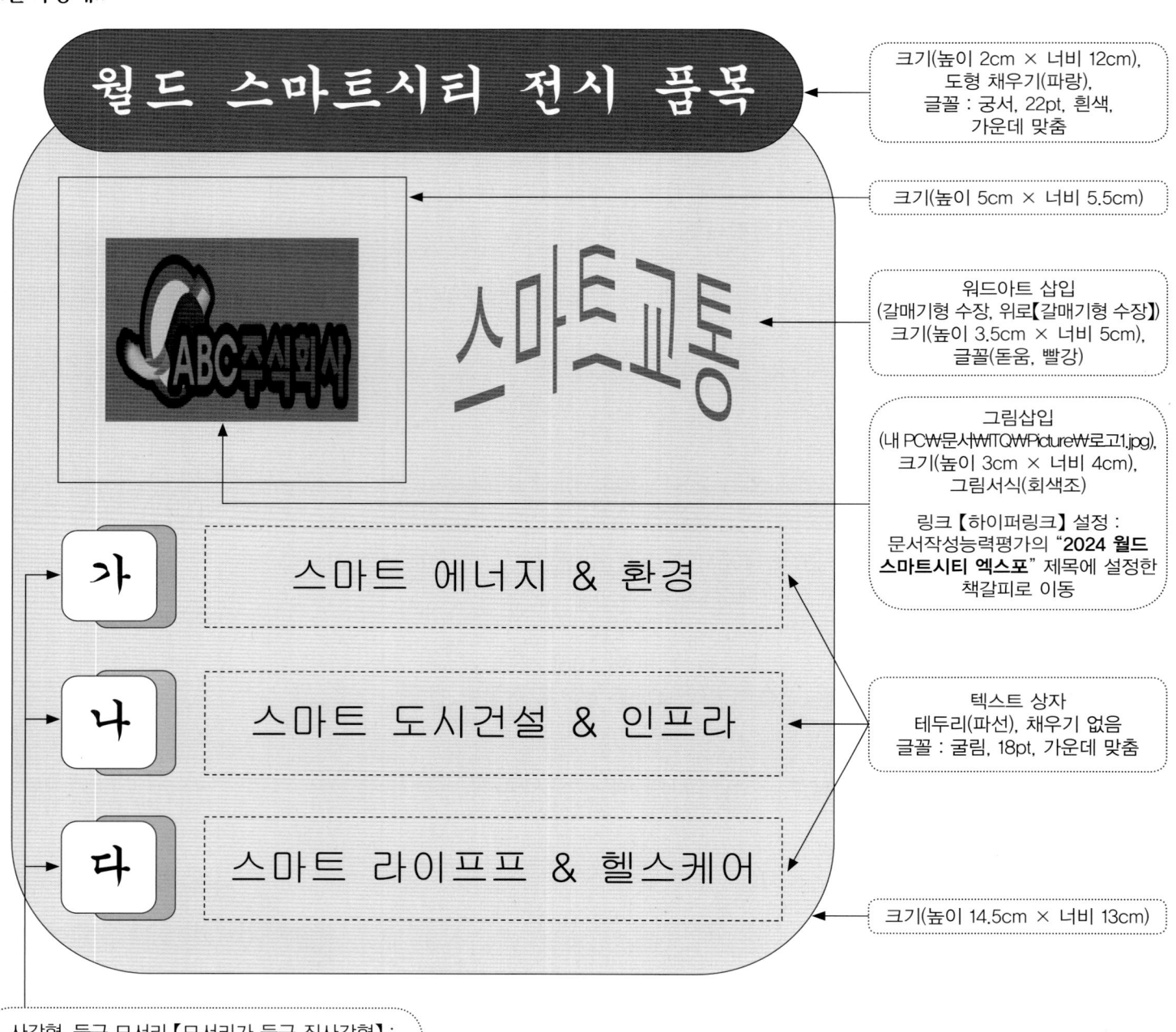

2024 월드 스마트시티 엑스포

국토교통부와 과학기술정보통신부는 도시문제 해결과 시민들의 삶의 질을 제고하기 위해 첨단기술(尖端技術)을 활용하는 스마트 도시의 오늘과 내일을 한 곳에서 체험할 수 있는 2024 월드 스마트시티 엑스포를 개최한다. 스마트시티 분야의 전 세계 정부, 기업, 전문가들이 함께 모여 미래의 도시를 그려 나가는 아시아태평양 지역의 스마트시티 행사로 사람을 품고, 미래를 열고, 세계를 잇는 2024 월드 스마트시티 엑스포에서 상상 속 미래의 도시를 현실로 만들어가고 있다.

2017년부터 시작되어 올해로 8번째로 개최되는 2024 월드 스마트시티 엑스포는 UFI[a] 로부터 국제인증을 획득하였으며, 전세계 스마트시티 관계자에 기술과 서비스를 홍보할 수 있는 아태지역 최대 플랫폼이자 스마트시티 민관합작투자 플랫폼 실현과 글로벌 스마트시티 리더들과 함께하는 비즈니스 상담의 장이다. 또한 ICT 전문가와 정부관계자들로부터 직접 최신 기술동향을 습득하고 스마트시티 기술 발전을 위한 아이디어를 공유(共有)하고 기업설명회를 통해 국내외 유력 바이어를 대상으로 전시 참가사가 기업 및 제품을 홍보할 수 있는 자리가 마련된다.

◆ 2024 월드 스마트시티 엑스포 개요

1 일시 및 장소
   가) 일시 : 2024년 9월 11일(수) - 9월 13일(금)
   나) 장소 : 킨텍스 제1전시장 2-5홀
2 주최 및 주관
   가) 주최 : 국토교통부, 과학기술정보통신부
   나) 주관 : 한국토지주택공사, 한국수자원공사

◆ 월드 스마트시티 주요 참가 품목

분야	영역	내용
스마트 라이프 헬스케어	생활	스마트 가전/홈, 스마트 생활편의 서비스, 스마트 공원 조성
	헬스케어	의료정보/원격의료 시스템, 클라우드 기반 원스톱 의료서비스
스마트 경제	일자리	창업인큐베이팅센터, 창업과 스타트업 지원, 도시 해외수출
	물류	물류센터 및 물동량 현황 관리, 모바일 POS, 지능형 드론 배송
스마트 정부	소통/참여/현장형 행정	스마트 기반 현장행정, 공공분야 온라인 투표 시스템
	데이터 기반 거버넌스	공공 빅데이터 통합 저장소 구축, 민관 공동 빅데이터 플랫폼 구축

국토교통부 도시경제과

---

[a] 국제전시연맹으로 세계 전시산업 분야에서 최고 권위를 자랑하는 국제기구

제08회 ITQ 실전모의문제

과목	코드	문제유형	시험시간	수험번호	성명
MS 워드	1112	B	60분		

수험자 유의사항

- 수험자는 문제지를 받는 즉시 문제지와 **수험표상의 시험과목(프로그램)이 동일한지 반드시 확인**하여야 합니다.
- 파일명은 본인의 "수험번호-성명"으로 입력하여 답안폴더(내 PC₩문서₩ITQ)에 하나의 파일로 저장해야 하며, 답안문서 파일명이 "수험번호-성명"과 일치하지 않거나, 답안파일을 전송하지 않아 미제출로 처리될 경우 실격처리합니다 (예:12345678-홍길동.docx).
- 답안 작성을 마치면 파일을 저장하고, '답안 전송' 버튼을 선택하여 감독위원 PC로 답안을 전송하십시오. 수험생 정보와 저장한 파일명이 다를 경우 전송되지 않으므로 주의하시기 바랍니다.
- 답안 작성 중에도 주기적으로 저장하고, '답안 전송'하여야 문제 발생을 줄일 수 있습니다. 작업한 내용을 저장하지 않고 전송할 경우 이전에 저장된 내용이 전송되오니 이점 유의하시기 바랍니다.
- 기타 통신수단(이메일, 메신저, 네트워크 등)을 이용하여 타인에게 전달 또는 외부 반출하는 경우는 부정 처리합니다.
- 시험 중 부주의 또는 고의로 시스템을 파손한 경우는 수험자가 변상해야 하며, <수험자 유의사항>에 기재된 방법대로 이행하지 않아 생기는 불이익은 수험생 당사자의 책임임을 알려 드립니다.
- 문제의 조건은 MS오피스 2021 버전으로 설정되어 있으며 MS오피스 2016은 【 】에 표기되어 있습니다. 이와 관련하여 작성한 답안의 출력형태가 문제지와 다를 수 있습니다.
- 시험을 완료한 수험자는 답안파일이 전송되었는지 확인한 후 감독위원의 지시에 따라 문제지를 제출하고 퇴실합니다.

답안 작성요령

- **온라인 답안 작성 절차**
  수험자 등록 ⇒ 시험 시작 ⇒ 답안파일 저장 ⇒ 답안 전송 ⇒ 시험 종료
- **공통 부문**
  - 글꼴에 대한 기본설정은 맑은고딕, 10포인트, 검정으로 합니다.
  - 문서작성능력평가의 줄간격은 한 페이지 내에서 작성되도록 조정합니다.
  - 각 문항에 주어진 ≪조건≫에 따라 작성하고 언급하지 않은 조건은 ≪출력형태≫와 같이 작성합니다.
  - 수험자는 문제지를 받는 즉시 문제지와 수험표상의 시험과목(프로그램)이 동일한지 반드시 확인하여야 합니다.
  - 여백은 왼쪽·오른쪽 1.1cm , 위쪽·아래쪽·머리글·바닥글 1cm , 제본 0cm 로 합니다.
  - 그림 삽입 문제의 경우 '내 PC₩문서₩ITQ₩Picture' 폴더에서 지정된 파일을 선택하여 삽입하십시오.
  - 삽입한 그림은 반드시 문서에 포함하여 저장해야 합니다(미포함 시 감점 처리).
  - 각 항목은 지정된 페이지에 출력형태와 같이 정확히 작성하시기 바라며, 그렇지 않을 경우에 해당 항목은 0점 처리됩니다.
    ※ 페이지구분 : 1페이지 - 기능평가 I (문제번호 표시 : 1. 2.),
    　　　　　　　 2페이지 - 기능평가 II (문제번호 표시 : 3. 4.),
    　　　　　　　 3페이지 - 문서작성 능력평가
- **기능평가**
  - 문제와 ≪조건≫은 입력하지 않으며 문제번호와 답(≪출력형태≫)만 작성합니다.
  - 4번 문제는 묶기를 했을 경우 0점 처리됩니다.
- **문서작성 능력평가**
  - A4 용지(210㎜×297㎜) 1매 크기, 세로 서식 문서로 작성합니다.
  - ┊ ┊ 표시는 문서작성에 대한 지시사항이므로 작성하지 않습니다.

kpc 한국생산성본부

기능평가 Ⅰ (150점)

1. 다음의 ≪조건≫에 따라 스타일 기능을 적용하여 ≪출력형태≫와 같이 작성하시오. (50점)

≪조건≫　(1) 스타일 이름 - air
　　　　(2) 단락 - 왼쪽 들여쓰기 : 1.5 글자, 단락 뒤 간격 : 12pt(또는 1줄)
　　　　(3) 글꼴 - 글꼴 : 한글(돋움)/영어(굴림), 크기 : 10pt, 장평 : 95%, 간격 : 표준

≪출력형태≫

　　Concern about air pollution has led to the acceptance of electric vehicles as a viable alternative to vehicles powered by gasoline.

　　친환경 자동차의 특징은 화석연료를 사용하는 일반 자동차보다 적은 연료로 먼 거리를 주행하고 동시에 이산화탄소 배출을 크게 줄일 수 있는 기술을 적용한 것이다.

2. 다음의 ≪조건≫에 따라 ≪출력형태≫와 같이 표와 차트를 작성하시오. (100점)

≪표 조건≫　(1) 표 전체(표, 캡션) - 굴림, 10pt
　　　　　(2) 맞춤 - 문자 : 가운데 맞춤, 숫자 : 오른쪽 맞춤
　　　　　(3) 셀 음영 : 노랑
　　　　　(4) 계산 기능을 이용하여 빈칸에 합계를 구하고, 캡션 기능 사용할 것
　　　　　(5) 테두리 모양은 ≪출력형태≫와 동일하게 처리할 것

≪출력형태≫

친환경 자동차 보급 현황(단위 : 천 대)

연도	하이브리드	플러그인하이브리드	전기	수소전지	합계
2022년	73	5	30	0.3	
2023년	108	10	40	2.0	
2024년	166	13	50	2.6	
2025년	253	19	64	3.9	

≪차트 조건≫　(1) 차트 데이터는 표 내용에서 구분별 2022년, 2023년, 2024년의 값만 이용할 것
　　　　　　(2) 종류 - <묶은 세로 막대형>으로 작업할 것
　　　　　　(3) 제목 – 글꼴 : 돋움, 굵게, 12pt, 테두리
　　　　　　(4) 제목 이외의 전체 글꼴 – 돋움, 보통, 10pt
　　　　　　(5) 축제목과 범례는 ≪출력형태≫와 동일하게 처리할 것

≪출력형태≫

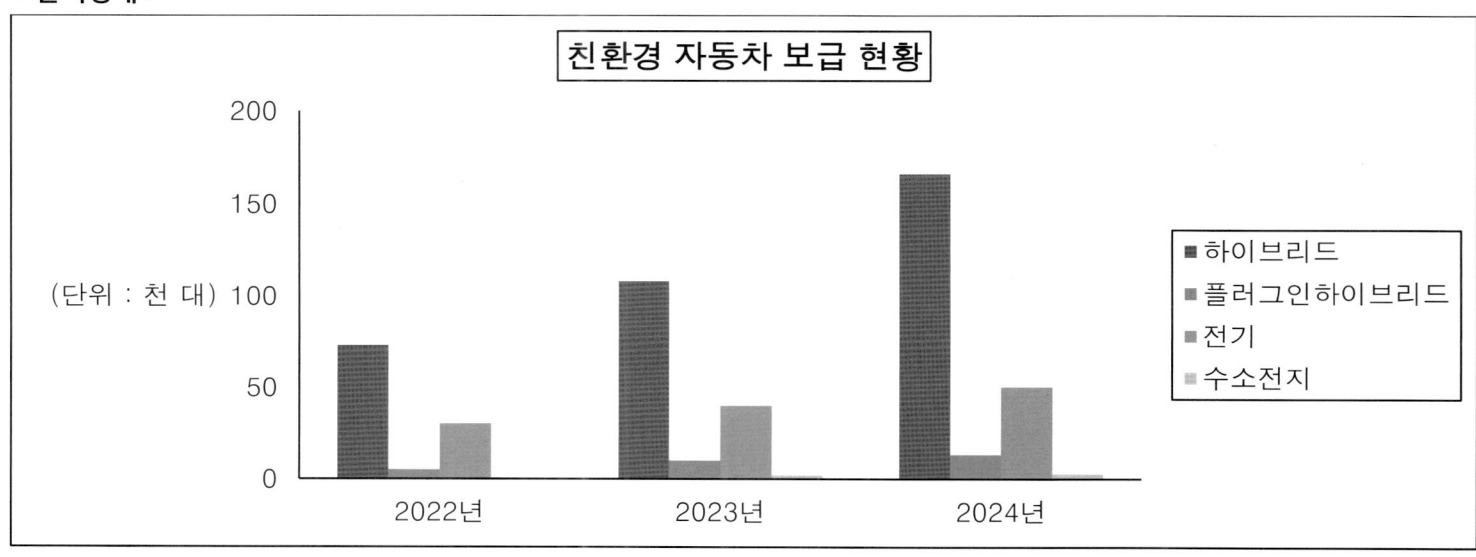

기능평가 II (150점)

3. 다음 (1), (2)의 수식을 수식 편집기로 각각 입력하시오. (40점)

≪출력형태≫

(1) $m = \dfrac{\Delta P}{K_a} = \dfrac{\Delta t_b}{K_b} = \dfrac{\Delta t_f}{K_f}$

(2) $\int_0^3 \dfrac{\sqrt{6t^2 - 18t + 12}}{5} dt = 11$

4. 다음의 ≪조건≫에 따라 ≪출력형태≫와 같이 문서를 작성하시오. (110점)

≪조건≫
(1) 그리기 도구를 이용하여 작성하고, 모든 도형(글맵시, 지정된 그림 포함)을 ≪출력형태≫와 같이 작성하시오.
(2) 도형의 면색은 지시사항이 없으면 색 없음을 제외하고 서로 다르게 임의로 지정하시오.

≪출력형태≫

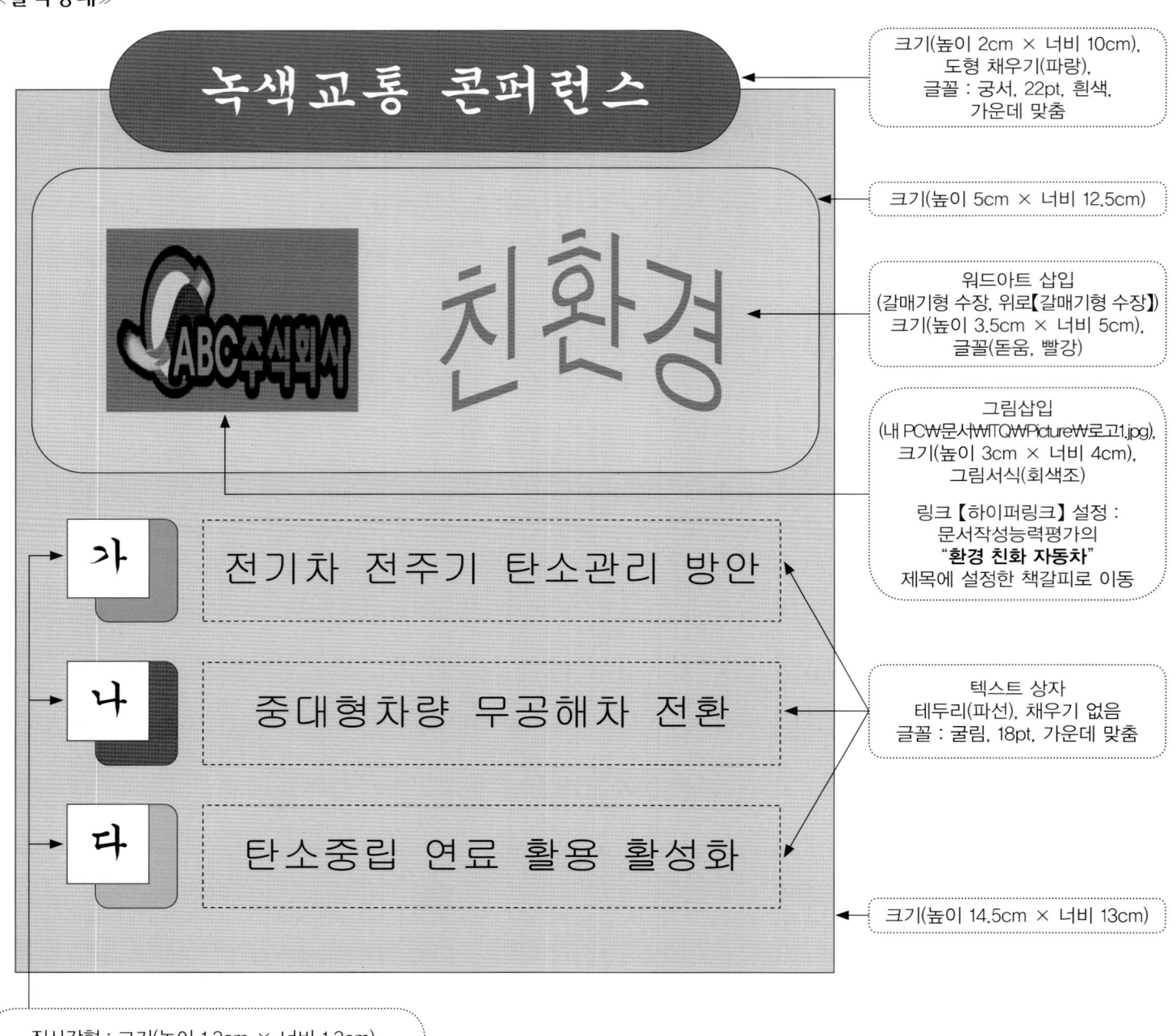

환경 친화 자동차

친환경 자동차란 전기 자동차나 수소연료 자동차[a], 하이브리드 자동차 등과 같이 연료 효율을 극대화하고 유해물질이나 온실가스 배출량이 적어 환경 피해를 줄인 자동차를 말한다. 전기 자동차의 역사는 1828년 헝가리의 야노쉬 예드릭으로부터 시작되었으며, 1865년 프랑스의 물리학자 가스통 플랑테가 축전지를 개발하면서 전기를 동력원(動力源)으로 하는 최초의 실용적인 전기 자동차가 1884년 영국의 토머스 파커에 의해 만들어졌다. 1900년대 초반 내연기관 기술이 개발되면서 한동안 주춤했던 전기 자동차는 1980년대 들어 환경에 대한 관심이 증가하면서 다시 주목받기 시작했다.

세계적인 자동차 회사들은 친환경 자동차에 대한 다양한 기술 개발과 지속적인 투자(投資)에 노력하고 있다. BMW는 전기에너지를 풍력발전으로 생산하고 탄소섬유 부품에도 재활용에너지를 사용하며, 토요타는 하이브리드를 주력으로 생산하는 건물에 태양광 설비를 가동하여 태양열로 전기를 공급한다. 아우디도 원료의 조달과 부품의 생산공정에 친환경 기술을 도입하였다. 우리나라에서도 2013년 하반기부터 순수 전기 자동차 모델이 등장하기 시작했으며 현재는 다양한 하이브리드 자동차가 출시되고 있다.

♥ 국제 친환경 자동차 엑스포

1 전시 기간 및 장소
   가) 일시 : 2023년 9월 6일(수) - 9월 8일(금)
   나) 장소 : 제주도국제컨벤션센터
2 참가 규모 및 주요 행사
   가) 규모 : 친환경 자동차 제조사 및 관련 산업체 100개사
   나) 행사 : 전시회, 콘퍼런스, 부대 행사, 펨투어

♥ 엑스포 전시 품목

구분	내용	비고
모빌리티	승용차, 상용차, 전기버스, 초소형 전기차	기타 자세한 사항은 협회의 홈페이지를 참고하기 바랍니다.
모빌리티	이륜/삼륜차, 전동농기계, 전기선박, UAM	
충전기	완속충전, 급속충전, 무선충전, 가정용 충전, 휴대용 충전	
자율주행/AI/로봇	자율주행, 원격조정, AI, 소프트웨어	
자율주행/AI/로봇	로보틱스, 센서장비, 에플리케이션 등	
에너지	태양열, 풍력, 수소 등 친환경/신재생 에너지, 스마트그리드	

한국전기차협회

---

[a] 수소(H)와 산소(O)를 반응시켜 생산된 전기를 동력원으로 하는 자동차

제09회 ITQ 실전모의문제

과목	코드	문제유형	시험시간	수험번호	성명
MS 워드	1112	C	60분		

수험자 유의사항

- 수험자는 문제지를 받는 즉시 문제지와 **수험표상의 시험과목(프로그램)이 동일한지 반드시 확인**하여야 합니다.
- 파일명은 본인의 "수험번호-성명"으로 입력하여 답안폴더(내 PC₩문서₩ITQ)에 하나의 파일로 저장해야 하며, 답안문서 파일명이 "수험번호-성명"과 일치하지 않거나, 답안파일을 전송하지 않아 미제출로 처리될 경우 실격처리합니다 (예:12345678-홍길동.docx).
- 답안 작성을 마치면 파일을 저장하고, '답안 전송' 버튼을 선택하여 감독위원 PC로 답안을 전송하십시오. 수험생 정보와 저장한 파일명이 다를 경우 전송되지 않으므로 주의하시기 바랍니다.
- 답안 작성 중에도 주기적으로 저장하고, '답안 전송'하여야 문제 발생을 줄일 수 있습니다. 작업한 내용을 저장하지 않고 전송할 경우 이전에 저장된 내용이 전송되오니 이점 유의하시기 바랍니다.
- 기타 통신수단(이메일, 메신저, 네트워크 등)을 이용하여 타인에게 전달 또는 외부 반출하는 경우는 부정 처리합니다.
- 시험 중 부주의 또는 고의로 시스템을 파손한 경우는 수험자가 변상해야 하며, <수험자 유의사항>에 기재된 방법대로 이행하지 않아 생기는 불이익은 수험생 당사자의 책임임을 알려 드립니다.
- 문제의 조건은 MS오피스 2021 버전으로 설정되어 있으며 MS오피스 2016은 【 】에 표기되어 있습니다. 이와 관련하여 작성한 답안의 출력형태가 문제지와 다를 수 있습니다.
- 시험을 완료한 수험자는 답안파일이 전송되었는지 확인한 후 감독위원의 지시에 따라 문제지를 제출하고 퇴실합니다.

답안 작성요령

- **온라인 답안 작성 절차**
  수험자 등록 ⇒ 시험 시작 ⇒ 답안파일 저장 ⇒ 답안 전송 ⇒ 시험 종료

- **공통 부문**
  - 글꼴에 대한 기본설정은 맑은고딕, 10포인트, 검정으로 합니다.
  - 문서작성능력평가의 줄간격은 한 페이지 내에서 작성되도록 조정합니다.
  - 각 문항에 주어진 ≪조건≫에 따라 작성하고 언급하지 않은 조건은 ≪출력형태≫와 같이 작성합니다.
  - 수험자는 문제지를 받는 즉시 문제지와 수험표상의 시험과목(프로그램)이 동일한지 반드시 확인하여야 합니다.
  - 여백은 왼쪽·오른쪽 1.1cm , 위쪽·아래쪽·머리글·바닥글 1cm , 제본 0cm 로 합니다.
  - 그림 삽입 문제의 경우 '내 PC₩문서₩ITQ₩Picture' 폴더에서 지정된 파일을 선택하여 삽입하십시오.
  - 삽입한 그림은 반드시 문서에 포함하여 저장해야 합니다(미포함 시 감점 처리).
  - 각 항목은 지정된 페이지에 출력형태와 같이 정확히 작성하시기 바라며, 그렇지 않을 경우에 해당 항목은 0점 처리됩니다.
    ※ 페이지구분 : 1페이지 - 기능평가 I (문제번호 표시 : 1. 2.),
    　　　　　　　2페이지 - 기능평가 II (문제번호 표시 : 3. 4.),
    　　　　　　　3페이지 - 문서작성 능력평가

- **기능평가**
  - 문제와 ≪조건≫은 입력하지 않으며 문제번호와 답(≪출력형태≫)만 작성합니다.
  - 4번 문제는 묶기를 했을 경우 0점 처리됩니다.

- **문서작성 능력평가**
  - A4 용지(210㎜×297㎜) 1매 크기, 세로 서식 문서로 작성합니다.
  - ⠿⠿⠿ 표시는 문서작성에 대한 지시사항이므로 작성하지 않습니다.

kpc 한국생산성본부

기능평가 I (150점)

1. 다음의 ≪조건≫에 따라 스타일 기능을 적용하여 ≪출력형태≫와 같이 작성하시오. (50점)

≪조건≫ (1) 스타일 이름 - money
(2) 단락 - 왼쪽 들여쓰기 : 1.5 글자, 단락 뒤 간격 : 12pt(또는 1줄)
(3) 글꼴 - 글꼴 : 한글(돋움)/영어(굴림), 크기 : 10pt, 장평 : 95%, 간격 : 표준

≪출력형태≫

Money is a unit of account for the prices of goods, services, and financial and real assets. It can be a medium of exchange and carry out a storage of value.

화폐는 거래를 원활히 하는 데 쓰이는 매개물의 일종으로 재화와 서비스, 금융 및 실물자산의 가격을 나타내는 척도로써 교환의 매개가 되며 가치저장의 기능을 수행한다.

2. 다음의 ≪조건≫에 따라 ≪출력형태≫와 같이 표와 차트를 작성하시오. (100점)

≪표 조건≫ (1) 표 전체(표, 캡션) - 굴림, 10pt
(2) 맞춤 - 문자 : 가운데 맞춤, 숫자 : 오른쪽 맞춤
(3) 셀 음영 : 노랑
(4) 계산 기능을 이용하여 빈칸에 합계를 구하고, 캡션 기능 사용할 것
(5) 테두리 모양은 ≪출력형태≫와 동일하게 처리할 것

≪출력형태≫

기간별 정기예금 저축 현황(단위 : 천억 원)

구분	2019년	2020년	2021년	2022년	합계
6개월	725	788	712	719	
1년	654	577	623	697	
2년	179	245	209	199	
3년	119	127	138	143	

≪차트 조건≫ (1) 차트 데이터는 표 내용에서 구분별 6개월, 1년, 2년의 값만 이용할 것
(2) 종류 - <묶은 세로 막대형>으로 작업할 것
(3) 제목 – 글꼴 : 돋움, 굵게, 12pt, 테두리
(4) 제목 이외의 전체 글꼴 – 돋움, 보통, 10pt
(5) 축제목과 범례는 ≪출력형태≫와 동일하게 처리할 것

≪출력형태≫

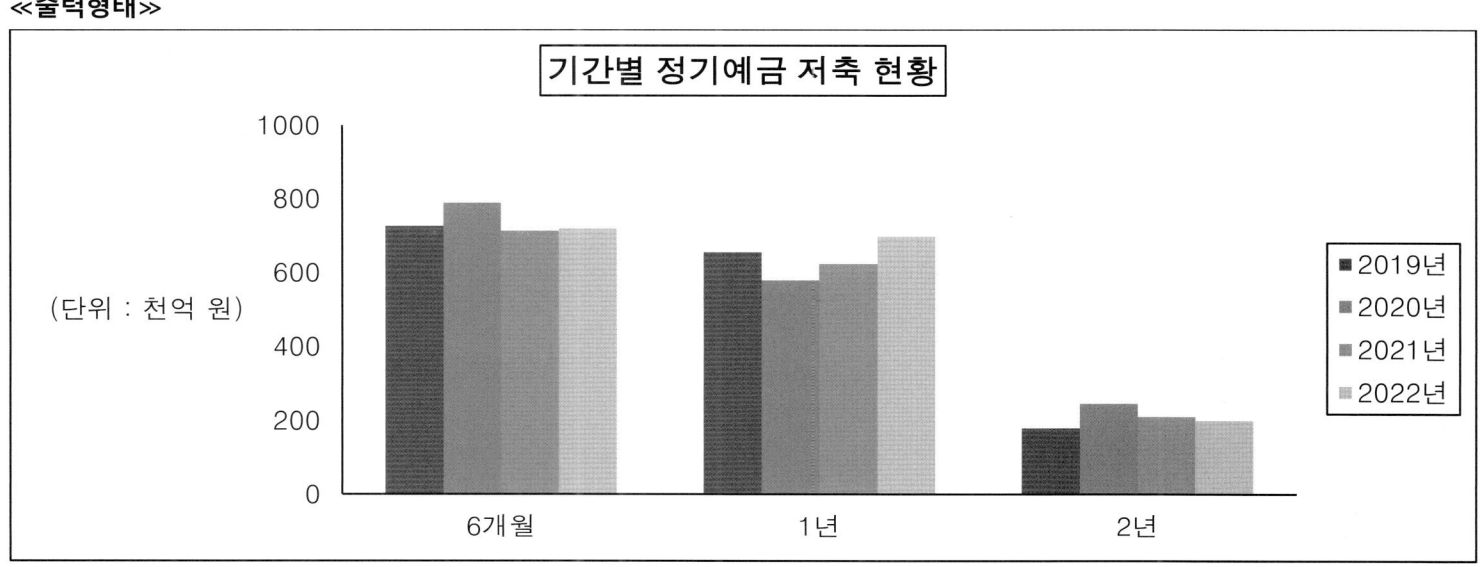

기능평가 II (150점)

3. 다음 (1), (2)의 수식을 수식 편집기로 각각 입력하시오. (40점)

≪출력형태≫

(1) $h = \sqrt{k^2 - r^2}, M = \frac{1}{3}\pi r^2 h$

(2) $\int_a^b xf(x)dx = \frac{1}{b-a}\int_a^b xdx = \frac{a+b}{2}$

4. 다음의 ≪조건≫에 따라 ≪출력형태≫와 같이 문서를 작성하시오. (110점)

≪조건≫
(1) 그리기 도구를 이용하여 작성하고, 모든 도형(글맵시, 지정된 그림 포함)을 ≪출력형태≫와 같이 작성하시오.
(2) 도형의 면색은 지시사항이 없으면 색 없음을 제외하고 서로 다르게 임의로 지정하시오.

≪출력형태≫

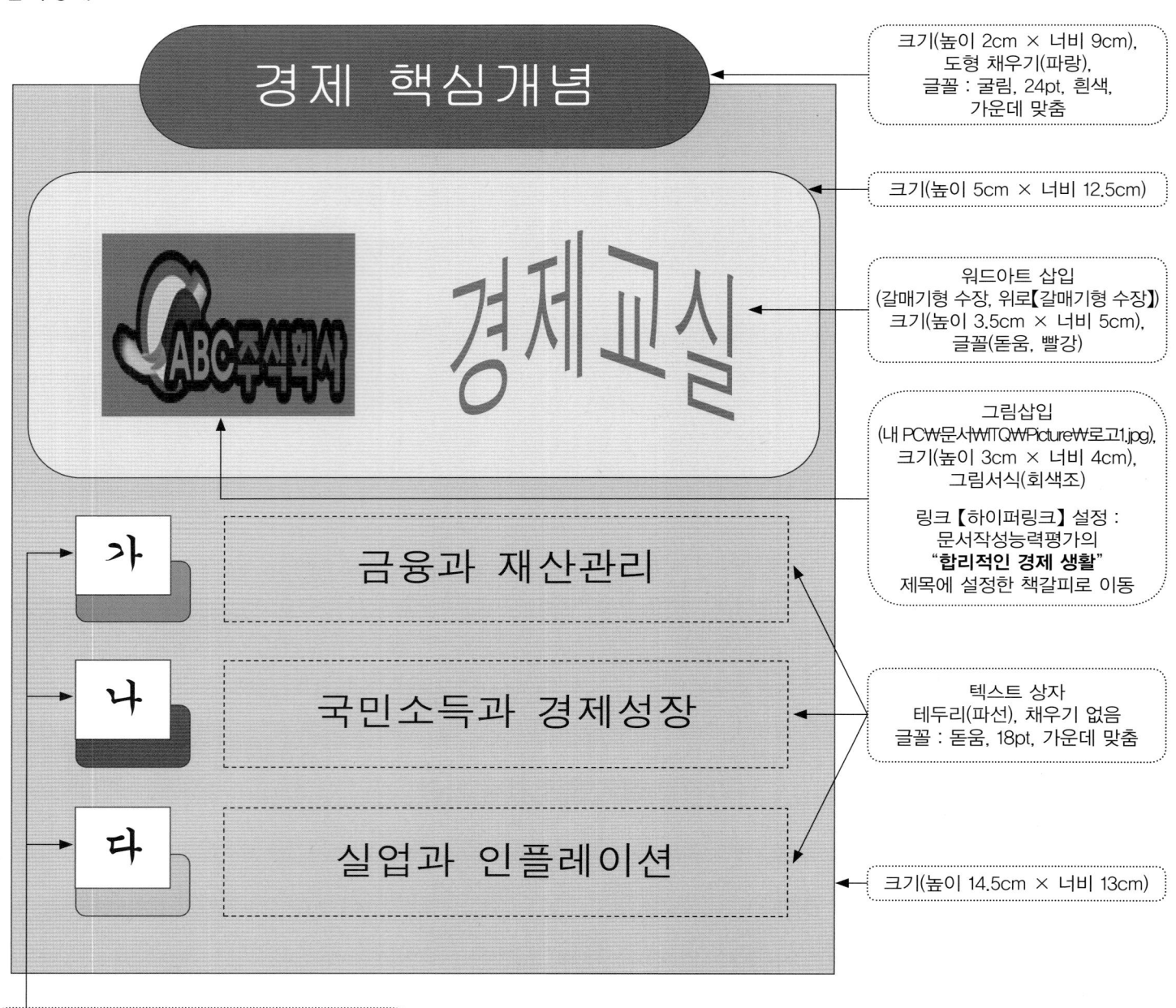

합리적인 경제 생활
슬기로운 예금

사람은 누구나 행복한 삶을 소망한다. 물질적인 조건만 갖춘다고 해서 행복이 보장되는 것은 아니지만 자족(自足)할 만한 수준 이상의 경제적 능력은 행복한 생활을 위해 필수적이다. 그래서 지금 이 시간에도 사람들은 경제적 능력을 향상시키기 위해 저마다의 위치에서 열심히 노력하고 있다. 여유가 없어 지금 당장은 저축을 하지 못한다 하더라도 실망할 필요는 없다. 여유 자금이 없더라도 우선은 가까운 금융기관을 자주 방문하여 금융 서비스 정보를 모으거나 금융상품 선택 방법 등을 배우는 것부터 시작할 수 있다.

여유 자금이 생겼을 때를 대비하여 준비를 철저히 한다면 좀 더 수월하게 유리한 저축 수단(手段)을 선택할 수 있으며 자신이 꿈꾸어 왔던 행복한 미래에 더 빨리 다가갈 수 있다. 따라서 먼저 생활 속에서 금융 서비스 정보에 친숙해질 수 있는 방법들과 금융상품을 선택하는 기준을 바르게 알아야 한다. 저축을 생활화하기 위한 방법과 고령화시대 노후 준비를 위한 자금 마련 방법 등도 함께 알아두어야 한다. 이 밖에도 저축은 불필요한 소비를 줄임으로써 물가안정과 자원절약에 기여하는 한편 근검절약[a]의 생활화를 유도하여 건전한 사회풍토를 조성하는 데에도 일익을 담당하고 있다.

♥ 생활설계를 위한 저축의 필요성

1 가족의 성장과 주요 계획
    가) 주택 마련 시기, 자녀의 진학, 취직, 결혼 시기
    나) 세대주의 정년퇴직 시기와 재취직 계획, 기타 장래에 있을 일들
2 자금 준비 계획
    가) 주택 자금, 자녀의 교육과 결혼, 노후 대비, 해외여행 등
    나) 현재 저축액, 향후 저축액, 매년의 적립 또는 차입상환액 등

♥ 한국은행 경제특강 교육주제

구분	주요 내용	담당 부서
통화정책	주요 경제 이슈 및 이에 대한 한국은행의 통화정책 대응	국제협력국
	중앙은행 통화정책과 직접 관련된 금리가 자산가격과 일반물가에 미치는 영향	통화정책국
금융시장	금융제도의 개념 및 유형, 각종 금융시장의 기능과 역할	금융안정국
	금리와 환율에 대한 이해, 한 시간에 배우는 금융	금융시장국
	국제금융시장의 주요 참가자, 거래상품 및 매매방식, 기능 및 최근 동향	금융통화국
경제이론	경제현상 이해에 필요한 주요 경제지표의 개념, 특징, 이용방법 및 주의사항	경제교육국

한국은행경제교육

---

[a] 부지런하고 알뜰하게 재물을 아낌

제10회 ITQ 실전모의문제

과목	코드	문제유형	시험시간	수험번호	성명
MS 워드	1112	A	60분		

수험자 유의사항

- 수험자는 문제지를 받는 즉시 문제지와 **수험표상의 시험과목(프로그램)이 동일한지 반드시 확인**하여야 합니다.
- 파일명은 본인의 "수험번호-성명"으로 입력하여 답안폴더(내 PC\문서\ITQ)에 하나의 파일로 저장해야 하며, 답안문서 파일명이 "수험번호-성명"과 일치하지 않거나, 답안파일을 전송하지 않아 미제출로 처리될 경우 실격처리합니다 (예:12345678-홍길동.docx).
- 답안 작성을 마치면 파일을 저장하고, '답안 전송' 버튼을 선택하여 감독위원 PC로 답안을 전송하십시오. 수험생 정보와 저장한 파일명이 다를 경우 전송되지 않으므로 주의하시기 바랍니다.
- 답안 작성 중에도 주기적으로 저장하고, '답안 전송'하여야 문제 발생을 줄일 수 있습니다. 작업한 내용을 저장하지 않고 전송할 경우 이전에 저장된 내용이 전송되오니 이점 유의하시기 바랍니다.
- 기타 통신수단(이메일, 메신저, 네트워크 등)을 이용하여 타인에게 전달 또는 외부 반출하는 경우는 부정 처리합니다.
- 시험 중 부주의 또는 고의로 시스템을 파손한 경우는 수험자가 변상해야 하며, <수험자 유의사항>에 기재된 방법대로 이행하지 않아 생기는 불이익은 수험생 당사자의 책임임을 알려 드립니다.
- 문제의 조건은 MS오피스 2021 버전으로 설정되어 있으며 MS오피스 2016은 【 】에 표기되어 있습니다. 이와 관련하여 작성한 답안의 출력형태가 문제지와 다를 수 있습니다.
- 시험을 완료한 수험자는 답안파일이 전송되었는지 확인한 후 감독위원의 지시에 따라 문제지를 제출하고 퇴실합니다.

답안 작성요령

- **온라인 답안 작성 절차**
  수험자 등록 ⇒ 시험 시작 ⇒ 답안파일 저장 ⇒ 답안 전송 ⇒ 시험 종료

- **공통 부문**
  - 글꼴에 대한 기본설정은 맑은고딕, 10포인트, 검정으로 합니다.
  - 문서작성능력평가의 줄간격은 한 페이지 내에서 작성되도록 조정합니다.
  - 각 문항에 주어진 ≪조건≫에 따라 작성하고 언급하지 않은 조건은 ≪출력형태≫와 같이 작성합니다.
  - 수험자는 문제지를 받는 즉시 문제지와 수험표상의 시험과목(프로그램)이 동일한지 반드시 확인하여야 합니다.
  - 여백은 왼쪽·오른쪽 1.1cm, 위쪽·아래쪽·머리글·바닥글 1cm, 제본 0cm 로 합니다.
  - 그림 삽입 문제의 경우 '내 PC\문서\ITQ\Picture' 폴더에서 지정된 파일을 선택하여 삽입하십시오.
  - 삽입한 그림은 반드시 문서에 포함하여 저장해야 합니다(미포함 시 감점 처리).
  - 각 항목은 지정된 페이지에 출력형태와 같이 정확히 작성하시기 바라며, 그렇지 않을 경우에 해당 항목은 0점 처리됩니다.
    ※ 페이지구분 : 1페이지 - 기능평가 I (문제번호 표시 : 1. 2.),
    　　　　　　　 2페이지 - 기능평가 II (문제번호 표시 : 3. 4.),
    　　　　　　　 3페이지 - 문서작성 능력평가

- **기능평가**
  - 문제와 ≪조건≫은 입력하지 않으며 문제번호와 답(≪출력형태≫)만 작성합니다.
  - 4번 문제는 묶기를 했을 경우 0점 처리됩니다.

- **문서작성 능력평가**
  - A4 용지(210㎜×297㎜) 1매 크기, 세로 서식 문서로 작성합니다.
  - ::::::: 표시는 문서작성에 대한 지시사항이므로 작성하지 않습니다.

기능평가 I (150점)

1. 다음의 ≪조건≫에 따라 스타일 기능을 적용하여 ≪출력형태≫와 같이 작성하시오. (50점)

≪조건≫ (1) 스타일 이름 - health
(2) 단락 - 왼쪽 들여쓰기 : 1.5 글자, 단락 뒤 간격 : 12pt(또는 1줄)
(3) 글꼴 - 글꼴 : 한글(굴림)/영어(돋움), 크기 : 10pt, 장평 : 95%, 간격 : 표준

≪출력형태≫

Another successful social insurance program the Ministry has established is the National Health Insurance Systems (NHIS). In 1977, the NHIS was first introduced to professionals in the workforce.

보건복지부가 설립한 또 다른 성공적인 사회 보험 프로그램은 국민 건강 보험 시스템이다. 1977년, 이 시스템은 노동계의 전문가들에게 처음 소개되었다.

2. 다음의 ≪조건≫에 따라 ≪출력형태≫와 같이 표와 차트를 작성하시오. (100점)

≪표 조건≫ (1) 표 전체(표, 캡션) - 굴림, 10pt
(2) 맞춤 - 문자 : 가운데 맞춤, 숫자 : 오른쪽 맞춤
(3) 셀 음영 : 노랑
(4) 계산 기능을 이용하여 빈칸에 평균(소수점 두 자리)을 구하고, 캡션 기능 사용할 것
(5) 테두리 모양은 ≪출력형태≫와 동일하게 처리할 것

≪출력형태≫

청소년 상담복지센터 연계 현황(단위 : 건)

연도	2022년	2023년	2024년	2025년	평균
의료지원	142	250	234	204	
문화복지	548	647	562	589	
법률지원	50	58	61	58	
취업	105	80	69	82	

≪차트 조건≫ (1) 차트 데이터는 표 내용에서 연도별 의료지원, 문화복지, 법률지원의 값만 이용할 것
(2) 종류 - <묶은 세로 막대형>으로 작업할 것
(3) 제목 – 글꼴 : 굴림, 굵게, 12pt, 테두리
(4) 제목 이외의 전체 글꼴 – 굴림, 보통, 10pt
(5) 축제목과 범례는 ≪출력형태≫와 동일하게 처리할 것

≪출력형태≫

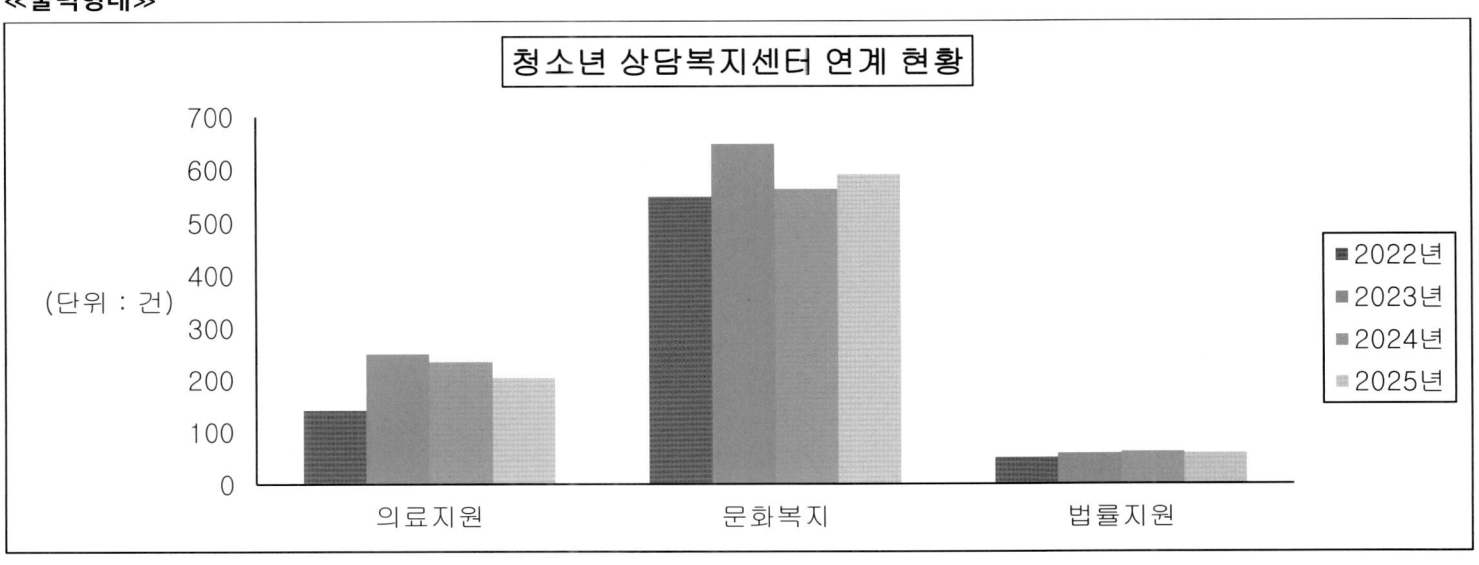

기능평가 II (150점)

3. 다음 (1), (2)의 수식을 수식 편집기로 각각 입력하시오. (40점)

≪출력형태≫

(1) $Q = \lim_{\Delta t \to 0} \frac{\Delta s}{\Delta t} = \frac{d^2 s}{dt^2} + 1$

(2) $\sqrt{a + b + 2\sqrt{ab}} = \sqrt{a} + \sqrt{b}(a > 0, b > 0)$

4. 다음의 ≪조건≫에 따라 ≪출력형태≫와 같이 문서를 작성하시오. (110점)

≪조건≫
(1) 그리기 도구를 이용하여 작성하고, 모든 도형(글맵시, 지정된 그림 포함)을 ≪출력형태≫와 같이 작성하시오.
(2) 도형의 면색은 지시사항이 없으면 색 없음을 제외하고 서로 다르게 임의로 지정하시오.

≪출력형태≫

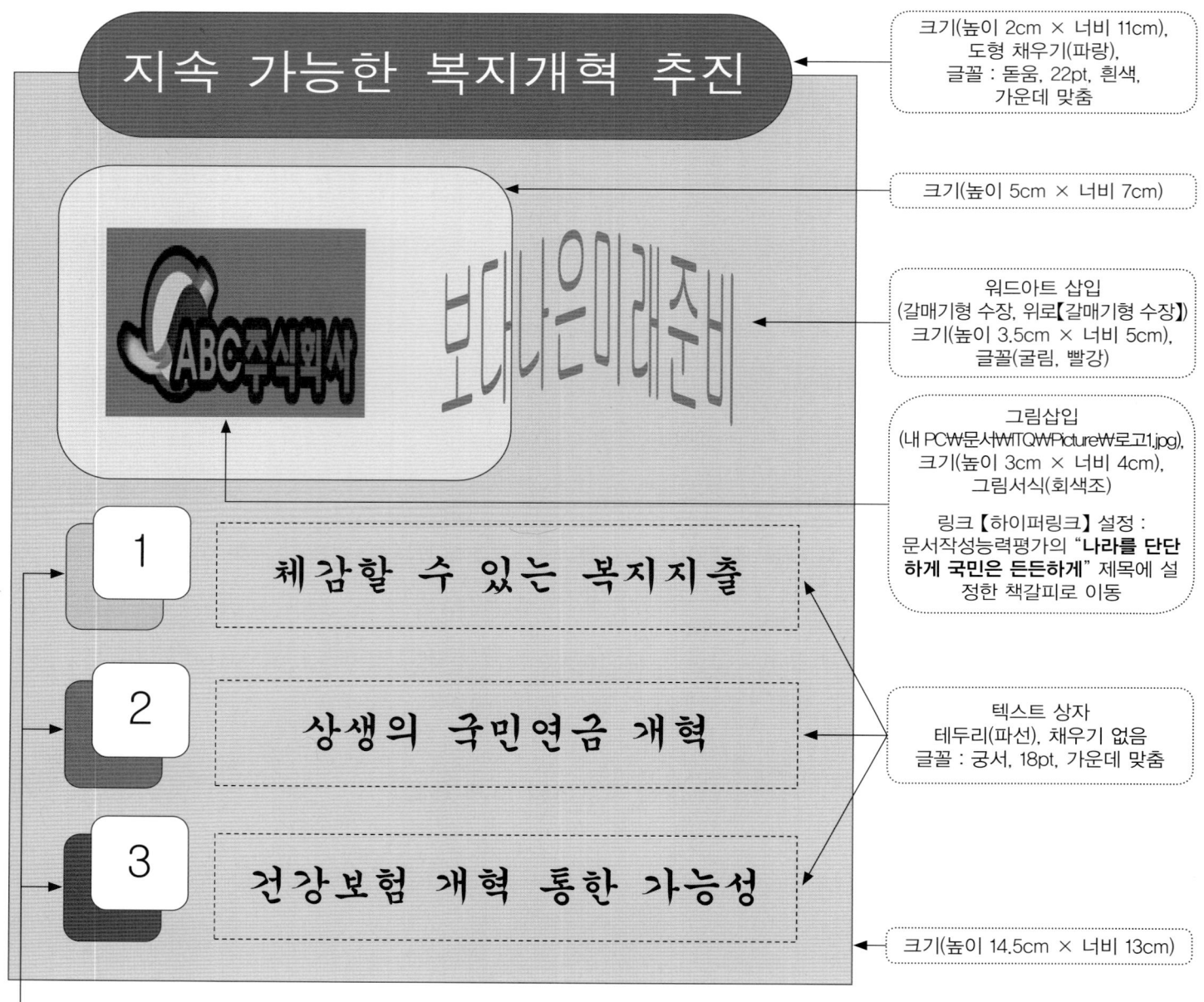

나라를 단단하게 국민은 든든하게

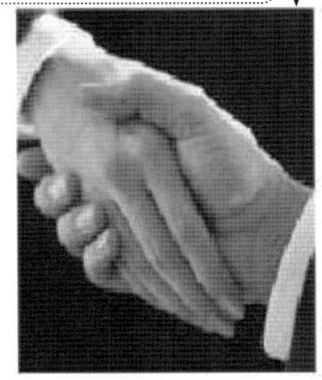

01 래 도약을 위한 튼실한 복지국가 기반을 다지기 위해 보건복지부가 국민(國民)과 동행한다고 보건복지 핵심 동행 과제를 발표했다. 우리나라 국민의 소득을 일렬로 세워서 정확히 가운데를 차지하는 가구의 소득을 중위소득이라고 하는데 정부에서는 소득이 낮아 일상생활을 유지하기가 어려운 분들에게 여러 가지 지원을 하고 있다. 보건복지 용어에서는 정부가 지원하는 것을 '급여'라고 말한다. 정부에서는 이 중위소득 구간을 기준으로 생활이 어려운 분들을 기초생활수급자, 차상위계층 등으로 구분하여 정부지원(政府支援)을 하고 있다. 이렇게 정부의 지원을 받게 되는 구간을 중위소득에서 정하는 것이 바로 '기준중위소득' 이다.

정부에서는 국민기초생활보장법에 따라 생계, 의료, 주거, 교육 서비스 등을 지원하는데 작년에는 기준중위소득의 30% 이하에 해당하면 생계급여를 지원받았지만, 올해부터는 35% 이하까지 생계급여를 지원받을 수 있게 목표를 잡았다. 또한, 아동 인권 보호를 위해 국제 표준에 맞는 입양 체계로 개편하고, 시설 중심의 보호 체계를 단계적으로 가정형으로 전환하는 로드맵과 아동기본법 제정도 추진한다고 한다. 그리고 바이오헬스 산업 육성 강화를 위해 보건복지부는 오는 2027년까지 블록버스터급 신약 개발과 의료기기 수출 세계 5위를 목표로 지원해 나간다.

♥ 촘촘하고 두터운 약자복지 확대

1 촘촘한 발굴
   가) 정확하고 신속하게 위기가구 발굴
   나) 위기 정보 입수 시 인공지능 활용 초기상담
2 두터운 보호
   가) 기초생활보장 확대 등 취약계층 보호 강화
   나) 최중증 발달장애인 맞춤형 돌봄을 강화

♥ 미래 대비 핵심 추진과제

필수의료	약자복지	복지개혁	미래준비
보건의료 약자복지 실현	위기가구 발굴	지속가능성 확보	인구정책 패러다임
생애주기, 스마트 건강투자	취약계층 보호	상생의 국민연금 개혁	저출산 완화를 위한 지원
대규모 재난 대응의료	복지수요 적극대응	체감가능 복지지출 혁신	첨단기술로 보건 안보 선도
신종감염병 대응	수용자 맞춤형 서비스		바이오 헬스 육성 및 수출

보건복지부

---

[a] 사회 복지, 사회 보장 및 공중위생의 향상과 증진을 도모하는 것

제11회 ITQ 실전모의문제

과목	코드	문제유형	시험시간	수험번호	성명
MS 워드	1112	B	60분		

수험자 유의사항

- 수험자는 문제지를 받는 즉시 문제지와 **수험표상의 시험과목(프로그램)이 동일한지 반드시 확인**하여야 합니다.
- 파일명은 본인의 "수험번호-성명"으로 입력하여 답안폴더(내 PC\문서\ITQ)에 하나의 파일로 저장해야 하며, 답안문서 파일명이 "수험번호-성명"과 일치하지 않거나, 답안파일을 전송하지 않아 미제출로 처리될 경우 실격처리합니다 (예:12345678-홍길동.docx).
- 답안 작성을 마치면 파일을 저장하고, '답안 전송' 버튼을 선택하여 감독위원 PC로 답안을 전송하십시오. 수험생 정보와 저장한 파일명이 다를 경우 전송되지 않으므로 주의하시기 바랍니다.
- 답안 작성 중에도 주기적으로 저장하고, '답안 전송'하여야 문제 발생을 줄일 수 있습니다. 작업한 내용을 저장하지 않고 전송할 경우 이전에 저장된 내용이 전송되오니 이점 유의하시기 바랍니다.
- 기타 통신수단(이메일, 메신저, 네트워크 등)을 이용하여 타인에게 전달 또는 외부 반출하는 경우는 부정 처리합니다.
- 시험 중 부주의 또는 고의로 시스템을 파손한 경우는 수험자가 변상해야 하며, <수험자 유의사항>에 기재된 방법대로 이행하지 않아 생기는 불이익은 수험생 당사자의 책임임을 알려 드립니다.
- 문제의 조건은 MS오피스 2021 버전으로 설정되어 있으며 MS오피스 2016은 【 】에 표기되어 있습니다. 이와 관련하여 작성한 답안의 출력형태가 문제지와 다를 수 있습니다.
- 시험을 완료한 수험자는 답안파일이 전송되었는지 확인한 후 감독위원의 지시에 따라 문제지를 제출하고 퇴실합니다.

답안 작성요령

- **온라인 답안 작성 절차**
  수험자 등록 ⇒ 시험 시작 ⇒ 답안파일 저장 ⇒ 답안 전송 ⇒ 시험 종료
- **공통 부문**
  - 글꼴에 대한 기본설정은 맑은고딕, 10포인트, 검정으로 합니다.
  - 문서작성능력평가의 줄간격은 한 페이지 내에서 작성되도록 조정합니다.
  - 각 문항에 주어진 ≪조건≫에 따라 작성하고 언급하지 않은 조건은 ≪출력형태≫와 같이 작성합니다.
  - 수험자는 문제지를 받는 즉시 문제지와 수험표상의 시험과목(프로그램)이 동일한지 반드시 확인하여야 합니다.
  - 여백은 왼쪽·오른쪽 1.1cm, 위쪽·아래쪽·머리글·바닥글 1cm, 제본 0cm 로 합니다.
  - 그림 삽입 문제의 경우 '내 PC\문서\ITQ\Picture' 폴더에서 지정된 파일을 선택하여 삽입하십시오.
  - 삽입한 그림은 반드시 문서에 포함하여 저장해야 합니다(미포함 시 감점 처리).
  - 각 항목은 지정된 페이지에 출력형태와 같이 정확히 작성하시기 바라며, 그렇지 않을 경우에 해당 항목은 0점 처리됩니다.
    ※ 페이지구분 : 1페이지 - 기능평가 I (문제번호 표시 : 1. 2.),
    　　　　　　　 2페이지 - 기능평가 II (문제번호 표시 : 3. 4.),
    　　　　　　　 3페이지 - 문서작성 능력평가
- **기능평가**
  - 문제와 ≪조건≫은 입력하지 않으며 문제번호와 답(≪출력형태≫)만 작성합니다.
  - 4번 문제는 묶기를 했을 경우 0점 처리됩니다.
- **문서작성 능력평가**
  - A4 용지(210㎜×297㎜) 1매 크기, 세로 서식 문서로 작성합니다.
  - ┆┆┆┆ 표시는 문서작성에 대한 지시사항이므로 작성하지 않습니다.

kpc 한국생산성본부

기능평가 I (150점)

1. 다음의 ≪조건≫에 따라 스타일 기능을 적용하여 ≪출력형태≫와 같이 작성하시오. (50점)

≪조건≫ (1) 스타일 이름 - student
(2) 단락 - 왼쪽 들여쓰기 : 1.5 글자, 단락 뒤 간격 : 12pt(또는 1줄)
(3) 글꼴 - 글꼴 : 한글(굴림)/영어(돋움), 크기 : 10pt, 장평 : 95%, 간격 : 표준

≪출력형태≫

International students are those students who chose to undertake all or part of their tertiary education in a country other than their own and move to that country for the purpose of studying.

유학생은 고등 교육 기관의 전부 또는 일부를 자국 이외의 국가에서 선택하여 공부 목적으로 해당 국가로 이주한 학생이다.

2. 다음의 ≪조건≫에 따라 ≪출력형태≫와 같이 표와 차트를 작성하시오. (100점)

≪표 조건≫ (1) 표 전체(표, 캡션) - 굴림, 10pt
(2) 맞춤 - 문자 : 가운데 맞춤, 숫자 : 오른쪽 맞춤
(3) 셀 음영 : 노랑
(4) 계산 기능을 이용하여 빈칸에 평균(소수점 두 자리)을 구하고, 캡션 기능 사용할 것
(5) 테두리 모양은 ≪출력형태≫와 동일하게 처리할 것

≪출력형태≫

연도별 유학생 현황(단위 : 백 명)

연도	2021년	2022년	2023년	2024년	평균
일본	29	27	28	40	
베트남	31	32	75	94	
미국	44	44	37	35	
중국	574	504	605	643	

≪차트 조건≫ (1) 차트 데이터는 표 내용에서 연도별 일본, 베트남, 미국의 값만 이용할 것
(2) 종류 - <묶은 세로 막대형>으로 작업할 것
(3) 제목 – 글꼴 : 돋움, 굵게, 12pt, 테두리
(4) 제목 이외의 전체 글꼴 – 돋움, 보통, 10pt
(5) 축제목과 범례는 ≪출력형태≫와 동일하게 처리할 것

≪출력형태≫

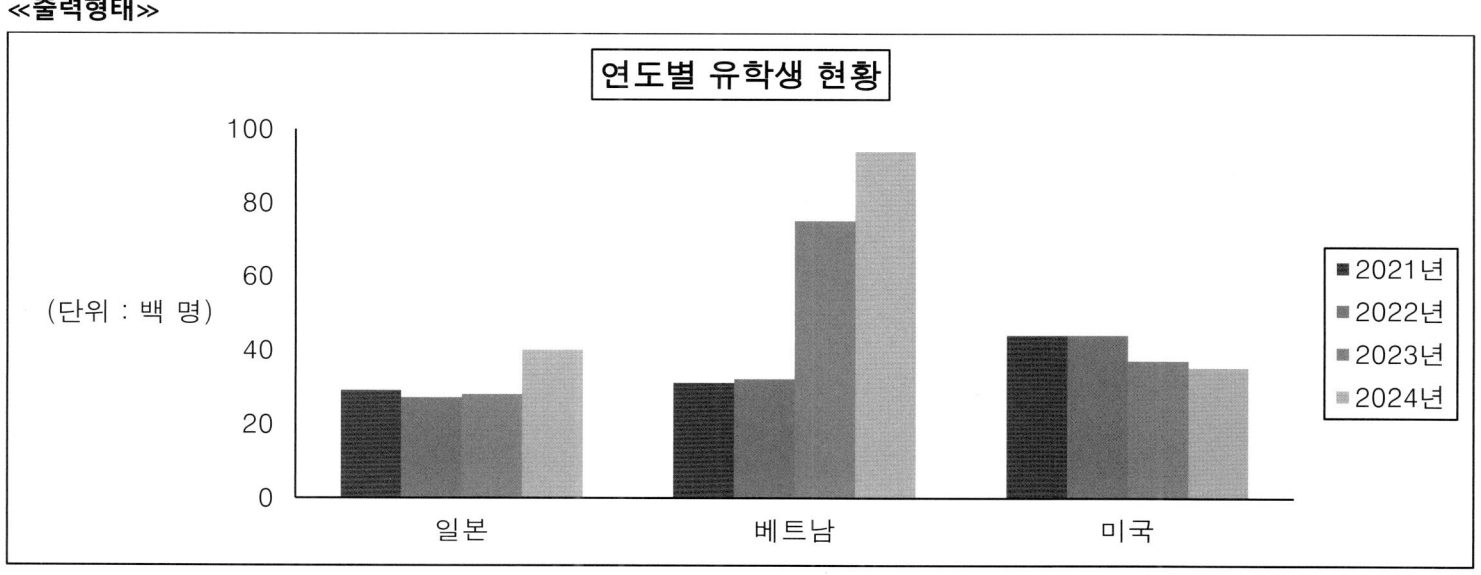

기능평가 II (150점)

3. 다음 (1), (2)의 수식을 수식 편집기로 각각 입력하시오. (40점)

≪출력형태≫

(1) $\dfrac{PV}{T} = \dfrac{1 \times 22.4}{273} = 0.082$

(2) $\int_a^b A(x-a)(x-b)dx = -\dfrac{A}{6}(b-a)^3$

4. 다음의 ≪조건≫에 따라 ≪출력형태≫와 같이 문서를 작성하시오. (110점)

≪조건≫
(1) 그리기 도구를 이용하여 작성하고, 모든 도형(글맵시, 지정된 그림 포함)을 ≪출력형태≫와 같이 작성하시오.
(2) 도형의 면색은 지시사항이 없으면 색 없음을 제외하고 서로 다르게 임의로 지정하시오.

≪출력형태≫

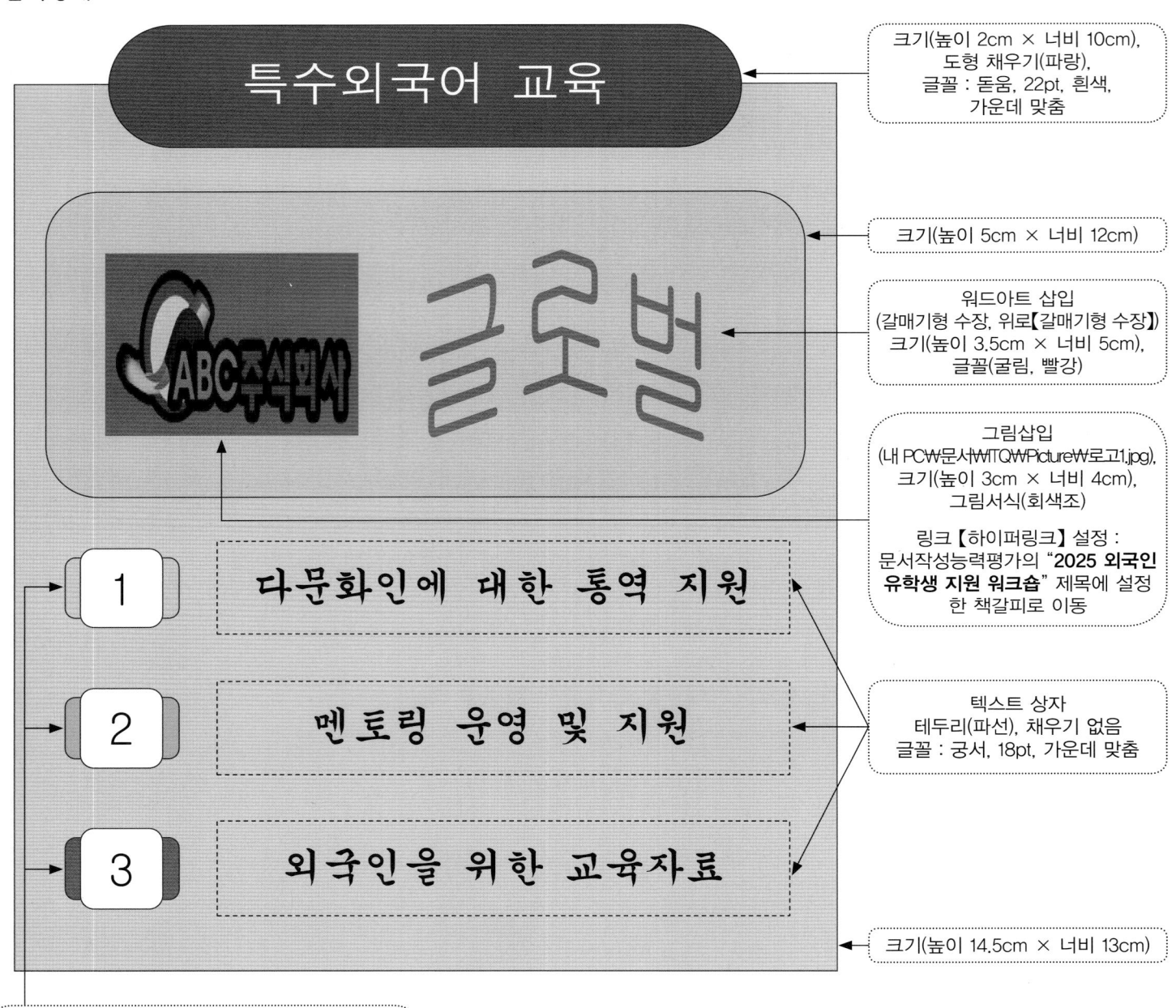

2025 외국인 유학생 지원 워크숍

해외 교류 확대

국립국제교육원은 저출산 고령화사회A, 학령인구 감소에 대응하고 국내 대학생들의 글로벌 역량을 강화하기 위하여 외국인 유학생 지원 강화 워크숍을 개최하기로 하였다. 특히, 국내에 체류하는 외국인 유학생이 14만 명 수준으로 급증함과 동시에 불법 체류 유학생도 1만 명이 초과됨에 따라 체계적인 지원 강화 부문과 더불어 취업 목적, 불법 체류 등 부작용에 대한 정책적 검토를 함께 진행하기로 했다. 그동안 외국인 유학생은 지속적으로 증가하였지만, 외국인 유학생의 한국어 능력 부족으로 대학 수업이 파행 운영되고 있으며 불법 체류와 불법 취업 등 부정적 효과도 심각하게 나타나고 있다.

특히 교육부는 국립국제교육원과 공동 주최를 통해 외국인 유학생이 불법적인 방법으로 체류하지 않고 본래의 목적인 학업에 전념할 수 있도록 적극적인 지원 방안을 함께 모색하기로 하였다. 이번 워크숍은 외국인 유학생의 현황 고찰(考察), 외국 유학생에 대한 국가별 정책 비교, 외국인 유학생 확대의 긍정 및 부정 효과 분석, 외국인 유학생 지원 강화 방안 등을 주요 주제로 선정하여 다양한 이해관계의 의견을 공유하여 세계시민교육에 대한 가치를 향유(享有)하는 뜻깊은 행사로 진행할 계획이다.

★ 한국유학종합시스템

1 목적 및 대상
　가) 목적 : 유학관련 온라인 원스톱 서비스 제공
　나) 대상 : 외국인 유학생, 국내 고등교육기관 등
2 주요 기능
　가) 한국유학 및 대학 정보 검색
　나) 온라인 유학박람회 운영 및 해외유학박람회 홍보

★ 한일 공동 유학생 교류사업

구분	박사 학위과정(일본)	학부 1년 과정(일본)	학부 단기 과정(한국)
분야	이공계	일본어, 일본문화	전 영역
규모	연 15명	연 35명	연 160명
기간	각 과정의 표준 수업 연한기간	1년	개설한 프로그램 운영 기간
자격	석사 졸업(예정)자	2학년 이상 재학생	학부 정규과정 재학생
	한국 국적자, 일본 국적자(복수 국적자 지원 불가)		

국립국제교육원

A 총인구 중에 65세 이상의 인구가 차지하는 비율이 7% 이상인 사회를 말함

제12회 ITQ 실전모의문제

과목	코드	문제유형	시험시간	수험번호	성명
MS 워드	1112	C	60분		

수험자 유의사항

- 수험자는 문제지를 받는 즉시 문제지와 **수험표상의 시험과목(프로그램)이 동일한지 반드시 확인**하여야 합니다.
- 파일명은 본인의 "수험번호-성명"으로 입력하여 답안폴더(내 PC₩문서₩ITQ)에 하나의 파일로 저장해야 하며, 답안문서 파일명이 "수험번호-성명"과 일치하지 않거나, 답안파일을 전송하지 않아 미제출로 처리될 경우 실격처리합니다 (예:12345678-홍길동.docx).
- 답안 작성을 마치면 파일을 저장하고, '답안 전송' 버튼을 선택하여 감독위원 PC로 답안을 전송하십시오. 수험생 정보와 저장한 파일명이 다를 경우 전송되지 않으므로 주의하시기 바랍니다.
- 답안 작성 중에도 주기적으로 저장하고, '답안 전송'하여야 문제 발생을 줄일 수 있습니다. 작업한 내용을 저장하지 않고 전송할 경우 이전에 저장된 내용이 전송되오니 이점 유의하시기 바랍니다.
- 기타 통신수단(이메일, 메신저, 네트워크 등)을 이용하여 타인에게 전달 또는 외부 반출하는 경우는 부정 처리합니다.
- 시험 중 부주의 또는 고의로 시스템을 파손한 경우는 수험자가 변상해야 하며, <수험자 유의사항>에 기재된 방법대로 이행하지 않아 생기는 불이익은 수험생 당사자의 책임임을 알려 드립니다.
- 문제의 조건은 MS오피스 2021 버전으로 설정되어 있으며 MS오피스 2016은 【 】에 표기되어 있습니다. 이와 관련하여 작성한 답안의 출력형태가 문제지와 다를 수 있습니다.
- 시험을 완료한 수험자는 답안파일이 전송되었는지 확인한 후 감독위원의 지시에 따라 문제지를 제출하고 퇴실합니다.

답안 작성요령

- **온라인 답안 작성 절차**
  수험자 등록 ⇒ 시험 시작 ⇒ 답안파일 저장 ⇒ 답안 전송 ⇒ 시험 종료

- **공통 부문**
  - 글꼴에 대한 기본설정은 맑은고딕, 10포인트, 검정으로 합니다.
  - 문서작성능력평가의 줄간격은 한 페이지 내에서 작성되도록 조정합니다.
  - 각 문항에 주어진 ≪조건≫에 따라 작성하고 언급하지 않은 조건은 ≪출력형태≫와 같이 작성합니다.
  - 수험자는 문제지를 받는 즉시 문제지와 수험표상의 시험과목(프로그램)이 동일한지 반드시 확인하여야 합니다.
  - 여백은 왼쪽·오른쪽 1.1cm , 위쪽·아래쪽·머리글·바닥글 1cm , 제본 0cm 로 합니다.
  - 그림 삽입 문제의 경우 '내 PC₩문서₩ITQ₩Picture' 폴더에서 지정된 파일을 선택하여 삽입하십시오.
  - 삽입한 그림은 반드시 문서에 포함하여 저장해야 합니다(미포함 시 감점 처리).
  - 각 항목은 지정된 페이지에 출력형태와 같이 정확히 작성하시기 바라며, 그렇지 않을 경우에 해당 항목은 0점 처리됩니다.
    ※ 페이지구분 : 1페이지 - 기능평가 I (문제번호 표시 : 1. 2.),
          2페이지 - 기능평가 II (문제번호 표시 : 3. 4.),
          3페이지 - 문서작성 능력평가

- **기능평가**
  - 문제와 ≪조건≫은 입력하지 않으며 문제번호와 답(≪출력형태≫)만 작성합니다.
  - 4번 문제는 묶기를 했을 경우 0점 처리됩니다.

- **문서작성 능력평가**
  - A4 용지(210mm×297mm) 1매 크기, 세로 서식 문서로 작성합니다.
  - ⁝⁝⁝⁝⁝ 표시는 문서작성에 대한 지시사항이므로 작성하지 않습니다.

kpc 한국생산성본부

기능평가 Ⅰ (150점)

1. 다음의 ≪조건≫에 따라 스타일 기능을 적용하여 ≪출력형태≫와 같이 작성하시오. (50점)

≪조건≫ (1) 스타일 이름 - cloud
(2) 단락 - 왼쪽 들여쓰기 : 1.5 글자, 단락 뒤 간격 : 12pt(또는 1줄)
(3) 글꼴 - 글꼴 : 한글(굴림)/영어(돋움), 크기 : 10pt, 장평 : 95%, 간격 : 표준

≪출력형태≫

As the cloud market in Korea is growing fast, global companies like Amazon, Microsoft and IBM are actively tackling the market by opening cloud data centers.

국내 클라우드 시장이 확대됨에 따라 아마존, 마이크로소프트, IBM은 국내 시장 선점을 위해 클라우드 데이터센터를 개소하고 적극적인 시장 공략에 나서고 있다.

2. 다음의 ≪조건≫에 따라 ≪출력형태≫와 같이 표와 차트를 작성하시오. (100점)

≪표 조건≫ (1) 표 전체(표, 캡션) - 굴림, 10pt
(2) 맞춤 - 문자 : 가운데 맞춤, 숫자 : 오른쪽 맞춤
(3) 셀 음영 : 노랑
(4) 계산 기능을 이용하여 빈칸에 평균(소수점 두 자리)을 구하고, 캡션 기능 사용할 것
(5) 테두리 모양은 ≪출력형태≫와 동일하게 처리할 것

≪출력형태≫

클라우드 컴퓨팅 사용 용도의 변화(단위 : %)

연도	2021년	2022년	2023년	2024년	평균
개발 및 테스트	42	42	41	42	
웹/모바일	36	37	45	48	
빅데이터/분석	30	39	47	37	
비즈니스 앱	22	24	32	29	

≪차트 조건≫ (1) 차트 데이터는 표 내용에서 연도별 개발 및 테스트, 웹/모바일, 빅데이터/분석의 값만 이용할 것
(2) 종류 - <묶은 세로 막대형>으로 작업할 것
(3) 제목 – 글꼴 : 돋움, 굵게, 12pt, 테두리
(4) 제목 이외의 전체 글꼴 – 돋움, 보통, 10pt
(5) 축제목과 범례는 ≪출력형태≫와 동일하게 처리할 것

≪출력형태≫

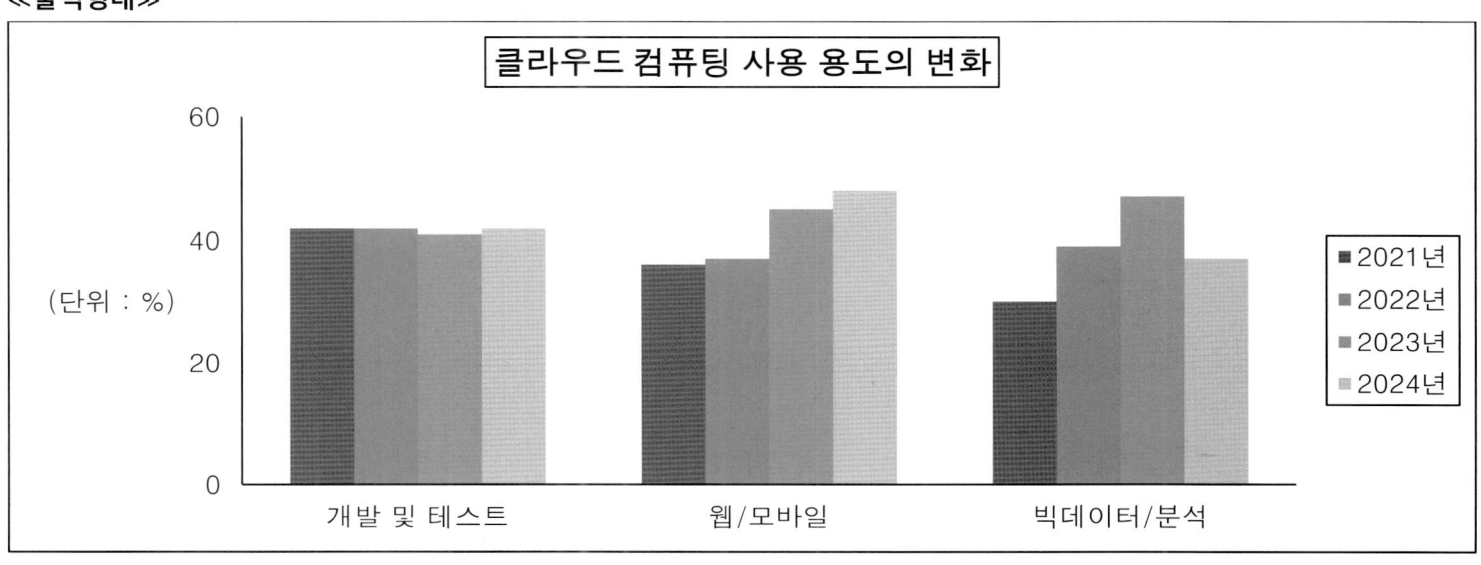

기능평가 II (150점)

3. 다음 (1), (2)의 수식을 수식 편집기로 각각 입력하시오. (40점)

≪출력형태≫

(1) $E = \sqrt{\dfrac{GM}{R}}, \dfrac{R^3}{T^2} = \dfrac{GM}{4\pi^2}$

(2) $V = \dfrac{1}{R}\int_0^q qdq = \dfrac{1}{2}\dfrac{q^2}{R}$

4. 다음의 ≪조건≫에 따라 ≪출력형태≫와 같이 문서를 작성하시오. (110점)

≪조건≫
(1) 그리기 도구를 이용하여 작성하고, 모든 도형(글맵시, 지정된 그림 포함)을 ≪출력형태≫와 같이 작성하시오.
(2) 도형의 면색은 지시사항이 없으면 색 없음을 제외하고 서로 다르게 임의로 지정하시오.

≪출력형태≫

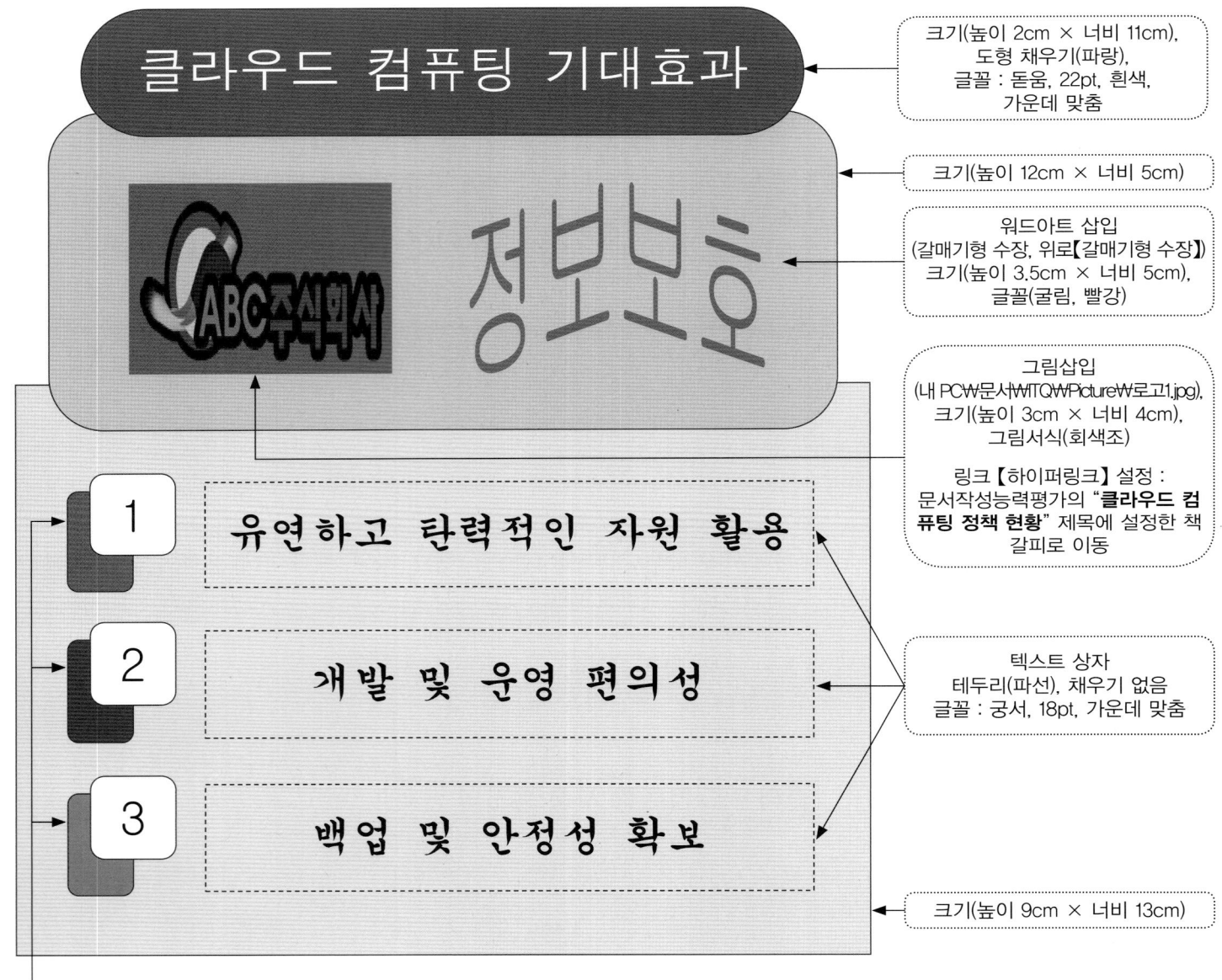

클라우드 컴퓨팅 정책 현황

<small>4차 산업혁명을 위한</small>

클라우드 컴퓨팅은 언제 어디서나 필요한 만큼의 컴퓨팅 자원을 인터넷을 통하여 활용할 수 있는 컴퓨팅 방식이다. 우리나라는 범정부 차원의 클라우드 컴퓨팅 도입(導入) 활성화를 위해 2009년 행정안전부, 지식경제부, 방송통신위원회가 합동으로 '범정부 클라우드 컴퓨팅 활성화 종합 계획'을 수립(樹立)한 것을 시작으로 산업 육성을 위한 다양한 계획을 수립하여 추진해 오고 있다. 정부는 2015년 '클라우드 컴퓨팅 발전법'을 제정한 이후 그 후속 조치로 범정부 차원의 법정 계획인 'K-ICT 클라우드 컴퓨팅 활성화 계획'을 발표하여 법 적용을 위한 관련 법제도 정비도 추진했다.

2015년 11월 발표한 'K-ICT 클라우드 컴퓨팅 활성화 계획'은 1단계로 2016년부터 2018년까지 클라우드 산업 성장 동력을 마련하고, 2단계로 클라우드 선도국가로 도약하기 위한 비전을 제시했으며, 공공 부문에 클라우드를 선제적으로 도입함으로써 민간 부문의 클라우드 이용을 확산하고 국내 클라우드 생태계를 구축하는 것을 주요 내용으로 하고 있다. 이를 위해 정부는 공공기관의 40%가 민간 클라우드를 이용하도록 유도하고 클라우드 생태계 구축을 위한 R&D[a] 투자를 확대할 방침이다.

※ 클라우드 컴퓨팅의 특징

  i. 접속 용이성
     a. 시간과 장소에 상관없이 인터넷을 통한 이용
     b. 표준화된 접속을 통해 다양한 기기로 서비스 이용
 ii. 가상화 및 분산처리
     a. 가상화 기술을 접목하여 컴퓨팅 자원의 사용성을 최적화
     b. 여러 서버에 분산처리함으로써 시스템 과부하 최소화

※ 클라우드 정책 추진 현황

주요 정책 내용	국가	주요 정책 내용	국가
행정 명령을 통해 클라우드 도입 의무화	미국	클라우드 퍼스트 정책을 통해 공공 부문 클라우드 적극 도입	미국, 영국, 호주
강제 조항을 두어 명령하고 이행성과 평가			
중소기업 클라우드 서비스의 활성화	영국	클라우드 핵심 개발, 핵심 기업 육성, 클라우드 산업단지 조성 추진	중국
클라우드 컴퓨팅 보안 정책 추진	호주		

과학기술정보통신부

---

[a] 기업에서 연구를 기초로 하여 상품을 개발하는 활동

MEMO

이제부터 실제 기출문제와 글자크기, 글꼴, 화면크기, 형식, 형태 및 용지의 질과 크기가 100% 똑같은 문제를 풀어 봅니다.
For the Top, Let's Go !!

제1회 정보기술자격(ITQ) 시험 — MS오피스

과 목	코 드	문제유형	시험시간	수험번호	성 명
MS 워드	1112	A	60분		

수험자 유의사항

- 수험자는 문제지를 받는 즉시 문제지와 **수험표상의 시험과목(프로그램)이 동일한지 반드시 확인**하여야 합니다.
- 파일명은 본인의 "수험번호-성명"으로 입력하여 답안폴더(내 PC\문서\ITQ)에 하나의 파일로 저장해야 하며, 답안문서 파일명이 "수험번호-성명"과 일치하지 않거나, 답안파일을 전송하지 않아 미제출로 처리될 경우 실격처리합니다 (예:12345678-홍길동.docx).
- 답안 작성을 마치면 파일을 저장하고, '답안 전송' 버튼을 선택하여 감독위원 PC로 답안을 전송하십시오. 수험생 정보와 저장한 파일명이 다를 경우 전송되지 않으므로 주의하시기 바랍니다.
- 답안 작성 중에도 주기적으로 저장하고, '답안 전송'하여야 문제 발생을 줄일 수 있습니다. 작업한 내용을 저장하지 않고 전송할 경우 이전에 저장된 내용이 전송되오니 이점 유의하시기 바랍니다.
- 기타 통신수단(이메일, 메신저, 네트워크 등)을 이용하여 타인에게 전달 또는 외부 반출하는 경우는 부정 처리합니다.
- 시험 중 부주의 또는 고의로 시스템을 파손한 경우는 수험자가 변상해야 하며, <수험자 유의사항>에 기재된 방법대로 이행하지 않아 생기는 불이익은 수험생 당사자의 책임임을 알려 드립니다.
- 문제의 조건은 MS오피스 2021 버전으로 설정되어 있으며 MS오피스 2016은 【 】에 표기되어 있습니다. 이와 관련하여 작성한 답안의 출력형태가 문제지와 다를 수 있습니다.
- 시험을 완료한 수험자는 답안파일이 전송되었는지 확인한 후 감독위원의 지시에 따라 문제지를 제출하고 퇴실합니다.

답안 작성요령

- **온라인 답안 작성 절차**
  수험자 등록 ⇒ 시험 시작 ⇒ 답안파일 저장 ⇒ 답안 전송 ⇒ 시험 종료

- **공통 부문**
  - 글꼴에 대한 기본설정은 맑은고딕, 10포인트, 검정으로 합니다.
  - 문서작성능력평가의 줄간격은 한 페이지 내에서 작성되도록 조정합니다.
  - 각 문항에 주어진 ≪조건≫에 따라 작성하고 언급하지 않은 조건은 ≪출력형태≫와 같이 작성합니다.
  - 수험자는 문제지를 받는 즉시 문제지와 수험표상의 시험과목(프로그램)이 동일한지 반드시 확인하여야 합니다.
  - 여백은 왼쪽·오른쪽 1.1cm, 위쪽·아래쪽·머리글·바닥글 1cm, 제본 0cm 로 합니다.
  - 그림 삽입 문제의 경우 '내 PC\문서\ITQ\Picture' 폴더에서 지정된 파일을 선택하여 삽입하십시오.
  - 삽입한 그림은 반드시 문서에 포함하여 저장해야 합니다(미포함 시 감점 처리).
  - 각 항목은 지정된 페이지에 출력형태와 같이 정확히 작성하시기 바라며, 그렇지 않을 경우에 해당 항목은 0점 처리됩니다.
    ※ 페이지구분 : 1페이지 - 기능평가 I (문제번호 표시 : 1. 2.),
    　　　　　　　　2페이지 - 기능평가 II (문제번호 표시 : 3. 4.),
    　　　　　　　　3페이지 - 문서작성 능력평가

- **기능평가**
  - 문제와 ≪조건≫은 입력하지 않으며 문제번호와 답(≪출력형태≫)만 작성합니다.
  - 4번 문제는 묶기를 했을 경우 0점 처리됩니다.

- **문서작성 능력평가**
  - A4 용지(210㎜×297㎜) 1매 크기, 세로 서식 문서로 작성합니다.
  - ::::: 표시는 문서작성에 대한 지시사항이므로 작성하지 않습니다.

kpc 한국생산성본부

디지털 역량 강화
SW 인재 양성

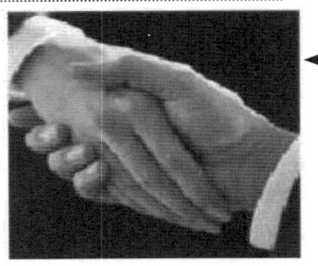

    최근 디지털 대전환이 가속화되는 가운데 정부는 SW 인재 양성을 위해 국가 차원의 정책을 마련하고 있다. 2021년 3월에 발표된 빅3+인공지능 인재 양성 방안은 미래차, 바이오 헬스, 시스템 반도체 등 빅3와 인공지능 인재 양성을 위해 인재 양성 제도 개선을 주요 내용으로 담고 있다. 혁신공유대학 사업을 신설하여 정규 교육과정에서의 학과, 학교 간 진입 장벽을 낮추고 범부처 인재 양성을 통합 관리하는 사업 틀을 구축(構築)하여 인재 양성을 효과적으로 지원하고 있다. 또한 디지털 전환 가속화로 인해 늘고 있는 SW 인재 수요를 충족시키기 위한 단기 및 중장기 인재 양성 대책도 마련하였다.

  2021년 6월에 발표한 민관 협력 기반의 소프트웨어 인재 양성 대책에 따라 단기적으로는 기업 주도의 단기 훈련 과정을 확대하여 당장 필요한 인재 2만 1천 명을 2022년 상반기까지 양성하여 중소, 벤처기업[a]의 인재난 해소(解消)를 지원했다. 중장기적으로는 SW 전공자 양성을 위해 SW 중심 대학을 확대하고, 전문 인재 양성을 위한 기업과 대학 간 협력모델을 구축하여 4년간 6만 8천 명을 양성한다. 이를 통해 최근 폭증하고 있는 SW 인재 수급난을 해소하고 청년들에게 양질의 일자리 제공을 확대하고 있다.

■ 국내외 SW 인재 양성 정책

  1 국내 SW 인재 양성 정책
      가) 이노베이션 아카데미(비정규 교육과정) 개설 및 운영
      나) 이노베이션 스퀘어 전국 4개 권역에 확대 및 설치
  2 국외 SW 인재 양성 정책
      가) 미국 : 5개년 교육 전략 계획 수립
      나) 유럽 : 2030 디지털 나침반 발표

■ SW 중심대학 트랙별 지원 내용

지원유형	일반 트랙	특화형 트랙
지원금액	대학당 연 20억 원 내외(1년 차 9.5억)	대학당 연 10억 원 내외(1년 차 4.75억)
지원기간	최장 8년(4+2+2년)	최장 6년(4+2년)
	기존 대학 선정 시 6년(4+2년)	
신청요건	SW학과 100명 이상 정원 유지	재학생 1만 명 미만 중, 소규모 대학
	SW학과 대학원 과정 설치 및 운영	

한국지능정보사회진흥원

---
[a] 고도의 전문 지식과 새로운 기술을 가지고 창조적, 모험적 경영을 전개하는 중소기업

기능평가 II (150점)

3. 다음 (1), (2)의 수식을 수식 편집기로 각각 입력하시오. (40점)

≪출력형태≫

(1) $Q = \lim_{\Delta t \to 0} \frac{\Delta s}{\Delta t} = \frac{d^2 s}{dt^2} + 1$

(2) $\int_a^b xf(x)dx = \frac{1}{b-a} \int_a^b xdx = \frac{a+b}{2}$

4. 다음의 ≪조건≫에 따라 ≪출력형태≫와 같이 문서를 작성하시오. (110점)

≪조건≫

(1) 그리기 도구를 이용하여 작성하고 모든 도형(워드아트, 지정된 그림 포함)을 ≪출력형태≫와 같이 작성하시오.
(2) 도형의 면색은 지시사항이 없으면 채우기 없음을 제외하고 서로 다르게 임의로 지정하시오.

≪출력형태≫

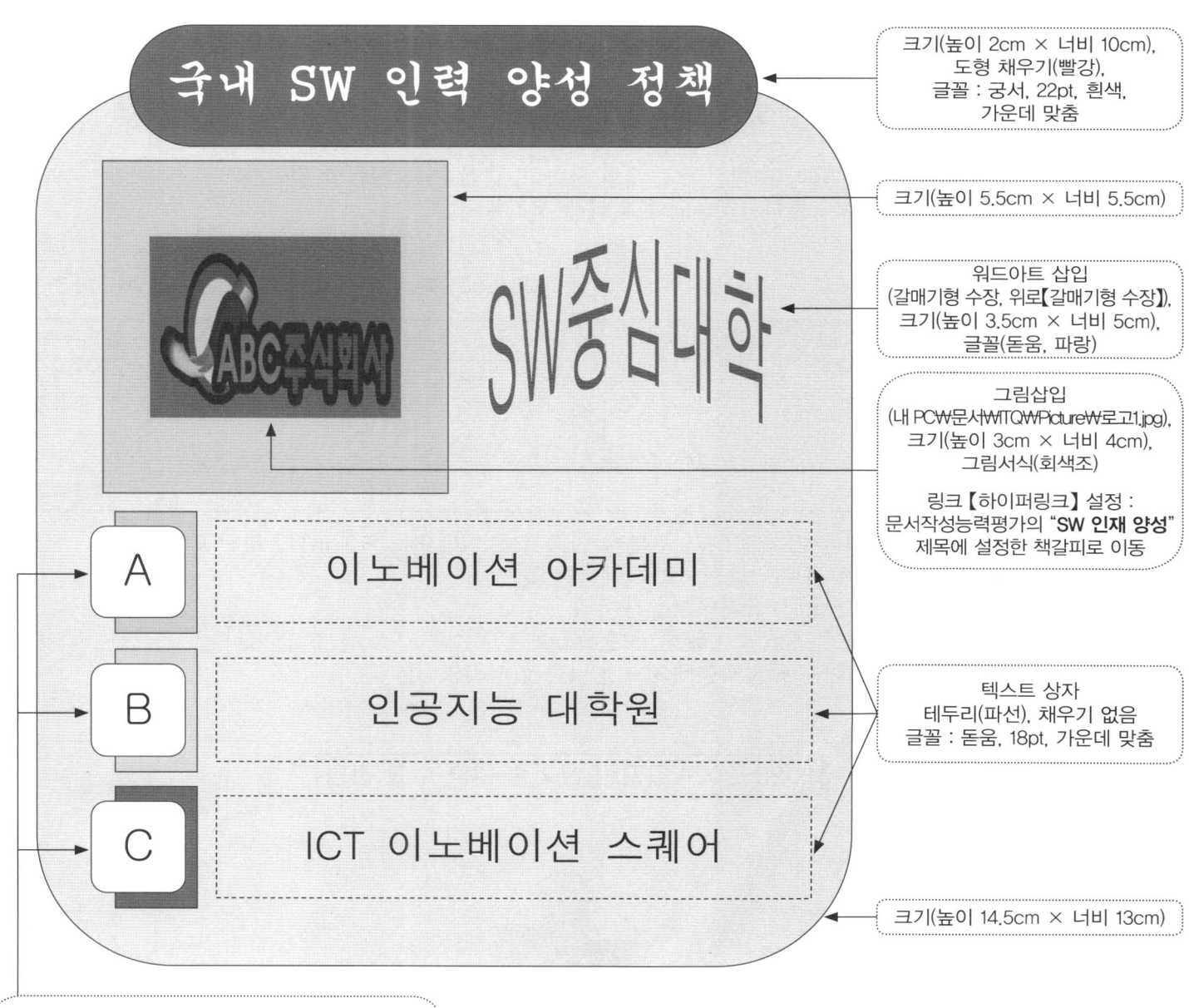

기능평가 I (150점)

1. 다음의 ≪조건≫에 따라 스타일 기능을 적용하여 ≪출력형태≫와 같이 작성하시오. (50점)

≪조건≫　(1) 스타일 이름 - ict
　　　　(2) 단락 - 왼쪽 들여쓰기 : 1.5 글자, 단락 뒤 간격 : 12pt(또는 1줄)
　　　　(3) 글꼴 - 글꼴 : 한글(궁서)/영어(돋움), 크기 : 10pt, 장평 : 95%, 간격 : 표준

≪출력형태≫

　　Companies are using ICT technology as a key tool for digital transformation, and the demand for SW manpower is rapidly increasing not only in ICT companies but also in general companies.

　　기업은 ICT 기술을 활용하는 수준을 넘어서 디지털 전환의 핵심 도구로 활용하고 있으며, 이에 따른 SW 인력의 수요는 ICT 기업뿐만 아니라 일반 기업에서도 급증하고 있다.

2. 다음의 ≪조건≫에 따라 ≪출력형태≫와 같이 표와 차트를 작성하시오. (100점)

≪표 조건≫　(1) 표 전체(표, 캡션) - 돋움, 10pt
　　　　　(2) 맞춤 - 문자 : 가운데 맞춤, 숫자 : 오른쪽 맞춤
　　　　　(3) 셀 음영 : 노랑
　　　　　(4) 계산 기능을 이용하여 빈칸에 합계를 구하고, 캡션 기능 사용할 것
　　　　　(5) 테두리 모양은 ≪출력형태≫와 동일하게 처리할 것

≪출력형태≫

2020-2024 디지털 신기술 인력 수요 전망(단위 : 천 명)

구분	인공지능	빅데이터	5G	IoT	클라우드
고급	18.1	16.3	19.9	10.3	1.9
중급	20.6	28.8	22.5	7.5	13.2
초급	6.3	11.7	3.7	2.2	2.2
합계					

≪차트 조건≫　(1) 차트 데이터는 표 내용에서 구분별 인공지능, 빅데이터, 5G, IoT의 값만 이용할 것
　　　　　　(2) 종류 - <묶은 세로 막대형>으로 작업할 것
　　　　　　(3) 제목 - 글꼴 : 굴림, 굵게, 12pt, 테두리
　　　　　　(4) 제목 이외의 전체 글꼴 - 굴림, 보통, 10pt
　　　　　　(5) 축제목과 범례는 ≪출력형태≫와 동일하게 처리할 것

≪출력형태≫

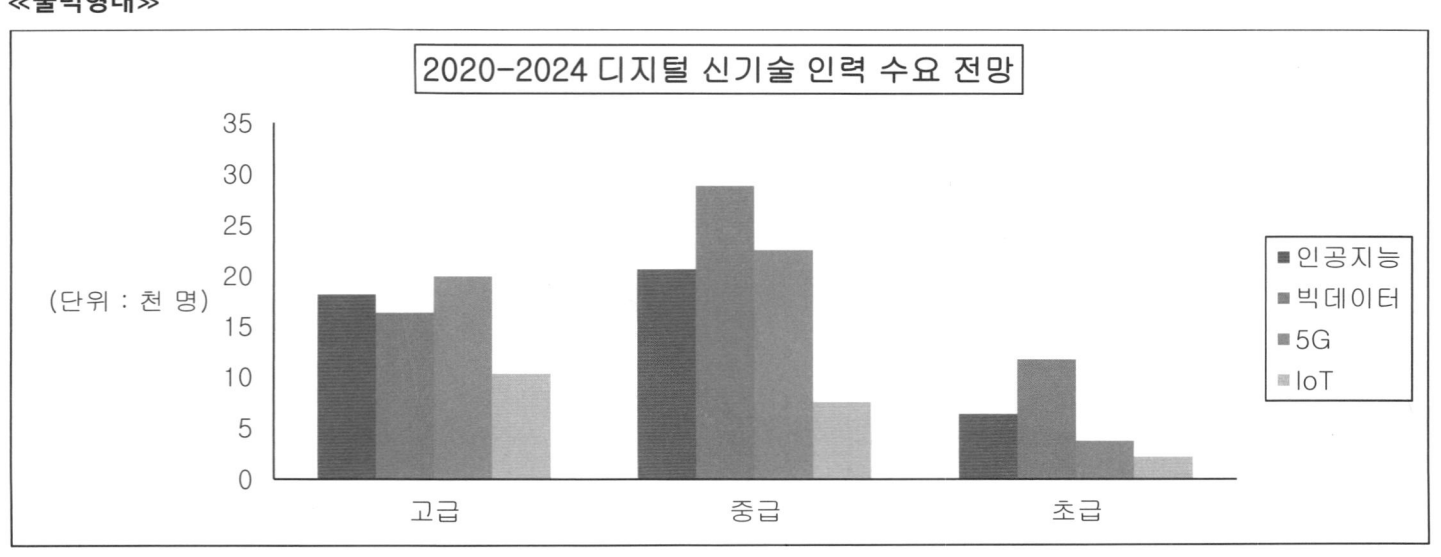